本书编写委员会

组　编

深圳职业技术大学

编　委（按姓氏笔画排序）

王　莹　王冰峰　石　强　帅　斌　刘　冬

李卓梅　李绍峰　何颂华　宋　荣　范士喜

赵继政　聂　哲　梁召峰　董铸荣　覃晓燕

谢利娟　谭属春

编　审（按姓氏笔画排序）

王　俊　江　涛　陈　虹　罗彩连　魏　琳

深圳职业技术大学教学研究丛书

职业教育产教融合案例精编

深圳职业技术大学 组编

華中科技大學出版社
http://press.hust.edu.cn
中国·武汉

内 容 简 介

产教融合是职业教育发展的本质要求，也是办好职业教育的关键所在。持续深化职业教育产教融合，对于推动人才培养和产业发展相融互促、以人口高质量发展支撑中国式现代化具有重要作用。本书对深圳职业技术大学近些年在深化产教融合方面的系列探索进行了总结提炼，通过40个精选案例，系统展现深圳职业技术大学在产教融合实践中的主要做法和典型经验，以期为我国职业教育产教融合提供“深职思考”和“深职样例”。

图书在版编目（CIP）数据

职业教育产教融合案例精编/深圳职业技术大学组编．—武汉：华中科技大学出版社，2024.4
ISBN 978-7-5772-0325-6

Ⅰ.①职…　Ⅱ.①深…　Ⅲ.①职业教育-产学合作-案例-中国　Ⅳ.①G719.2

中国国家版本馆CIP数据核字（2023）第237236号

职业教育产教融合案例精编　　深圳职业技术大学　组编
Zhiye Jiaoyu Chanjiao Ronghe Anli Jingbian

策划编辑：周晓方　宋　焱　庹北麟
责任编辑：林珍珍
封面设计：原色设计
责任校对：张汇娟
责任监印：周治超
出版发行：华中科技大学出版社（中国·武汉）　　电话：（027）81321913
　　　　　武汉市东湖新技术开发区华工科技园　　邮编：430223
录　　排：华中科技大学出版社美编室
印　　刷：湖北新华印务有限公司
开　　本：787mm×1092mm　1/16
印　　张：19.5　　插页：2
字　　数：487千字
版　　次：2024年4月第1版第1次印刷
定　　价：129.00元

华中出版

本书若有印装质量问题，请向出版社营销中心调换
全国免费服务热线：400-6679-118　竭诚为您服务

前 言

产教融合是职业教育发展的本质要求，也是办好职业教育的关键所在。习近平总书记指出，职业教育与经济社会发展紧密相连，对促进就业创业、助力经济社会发展、增进人民福祉具有重要意义。党的二十大报告提出，统筹职业教育、高等教育、继续教育协同创新，推进职普融通、产教融合、科教融汇，优化职业教育类型定位。推进职业教育产教融合，对于建立现代化产业体系、建设人才强国、全面提升人口素质、以人口高质量发展支撑中国式现代化具有重要作用。如何落实党中央、国务院决策部署，持续深化职业教育产教融合、校企合作，着力破解人才培养供给侧与产业需求侧匹配度不高等问题，更好推动人才培养和产业发展相融互促，是当前职业教育战线需要深入思考和积极探索的研究主题。

深圳职业技术大学是教育部印发实施《本科层次职业学校设置标准（试行）》以来第一所以优质“双高”学校为基础设置的本科层次职业学校。自建校以来，学校始终坚持立德树人根本任务，深入对接国家所向、深圳所需，积极推进多元主体人才培养模式改革，在深化产教融合、校企合作的探索和实践中，积累了一些经验，取得了一些成果。近年来，学校牵头成立的深圳市域产教联合体入选首批 28 家国家级市域产教联合体，打造全国首家经华为认证授权的 ICT 学院支持中心，联合世界 500 强或行业领军企业、行业协会建设特色产业学院 18 所，校企共同制定行业标准 106 个、专业教学标准 81 个、课程标准 2100 余个，总结形成的产教深度融合模式被国家发改委作为深圳综合改革试点的典型经验和创新举措向全国推广。

为进一步总结学校在深化产教融合方面的系列探索，学校教务处组织专门力量编写了这本书，以案例的形式，对学校近年来的产教融合实践经验进行总结凝练，以期为职教战线推进产教融合、校企合作提供“深职思考”和“深职样例”。

本书编写过程中，得到了有关领导、专家学者和相关企业人员的大力支持和帮助。在此，向所有为本书编写作出贡献的人员表示衷心的感谢！

由于时间仓促、水平有限，书中还存在一些不足，欢迎广大读者对本书提出宝贵的意见和建议，帮助我们不断完善、提高。

深圳职业技术大学

2024 年 3 月

目录

深职大-华为产教融合　岗课赛证一体实践精准育人

王永学[1]　王苏南[1]　吴伟强[1]　张　倩[1]　洪　灿[2]

（1. 深圳职业技术大学　2. 华为技术有限公司）

摘要： 随着数字经济的迅猛发展，ICT（信息通信技术）技能人才的培养滞后于产业数字化转型需求。信息通信技术领域长期存在企业招人难、高职生就业难的双向错位问题。在教育部、省市各级政府的大力支持下，深圳职业技术大学（简称深职大）与华为公司于 2006 年开始合作，校企双方共建专业、共育人才，在十多年的合作中形成了深度、长效的合作关系，构建并实施了培养信息通信技术技能人才的“课证共生共长”模式，培养了一批高技能人才，取得了显著成效。深职大①-华为培养信息通信技术技能人才“课证共生共长”模式研制与实践于 2018 年获得了职业教育国家级教学成果奖特等奖，深职大-华为校企合作案例向世界职教联盟成员 50 多个国家推广，学校荣获世界职教联盟校企合作卓越奖。2023 年，深职大获批全国新一代信息通信技术市域产教融合共同体。

关键词： 数字经济；信息通信技术；课证共生共长；产教融合

一、实施背景

信息通信业是支撑数字中国建设的战略性、基础性、先导性行业，民族企业的综合实力和国际竞争力优势突出。粤港澳大湾区正在打造万亿级 ICT 产业集聚区，新一代信息通信是深圳的支柱产业，深圳也是国内新一代信息通信企业的最大聚集地。据统计，作为新一代信息通信业的重要组成部分，深圳电子信息制造业 2022 年产值达 2.48 万亿元，占全国总产值的 1/6。深圳培育了全球通信设备领军企业华为和中兴。

华为是全球领先的 ICT 基础设施和智能终端提供商，为全球 30 多亿人提供服务，业务覆盖 170 多个国家和地区，致力于把数字世界带入每个人、每个家庭、每个组织，构建万物互联的智能世界。华为等 ICT 龙头企业迫切希望让其客户得到统一、规范的技术服务，

① 2023 年 6 月，教育部发文同意以深圳职业技术学院为基础整合资源设立深圳职业技术大学，同时撤销深圳职业技术学院的建制。因此，本书多处项目名称中的深圳职业技术学院或深职院改为了深职大。

而这些技术服务需要由通过认证的工程师来提供。华为推出的全球性 IT 认证标准，旨在为全球范围内的企业和个人提供专业的 IT 技能认证。华为认证体系涵盖路由、交换、安全、存储等多个领域，为 IT 从业者提供了全面的技能提升和认证机会。学生们期望通过华为认证进入华为工作。那么，怎样实现华为认证体系和专业课程体系的有机融合？深职大为了应对这一趋势，及早预测并布局相关专业，与华为合作，将华为认证体系进行适应性改造后融入课程开发过程，探索 ICT 技术技能型人才培养模式。

二、主要做法

（一）深化产教融合，岗课赛证一体育人

针对 ICT 产业技术技能人才需求，深职大与华为围绕华为认证标准，共建 ICT 专业（包括现代通信技术、计算机网络技术、信息安全技术应用等多个专业，这里统称 ICT 专业），共育 ICT 人才，使学校课程与企业认证互嵌共生、互动共长，使高质量技术技能人才能够精准地服务于 ICT 产业链。

深职大与华为在合作过程中，根据技术发展和市场需求，共商共议，设定了数据通信、移动通信、云计算、大数据等认证标准，同时开发了与认证标准相适应的课程，培养零基础在校生，认证方向和培养规模随市场需求而变化，课程内容随技术发展而更新。华为认证标准也根据职业教学规律而调整，以适应在校学生零基础的特殊情况。获得认证的学生毕业后可以作为数据通信工程师、移动通信工程师等服务于 ICT 产业，发展前景广阔。

为解决传统刚性人才培养模式滞后于市场需求的问题，企业根据技术和产业发展趋势，不断更新认证体系；学校根据企业标准及时调整课程类别、课程内容和培养规模，形成“刺激-反应”动态运行机制，校企紧密合作，持续优化配置教学资源，保障培养质量，使人才培养及时对接产业需求。

（二）构建三分课程体系，实现个性化培养

标准化的单一专业人才培养方案无法兼顾学生个体不同的学习基础和兴趣差异。深职大与华为合作，将高职培养过程划分为公共基础课程（1～2 学期）、专业基础课程（3～4 学期）和认证课程（5～6 学期）三个阶段，将培养方向根据市场需求和华为认证标准划分为数通、大数据、传输等不同类别，将培养规格按照华为认证体系层次（初级、中级、高级）在每一类别开发了模块化、阶梯化课程，实行进阶式培养、个性化学习，形成了灵活可选、人人成才的分段、分类、分层的三分课程体系（见图 1）。

在三分课程体系中，分段体现了认知规律，分类体现了因材施教规律，分层体现了职业成长规律。学生可以根据自身兴趣、基础和学习能力，循序渐进地考取华为不同类别不同层次的证书（HCIA 为华为授权 ICT 助理工程师，HCIP 为华为认证 ICT 高级工程师，HCIE 为华为认证 ICT 专家），从而实现了人才的个性化培养。

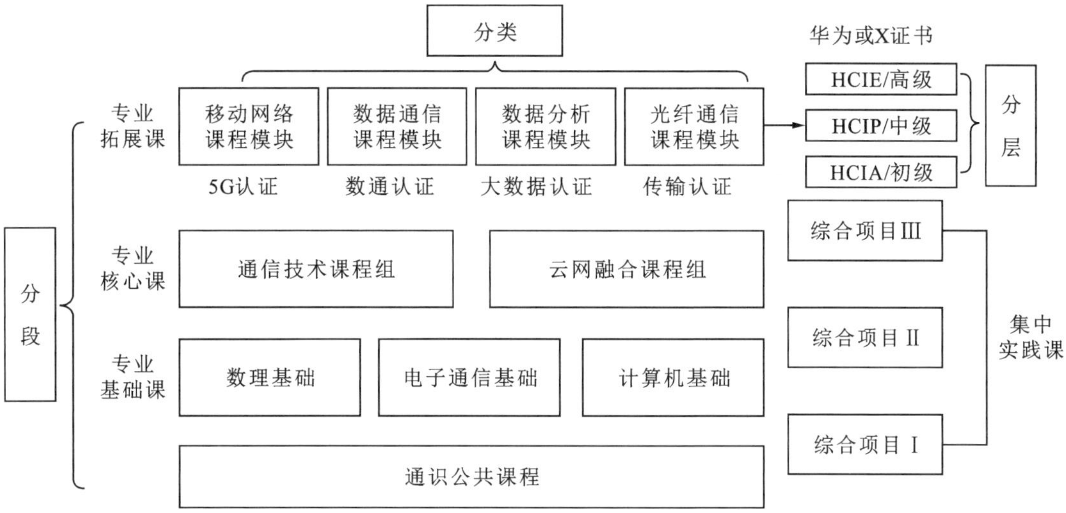

图1 分段、分类、分层的三分课程体系

（三）理实一体项目教学，培养“七维”能力

深职大根据华为认证标准重构课程体系，建立了符合行业规范的“专业技能+职业素养”培养体系，通过课堂、实训、实践、认证、在线、反思、案例等方式，激发学生的参与精神和创新意识，培养学生的企业应用分析能力、产品能力、协议理解能力、逻辑思维能力、网络故障诊断能力、网络架构设计能力、项目组织能力等“七维”能力（见图2），使学校的能力培养精准对接企业需求，探索了人力资源供给侧改革路径，实现了高等院校的精准育人目标。

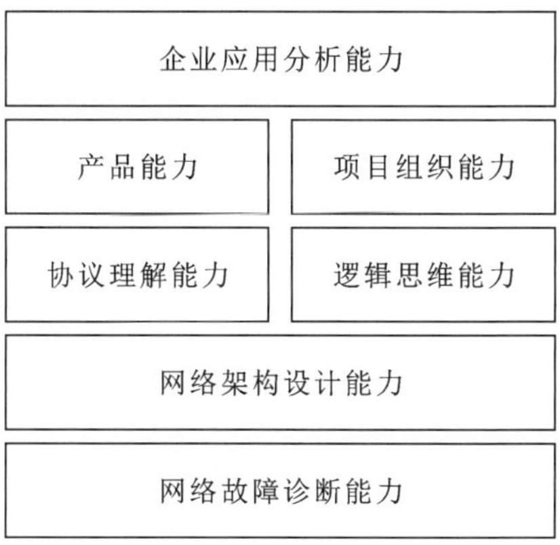

图2 ICT技能人才的“七维”能力

深职大教师在认证人才培养中，还探索并实践了“五步教学法”（见图3），即“典型应用场景选取—知识点分解—小项目训练—中项目强化—大项目全流程设计与实施”，使学生的知识与技能通过实战项目教学，实现从碎片化到系统化的转变，提高了学生的综合应用能力和项目管理能力。

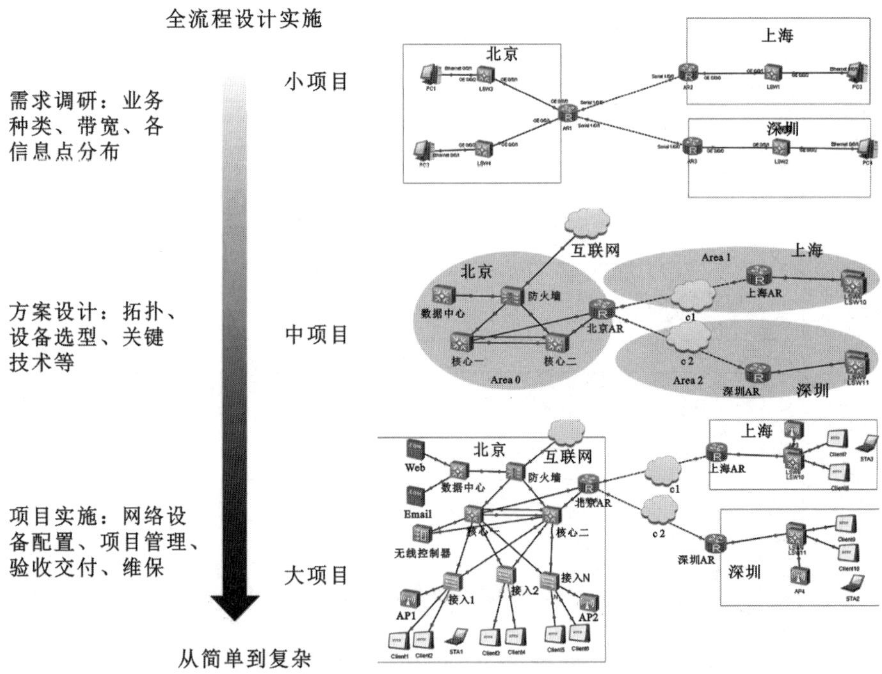

图 3　ICT 人才培养“五步教学法”

三、典型经验

深职大与华为的合作是深化产教融合的典范。在产教融合的“起点”上，该模式强调人才培养与产业需求“共生”、课程开发与证书标准“共生”、深职大教师与华为工程师共商共议，将企业原本面向社会在岗工程师的认证融入高校人才培养方案中，构建了适合零基础在校生的学习方案。在产教融合的过程中，该模式强调课程升级和证书升级“共长”、教学过程与生产过程“共长”，深职大在“共长”中不断改革管理制度和教学方式，华为公司在“共长”中不断丰富企业认证人才培养方案，并向外推广。在产教融合的“结果”上，该模式形成了人才“供给—需求—供给”的闭环反馈系统。

在课证融通人才培养模式下，学校实现了专业教育和企业工程师培训的结合，形成了统一规范的教育教学标准；高职在校生实现了学生和企业认证工程师的“双重身份”，毕业即可进入企业工程技术人员体系；企业培养了“来了就能上岗”的员工，节省了大量的培训时间和成本。课证融通人才培养模式通过产教结合、优势互补，实现学校、企业及学生的“三赢”，为“双证融通”贡献了解决方案。

为了更好地培养人才，深职大 ICT 专业在评估学生能力的基础上，为学生设定考取华为不同等级认证的目标，同时开设认证课程、建设认证实训环境、建设学生社团，通过多渠道全面提升学生的学习兴趣和学习能力，帮助学生成为华为认证工程师，实现高质量就业，使学生获得“逐级登高峰”的体验，从而解决了学生学习动力缺乏的问题；同时，通过成功激励、志趣引导、社团训练、模拟体验等方式树立学生的学习自信，帮助他们实现“低进高出”的跨越，做到人人成才、人人出彩。

四、成果成效

通过深职大-华为课证共生共长模式的实施，深职大 ICT 专业培养了一批高技能人才。自 2017 年华为开设大学生 ICT 竞赛至今，深职大学生累计获得华为 ICT 技能大赛全球最高奖 7 次，2023 年获得了网络赛道、云赛道、计算赛道等 3 个实践赛道的全球特等奖（见图 4）。

图 4　深职大在第七届华为 ICT 技能大赛获得全球特等奖 3 项

截至 2023 年 6 月，深职大已有 3000 多人通过华为各等级认证，400 多名在校生通过顶级 HCIE 认证，数量为全国之冠，占全球 HCIE 总数的 2%。深职大培养了全球高校第一个在校生华为传输 HCIE 陈奕鑫（全球第 150 人）、全国高校第一个在校生华为云计算 HCIE 方之、全国高职院校第一个在校生华为数通 HCIE 邓文林。通过华为认证的深职大 ICT 毕业生为深圳政务网、深圳证券交易所运营中心、招商银行数据中心、深圳市信息中心等重大信息工程提供交付、运维等服务，深受社会好评。

深职大在通信技术专业教学资源库平台上建设了网络规划和优化、华为数通认证、华为传输认证、通信勘察设计和概预算等 10 个技术培训包，参与学习的单位达 1072 家，企业和社会学员有 2600 多人，总计学员 75000 多人。该资源库累计在线培训人次超过三千万，覆盖全国 200 多个地区。

此外，深职大建成广东省信息通信技术协同育人平台 1 个，开展了 2021 年 5G 移动通信技术国培示范项目，对口支援河源职业技术学院、吉安职业技术学院、铜仁职业技术学院等院校，为深圳市邮电规划设计院、深圳高级技工学校开展了 500 多次交换技术等培训；为 1200 多人开展了工信部通信工程勘察设计和概预算认证；建成 VUE 国际认证考试中心，服务华为认证考生 1000 多人次；连续四年举办华为 ICT 人才双选会，累计为 200 多家 ICT 产业链企业提供人才招聘服务。

五、推广应用

国内有200多所高校前来交流和借鉴深职大与华为的合作经验与模式。同时，深职大接待了境外组织交流200多次，其中包含联合国教科文组织，以及马来西亚等国家的政府部门和教育团体。

深职大还面向保加利亚、德国、南非、新加坡、埃及等30多个国家推广ICT课程和案例，累计培训国际学员2000多人次。学员覆盖德国巴登符腾堡双元制应用技术大学、保加利亚普罗夫迪夫大学、马六甲马来西亚技术大学等本科院校。

深职大开展了非洲国家电信基础设施培训、发展中国家信息化技术培训、联合国教科文职教组织高等教育创新中心等国际培训项目；在联合国教科文组织高等教育创新中心国际IIOE平台上开发了5G移动通信技术、宽带接入技术、红帽Linux操作系统等6门ICT技术的英文在线课程，在线培训国际学员700多人次。2020年，深职大获得世界职业院校与技术大学联盟校企合作卓越奖，与华为合作的案例被世界职业院校与技术大学联盟（WFCP）的职业教育BILT专家组采用，面向全球推广。

2018年12月29日，阿尔及利亚国家电视台等16家媒体来深职大采访深职大-华为合作育人模式；2019年11月，非洲最大电信运营商总裁来深职大学习深职大-华为课证共生共长模式；2022年深职大-华为助力布隆迪外交部数字化案例被《光明日报》报道（见图5）。2022年，深职大-华为合作模式入选欧洲培训基金会数字化技能人才培养全球卓越中心案例。2023年获得华为全球ICT学院最佳合作奖，该奖项的颁发充分肯定了深职大在华为优秀合作伙伴中的杰出贡献，深职大与华为信息通信技术产业学院的合作得到了高度认可，为两者的共同发展打下了坚实的基础。

光明日报　时政　国际　时评　理论　文化　科技　教育

首页> 光明日报 > 正文

让职业教育助企出海、与企同行

来源：光明网-《光明日报》 2022-04-13 04:43

【一线讲述】

讲述人：深圳职业技术学院电子与通信工程学院院长 宋荣

"Thank you very much！"2020年12月8日，远在非洲布隆迪外交部工作的Tharcisse通过微信，向我们学院王永学老师致谢。那段时间，他为当地企业苦苦寻求合作伙伴无果，便求助于曾经的授课老师王永学。王老师在3个小时内就帮他对接上了非洲地区华为联络人，解决了他的燃眉之急。

Tharcisse与我们学院的缘分，始于2019年11月商务部组织的非洲法语国家电信基础设施建设研修班。当时，来自非洲几十个国家的学员在深圳学习电信基础设施建设。我校教师讲授的华为5G、宽带接入、云服务等相关课程，给学员们留下了深刻印象，有学员现场就咨询起学校的招生事宜。

类似课程不仅在非洲深受好评，在欧洲同样大受欢迎。2019年，德国巴特夫登堡大学教师们到访我校后，主动邀请我校教师前往德国授课。

图5　推广案例：布隆迪外交部应用案例（2022年4月13日《光明日报》报道）

六、改进方向

2023年6月，深职大获批职教本科，包括现代通信技术在内的6个专业成为首批职教本科招生专业。未来，深职大ICT专业群将继续携手华为，围绕新一代信息通信技术产业发展和企业数字化转型重大需求，聚焦ICT领域高端技术岗位，秉承“技术牵引、理实一体、项目载体、能力本位”育人理念，持续实践岗课赛证一体人才培养，培养ICT领域具有良好的团队沟通能力、工匠精神、探究学习能力、创新能力和国际视野的高层次技术技能人才，打造新一代信息通信技术领域国内领先、世界一流的高层次技术技能人才培养高地，谱写职教本科高质量发展的新篇章。

产教深度融合促进产业人才教育创新链延伸融合

余　菲[1]　宋　荣[1]　杨　黎[1]　张明伯[2]　黄仁辑[2]

（1. 深圳职业技术大学　2. 百科荣创（北京）科技发展有限公司）

摘要： 产教融合是衡量职业教育改革成效的重要标志，是实现教育链、产业链、供应链、人才链与价值链有机衔接的重要举措。作为电子通信产业技术技能人才的重要供给方，深职大电子与通信工程学院勇担重任，联合百科荣创（北京）科技发展有限公司（以下简称百科荣创）展开校企深入合作，以产业职业标准为依据，重构专业课程体系，组建"双师型"师资团队，不断加强师资力量，搭建产教融合平台，提升高职人才培养质量，创新人才培养模式，促进产业链、人才链、教育链和创新链延伸融合，构建校企合作育人共同体。

关键词： 产教融合；校企合作；协同育人；创新驱动

一、实施背景

为落实《国家职业教育改革实施方案》《职业教育提质培优行动计划（2020—2023年）》《关于深化现代职业教育体系建设改革的意见》《关于加快推进现代职业教育体系建设改革重点任务的通知》等政策文件与规划精神，顺应新时代国家对职业教育的新理念和新要求，全面贯彻党的教育方针，落实立德树人根本任务，大幅提升高等职业院校新时代职业教育现代化水平，深职大联合百科荣创聚焦行业紧缺的高技能人才开展联合培养，产出一批支撑区域产业和经济社会高质量发展的突出成果。

目前，我国已经初步形成了以城市为节点、以行业为支点、以企业为重点的产教融合推进机制。立足新发展格局，开展校企合作，既能提升职业院校的关键办学能力，又能加强"双师型"教师队伍建设，还能拓宽学生成长成才通道。通过政府搭台、多元参与、市场驱动，对地方政府、企业、学校实行差别化支持政策，进一步推动职业教育实训实践资源均衡发展，有利于形成与市场需求相适应、与产业结构相匹配的现代职业教育结构和区域布局，为企业培养急需的人才，并提供技术服务，为区域经济社会发展做出新的更大的贡献。

二、主要做法

（一）四链融通，产教融合

作为此次校企合作协同育人的重要主体，深职大联合百科荣创以“1＋1＋1＋N”的校企合作模式，构建教育链、人才链、产业链、创新链“四链”有机衔接的校企合作协同育人机制，促进职普融通、产教融合、科教融汇（见图1）。

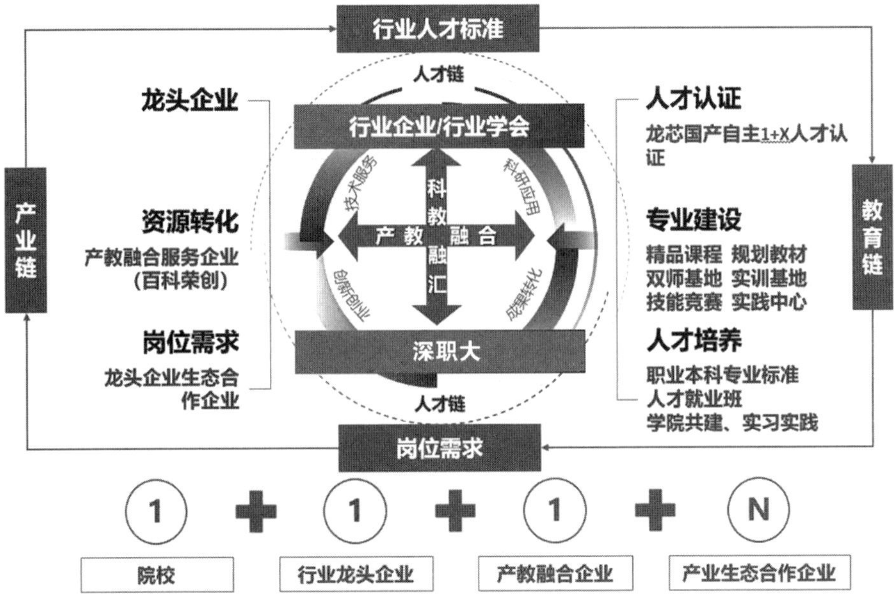

图1　“1＋1＋1＋N”的校企合作模式

首先是教育链与人才链的融合。此次校企合作可以拓宽学生成长成才通道，打造生命全周期、最全面、最适合、人人发展、多元成才的教育模式，着力提高学生的学习能力、实践能力和创新能力，促使学生主动适应社会、人人成才、多元成才、终身学习，成为全面建设社会主义现代化国家需要的创新型、实用型、复合型人才。

其次是教育链与产业链的融合。此次校企合作以学院共建和“创新班”人才联合培养为要义，发挥校企双方在合作过程中的人才培养优势，在标准、课程、教材开发以及教学活动组织等方面实现深度融合，为学生提供真实的企业工作环境，让学生以真实的员工身份，参加真实的实践工作，受到真实的企业文化熏陶，获得真实的实践知识和实践体验，真学、真做、掌握真本领，真正实现与生产零距离接触的目标，推动人才培养供给侧结构与产业发展需求侧结构的全方位衔接，实现从松散联结式校企合作向实体嵌入式产教融合的转型。

最后是教育链与创新链的融合。此次校企合作依托技能大赛和实训中心，紧跟科技创新步伐，在充分利用新技术、新材料等先进技术的基础上，将科技创新的成果、工艺、流程融入职业教育教学各个环节。

（二）实施过程

1. 创新驱动，以“实招硬招”打造人才培养“深圳样本”

作为世界级制造及科技创新中心，深圳享有“硬件硅谷”的美誉，深职大电子与通信工程学院除了在地理环境上具备得天独厚的优势外，师资和学生专业素质也为国内乃至国际翘楚。2010 年，深职大在全国职业院校技能大赛高职组“嵌入式技术应用开发”赛项上取得骄人的成绩，并与大赛承办方——百科荣创一起开启了以赛促教、协同育人的美好篇章。

嵌入式技能大赛的赛事方案本身就是一套循序渐进的教学方案，其应用设备多以硬件为载体，实际上也是一套课程交叉、专业融合的教学及创新实践训练的综合性载体。百科荣创拥有百余名专业开发人员和高级工程师，他们致力于洞悉行业前沿信息和破解技术难题，凭借对技术的敬畏和坚持不懈，把硬件的设计和实现做到了常人难以企及的高度，但由于教育活动和师资能力受限，他们对于怎样促进电子信息领域复合型人才的培养，使得技术再回归教育本身，之前一直没有实现特别理想的突破。为了帮助全国高职师生解决硬件开发、软件应用、EDA 设计与国际和社会人才需求相匹配的问题，有效突破学生在学习应用中遇到的专业瓶颈，深职大电子与通信工程学院联系深圳本土硬件设备商、开发商，联合百科荣创，从专业产品设计、实现方式推进、技术路径确认，到器件选型、工具参照、设计规范等，从嵌入式、物联网、机器人到人工智能、无人机，从综合开发应用平台到开发教学科研平台，反复推敲，轮番测试。比如，与“嵌入式开发”配套的智能车根据国际主流技术及中国学生能力层次，持续创新载体和模式，联合匹配开发出Ⅰ型、Ⅱ型、Ⅲ型，分别适合初级教学、中级教学、高级教学使用，实现了阶梯教学的无缝对接。总之，在这里只有经过足够“硬”、足够智能、足够便于教学实施的“千锤百炼”，才能成就国际赛事上学生“放大招”的惊艳表现。

2. 引进 ARM，产教融合共建智能硬件学院

如果说在传统的 PC 及服务器领域，英特尔（Intel）风光无限，那么，在移动设备芯片领域独霸江湖的，毫无疑问是 ARM。ARM 以高效率和低功耗打下了移动设备芯片市场的“江山”，成为全球领先的半导体处理器及数字架构知识产权（IP）提供商，为全球各大知名芯片设计和制造商提供芯片架构技术标准。作为 ARM 中国教育生态第一个战略合作伙伴，百科荣创积极配合深职大加快职业教育产教融合的落地实施，共建 ARM 智能硬件学院，并依托特色产业学院开展深度校企合作，建立了长期、紧密的合作关系，实现学校培养、企业用人和学生就业的三方共赢。

深职大充分利用 ARM 大学计划（即“AUP”，该计划为教育工作者、学生和研究人员提供各种教材、硬件平台、软件开发工具、知识产权和其他资源），支持并积极推动 ARM 技术在高职课程和实验室、学生项目及嵌入式系统、微处理器或控制器、机电一体化、SoC 设计、计算机体系结构以及其他领域的学术研究及应用，不仅大大提高了人才培养质量，促进了校企双方共同发展，还实现了校企的优势互补、资源共享。此外，深职大还联合百科荣创积极协助众多高职院校每年举办多场嵌入式微处理器技术 ARM 免费师资培训、物联网与人工智能技术师资培训，三方联合开展新工科建设支持项目和新工科教材开发支持项目，全面助力新工科复合型人才培养。

3. 结果导向，注重专业开发人才的全过程培养

（1）优化人才培养方案

深职大制定专业人才培养计划和既定方案，并有步调、有方法地结合企业的相关情况对计划或方案进行优化，安排学生到百科荣创进行顶岗实习，增加了学生实操锻炼的机会和课时；而在学生顶岗实习的过程中，百科荣创无一例外地安排专门的工程技术人员进行现场教学和指导，这不仅能够使得学生有效达到深职大对顶岗实习的标准要求，还能让这些工程技术人员作为指导教师，对学生的职业技能大赛进行指导、培训。

（2）强化师资队伍建设

信息技术的高速发展对教师的专业能力提出了更高的要求，为打造“双师型”教师队伍，深职大与百科荣创密切关注技术动态和内容革新。每年百科荣创都会在深职大开展不少于 2 次的不同主题的专题培训和交流会。近年的培训内容主要是嵌入式及人工智能应用开发，围绕“嵌入式微控制器应用开发”“OpenCV 计算机视觉应用开发”“深度学习框架应用开发”“AI 云服务应用开发”等展开，课程支持多样化的嵌入式及人工智能实训系统，呈现嵌入式及人工智能技术在生产生活中的真实应用案例，协助教师了解并掌握具有产业应用价值的人工智能技术体系和人工智能主流技术应用，如机器视觉、深度学习、移动机器人、多传感器数据融合、智能语音交互等，不同程度地满足教师学习人工智能技术应用系统开发和研究的需要。

（3）提升课程体系的实用性

深职大开设的专业，尤其是智能硬件相关的专业，涵盖电子设计的整个流程，包括系统级设计，功能验证，IC 综合及布局布线，模拟、混合信号及射频等 IC 设计，全定制集成电路设计，IC 物理验证，PCB 设计和硬件仿真建模等。深职大在这些具体项目的实施过程中，特别需要一线高级工程师和专家的实践指导，以帮助师生避免理论和实操的脱节以及专业技能教学的碎片化、形式化，更加注重设计过程中的创新性、综合性、整体性以及经验分享。百科荣创能够从实战案例和具体项目出发，模拟智能硬件的全流程设计，让学生在实际操作中熟练掌握原理图和印刷电路板图的绘制、编辑、输出、元件封装库等方法。同时，百科荣创能够协助深职大进行核心课程的开发和实施，并利用丰富的企业资源协助深职大做好专业课程改革、重点专业课程建设、精品课程建设等工作，帮助学生更透彻地理解智能硬件设计的一般规则和方法，并能举一反三，从而正确地处理电路设计中的布局、布线、散热、装配等问题，进行智能硬件的辅助设计和优化设计。

（4）完善就业指导与推荐

百科荣创在自身的企业使命中强调“立足科技创新，助力人才培养”。为了解决学校的优秀人才输出问题，百科荣创联合深职大建立产业企业联盟，联系多家高科技智能硬件企业，为学校解决学生就业问题。一直以来，百科荣创都特别欢迎参加嵌入式技能大赛的复合型学生经过强化训练后到企业实习与就业。优秀的嵌入式技能大赛学生的月薪为 8000～12000 元，企业还可提供过渡性住房。

（5）分享职业理想与操守

任正非在全国科技创新大会上做汇报发言时说：“用什么样的价值观就能塑造什么样的一代青年。蓬生麻中，不扶自直。奋斗，创造价值是一代青年的责任与义务。”对于专

注技术、聚焦硬件的学子而言，亦是如此，“板凳要坐十年冷”，硬件工程师在多年沉淀之后才会有比较明显的技术进步和能力提升。百科荣创每年会派遣高级工程师给学生做1～2次专业讲座和职业讲座，在讲座中谈谈行业、讲讲理想，无疑会对学生形成很好的职业启蒙，因此也深受广大师生欢迎。

4. 以研促教，协同提升人才质量

人才培养与科学研究是高等院校的重要职能，也是职业教育匠心匠人的重要体现。教学与科研的互动共同构建了高等院校的育人环境，其根本目的是培养高质量的人才。深职大特别重视与百科荣创在智能硬件开发方面的合作，将百科荣创在相关领域的技术优势和深职大的师资人才优势相结合，开展联合项目研发和成果共享，并通过共同申报教育部产学合作协同育人项目、省市和国家级科研课题，或帮助企业开展技术攻关，开展技术交流与合作，围绕高质量的人才培养目标，勠力同心，十年一剑，砥砺前行。

三、典型经验

本案例的创新点在于以产业项目为牵引，坚持立德树人，加强劳动教育，紧抓嵌入式产业对技术技能人才的需求，面向电子信息产业，结合省、市产业布局及地域特色，以智能化为落脚点，探索产业、专业、就业“三业连通”闭环人才培养模式，实现产业与专业、专业与就业的紧密对接；同时，促进专业改革和内涵建设，以人才联合培养为主要抓手，以职业综合能力为导向，参照产业岗位标准，校企联合开展“创新班”，企业参与人才培养全过程，把控人才培养质量，完善人才培养体系，通过认证和竞赛等多种途径检验人才培养质量，完成能力评定，借助企业公共实习实践基地，完成人才“最后一公里”培养以及产业创新“最后一公里”落地（见图2）。

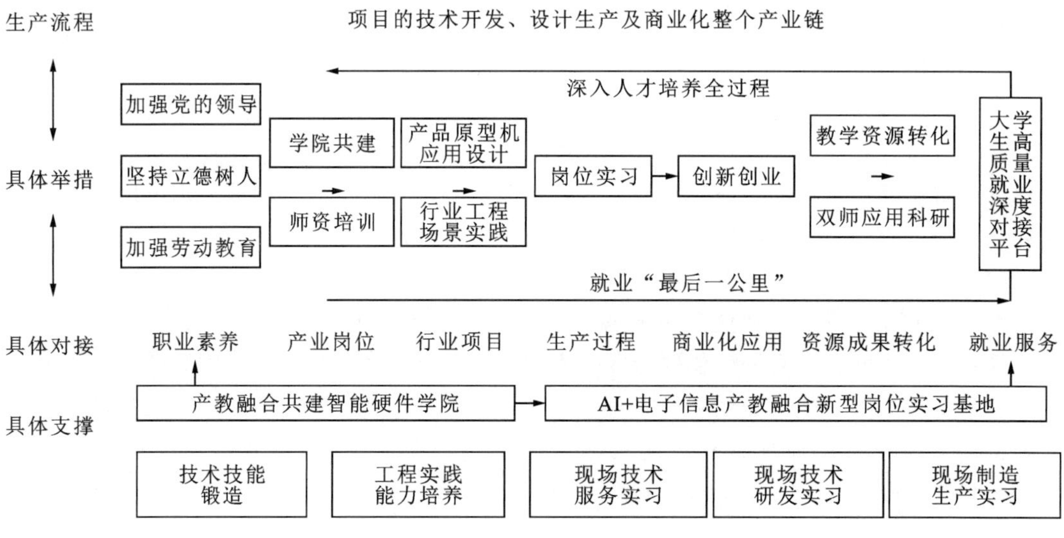

图2 企业深度融入解决学生就业“最后一公里”问题

四、成果成效

深职大与百科荣创的产教融合实践取得了明显的成效：一是校企持续融合发展机制初步建立，形成校企命运共同体；二是共建学院良性运转，人才培养、团队建设、技术研发以及成果转化功能得以充分发挥，服务区域经济发展和产业转型升级，团队技术创新能力不断提升，技术技能资源不断丰富，社会培训服务能力显著提高，社会培训达到每年300人次，教职工培训达到每年100人次，社会培训项目达到50个；三是深职大教师通过对行业主流厂商、主流设备、主流系统的了解，提升了教学实训能力和教师整体的职业素质，最终使得深职大发展成为能够辐射带动周边学校、产业教育等方面教学模式改革和探索的服务示范学院。

五、推广应用

深职大与百科荣创的产教融合、校企合作经验逐步形成了电子信息领域校企融合的典型案例，并逐步成为本专业产教融合的范例。通过逐步扩大校企合作的单位、院校范围，深职大与百科荣创的合作模式辐射到兄弟院校和相关企业，产生了一系列连锁反应，也产生了很大的社会效益。通过合作，百科荣创创办了产教融合学生实践实训基地，将国内实训水平不高的高职院校的学生安排到该基地进行实训。河源职业技术学院、吉安职业技术学院、哈尔滨职业技术学院等多所职业院校到深职大进行现场学习，并通过创办精英班、产业学院等方式提升产教融合水平。

六、改进方向

深职大与百科荣创的产教融合实践依然存在一些不足之处，比如校企合作的深度不够，合作的领域和范围也不够大，没有形成全方位的合作。之后的改进方向应为：通过建立产教融合共同体等策略，逐步扩大合作范围，提升校企合作的深度和广度，探索校企合作的机制和方案，在保持校企合作长期性的同时，拓展校企合作领域，双方共同开发课程，共同评价学生，实现互利共赢。

携手领先企业“走出去”
——国际化案例

吴伟强[1]　王永学[1]　王　康[1]　袁宜彬[2]

（1. 深圳职业技术大学　2. 华为技术有限公司）

摘要： 深职大电子与通信工程学院积极参与“一带一路”建设和国际合作，培养国际化技术技能人才，促进中外文化交流。深职大电子与通信工程学院通过分析 ICT 产业发展及领军企业国际化人才需求，进行发展布局，建设高水平国际化的师资队伍，建设 ICT 专业国际化人才培养标准、课程标准和技能认证标准，培养了一批 ICT 国际化技术技能人才，最终实现了职业教育国家教学标准和中国企业技术共同“走出去”，满足了 ICT 企业国际化需求，服务于“一带一路”建设。

关键词： 职业教育；企业合作；国际化；ICT 人才培养

一、实施背景

在“十三五”规划中，国家将信息通信技术列入重点发展产业。“十四五”规划提出后，国家信息化进入“加快数字化发展、建设数字中国”的新阶段。2019 年，中共中央、国务院印发的《粤港澳大湾区发展规划纲要》提出，在新一代通信技术、5G 和移动互联网等重点领域培育一批重大产业项目。《珠江三角洲地区改革发展规划纲要（2008—2020 年）》明确指出，着力建设深圳通信设备、生物工程、新材料、新能源汽车等先进制造业和高技术产业基地。目前深圳已经培育了华为、中兴等走向国际舞台中央的行业领军企业。国内 ICT 人才培养基本以满足 ICT 企业开展国内业务涉及的相关岗位需求为目的，各地职业院校都非常重视国内 ICT 产业技能人才培养。

但是，华为、中兴 60%以上的业务都来自海外，华为、中兴等企业在欧美、东南亚、非洲等地拓展业务时，面临当地技术技能人才培养不到位、当地 ICT 技能人才极度匮乏等困境，这严重制约了企业在当地的市场拓展和业务开展。

2015 年，国家发展改革委、外交部、商务部联合发布了《推动共建丝绸之路经济带和 21 世纪海上丝绸之路的愿景与行动》，提出加快“一带一路”建设；2019 年，国务院印发《国家职业教育改革实施方案》，其中明确指出，职业院校应当根据自身特点和人才培养需要，主动与具备条件的企业在人才培养、技术创新、就业创业、社会服务、文化传承等方面开展合作。学校积极为企业提供所需的课程、师资等资源，企业应当依法履行实施职业教育的义务，利用资本、技术、知识、设施、设备和管理等要素参与校企合作，促进人力资源开发。

目前，德国、新加坡等发达国家正大力发展 ICT 产业；保加利亚、马来西亚、缅甸、津巴布韦等发展中国家正面临移动通信网的升级，都急需大量技能人才，ICT 产业人才需求的国际化趋势十分明显。这是华为、中兴亟待开拓的大市场，也是职业教育走向国际市场的良机。

在此背景下，ICT 专业通过校企合作和外事合作，培养一支国际化的职教师资队伍，建设 ICT 专业国际化人才培养标准、课程标准、技能认证标准等职业教育资源，并面向国内外推广，具有很强的实际意义：一方面，通过国际化人才培养标准，提升国内 ICT 技能人才的国际化水平；另一方面，依托领军企业先进技术，培养国外当地的 ICT 技能人才，推广中国先进的 ICT 技术和职业教育标准，从而满足中国 ICT 企业对国际化人才的需要，进一步提升 ICT 产业国际化水平，服务于“一带一路”建设。

二、主要做法

2019 年 1 月 24 日，国务院印发《国家职业教育改革实施方案》，提出启动实施中国特色高水平高等职业学校和专业建设计划，“双高计划”正式启动。“双高计划”提到了“建设一流高职院校”的目标和“国际化”路径选择的确立，既是顺应中国“走出去”发展战略，提升中国企业和产品国际竞争力的需要，也是主动适应当前中国经济转型升级，提升职业教育及其人才培养竞争力，从而切实增强职业教育吸引力的需要。“双高计划”的主要任务之一就是提升国际化水平：加强与职业教育发达国家的交流合作，引进优质职业教育资源，参与制定职业教育国际标准；开发国际通用的专业标准和课程体系，推出一批具有国际影响的高质量专业标准、课程标准、教学资源，打造中国职业教育国际品牌；积极参与“一带一路”建设和国际产能合作，培养国际化技术技能人才，促进中外人文交流；探索援助发展中国家职业教育的渠道和模式；开展国际职业教育，承接“走出去”中资企业海外员工教育培训，建设一批“鲁班工坊”，推动技术技能人才本土化。

据此，相关院校应分析 ICT 产业发展及领军企业国际化人才需求，建设高水平国际化的师资队伍，建设 ICT 专业国际化人才培养标准、课程标准和技能认证标准，培养一批 ICT 国际化技术技能人才，满足 ICT 企业国际化需求，最终使得中国职教标准辐射海外，服务于“一带一路”建设。具体做法如下。

（一）建设 ICT 专业国际化人才培养标准

ICT 产业技术发展迅猛，各个国家 ICT 产业发展层次和阶段存在巨大的差异。国内学者通常直接将“ICT 产业人才培养方案”翻译为“国际化 ICT 人才培养方案”，存在不符合当地人才培养实际情况的问题。因此，设立适合在国际推广的人才培养标准，并根据各个国家的实际情况设定不同的课程组，是培养 ICT 专业国际化人才急需解决的问题。

（二）建设ICT专业国际化课程资源库

目前，国内院校都非常重视国内人才培养，专业建设和课程建设力度都很大，但是对国际化课程建设的重视力度不够。电子与通信工程学院通过分析相关国家ICT产业发展现状和人才需求，找到ICT企业在业务开展过程中的难点以及ICT企业人才缺乏的岗位，之后分析相应的岗位能力，进而开发培养相关岗位能力的国际化课程，培养满足岗位需求的技能人才。ICT专业国际化人才培养的专业方向如图1所示。拟开发的国际化基础课程和认证课程如表1所示。

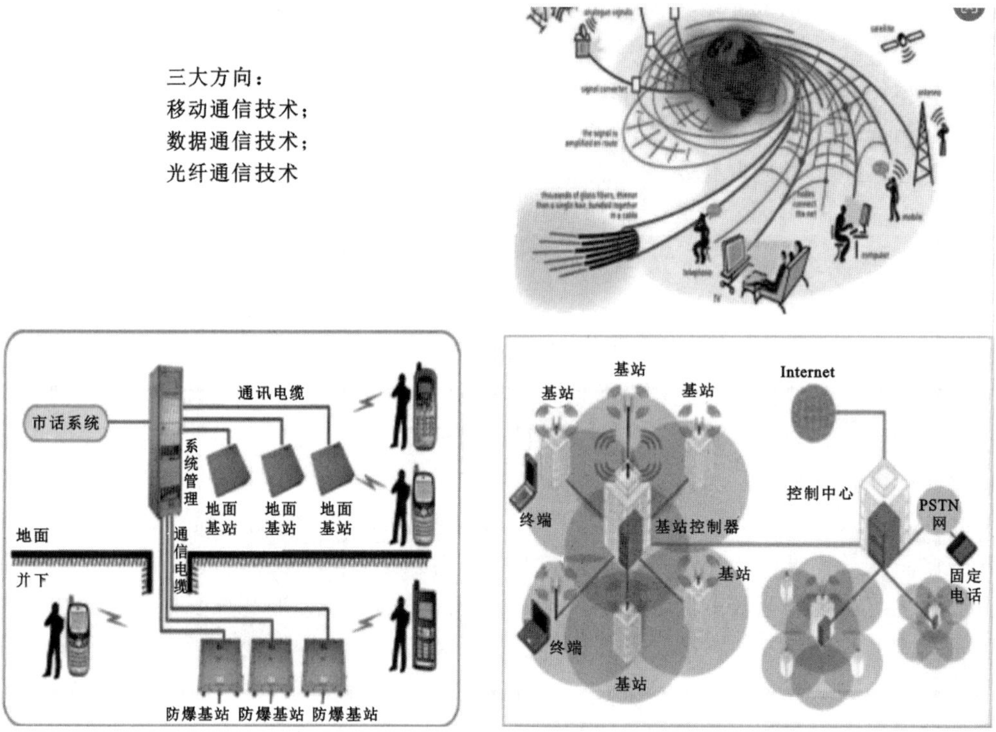

图1 ICT专业国际化人才培养的专业方向

表1 拟开发的国际化基础课程和认证课程

序号	课程内容	课程性质
1	通信网络技术基础（包含数据通信、移动通信、光纤通信、云服务、通信工程）	专业基础课（基本概念、基础知识、前沿技术）
2	华为数通HCIA认证	数通方向认证课程
3	华为移动通信HCIA认证	移动方向认证课程
4	华为云服务HCIA认证	云服务方向认证课程

此外，国内院校普遍存在国际化课程资源不够充足的问题，电子与通信工程学院依托通信技术专业教学资源库平台，开发适合国际推广的国际化英文课程组，按照国家资源库课程建设标准，建设英文知识技能树、英文授课课件、英文PPT、英文题库等教学资源，

采用线上线下混合式教学，以满足国际ICT技术技能人才培养的需求。另外，还要推进ICT专业国际化课程教材建设，提升国际化课程建设水平。

（三）建设ICT专业国际化师资队伍

ICT专业教师通常都是中文教学，在高职教育领域，采用英文教学的课程和教师非常少，因此要大力提升教师的英文授课水平。同时，国内高职学生的英文能力相对薄弱，国外学员则中文能力薄弱。电子与通信工程学院通过与新加坡、马来西亚、德国等开展多期国际化培训班，为教师提供英文授课机会，逐步探索国际化ICT课程的英文交付模式；同时，结合华为相关的新技术新技能培训，提升教师技术技能水平，最终打造一支技术水平高、英文能力强的ICT专业国际化师资队伍。

（四）探索ICT专业国际化人才培养的课证融通模式

深职大与华为经过多年的合作，探索出课证共生共长的人才培养模式，并取得了显著的成效（见图2）。这种模式主要针对国内学生，基本做法是与行业领军企业探索建设ICT专业国际化认证标准，通过课程体系与认证标准的深度融合，培养满足企业岗位急需，来了就能上岗的ICT技能人才。该模式主要的认证方向为华为云服务认证、华为数据通信认证、华为5G移动通信认证等。

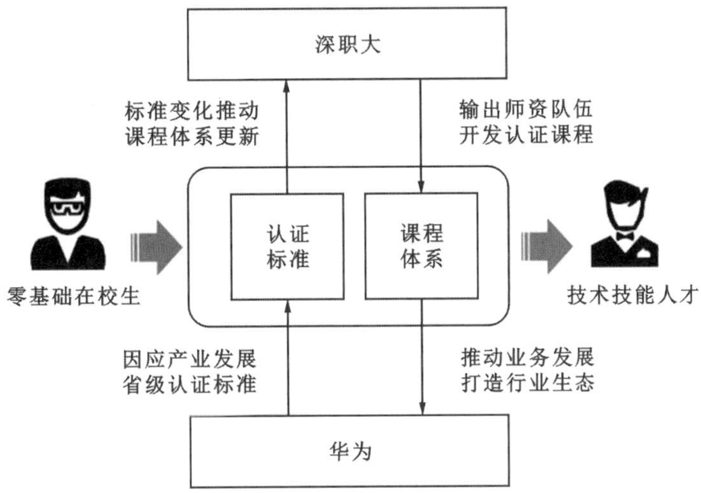

图2　深职大-华为课证共生共长模式

（五）建设ICT专业国际化实训环境

深职大目前已经建设了得到中央财政支持的实训基地（通信技术专业），实训设备不管是在国内还是在国外，均属一流。但是这些实训设备并不方便携带到国外开展实训，实训设备研制复杂、环境建设周期长，并且涉及国际交付。因此，学校要联合企业开发适合国际课程交付的在线实训环境，这主要包括数据通信虚拟仿真实训平台、移动通信虚拟仿真实训平台、云服务实训平台等，以便快速向国外的院校和师生交付中国ICT企业的先进技术和职业标准。同时，要联合华为等行业领军企业面向国外院校推广基于中国技术、中国职教标准和设备的实训平台。

三、典型经验

（一）瞄准目标，制定战略，明确校企合作办学任务

瞄准办学目标，确立以电子通信、物联网、大数据为引领，带动其他专业共同发展的建设思路，携手华为开展深度合作，共建华为 ICT 学院支持中心、共建鸿蒙学院，深化产教融合；通过推动内涵发展，提高办学质量，打造核心竞争力，进一步服务区域经济发展；通过分析 ICT 产业发展及领军企业国际化人才需求，在全球打造一流华为 ICT 学院，建设高水平国际化的师资队伍、人才培养标准、课程标准和技能认证标准，共谋人才培养合作新路径。

（二）行业主导，校企协同，促进海外办学发展壮大

在电子通信行业的主导下，校企协同，优选其他相关专业，通过海外办学为中国 ICT 企业提供 ICT 技术技能人才支撑。以相关职教集团为依托，成立专门的校企协同海外办学组织机构，搭建校企协同海外办学平台，为中国企业和职业院校提供国际合作的信息资源，整合行业在 ICT 专业方面的优秀职业院校服务于中国企业，输出中国的职业教育和先进的 ICT 技术。

（三）优化设计，创新驱动，强化校企合作伙伴关系

为保证海外办学健康可持续发展，深职大持续优化“走出去”办学的顶层设计、在全球布局职业教育培训中心、举办职业教育国际会议，并完善相关政策，提供经费保障。同时，针对市场需求，不断推动技术创新，加强研发能力，提高自主创新能力，加快产品研发和创新，加强与国际一流企业的交流与合作。通过与全球领先企业开展技术合作，借鉴经验，实现技术突破，提升校企合作办学水平，提高核心竞争力，推动行业发展。同时，借助华为 ICT 学院的建设，积极与国际领先的科技公司、研究机构和高校建立合作伙伴关系，共同开展技术研发、创新项目培育和人才培养。

四、成果成效

（一）创新育人模式，分段式培养新时代工匠型人才

深职大联合华为共建 ICT 专业，共育 ICT 人才，使学校课程与企业认证互嵌共生、互动共长，实行进阶式培养、个性化学习，形成了灵活可选、人人成才的“分段、分类、分层”三分课程体系。其中课证“共生共长”人才培养模式获得 2018 年职业教育国家级教学成果奖特等奖。在此基础上，华为与深职大商议成立深职大-华为 ICT 学院支持中心，并致力于将其打造成华为 ICT 学院认证讲师成长的“黄埔军校”、中国 ICT 技术传播的摇篮。

（二）深化产教融合、校企合作，助推深圳职业教育高质量发展

深职大与华为携手推进企业能力导向的人才培养模式改革，共建专业、共建课程、共建师资、共建平台、共育人才，共同探索具有深圳特色的校企合作、产教融合、双元育人模式。深职大与华为合作共建 ICT 专业人才培养模式已形成特色品牌，成为培养 ICT 高端技能服务型人才的典范，对于促进职业教育更好地服务产业需求、支撑区域经济社会发展具有重要的示范意义。深职大与华为将进一步强化信息技术与教育教学的深度融合，不断推动校企双方在文化交融、人才交流、技术共享、资源共建等方面的深度协作，助推深圳职业教育高质量发展。

（三）开展国际交流与培训，持续提升国际影响力

深职大依托海外职业教育培训中心，携手华为等一流企业，培训海外员工 2050 人；开发 ICT 新技术国际课程 4 门，获国际技能大赛奖项 4 个，建设海外实习基地 1 个、海外 ICT 培训基地 4 个。

此外，深职大面向“一带一路”沿线国家开展 30 余场国际培训和交流，1 个专业标准在境外落地；国际课程覆盖 20 个国家和地区，累计培训国际学员 800 余人；为非洲 30 多个国家、1000 多名政府官员和大学教师开展电信基础设施建设、信息化建设培训，培训合格率为 100%；在校生参与国际交流比例达 7%。

深职大与企业携手“走出去”取得的成果获得“世界职业院校与技术大学联盟校企合作卓越奖”。

五、推广应用

2023 年 3 月，深职大与华为共建的华为 ICT 学院支持中心成立。该中心经华为认证授权，期望从中萃取提炼可复制的 ICT 人才培养的最佳实践模式，并在全球范围内复制和传递，规模化支撑华为 ICT 学院支持中心在全球的运营。在此合作基础上，华为将在专业课程、培训支持、专业发展、技术指导方面提供支持。深职大将致力于推动华为 ICT 学院支持中心发展，协助开展学院业务及活动，负责学院培训、学院建设、学院运营和学院营销。双方在华为 ICT 学院支持中心发展、华为 ICT 人才培养等方面的合作将持续深化融通，这也将进一步推动产教融合、双元育人的发展。

六、改进方向

（一）加强技术创新，强化合作伙伴关系

校企合作办学应不断推动技术创新，加强校企研发能力，提高自主创新能力。华为 ICT 学院支持中心应积极参与国际标准制定和行业组织活动，加强与国际一流企业的交流与合作。通过与全球领先企业开展技术合作，借鉴经验，实现技术突破，提升自身研发水平，推动科技创新，提升核心竞争力，促进行业发展。同时，要强化支持全球高校华为

ICT 学院的构建，积极寻求与国际领先的科技公司、研究机构和高校建立合作伙伴关系，共同开展技术研发、创新项目和人才培养工作，以帮助华为 ICT 学院融入全球科技创新网络，提高技术水平和创新能力。

（二）深化人才培养，提高人才培养质量

华为 ICT 学院支持中心可以加大对全球华为 ICT 学院教师的培训和技能提升力度，不断提高其专业能力和创新能力，为关联的华为 ICT 学院教师赋能。同时，要建立更加有效的内部交流机制，鼓励知识共享和团队合作，激发院校团队合作和创新创造热情。华为 ICT 学院的目标是 ICT 人才培养，但不能仅停留于人才培养层面，更重要的是建立完善的人才梯队和培训体系，最终在华为 ICT 学院角度萃取提炼可复制的 ICT 人才培养的最佳实践，向全球复制和传递，规模支撑华为 ICT 学院运营。

（三）积极开拓市场，增强市场竞争力

针对市场需求，华为 ICT 学院支持中心应积极寻找增长点，进一步开拓国内外市场，寻找合适的合作伙伴和客户，加强与各方面的沟通与合作；与客户建立互信关系，积极倾听客户需求，提供解决方案和高质量的产品与服务；加强营销网络建设，提高市场份额，增强市场竞争力。同时，华为 ICT 学院支持中心应针对市场需求，加快产品研发和创新，提供符合客户要求的高质量解决方案。

产业学院背景下智能制造高素质技术技能人才培养的探索与实践
——以深职大大族激光学院为例

蔡文举[1]　廖强华[1]　宋志刚[1]　刘　丹[2]

（1. 深圳职业技术大学　2. 大族激光科技产业集团股份有限公司）

摘要： 当前，深圳地方制造产业正面临改造升级，企业对智能制造高素质技术技能人才需求迫切。然而，高职院校制造专业群培养的人才面临与企业所需高端岗位匹配度不高、适应性不强、薪酬待遇不高等问题。如何为企业培养智能制造高素质技术技能人才，成为职业教育的当务之急。深职大与大族激光科技产业集团股份有限公司（以下简称大族激光）有着长期友好合作关系，双方共建深职大大族激光学院，并以此为依托，以智能制造教改试点班为切入点，共同开展人才培养、人才培养方案制定、课程标准开发、生产实训、特色教材编写、高水平师资团队打造、学生实训基地建设等活动。经过四年的不断探索实践，最终形成了深职大与大族激光校企深度融合的人才培养模式，成功实现了制造专业群人才的智能化转型，解决了智能制造高端岗位"人才荒"的问题。

关键词： 特色产业学院；教改试点班；共建共管机制；高水平师资；课程标准与教材；智能制造实践教学基地

一、实施背景

智能制造是工业化和信息化的深度融合，并逐渐成为第三次工业革命和工业 4.0 的重大趋势和核心内容。发展智能制造是《中国制造 2025》的核心内容，也是促进我国工业向中高端迈进、建设制造强国的重要举措。深圳市支持智能制造装备产业核心技术攻关，重点发展工业母机、工业机器人等领域，培育智能制造装备先进制造业集群，智能制造装备产业发展前景可期。

（一）制造产业改造升级对智能制造人才需求迫切

大族激光成立于 1996 年，是国家重点高新技术企业、国家级创新型试点企业、广东省装备制造业重点企业、广东省名牌产品企业，也是中国激光装备行业的领军企业、世界知名的激光加工设备生产厂商、深圳市智能装备制造领域的领军企业。随着智能制造产业的改造升级，大族激光及其相关产业链的行业企业对智能制造高素质技术技能人才的需求强劲，尤其需要掌握最新 PLC 编程、机器视觉技术、MES 系统、工业机器人、生产过程数字化系统等新技术的高级技能人才。

（二）职业教育转型升级的关键在于产教深度融合

国内智能制造专业群建设没有统一标准，主要是契合地方产业和经济发展。智能制造类专业群涉及机械、电气、信息技术、人工智能等多个学科，与地方产业紧密结合，技术更新迭代非常快。深职大机电工程学院智能制造专业群在师资引进、软硬件设备更新、课程更新、教材使用、新技术引进上都存在滞后现象，因此急需与国内制造行业的龙头企业进行深入的产教融合。经深圳市工业和信息化局“牵线”，深职大和大族激光“一拍即合”。图 1 为深职大校长许建领到大族激光调研。

图 1　深职大校长许建领到大族激光调研

二、主要做法

（一）创建特色产业学院——人才培养的重要平台

为贯彻落实《中国制造 2025》和《〈中国制造 2025〉深圳行动计划》的相关要求，以高职教育改革为契机，大力推动智能制造新技术与产业精准对接，深职大与大族激光于 2019 年 12 月创建深职大大族激光学院，共同培养智能制造高素质技术技能人才，提升人才培养与产业发展契合度，将产业学院打造成为校企双赢平台。图 2 为深职大大族激光学院签约暨揭牌仪式。

图 2　深职大大族激光学院签约暨揭牌仪式①

（二）校企党建共建——校企协同育人合作新模式

深职大与大族激光党委联合开展党建工作，共建党员教育基地、思想政治理论课实践教学基地、学生实习实训基地、创业孵化基地，提高党建和思想政治教育工作质量，提升企业员工政治素养，培育企业员工的工匠精神和主人翁意识，厚植企业文化。

依托党员教育基地，加强企业、学校和学生之间的相互了解。企业需要具有什么能力的人才，学校就培养学生什么能力，有效实现信息互通、资源共享，有效发挥各自的党组织党建优势，最终搭起校企深入合作的桥梁和纽带。图 3 为深职大机电工程学院党委和大族激光党委共商校企党建共建事宜。

图 3　机电工程学院党委和大族激光党委共商校企党建共建事宜

① 本书文字部分的深职院或深圳职业技术学院统一为深职大或深圳职业技术大学，部分图片依照原貌显示为深圳职业技术学院或深职院，特此说明。

（三）成立理事会和管理机构——人才培养的组织保障

深职大大族激光学院于 2020 年 12 月成立了理事会和管理机构，为智能制造高素质技术技能人才培养提供了组织保障，形成了双方共建共管机制。该理事会的宗旨是推动学院与深圳市智能制造产业密切合作，创新人才培养机制，促进资源共享，实现合作共赢，形成智能制造产业人才培养的“深圳模式”，提升服务于深圳地方经济的能力。主管单位由深职大和大族激光双方组成，每年召开一次理事会议，主要是对学院发展目标、战略规划、企业员工培训、人才培养、产业布局、五年规划等重大问题进行决策和咨询。管理机构负责年度计划、项目实施、学生实习就业、毕业实训、基地建设、日常管理等工作。

（四）开设智能制造教改试点班——人才培养改革与探索的重要载体

1. 人才选拔与管理模式

为了与智能制造产业无缝对接，尽快推进一流专业建设计划，深职大机电工程学院从 2018 年开始，每年从新生班级的机电一体化技术、工业机器人技术、电气自动化技术和机械设计与制造四个专业中选拔 30 名学习成绩优秀、动手能力强、具有较大学习潜力或特殊专长、富有团队合作精神的优秀学生，经过“宣讲—报名—资格审查—面试”等环节的层层筛选，组成智能制造教改试点班。

该试点班单独编班，因材施教，特色培养，采用“班主任＋学校导师＋企业导师”共同管理的模式，以“强基础、拓能力、重实践、高素质、高定位”为要求，培养能完成智能装备和智能化生产线集成设计、装调、运行管理及维护维修的中高级复合型技术人才。

2. 生产实训培养

从 2020 年开始，智能制造教改试点班 30 名学生每年到大族激光福永全球生产基地的大族激光精密焊接事业部进行为期 1 个月的“智能生产线装调综合实训”生产实习实训。他们在实际生产线上进行制造设备的安装、调试、维护，了解和熟悉智能设备的使用，学习新技术、新工艺，最终在实践中深入理解所学理论知识、专业知识等，完成智能生产线安装调试。学院还为学生提供企业导师，为学生未来的职业发展打下坚实的基础。

图 4 为深职大大族激光学院智能制造班生产实训开班合影。

图 4　深职大大族激光学院智能制造班生产实训开班合影

（五）共同制定人才培养方案、开发课程标准与教材——人才培养的重要内容

1. 共同制定人才培养方案

针对智能制造教改试点班的人才培养方案，学院经过多方调研论证，联合大族激光、深圳市贝特瑞新能源材料股份有限公司、固高派动智能科技有限公司等多家龙头企业共同制定人才培养方案，主要面向智能制造行业进行高素质技术技能人才的培养。随着智能制造产业的快速发展，新技术、新装备不断应用于制造行业，极大地提高了生产效率。因此，学生的专业课程也做出相应调整，其中，在新技术方面增加了机器视觉与系统辨识技术、智能装备机电集成技术、智能生产线装调综合实训、工业互联网及数据分析、智能生产线运行技术等技术。这些新技术嵌入新的人才培养方案中。

2. 共同开发课程标准与教材

在开展生产实训的过程中，双方结合课程培养目标和实际的生产实训共同开发“智能生产线装调综合实训”课程标准，并编写《激光智能焊接装备与应用》教材，将大族激光的生产技术标准转化为课程标准，将生产实训的典型案例转化为教材应用案例。课程标准和教材每两年会根据技术的更新迭代、实际生产的变化进行修订，以实现与产业的同频共振，更好地培养契合产业需求的人才，服务于产业的发展。截至 2024 年 3 月，校企双方共同制订的课程标准已经在四届学生中成功实施，校企双方师资团队正在共同建设开发“智能生产线装调综合实训”课程，课程建设取得初步成果，已完成《激光智能焊接装备与应用》校本教材，为人才培养与产业对接提供了一手的技术资料，也在职业本科职业认知、课程实训、集中实践、小学期综合实训等实践教学环节进行了探索与示范。

（六）打造高水平师资团队——人才培养的必要保障

深职大和大族激光共同申报教育部第二批全国职业教育教师企业实践基地并顺利获批。深职大设立了“大族激光工程师工作室”，大族激光设立了“双师型教师工作站”，深职大聘请大族激光研发、生产骨干担任现代产业导师，与学校专业骨干教师组成高水平师资团队，校企共同制定“双师型”教师培养方案。通过组织教师集中培训，教师兼任企业机械设计、软件开发、工艺研发等职位的方式，教师深入了解企业生产的组织方式、工艺流程、产业发展趋势等，熟悉相关岗位职责、技能要求、管理制度、企业文化等，学习所教专业在生产中应用的新知识、新技术。

图 5 为大族激光兼职教师聘任仪式合影。

图 5　大族激光兼职教师聘任仪式

（七）共建智能制造实践教学基地——人才培养的重要基地

实践教学基地作为人才培养的重要基地，在实践教学中显得尤为重要。2020 年 5 月，深职大与大族激光共同成立了智能制造实践教学基地。目前，该实践教学基地拥有的设备主要包括生产线上的火花机、激光机、三轴和五轴的机床等。这条精密智能制造生产线主要使用大族激光的设备，通过安装调试可以生产精密的零部件。双方联合攻关，在该生产线进行谐波减速器关键零部件的制作。谐波减速器关键零部件的制作作为实践教学基地的教学内容，其过程涉及机械知识、电气知识、工艺设计、编程、机器视觉、工业互联网等先进技术的应用。通过对整个生产流程的学习，学生能够深入理解并掌握智能制造技术的实际应用。

三、典型经验

经过四年的人才培养实践和探索，智能制造教改试点班的毕业生能够非常好地与智能装备产业对接，深受行业企业的欢迎。

（一）校企共建特色产业学院，双主体主导人才培养

校企共建特色产业学院，突破了传统的“剃头挑子一头热”的“校热企冷”困境，将企业变成人才培养的主体，将职业教育变成学校和企业的共同责任，确保产教双方全要素的集成整合，不仅解决了深职大学生就业的问题，而且满足了大族激光对于优秀人才的需要，促进了智能制造产业的发展。

（二）校企党建共建，为人才厚植家国情怀、工匠精神、职业素养

校企党建共建，引领人才培养。企业需要具有什么能力的人才，学校就培养学生什么能力，双方有效实现信息互通、资源共享，有效发挥各自党组织党建优势。同时，建立党员教育基地、思想政治理论实践教学基地，提升人才政治素养，厚植人才家国情怀、工匠精神、职业素养。

（三）校企共建教学模式，实现智能装备技术的提前学习

深职大联合大族激光及其产业链的多家龙头企业共同制定人才培养方案，共同打造独特的教学模式；与产业应用的新技术同步，针对专业课程做出相应调整，在新技术方面增加了机器视觉与系统辨识技术、智能装备机电集成技术、智能生产线装调综合实训技术、工业互联网及数据分析技术、智能生产线运行技术等，实现对智能装备技术的提前学习和训练。

四、成果成效

（一）高素质人才培养效果显著

深职大大族激光学院自成立以来，截至 2024 年 3 月，已培养四届智能制造教改试点

班毕业生，为大族激光智能装备产业链企业输送了90余名契合企业实际需求的智能制造高素质技术技能人才，这些企业不乏深圳市大疆创新科技有限公司、深圳市汇川技术股份有限公司、深圳市越疆科技股份有限公司等行业龙头。不少优秀学子成长为“大族之星”“服务标兵”。

（二）产教融合硕果累累

2020年，大族激光成为广东省和深圳市第一批建设培育产教融合型企业。2022年，深职大与大族激光联合申报教育部第二批全国职业教育教师企业实践基地并成功获批。深职大大族激光学院立项为2022年校级示范性产业学院。大族激光机电一体化技术专业校外实践教学基地成为广东省校外实践教学示范基地。

（三）人才培养亮点与特色

1. 企业技术骨干担任兼职教师，全程参与人才培养

大族激光的研发和生产骨干担任深职大大族激光学院的兼职教师，积极进行人才培养方案修订、课程标准制定、生产实训指导、顶岗实习计划制定等，全程参与人才培养。兼职教师不仅指导学生的专业技术、生产工艺等与产品开发生产相关的技术技能，还传授学生制造强国的爱国情怀、工匠精神的职业情操等。

2. 师兄模范力量提供强大的学习动力和精神源泉

自2008年以来，陆续有机电毕业生入职大族激光，岗位涵盖售后技术工程师、设备维护工程师、市场采购和行政管理等。比如，2012届机电一体化技术专业毕业生程鹏远，入职时为售后技术工程师，经过不懈努力，成长为大族激光分公司的经理；再如，2014届机电一体化技术专业毕业生黄旭涛，入职时为售后技术工程师、技术支持工程师，后由于成绩突出，获得大族激光“服务标兵”荣誉称号。这些优秀师兄的成功案例为深职大的学子树立了非常好的榜样。

五、推广应用

（一）人才培养模式的宣传与推广

2020年5月，深职大大族激光学院校内实践教学基地建成。目前，深职大大族激光学院已经成为校内师生的“网红”打卡地，为3000余名在校师生提供制造强国、工匠精神、优秀校友榜样等文化教育。该实践教学基地每年接待300余个参访团队，深职大大族激光学院的校企合作人才培养模式得以推广。

（二）媒体宣传报道

2020年，《中国教育报》对深职大与华为等领军企业共办特色产业学院、探路双元育人模式成就进行了报道，在《跳好校企深度协同育人“双人舞”》的文章中，大族激光副总裁王瑾专门做了与深职大合作开展人才培养的经验介绍：“深职大与大族激光强强联合，

成立大族激光学院。大族激光的全球市场、人力资源与深职大优质教育资源链接起来。双方联合推动技术标准、人才标准‘双标准’的深度融合，促进智能制造教育链、人才链与产业链、创新链有机衔接，一定能够培养出拥有高端装备一线实践能力的优秀人才，为实现中国制造业强国梦添砖加瓦。”

2022年，《深圳特区报》以“产教融合培养高素质人才”为主题，对深职大与大族激光的合作模式进行宣传报道，指出深职大与大族激光深化产教融合、校企合作，在促进智能制造教育链、人才链、产业链、创新链有机衔接、有机融合方面按下了“加速键”，形成了智能制造技术技能人才校企“双元”共育的“深职模式”。

六、改进方向

（一）加强基础课程学习，解决“后劲不足”问题

根据大族激光和校友座谈与问卷反馈，深职大与大族激光共同培养的高技能人才到岗后适应性强，技能学习快，受到企业的一致好评。但是，随着工作的深入和技术难度的提升，一些学生“后劲不足”，基础理论（如高等数学、大学物理等）知识储备不足，解决核心技术问题能力不足，因此需要学生加强基础理论课程的学习。

（二）提升学历，打通职业晋升通道

不少企业针对员工晋升提出了本科及以上的学历要求，这使得专科学历处于尴尬境地。据此，学生应积极提升学历，打通职业晋升通道。

（三）未来展望

大族激光属于智能装备行业的龙头企业，对于各个层次人才的需求旺盛，尤其是理论基础扎实、技能过硬的复合型人才。未来，深职大可以联合大族激光共同探索职业教育本科乃至研究生人才培养，培养理论基础扎实、技能过硬的高层次人才，实现企业、学生、学校的三方共赢。

产业集群建设背景下校企合作的探索与实践[①]

——以深圳职业技术大学与深圳市金岷江智能装备有限公司合作为例

洪建明[1]　余久红[2]　张　亮[2]

（1. 深圳职业技术大学　2. 深圳市金岷江智能装备有限公司）

摘要： 产教融合、校企合作是职业教育发展的重要方式，也是推进教育链、人才链、创新链和产业链深度融合、有机衔接的重要路径。在产业集群建设背景下，深职大和深圳市金岷江智能装备有限公司（以下简称金岷江公司）通过共同建设高水平专业、共同开展党建活动、共同打造师资团队、共同建设实训基地、共同育人、共同开发课程标准、共同编写教材、共同开展应用技术研发，开展深度的校企合作，在教育教学成果、技术技能人才培养、应用研发技术服务、教学创新团队建设等方面取得了良好的成效，助力区域经济的发展。

关键词： 产教融合；校企合作；科教融汇；产业集群

一、实施背景

制造业是立国之本、强国之基，是国家经济命脉之所系。2015 年，国务院印发《中国制造 2025》，全面部署推进实施制造强国战略。2020 年，广东省人民政府发布《关于培育发展战略性支柱产业集群和战略性新兴产业集群的意见》，提出重点发展十大战略性支柱产业集群和十大战略性新兴产业集群。2022 年，深圳市人民政府发布《关于发展壮大战略性新兴产业集群和培育发展未来产业的意见》，提出建设“20＋8”产业集群战略、打造全球领先的制造业创新中心、深圳的高端装备制造业承担引领产业发展并成为国内一流国际领先水平的重任。2022 年，工业和信息化部公布 45 个国家先进制造业集群。这 45 个国家级集群 2021 年主导产业产值达 19 万亿元，布局建设了 18 家国家制造业创新中心，占全部国家级创新中心数量的 70%，拥有国家级技术创新载体

① 基金项目：2021 年广东省高职教育教学改革研究与实践项目（GDJG2021403），深职大-中望工业软件开发及应用研究中心项目（602331002PQ）。

1700余家，培育创建了170余家国家级单项冠军企业、2200余家国家级专精特新“小巨人”企业，成为推动制造业高质量发展的重要载体。

深职大的前身为深职院，自建校以来，其始终立足职业教育，坚持为党和国家服务、为深圳经济社会发展服务、为学生健康成长成才服务，努力成为职业教育创新发展的先行者、复合式创新型高素质技术技能人才的摇篮和企业家的摇篮、深圳中小微企业技术研发中心、深圳市民终身教育学校、中国职业教育师资培训重要基地。

金岷江公司成立于1999年，是国内领先的微电机生产自动化综合解决方案供应商、国家级高新技术企业、深圳市“专精特新”企业、典型的数字化制造型企业。公司员工有600多人，研发人员占比25%，设有结构设计、工艺设计、产线设计、仿真分析、精密加工、产线装配、产线调试、信息化管理等岗位。

二、主要做法

深职大机械设计与制造专业面向粤港澳大湾区先进制造业产业集群需求，服务智能制造国家战略，形成了以数字化设计、精密加工及检测、工程仿真与生产管理为特色的专业布局。深职大与金岷江公司开展校企合作产教融合，培养先进制造领域高技术技能人才，为专业发展赋能。

（一）共同建设高水平专业

2020年，深职大与金岷江公司相关负责人经过深度交流沟通，一致认为深职大机械设计与制造专业人才培养方案与金岷江公司的技术体系高度契合。为满足企业的技术技能人才需求，双方决定深入开展校企合作，共同建设高水平专业，培养一批数字化设计与制造领域的高技术技能人才。深职大机械设计与制造专业教研室主任洪建明组建教师团队，金岷江公司副总经理余久红组建生产、技术团队，两者进行对接，余久红同时担任深职大机电工程学院第三届产学研用指导委员会委员。生产、技术团队结合公司先进制造产业集群“专精特新”的岗位需求，在专业定位、学生能力培养、课程体系重构、课程标准构建、课程项目提炼等方面提出指导意见，为机械设计与制造专业数字化转型升级、专业人才培养方案修（制）订提供坚实的支持。图1为深职大与金岷江公司相关负责人共商合作留影。

图1　深职大与金岷江公司相关负责人共商合作留影

（二）共同开展党建活动

为进一步深化校企合作，促进企业、学校和学生之间的相互了解，实现信息互通、资源共享，2022 年，深职大机械设计与制造专业教师党支部与金岷江公司党支部共建校企党建工作站，搭建党建合作平台，共同开展党建工作，发挥党建优势，实现企业与学校党建资源共享，为企业党建提供人才和信息支持，为学校党建注入新活力，共同打造校企党建合作的典范。

双方共同建立党员教育基地、思想政治理论实践教学基地，提高党建和思想政治教育工作质量，提升企业员工政治素养，培育工匠精神和主人翁意识，厚植企业文化，加强企业团结协作，促进企业发展；同时，协助企业开展常态化在职员工职业素养、岗位技能培训，满足企业对适岗人才的需求。双方党支部共同开展学习党章、学习党的全国代表大会报告等活动，同时开展赠书活动、校友面对面座谈等。

图 2 为深职大机械设计与制造专业教师党支部与金岷江公司党支部共同党建留影。

图 2　深职大机械设计与制造专业教师党支部与金岷江公司党支部共同党建留影

（三）共同打造师资团队

深职大机械设计与制造专业对接金岷江公司新技术、新工艺、新规范，聘请产业导师，共建教师实践基地。金岷江公司成立了专门指导小组，负责教师实践基地的建设与协调工作。深职大机械设计与制造专业教师洪建明、冯浩洋、张潇龙等多次到访企业，深入企业实践，开展课程建设、新技术、数字化等方向的合作，由此锻炼了教师实际解决问题的能力，提升了教师的“双师”素质，打造了一支专兼结合的高水平职业院校教学创新团队，为高素质“双师型”教师队伍建设做出了示范，深化了教师、教材、教法的“三教”改革，打造了与时俱进的教师培训基地。

（四）共同建设实训基地，共同育人

建设校外实习实训基地，形成实训基地管理文件，企业参与实践课程建设，学校教师和企业人员共同负责实践教学工作。金岷江公司为深职大机械设计与制造专业学生提供各类实习和就业岗位，实习内容包括体验性实习、课程实习、暑期实习、生产实习、顶岗实习和就业岗位实习。2021 年，金岷江公司邀请 20 多名学生到企业进行为期 40 天的技术岗

位实习，岗位对接先进制造产业集群，包括产品结构设计、工艺设计、产线仿真以及产线装配等多个技术技能岗位，帮助学生掌握先进技术，解决就业难的问题。图 3 为实践基地建设相关情况。

（a）基地授牌

（b）企业文化讲解

（c）装配部实习

（b）机加工部门实习

图 3　实践基地建设

金岷江公司总经理、技术经理多次到访深职大，为学生开展行业技术、生产和管理等方面的讲座，企业技术工程师以线上或线下形式指导学生开展项目学习，积极推动学生就业。金岷江公司每年在学校召开招聘宣讲会（见图 4），部门负责人面试挑选人才。2022 年以来，金岷江公司招聘深职大机械设计与制造专业毕业生 20 余人从事技术开发和支持工作。

图 4　金岷江公司到深职大举行专场招聘会

（五）共同开发课程标准，共同编写教材

深职大机械设计与制造专业在人才培养方案和课程体系制定的过程中，深入调研包括金岷江公司在内的专业相关企业在生产技术领域的需求，制定能够满足产业市场需求的人才培养方案和课程体系。在专业课程标准的制定中，“CAD 机械设计”“产品三维造型与结构设计”“零件数控加工自动编程”“机械产品数字化设计”“生产实习”“顶岗实习”等课程内容对接企业需求，培养的毕业生具有胜任岗位的能力。目前，专业的主要课程设置涵盖产品设计、数控加工、产线设计、产线装配以及精密测量等内容，与企业的实际需求高度契合。

（六）共同开展应用技术研发

深职大与金岷江公司在应用技术研发方面也进行了深入的合作。2021 年，双方围绕进口装备国产替代三维数字建模、数字装配、数字仿真开展合作，专业教师带领学生利用 10 天时间，协助企业完成由 3000 多个零部件构成的生产线设计仿真，加快企业研发进度。2023 年暑假，专业教师洪建明带领学生针对企业的实际需求，集成模具分型、工业扫描、逆向建模、混合建模、3D 打印等多种技术，为企业开展新能源驱动电机异形线型检测模设计（见图 5），研制实用的检测模型，解决新能源驱动电机异形线型生产过程中检测难、检测耗时长的问题，保证产品的质量。同时，借助深职大在智能制造数字仿真等技术领域的优势，双方共同申报专利，开展多方位的应用合作。

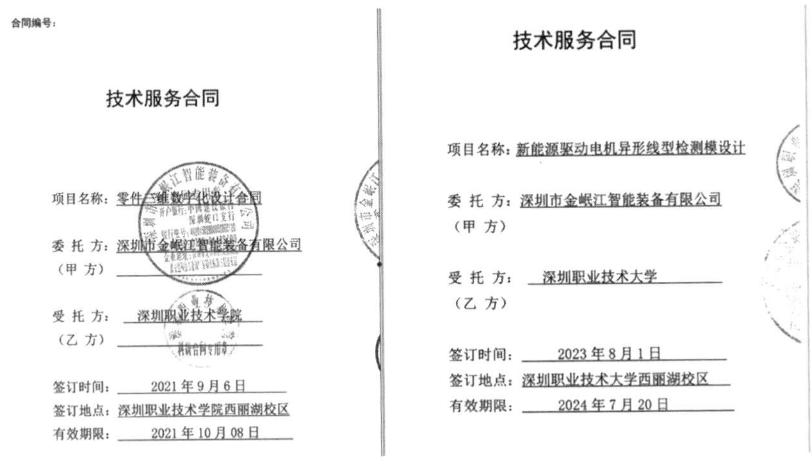

合同编号：

技术服务合同

项目名称：零件三维数字化设计合同

委 托 方：深圳市金岷江智能装备有限公司
（甲 方）

受 托 方：深圳职业技术学院
（乙 方）

签订时间：2021 年 9 月 6 日
签订地点：深圳职业技术学院西丽湖校区
有效期限：2021 年 10 月 08 日

技术服务合同

项目名称：新能源驱动电机异形线型检测模设计

委 托 方：深圳市金岷江智能装备有限公司
（甲 方）

受 托 方：深圳职业技术大学
（乙 方）

签订时间：2023 年 8 月 1 日
签订地点：深圳职业技术大学西丽湖校区
有效期限：2024 年 7 月 20 日

图 5　校企共同开展应用技术研发

三、典型经验

（一）健全校企合作机制，保证校企合作顺利开展

校企双方共同构建组织机构，指导校企合作的建设与运行，提供必要的政策及经费支持、教学管理服务以及指导党建活动。学校组建教师团队，从人才培养、师资力量提升、

资源建设等方面对接与落实校企合作内容。企业构建企业团队，从资源、技术、生产、采购等方面提供全方位支持。双方建立了一套长效沟通、解决问题的合作机制，建立健全校外实习实践基地的教学管理、安全保障等规章制度，使双方在合作中能够及时对关注的问题达成一致的应对方案。

（二）共同制定人才培养方案，有效指导专业建设

金岷江公司立足高端装备先进制造行业及产业特点，结合自身在技术、工艺、方法、规范等方面“专精特新”的优势，深度参与深职大机械设计与制造专业人才培养方案制定、课程内容建设、教学案例编写，推动学校教学与企业生产实践同步，有效指导专业建设，培养企业真正需要的工程技术类人才。学生进入企业实习实践，可以深入了解企业的运作方式和专业技术领域的运用场景，通过加工、装配、设计、仿真、调试等实践，快速提升自身的技能。

（三）真实项目牵引，提升教师、工程师的专业能力

建立企业教师实践基地，成立联合研究工作室，引入企业真实项目，促使教师紧跟产业技术发展潮流。通过真实项目的牵引，企业技术人员与教师开展技术交流、应用技术研究，解决企业技术难题。在合作研发过程中，教师的实践能力得到提升。企业工程师通过担任产业导师、承担教学任务，教学培训能力以及应用技术服务能力也得到了提升。

四、成效成果

借助校企合作，深职大机械设计与制造专业的教师深入了解高端装备等先进制造业产业集群的特点，对接省市级“专精特新”高新技术企业的需求，有效地解决了专业对接行业企业、同步市场的问题，实现了学校教育教学与高技术产业发展同频共振甚至引领产业发展的目标，彰显了职业教育的本质属性和办学宗旨。校企合作有力地促进了深职大机械设计与制造专业的发展建设。

（一）教育教学成果显著

通过校企合作，深职大机械设计与制造专业开发了一批实践导向的项目及案例，建设完成了国家教学资源库“产品数字化设计”课程，编写了《塑料模具设计实例教程》等国家级、省级规划教材，参与机械设计与制造等 3 个国家职业教育专业教学标准的修（制）订以及国家职业学校机械设计制造类专业实训标准的制定，推动了实践教学条件的改善，助力专业金课建设，获得校、省级多项教学成果奖。

（二）人才培养质量稳步提升

近三年来，深职大机械设计与制造专业的人才培养质量显著提升，学生参加各类技能大赛取得良好成绩，获职业院校技能大赛省级一等奖以上奖励 10 项，获全国“互联网＋”大学生创新创业大赛银奖 1 项，获广东省“互联网＋”大学生创新创业大赛金奖 2 项，获全国大学生先进成图技术与产品信息建模创新大赛一等奖 3 项，获广东省大学生机械设计

创新大赛二等奖及以上 3 项。毕业生的初次就业率超过 98%，学生第一志愿录取率、报到率、用人单位满意度、毕业生在高端企业和企业高端就业的比例等都有显著提升。

(三) 团队教科研及社会服务实力提升

深职大机械设计与制造专业对接新技术、新工艺、新规范，聘请产业导师，培养了一批“双师型”教师，建设了一支专兼结合的教师队伍。教师取得职业院校技能大赛教师教学能力比赛国家级二等奖 2 项、省级一等奖 2 项。校企双方多次开展技术攻关科研合作，共同申报知识产权，促进产教融合、科教融汇。团队获评深职大教学创新团队，目前正申报广东省教学创新团队认定。团队成员受邀在全国机械职业教育教学指导委员会、兄弟院校分享十余场专业建设或教学能力提升的报告，并直接帮扶吉安职业技术学院、河源职业技术学院等对口院校。

五、推广应用

深职大与金岷江公司的深度产教融合、科教融汇，使得学生培养了技术技能，企业储备了优质人才，教师提升了应用研发技术能力，企业工程师提升了教育教学能力，实现多方互利共赢。双方的合作模式在行业协会内得到充分交流，获得企业同行的高度评价；双方的合作案例“机械设计制造类专业校企合作的探索与实践”入选“2023 制造业与职业教育交流大会”机械行业产科教融合成果展示会成果与项目，为国内兄弟院校开展校企合作提供了经验借鉴，扩大了社会影响力；深职大机械设计与制造专业教师党支部与金岷江公司党支部共同党建，创新了组织学习方式，“党建共建，共育智能制造人才”工作案例入选深职大《校企党建共建案例集》，并进行交流汇报，为不同院校的校企党建共建提供思路参考。

六、改进方向

对于深职大与金岷江公司的未来合作，建议在核心技术领域进一步深化合作，聚焦公司在新能源、半导体等先进制造技术领域的智能装备，协同机械设计与制造、电气自动化、机电一体化等多个专业开展跨学科合作，围绕设计、制造、仿真、机电联调、数字孪生等技术难点，联合创新，深化产教融合、科教融汇，推动技术研发、技术攻关、高端培训的深入开展。

以产业联盟搭建“人才培养—就业”产业链
——深职-汇川“订单＋联合”人才培养创新实践

高素萍[1] 廖强华[1] 付 强[1] 苏满红[1] 苏 通[2]

（1. 深圳职业技术大学 2. 深圳市汇川技术股份有限公司）

摘要：本案例聚焦电气自动化技术专业教学内容与企业高端技术应用岗位适应性不足，校企合作深化难、落地难等问题，基于深职大与工业自动化本土品牌龙头企业深圳市汇川技术股份有限公司（以下简称汇川技术）的长期合作，开展以产业联盟为主导的自动化高端技术应用人才培养实践。经过7个周期的实践检验，深职大与汇川技术形成了校企深度融合的产业联盟主导式人才培养模式，建立了深职-汇川产业联盟主导式自动化高端技术应用人才培养模式，完成了新型订单班课程与资源的开发建设和相关教学模式的建立，形成了互惠互利互促的校企合作良性、可持续发展新路径，极大地提升了毕业生就业能力和可持续发展能力，并在全国产生了广泛的影响力，取得了显著的成效。

关键词：产教融合；产业联盟；订单培养；共建共育

一、实施背景

产教融合、校企合作是我国职业教育的核心理念。我国职业教育强调深化产教融合、校企合作，充分发挥企业在技术技能人才培养和人力资源开发中的重要主体作用。

虽然各院校都在贯彻产教融合、深化校企合作，进行诸如订单班的培养实践，但仍存在校企合作深化难、落地难等问题，订单班培养也普遍存在服务单一企业、教学具有局限性和受就业条件制约等问题，技术发展、企业经营状态变化等也会导致订单班的人才培养不能持续进行，同时，职业院校的专业教学往往存在与企业高端技术应用岗位适应性不强等问题。

汇川技术是国内工业自动化行业的龙头企业，其凭借营业收入、利润和资产规模等方面的稳健增长，跻身2021中国自动化品牌第三位、《财富》2021全球未来50强、国家高新技术企业。汇川技术聚焦工业领域的自动化、数字化、智能化，专注信息层、控制层、驱动层、执行层、传感层的核心技术，其通用自动化含变频器、伺服系统、PLC控制系统、工业视觉、高性能电机、工业互联网等，下游产业涵盖3C制造、锂电、机床等，其智能装备领域工业自动化核心技术与深职大电气自动化技术专业人才培养的核心能力技术高度一致。

二、主要做法

2015 年，深职大与汇川技术开始共同培养自动化技术高技能人才，共同制定人才培养方案，共同制定课程标准，共同开发课程与资源，共同建立汇川技术实训室，共同建立深职-汇川产业联盟，为汇川技术产业联盟企业培养了大量契合企业需求的自动化技术高技能人才，形成了可复制、可推广的深职经验和汇川案例。图 1 至图 3 为深职大领导和教师在汇川技术进行交流活动。

图 1　深职大党委书记杨欣斌在汇川技术调研

图 2　专业骨干教师在汇川技术学习

图 3　深职大领导与专业骨干教师在汇川技术交流

（一）创建了产业联盟主导的人才培养模式

本案例聚焦电气自动化技术专业教学与企业高端技术应用岗位存在的适应性不强，校企合作深化难、落地难等问题，基于深职大与汇川技术的长期合作，基于汇川技术在下游产业链的广泛应用和下游产业链企业对自动化高端技术应用人才的需求，基于汇川技术智能装备领域工业自动化核心技术与深职大电气自动化技术专业培养的核心能力技术高度一致，校企共建以汇川技术为主导的含下游产业链多家骨干企业的汇川技术产业联盟，创建了以产业联盟为主导的自动化高端技术应用人才培养方案，形成校企深度融合的产业联盟主导的人才培养模式，精准对接联盟企业的应用开发工程师与研发助理岗位。具体如图 4 所示。

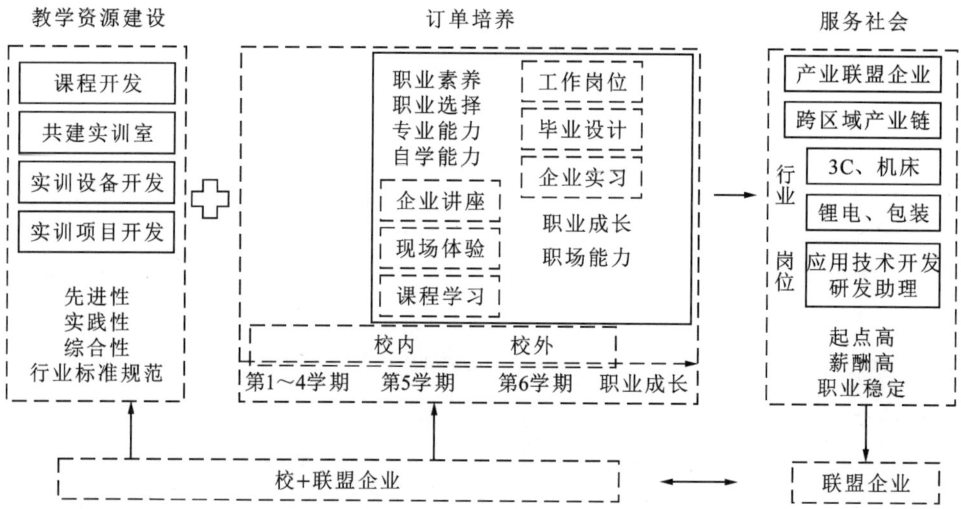

图 4　人才培养模式

该案例形成了新型订单班培养模式，订单班于第 4 学期末组建，于第 5 学期开展校内课程、企业讲座、现场适应性体验等培养，第 5 学期末经自愿选择、联盟企业面试、能力考核等确定实习岗位，第 6 学期进行顶岗实习、培养现场能力，与就业工作岗位实现无缝对接。

（二）研究和构建“订单 + 联合”人才培养机制

产业联盟主导的人才培养模式以提升自动化类专业学生的能力为目标，以培养汇川技术高端技术应用岗位人才为宗旨，通过探索与实践产出如下成果。

1. 制定“订单 + 联合”人才培养方案

该方案独立执行，且与专业人才培养方案不冲突。

2. 共建教学资源，实现汇川技术的深层嵌入

立足自动化行业职业活动的分析与汇川自动化技术在下游产业链的广泛应用，选取汇川自动化核心技术与岗位典型项目，校企共同开发教学资源，共建汇川技术实训室、实训设备与实训项目，开发课程，出版配套教材。

3. 创建“订单 + 联合”教学班组建与管理机制

确立组建原则、管理方法等。

4. 创建培养、考核与评价机制

独立执行，以岗位适应性的定岗定级为评价指标。

5. 培养校企师资、形成责任机制

师资力量包括获得汇川技术认证的校内“双师型”专业教师与企业资深工程师，其中，前者承担校内课程培养职责，后者承担顶岗实习等培养职责。

6. 创设特色增值性培养内容

将岗位的自我定位、选择与适应性体验作为增值性培养内容，不设学分，旨在提升学生的岗位适应能力和职业素养。

（三）创建“订单+联合”教学班组建与管理机制

1. 解决传统订单班学生专业固定、教学独立、学分置换、服务单一企业、兼容性差的问题

面向在校大二电气自动化、机电一体化、工业机器人、智能控制等专业优秀学生，通过企业宣讲、自愿报名、校内初选、企业面试与考核、淘汰等环节组建教学班，进行独立管理。培养内容包括校内课程与校外顶岗实习等，以企业定岗定级的岗位适应性作为评价指标。校内课程以选修课形式执行，由专业教师负责，学分不置换、不替代，不打乱学生个人所在专业行政班的教学进度，该教学班毕业生同时是所在专业的毕业生。顶岗实习以企业实际岗位工作为培养内容。

2. 解决高职院校学生就业岗位单一、适应能力弱和职业不稳定的问题

首先，精准对接培养，直接瞄准汇川技术应用开发工程师与研发助理岗位进行能力培养（见图5）；其次，增值性培养，即岗位的自我定位、选择与适应性体验的培养，旨在提升岗位适应能力和职业素养，无学分；最后，考核与评价，以岗位适应性的定岗定级为考核、评价指标。

精准对接培养可以提升学生的专业能力和岗位适应能力，使学生的能力与岗位要求匹配。增值性培养，诸如岗位案例分享、现场体验、与企业兼职教师座谈等，可以让学生熟悉并适应相关岗位，明确培养目标和岗位，通过自愿选择、企业面试、能力考核等即时进入岗位，开启职业成长征程，入职即上岗，上岗即承担项目，起点高、能力强，发展稳定。

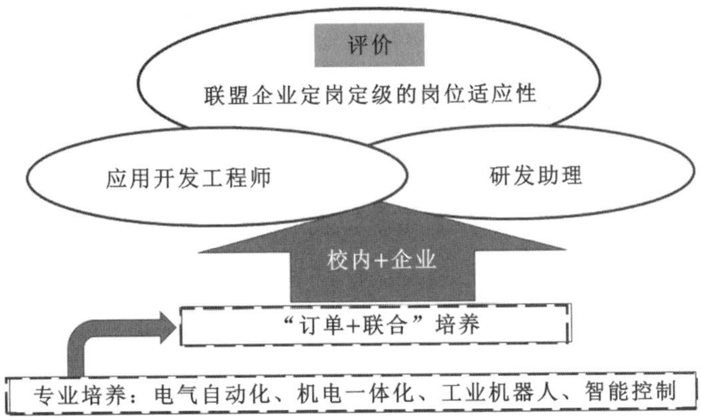

图5　培养与评价

三、典型经验

（一）校企共建产业联盟，联盟主导培养目标

产业联盟中的企业，不仅包括汇川技术这个工业自动化本土品牌龙头企业，而且包括汇川技术下游产业链企业；对于自动化高端技术应用人才核心能力的培养，结合专业人才培养方案，精准对接该联盟企业的应用开发工程师与研发助理岗位要求。

（二）共建人才培养方案

人才培养方案采用并落实适合岗位能力的培养目标、教学内容、教学方式等。在电气自动化技术专业现有的培养目标和方案基础上，额外增加两门基于汇川技术设备（涉及汇川 PLC、变频器、机器人、工业视觉等）的选修课（“PLC 与运动控制系统应用技术”和“工业机器人控制应用技术”）。企业培训和顶岗实习完全在汇川技术进行，并纳入学校的学分。这样既满足了企业在公司设备、生产工艺等方面的技术要求，又满足了学校的学分要求，很好地契合了双方的培养目标。

（三）共同制定课程标准

基于人才培养方案，立足对自动化行业职业活动的分析与汇川自动化技术在下游产业链的广泛应用，选取汇川自动化核心技术与岗位典型项目，结合工程项目实施标准规范和教学目标、教学规律，通过解析、组合和设计，校企共同开发两门新型订单班课程、出版配套教材，共建汇川技术实训室，形成校企共育、逻辑清晰的项目化实践教学模式。

校企共同开发“工业机器人控制应用技术”课程，让学生学习掌握机器人系统、视觉系统与综合应用等；同时开发课程“PLC 与运动控制系统应用技术”，让学生学习掌握 PLC、HMI、EtherCAT 总线技术、变频与伺服控制、电子凸轮控制等。校企共同开发伺服实训装置、机器人与机器视觉系统，以及 3C 生产线实训装置和近 20 个实训项目。双方根据人才培养及企业的需求，共同商讨并制定了“PLC 与运动控制系统应用技术”和“工业机器人控制应用技术”的课程标准。随着技术的更新和变革，课程标准也不断变化修订。

（四）共建汇川技术实训室

校企双方立足于对自动化行业职业活动的分析和汇川自动化技术在下游产业链的广泛应用，选取汇川自动化核心技术与岗位典型项目，结合工程项目实施标准规范和教学目标、教学规律，通过解析与设计，共同开发订单班课程，建立汇川技术实训室（见图 6）。

（五）校企共育人才

校企双方通过专业教师讲授、企业兼职教师案例示范、讲座、岗位适应性体验、岗位导师引导、汇川奖学金等共育人才。订单班课程以解决企业实际工程项目技术问题为教学内容，课程的实践性强，技术性也比其他专业课程强。其中，“PLC 与运动控制系统应用技术”和“工业机器人控制应用技术”两门专业技术应用课程，由经过企业培训的专业骨干教师和企业兼职教师负责，在汇川技术实训室中进行。它们可以帮助学生掌握汇川产品技术与应用，全面提升汇川自动化技术应用能力。

（六）人才服务联盟企业

校企合作培养的人才服务于跨区域产业链，适应性强。人才服务于联盟企业，涵盖汇川技术下游企业的 3C 制造、包装、锂电、机床等行业，实习即上岗，实习即进入项目现场承担工作任务。

图 6　汇川技术实训室设备与教学

四、成果成效

（一）创建了“人才培养—就业”产业链新路径

本模式的重点在于校企共建、共育，为联盟企业培养高技能人才，同时促进专业建设，提升人才培养质量、毕业生就业能力和可持续发展能力，形成了互惠互利互促的校企合作良性、可持续发展新路径，实现了企业、市场与人才，教学与就业的有机互动。

（二）有效解决了高职院校学生择业难、岗位单一、社会适应能力弱和职业不稳定的问题

本模式的培养精准对接联盟企业的应用开发工程师与研发助理岗位要求，以企业定岗定级的岗位适应性作为评价目标，着力培养和提升人才的技术开发与应用能力、现场处理能力、职场适应与应变能力、分析问题与解决问题的能力等。

（三）有效突破了传统订单班服务一个企业的局限性

在这种模式下，校企合作不再是学校与单一企业的合作，人才培养可以对接多家具有相同人力资源需求的企业，既避免了个别企业经营风险或人力资源策略调整等造成学生就业不稳定的问题，也为学生就业提供了更多、更丰富、更灵活的选择。

（四）人才培养瞄准应用开发工程师与研发助理岗位要求，起点高、能力强、发展稳定

多元的措施与高标准的培养，奠定了学生职业起点高、能力强的基础。2016 年至今，双方合作完成 7 届毕业生的培养，为汇川技术产业联盟企业输送 160 余名契合企业实际需求的自动化技术高素质技术技能人才。不少深职大学子蜕变为“汇川工匠”、“创新之星”、技术能手、优秀员工、项目经理与技术主管等。

（五）人才培养形成有效传承

这种模式下的人才培养形成了有效传承，很多时候师兄就是企业兼职教师，师兄带师弟，师兄作为企业兼职教师指导师弟，带领师弟实现从学生到职场工程师的角色转换和能力的快速提升。

（六）产教融合、校企共结硕果

2020 年，汇川技术分别获批广东省和深圳市第一批产教融合型企业建设培育单位。2022 年，深职-汇川产业联盟主导式自动化技术应用人才培养模式的创新与实践项目荣获广东省教学成果奖职业教育类一等奖。

五、推广应用

（一）校内应用与团队实力持续提升

本案例成功应用于深职大与深圳市大疆创新科技有限公司、深圳市华钢钢铁有限公司的“订单+联合”培养实践。学生近年参加技能大赛获国家级奖 3 项、省级奖 9 项，获国家专利授权 2 项；团队教师获校教学竞赛奖 2 人次、教学优秀 17 人次等。

（二）校外推广与辐射

国内多家媒体比如《中国教育报》、《深圳晚报》、中国教育新闻网、今日头条等，都报道了本模式，网易、ZAKER、融媒体频道进行了转载。扬州市职业大学、杭州职业技术学院、新乡职业技术学院、现代高等职业技术教育网、河南高校资讯网等对本模式进行了推广。

近些年，50 多所高职院校骨干教师前来深职大就校企合作模式进行交流。在 2023 年教育部装备制造大类自动化中类“职教国培”示范项目过程中，诸多学者对该模式进行了研讨。该模式起到了一定的示范作用，产生了广泛的影响。

（三）预期前景

该模式可推广到众多高职院校的校企合作实践中，促进校企合作内容的落地、深化，推动校企合作路径和方法的变革。

六、改进方向

（一）解决“后劲不足”的问题

根据汇川技术和校友的座谈与问卷反馈，订单班培养的高技能人才到工作岗位后适应性强，技能学习快，受到企业的一致好评，但存在“后劲不足”的问题，也就是说，随着工作的深入和技术难度的提升，学生基础理论（如数学、物理、控制理论等）知识储备不足，解决核心技术问题的能力不足。

（二）未来展望

汇川技术是国内自动化行业民族品牌龙头企业，对于各个层次的人才需求旺盛，尤其是理论基础扎实、技能过硬的复合型人才。未来，深职大可以联合汇川技术共同探索职业教育本科人才培养，培养理论基础扎实、技能过硬、懂工艺的职教本科人才，实现企业、学生、学校三方共赢。

产教融合　机制创新
——金融科技学院的实践探索

张显未　于海旭

（深圳职业技术大学）

摘要： 党的二十大报告强调了“推进产教融合、科教融汇”的方针。深职大与平安科技（深圳）有限公司（以下简称平安科技）、平安银行股份有限公司（以下简称平安银行）联合设立金融科技学院。该学院遵循“特色引领、需求对接、创新机制、成果共享”的协同发展建设思路，经过四年发展，在办学机制体制创新、人才培养模式改革、“双师型”教学团队建设、实践教学体系建设、校企合作文化营造等方面产出了一系列成果，实现了专业与产业的精准对接，有效提升了专业建设水平，增强了高等职业教育服务区域经济发展的能力。

关键词： 产教融合；金融科技；人才培养；校企结合

一、实施背景

为贯彻落实党的二十大报告提出的“推进产教融合、科教融汇”的方针，根据国家和省、市政府对职业教育发展的相关要求，推动《深圳职业技术学院中国特色世界一流职业院校建设方案》的实施，深职大与平安科技、平安银行联合设立金融科技学院，采取校企合作、产教融合的方式，充分发挥资源互补优势，共同培养适应未来金融发展趋势的高端科技人才，有效提升深职大金融专业学生在人工智能、大数据、云计算、区块链等领域的技术技能人才培养质量和技术创新能力。

金融科技学院遵循“特色引领、需求对接、创新机制、成果共享”的协同发展建设思路，聚焦区域金融行业发展布局，形成专业与产业相结合的鲜明特色，在办学机制体制创新、人才培养模式改革、“双师型”教学团队建设、实践教学体系建设、校企合作文化营造等方面产出了一系列成果，成为行业协会、高职院校以及优势企业协同培养高素质技术技能型人才的有效载体，实现了专业与产业的精准对接，有效提升了专业建设水平，增强了高等职业教育服务区域经济发展的能力。

二、主要做法

2018 年 8 月 10 日，深圳市教育局会同当时的深职院编制的《深圳职业技术学院中国特色世界一流职业院校建设方案》正式获得深圳市政府批准，标志着建设世界一流职业院校上升为深圳市职业教育发展的重要战略。在此契机下，2018 年 10 月 29 日，深职大与平安科技、平安银行合作共建金融科技学院，力图将其建设成为国内一流特色产业学院，成为产教融合的职业教育典范。金融科技学院是高职教育的领头羊，也是我国世界 500 强企业的战略合作成果，更是校企合作、产教融合的大胆实践与创新。

（一）重建共融共享的模块化课程体系

金融科技学院根据金融科技对专业和岗位的需求，开发全新的金融科技课程包，对原课程体系进行调整。同时，对原有核心课程进行升级改造，重点建设一批优质专业核心课程，实现金融专业的科技化转型。金融科技学院设置了通识教育、专业基础、证券、银行、金融科技等 9 个课程模块（含公共课程），具体如表 1 所示。

表 1　金融科技学院模块化课程体系

序号	课程模块	课程名称
1	通识教育模块	金融、历史与文化
		资本市场与商业模式
		投资与理财
2	专业基础模块	大数据分析与挖掘
		互联网金融
		经济学基础与应用
		金融学基础
3	证券模块	证券投资实务
		金融投资工具
4	银行模块	商业银行业务
5	保险模块	保险实务
6	理财模块	财务管理实务
		理财规划实务
7	金融科技模块	人工智能与金融应用
		金融科技风险控制
8	区块链模块	区块链金融
		区块链会计
		区块链实训

续表

序号	课程模块	课程名称
9	综合实训创新模块	供应链金融
		项目管理
		创业管理
		综合实训业务

在模块化课程体系基础上，金融科技学院深化专业主干课程的项目化改造。校企双方共同修订核心课程标准，并以行动导向开展课程项目化改革和建设，使得改造后的项目化课程更加贴合岗位实际工作过程，实现岗位工作任务在课程教学中的仿真呈现，并据以重构教学内容、调整教学方式，实现与金融科技行业岗位需求的无缝对接，符合教学规律，职业教育特色鲜明。

同时，在课程开发建设中探索多种形式的校企合作。比如：聘请企业一线专家讲授专业核心实践课程，开设企业订单班等，实现课程教学的“请进来、走出去”；实施“实践教学提升计划”，加强专业主干课程的实践教学运行管理；引入金融科技的行业先进技术，对实践课程进行信息化、自动化考核，如“区块链金融”课程利用区块链技术建立课程数据链，对数据链上游的学生学习数据进行全程监控考评；对实训室进行升级改造，以适应专业项目化课程实践教学功能的新要求，从而保障课程项目化改造的实施，全面提升实践教学效果；与企业共同建设高水平慕课，全面建设信息化、智能化教学平台。

（二）全面推行教材与教法改革

金融科技学院针对行业和企业对高端技能人才的培养要求，开发金融科技系列教材。金融科技学院金融管理专业教师与平安科技、平安银行专业人员合作，结合职业教育特点，开发《区块链金融》《金融数据统计与分析》《Python 基础》《互联网金融》《金融营销》《金融科技实战案例》《金融科技风险控制》《人工智能及金融应用》《区块链金融》《金融职业技能实训》等课程教材。这些课程教材内容既反映了科技发展对金融专业的影响，也包含着金融科技在金融专业中的具体业务应用，形成了新形态一体化金融科技系列教材。

作为产教融合的首部教材成果，2020 年 6 月，《区块链金融》课程教材由西安交通大学出版社正式出版。该教材在校企合作的基础上完成，标志着深职大率先在全国高职院校中建设金融科技专业方向，率先开设“区块链金融”课程并进行教材建设。该课程教材主要面向高职院校金融专业师生，将理论内涵与实践应用场景无缝衔接，通过理实一体内容以及实训实验的支撑，帮助金融专业的教师更快地实现教学转型，促使学生更好地学习和掌握前沿金融科技知识。

不仅如此，金融科技学院积极打造企业课堂。金融科技学院在实践中积极探索“行业专家进课堂”的有效机制，聘请企业一线专家或客座教授讲授金融科技专业实训课程、企业实际业务案例等。由此，一方面提升了专业课程的教学质量，另一方面使广大师生紧跟相关专业科技与业务的发展步伐，开拓专业视野。金融科技学院还在专业教育的过程中引入企业文化建设，使学生认识到企业文化在企业发展中的独特作用。通过合作，企业为学生提供职业素质拓展、专业实训，使学生进一步明晰社会对人才的要求，激励学生努力拼搏，全面提高自身文化素质、业务技能和社会道德水平。

（三）全力打造教师教学创新团队

金融科技学院在建设过程中，引入国内外顶级金融大师及专家学者。2019 年 8 月，金融科技学院正式聘任香港大学亚洲环球研究所所长及冯氏讲席教授陈志武、平安银行行长特别助理及国际电商平台 eBay 美国总部首席工程师蔡新发、平安科技首席技术官兼总架构师方国伟、平安集团执委及平安集团首席科学家肖京、安信证券股份有限公司深圳分公司执行总经理黄建等 5 位专家学者担任客座教授。

2019 年 9 月，金融科技学院联合陈志武教授的教学团队，引入了三门金融通识在线课程，分别是"金融、历史与文化""资本市场与商业模式"和"投资与理财"。这三门金融通识课程的运行，采用"课程＋平台＋名师教学团队＋平台运维服务"的全托管服务模式，课程授课方式根据金融科技学院的要求定制，以线上学习为主、线下讨论为辅，在学习时间、学习行为、教学互动、考试成绩等方面为学生提供服务。同时，这三门金融通识课程可供全校学生选修学习，进一步丰富了金融科技学院的通识选修课资源，使学生有机会与世界一流学者对话。

不仅如此，金融科技学院还根据专业发展和人才培养需要，组建项目负责制的教学创新团队，其按照金融科技课程包的课程模块，组建九大教学创新团队，系统调研各课程模块的逻辑主线、知识点、技能点以及协同点，开展金融科技课程包系列建设。每个教学创新团队由 3 名专业教师和 2 名企业专家组成，采用项目负责制，充分调动专业教师的积极性，快速提高专业教师业务水平。同时，定期委派金融专业教师入驻平安集团下属子公司跟进项目学习，有效提升专任教师的专业知识和职业素养。

（四）金融科技引领实训教学基地

根据金融科技人才培养目标，金融科技学院在重构课程体系和课程内容的基础上，更新完善现有实训室，改革学生管理模式。实训室的建设目标是重点建设区块链实训模块，同时在区块链技术的引领下优化完善原有实训系统，使得专业教学实训软件始终保持在行业前沿，校企合作开发课程资源、实训课程、项目单等。更新完善后的金融科技实训室打造了真实与虚拟相融合的金融科技职业全场景平台，具有产教融合、开放连接的空间结构，以及自我演化的创新生态。具体如表 2 所示。

表 2　金融科技学院实训教学体系

序号	实训系统	业务功能
1	技能大赛系统	技能练习系统
		综合业务系统
2	区块链实训系统	区块链金融实训室
		区块链会计实训室

续表

序号	实训系统	业务功能
3	模拟银行系统	银行会计业务实训
		银行储蓄业务实训
		银行出纳业务实训
		综合柜台业务实训
4	模拟证券交易系统	模拟股票交易
		模拟商品期货交易
		模拟外汇交易
		模拟股指期货交易
		模拟证券交易流程
5	模拟保险业务系统	健康险业务实训
		意外伤害险业务实训
		寿险业务实训
		财险业务实训
6	理财规划业务系统	教育规划业务实训
		保险规划业务实训
		养老规划业务实训
		房产规划业务实训

三、典型经验

产教融合是校企合作、产学结合，集战略定位、服务模式、治理模式、组织形态于一体的系统化工程。金融科技学院的典型经验在于针对行业和企业对高端技能人才的培养要求，优化完善金融科技课程体系建设。在充分发挥深职大技术技能人才培养优势的基础上，结合平安科技和平安银行的产业优势，通过校企合作、产教融合，共同制定专业标准，共同开发课程，共同建设师资团队，共同开发相应的资格证书，从无到有系统化推进产教融合。

四、成果成效

（一）共建产教融合新平台，打造全新人才培养模式

金融科技学院的建设既是对深职大“十四五”规划提出的产教融合的教育教学理念的深入探索和实践，又充分体现了平安集团对人才培养的高度重视，以及对高职教育事业的

大力支持。金融科技学院充分发挥了深职大的人才培养技术研发优势和平安集团的产业优势，使产教深度融合，有效提升了高端技能人才的培养质量和技术创新能力。同时，金融科技引领下的“产教融合、赛教融合、智教融合”人才培养模式得到广泛推广，校企合作模式的内涵得到进一步丰富。

（二）一流团队打造的大师金融通识课程全面推广

金融科技学院在建设期内，通过世界级金融大师的线上授课及金融研究领域的指导，为专业教师团队带来了一流的学术思想、广阔的国际视野，使教师团队有机会对话世界一流学者，大大提升了专业教师团队教学和科研水平。同时，世界级大师金融通识课程线上线下相结合的教学模式，使得课程从金融科技学院内部推广到全校乃至全国范围内的高职院校，形成了一套完善的课程教学模式，让职业院校的学生能对话世界一流专家、学习一流课程。

（三）建成应用广泛的金融科技教学资源库

金融科技学院建成人工智能引领的金融科技课程体系和课程标准，重构包括“区块链金融”“金融科技风险控制”等在内的金融科技课程包，更新专业核心课程，根据金融科技行业发展的特点和趋势以及高等职业教育的演进规律，组织校内外教师和专家共同编写金融科技教材，打造新形态一体化教材。同时，积极探索多种形式的校企合作，与企业合作，共同建设多门高水平慕课。

五、推广应用

（一）产教融合为社会输送金融科技人才

金融与科技的融合带来了技术和应用的变革，金融科技发展对金融人才提出了更高的要求。金融科技学院是校企合作、产教融合的一次大胆创新与实践，使得金融科技引领下的“产教融合、赛教融合、智教融合”人才培养模式得到广泛推广，校企合作模式的内涵得到进一步丰富。金融科技学院依托完善的金融科技课程为社会培养并输送高素质的金融科技人才。

（二）教学改革引领金融科技创新发展

当前，国内外金融科技的教育应用仍处于萌芽状态，但金融科技在教育领域有着巨大的应用潜力。金融科技学院在建设期内，以“区块链金融”课程的教学改革为试点，生成课程数据链。该数据链应用于对学生学习情况的实时跟踪、学生成绩档案的创建等，为个性化的教育教学提供过程性诊断。在试点课程改革取得显著成果的基础上，该模式逐步推广到金融科技学院的其他课程和教学管理中。通过区块链技术与课程及教学管理的结合在教学改革方面进行有益的尝试和探索，促进教学与前沿技术的深度融合，实现教学管理和金融科技的结合，将金融科技在教育教学中的应用进行总结和推广，起到引领和示范作用。

六、改进方向

经过四年的发展，金融科技学院在办学机制体制创新、人才培养模式改革、实践教学体系建设方面产出了一系列成果。这种模式的优势是校企直接对接，人才需求和培养针对性强。但这种模式对合作企业有较高的要求，中小微型企业难以获得相应支持，这限制了这种现代化人才培养模式的拓展。在未来，产教融合应该更关注有相同人才需求的中小微企业群，推进校企深度合作，更好地实现产教融合。

产教深度融合，打造数智化财经新人

赵金玲[1]　彭　益[1]　陈　雯[1]　贾大明[2]　黄堪敬[2]

（1. 深圳职业技术大学　2. 新道科技股份有限公司）

摘要：数字化技术的发展对财经从业人员提出了数智化的要求，会计数智化人才培养模式创新问题亟待解决。如何推进校企深度合作，是有效践行产教融合的难点。深职大经济学院大数据与会计专业以培养新时代数智化财经人才为己任，对接产业，深化产教融合、科教融汇，与用友网络科技股份有限公司（以下简称用友）及其子公司新道科技股份有限公司（以下简称新道），共同探索双元育人模式，进行系统性的人才培养方案优化、课程体系改革、实习实践基地建设、研发中心共建等合作，共育新时代数智化财经新人，为实现会计工作数字化转型及服务区域经济发展输送优秀的专业人才。

关键词：职业教育；产教融合；数字技术；数智化财经新人；双元育人模式

一、实施背景

2015年教育部发布《关于深化职业教育教学改革全面提高人才培养质量的若干意见》（教职成〔2015〕6号），强调以立德树人为根本，完善产教融合、协同育人机制。2017年，国务院办公厅发布《关于深化产教融合的若干意见》，再次强调深化产教融合，促进教育链、人才链与产业链、创新链有机衔接。党的二十大报告指出，统筹职业教育、高等教育、继续教育协同创新，推进职普融通、产教融合、科教融汇，优化职业教育类型定位。

以大数据、人工智能、移动互联网等为代表的新一代信息技术对会计行业产生了巨大的冲击。2021年财政部颁布的《会计改革与发展“十四五”规划纲要》明确提出，以数字化技术为支撑，推动会计工作与国家宏观经济管理工作、单位经营管理活动深度融合，充分发挥会计工作基础性服务功能，不断提高会计工作服务经济社会发展的效能。这对财经从业人员提出了数智化的要求，会计数智化人才培养模式创新问题亟待解决。

深职大经济学院大数据与会计专业以培养新时代数智化财经人才为己任，对接产业，深化产教融合、科教融汇，与用友及其子公司新道共同探索双元育人模式，进行系统性的人才培养方案优化、课程体系改革、实习实践基地建设、研发中心共建等合作，共育新时代数智化财经人才，为实现会计工作数字化转型及服务区域经济发展输送优秀的专业人才。

二、主要做法

（一）建设目标

深职大经济学院大数据与会计专业与用友新道始终保持紧密联系，进行多方面深度合作，充分发挥双方在人才培养中的重要作用，构建全方位全过程深度融合的校企合作协同育人长效机制，产教融合、科教融汇，实现区域教育和产业的联动创新发展，形成新时代数智化财经人才培养模式。

（二）建设模式

深职大经济学院大数据与会计专业和用友、新道的深度融合，表现在人才培养、师资团队、教学资源、校内实践基地、科学研究等多个方面。

1. 联合开展党建活动

为落实新时代党建总要求，深职大经济学院大数据与会计专业与用友、新道开展了校企党建合作，以满足会计人才培养需要和企业发展需求；搭建校企党建合作平台，共同建设党员教育基地、思想政治理论实践教学基地，共同提高党建和思想政治教育工作质量，这在丰富双方合作形式的同时，也拓宽了信息互通、资源共享的路径。

2. 共同推动数字化人才培养模式改革

深职大经济学院大数据与会计专业紧密围绕新时代数智化财经人才需求，与用友、新道共同探讨并推进大数据与会计专业人才培养模式改革，形成了“教学—学习—研究—转化—就业”这一协同育人新路径，培养并提升了大数据与会计专业人才数智化能力水平。

3. 共同培育师资团队

双方采用“专业＋企业”互动模式，在教师培养培训过程中，专业与企业发挥各自优势，紧密合作，分工协作，共同完成教师提升专业技术素质、提高应用能力和实践能力的培养培训任务。深职大经济学院大数据与会计专业每年寒暑假都会选派学校专业课教师到企业进行挂职实践，用友、新道同时委派相关专家参与学校的专业教学，并作为兼职教师承担专业课程教学任务。

4. 共同开发教学资源

校企对接智能财税、数智供应链财务、智能审计前沿领域，联合开发新的模块化产教融合课程体系和教材等教学资源（比如业财税融合、大数据技术应用等模块课程和资源）。同时，校企合作开发相关模块、课程的数字化教材、工作手册等，推动课程资源在国内具有影响力的平台上线。

5. 共建实训基地

校企双方重视实践教学，共同改善实训基地条件，建设具有真实职业氛围、设备先进、充分满足教学需要的校内实训基地。按照岗位零距离实训思路，为学生营造与真实的工作场景、真实的业务流程、真实的凭证用具等一致的工作环境。在现有基础上，校企共建具有时代特色的产教深度融合的大数据与会计实训室，搭建业财税融合实践教学平台、数智企业经营管理沙盘、智能审计信息化平台，拓展参训教师实践领域，提高专业实践能力，同时在财会类专业教学资源的框架内，建设以工作环境、工作流程、工作技能为基础的业务平台，开发实践教学资源。

6. 共建数智财经研发中心

校企双方聚焦数智财经技术，围绕智赋业务场景应用、数字化平台建设和财务云技术应用等，共建数智财经研发中心。该研发中心一方面挖掘区域发展需求和热点问题，搭建科研工作坊，帮助教师提炼科研问题，申报纵向科研项目，产出高水平论文，提升科学研究高度（现已成功申报省部级课题 2 项）；另一方面着眼地方，对接政府、企事业单位，承担咨询、服务等社会责任。该研究中心是致力于企业数智化转型和财务数智化项目开发及科研、服务、实践教学的新型科研机构和智库平台。

三、典型经验

1. 产教融合共同育人须契合产业趋势，精准对接人才需求

产教融合要契合会计数字化转型的发展趋势，因此需要精准对接大数据时代新经济、新技术、新业态、新职业对会计工作岗位素质、能力、技能提出的全新要求，分解岗位能力，形成新的培养定位和培养规格，构建新型育人机制，创建人才培养模式，通过课程体系的落地、“三教”（教师、教材、教学）改革的实施，培育满足市场需求的具有数智化素质能力和职业判断的新时代财经人才。

2. 产教融合共同育人须坚持“产学研用创”五维协同创新

产教融合不仅仅体现在校企双方共同开发人才培养方案、课程体系，以及实训室建设等“产学”结合方面，更应体现在深入的“研用创”科教融汇方面。深职大经济学院大数据与会计专业与用友、新道共建数智财经研发中心，联合开展技术攻关和成果转化，有效实现了技术、人才、信息和资源的共享，提升了师资教学科研转换能力，培育了学生应用前端技术的能力，更好地服务于区域经济发展，实现共同育人目标。

3. 产教融合共同育人须构建扎实的互动机制

深职大经济学院大数据与会计专业同用友、新道团结合作，构建了校企共建共享的生态链，形成了校企共同育人模式。建设过程中，无论是课程建设还是师资培训等，均体现了校企双方的自觉互动。

四、成果成效

（一）形成有特色的人才培养理念

深度的校企合作重构了课程体系，打造了虚拟仿真基地和运行机制、大数据与会计

实训室、数智财经研发中心等，校企共建、共创以学生为中心，以校企为助力，以知促行，在教书育人、科研育人、实践育人、管理育人、服务育人、文化育人中实现三全育人的人才培养模式，创新形成产教融合、数智赋能、科教融汇、理实虚一体化的会计数智化人才培养理念。

（二）推动专业数字化转型

自2005年起，校企双方就开始共建“ERP财务软件入门”课程。深职大经济学院专业教师与用友、新道开展深入合作，共同开发了一批优质的数字化教学资源，成为全国首家开设“财务机器人”课程的高职院校；校企共建的大数据与会计实训室是培养数智财经人才的重要载体，有效推动了专业数字化转型。

（三）人才培养质量显著提升

在校企双元育人模式驱动下，人才培养质量显著提升。一方面，学生的数智化专业技能明显提升，近些年在全国职业院校技能大赛的业财税融合大数据应用赛项、创新创业赛项均获得国家级一等奖，会计技能赛项获得二等奖两项，获得省级职业院校技能大赛一等奖17项；另一方面，在就业相关度、满意度方面，2020届毕业生的就业率为100%，并涌现一大批杰出校友。

五、推广应用

（一）育人模式得到同行高度评价

深职大与用友、新道的双元育人模式向浙江金融职业学院、青岛职业技术学院、吉安职业技术学院等多所兄弟院校推广，校企协同育人经验做法在国内同类院校中受到高度评价。

（二）经验做法得到社会充分认可

该案例的经验做法具有普遍性和代表性，对于深化产教融合、校企合作，推动继续教育的高质量发展有积极作用，因此具有推广价值和示范效应。

（三）向国际输出经验

目前，深职大经济学院大数据与会计专业积极落实“走出去”战略，联合用友、新道开展海外企业调研、课程体系调研，制定实践能力手册，探讨专业标准建设，希望推出具有国际影响力的专业标准、课程标准、教学资源，推动职业教育“走出去”。深职大经济学院大数据与会计专业以校际交流、校企互动、教研会议、行业盛会等为路径，构建立体交叉式国际、国内成果交流路径，提升专业和学校的国际影响力和竞争力；以输出国内专业建设的先进经验为主干道，积极落实“走出去”战略，向“一带一路”沿线国家输出专业认证标准、课程标准。

六、改进方向

深职大经济学院大数据与会计专业虽然每年寒暑假都会选派学校专业课教师到企业进行挂职实践，教师表现也较为积极，但用友、新道日常工作繁忙，挂职实践机会毕竟有限，且只有寒暑假约两个月的时间，时长较短。在未来，用友、新道将会提供更多的岗位及更长时间的实践机会。同时，鉴于部分教师在寒暑假可能有其他安排，有心参与却没有时间，用友、新道将委派相关一线专家对本专业教师进行培训，共建共享优质教育教学资源，建立覆盖全员的全过程协同育人平台，共同试点实施校企双元育人模式。

探索政校行企共建共享共治共教新模式　依托司法辅助人才培养基地助力智慧司法辅助人才培养

王　瑜[1]　夏林华[1]　赵思宇[1]　陈朝毅[2]　温贵和[3]　李　劼[4]

（1. 深圳职业技术大学　2. 深圳市中级人民法院　3. 北京德和衡（深圳）律师事务所　4. 广东省深圳市前海公证处）

摘要： 经济社会的快速发展催生了社会对高水平司法辅助人才的迫切需求，深职大经济学院从深圳的实际情况出发，针对司法辅助人才缺口大、专业化程度不高的痛点问题，与深圳市司法局、各区法院检察院等开展深入合作，采取了建设全国首家法律职业辅助人才培养基地、成立产学研用指导委员会、组建深圳法务学院、政校行企共建实习基地、打造人才订单培养模式等多项务实举措，成功建立层次丰富、功能健全、特色鲜明的法律职业辅助人才校外培养基地，培养了一大批高水平人才，开创了政校行企共建共享共治共教的法律职业教育新模式。

关键词： 人才订单精准培养；智慧司法；社会培训长效机制

一、实施背景

当前，司法机关及相关法律工作机构案多人少的矛盾比较普遍，这一现象在深圳尤为突出。2016—2022 年，深圳市法院共受理各类案件 248.8 万件，办结 238.7 万件，年均收、结案数均为前五年的 2.1 倍。其中，深圳市中级人民法院共受理案件 31.9 万件，办结 29.8 万件，两项指标均位居全国中级人民法院第一。为此，深圳着眼于从制度层面解决问题，率先制定了《深圳市劳动合同制司法辅助人员管理改革方案》，使得深圳的司辅人员改革走在全国前列。但长期以来，司法辅助人员专业化程度不高，深圳本土司法辅助人员更是无法满足用人单位的大量用人需求。外来的司辅人员由于生活习惯、文化背景等不同，"水土不服"的情况严重，加上受制于待遇、发展前景等，离职率较高。

在法官员额制改革模式下，深圳市依据 1∶1∶1 的比例进行法官、法官助理和书记员的人员配置，但仍然无法解决当前案多人少的矛盾。为适应司法辅助人才培养中司法系统对书记员等司法辅助人员的需求，深职大以法律职业辅助人才培养基地为依托，召开产学研用专业论证会、协调会、调研会，走访合作单位，论证当前深圳先行示范区司法辅助人才培养模式。

司法辅助人员包括法官助理、书记员、执行员等，《广东省劳动合同制司法辅助人员管理暂行规定》明确了司法辅助人员的岗位职责。《深圳法院深化司法体制综合配套改革全面落实司法责任制工作规划（2018—2019）》明确提出，完善法官和司法辅助人员工作绩效量化评估体系，制定工作细则赋予法官对司法辅助人员的工作分配权和奖惩建议权，细化考评指标和绩效奖金发放标准。当前，随着我国法治建设提升到新的高度，社会矛盾多元纠纷解决的内在需求增加，劳动争议、社区矫正、帮教安置等均要求司法领域的专业分工更明确，这也对法律辅助人才的培养提出了更高的要求。但是，当前人工智能背景下司法辅助人才培养仍然存在短板。

第一，培养目标不够精准，人才培养与职业岗位要求脱节。司法辅助人员是专业化的技术型人才，具有专业技术特色，同时是实用型辅助性人才，需要具备基本的法律知识、一定的专业技术和实践操作能力。司法辅助人员的专业技术性体现在庭前审查、起草阅卷笔录及庭审提纲、旁听法官庭审、起草调解书与送达法律文书等。因此，司法辅助人员人才培养目标需要契合岗位需求。但是当前我国高职院校的法律人才培养依旧遵循本科式的综合能力培养的传统思维路径，侧重对学生演绎式逻辑思维的培养，尚未找到匹配岗位的可操作性的人才培养方法。法治教育偏重于学科的基础理论和基础知识。在校期间，学生学业负担重，课程安排密集，但是不能满足毕业后从事司法辅助工作的要求。

第二，课程设置、教学手段与智慧司法仍旧存在一定的差距。高职院校相关课程设置涉及核心课程、选修课程、叠加通识课程的教学安排，在教学过程中更关注法律知识的传播与积累，因此大多数高职院校仍将理论知识的传授和教学放在首位，而将实践技能的提升置于次位。同时，当前人工智能分担了大量事务性、基础性工作，随着电子卷宗随案同步生成、法律条文和相似案例智能推送、庭审语音识别、要素式智能审判、裁判文书智能纠错等司法人工智能技术的应用，人才培养对课程设置、课程教学提出了更高的要求，无疑也对教师课程智慧司法教学的积极性和创新性提出了新的挑战。

从司法空间的拓展来看，人、物理世界、智能机器、数字信息世界的四元空间加快形成，未来的司法将与互联网等虚拟载体建立更加紧密的交互关系。从信息技术的应用来看，人机协同、群智开放的智能增强时代正在到来，未来的司法将与智能形态的发展高度关联。从未来社会的动能来看，大信息、大生命、大物质等学科群的汇聚将为社会发展提供强劲动力，未来的司法将与产业升级和治理变革同向同行。法律人的工作有很大一部分会由智能机器人代替，从检索法律法规到模板化的法律文书写作，从智慧审判到智慧执行，智能法官、智能律师等产品层出不穷。就法院系统来说，人工智能催生了智慧审判、大数据司法应用、档案管理等的智能化等。

我们对深圳市中级人民法院和部分区法院进行走访调研。据初步摸底，目前法院急需有关“人工智能＋法律”方面的人才，按照每位法官“1＋1＋1”（即每位法官配一名书记员、信息员、法官助理）的规格配备，全市法院系统（包括前海深港合作区各专门法院）在技能型人才方面每年有5000人以上的缺口；就检察系统而言，“智慧检察”越来越成为热点。深圳市人民检察院正在实施“人工智能＋检察”工程，探索“人工智能＋司法办案”“人工智能＋监督制约”“人工智能＋检察政务”等模式。检察系统人工智能化改革对我们面向检察机关培养司法辅助人才提出了新的要求。检察系统相关技能型人才每年也有

3000 人以上的缺口；公安、公证、商事仲裁、劳动仲裁、律师事务所、企业法务、基层司法调解等行业和岗位也越来越受到人工智能的影响。深圳警务辅助人员有 4 万多人的缺口，每年要面向社会招录 4000 人以上。人工智能技术在深圳的城市交通、公安基层、基层社区科技与信息化方面已经有了很好的应用。

第三，培养途径陈旧落后。随着教育信息技术的成熟，教学中案例教学、综合信息技术、虚拟仿真等教学手段和教学资源的运用更加成熟，教学方法更加多样化，教学效果也有所提升。这在一定程度上解决了之前以课堂为中心、以教师为主导的传统教学模式引起的学生实践能力普遍不足的问题。不少高校建立了模拟法庭和法律诊所等教学实践基地，在实践教学上取得了一定的成效，但因为缺乏常态的课程设置和科学的管理体系，效果并不理想，学生的参与人数受限，学生实践能力的提升并未达到预期的效果，导致培养的法律辅助人才类型单一，知识结构狭隘，分析和解决问题的能力较弱，难以学以致用。

第四，人才输出困难。司法辅助人才就业岗位明确，但受限于当前法律职业对学历层次的要求，职业教育的法律辅助人才初次就业面临较大的困难。当前，在法学学历提升要求日益迫切的宏观背景下，高职法律事务专业的学生一方面不具备全日制本科学历，难以达到入职的学历门槛；另一方面，若不能掌握岗位需求的核心技能，也不能体现职业院校学生应该具备的实践技能优势。同时，聘任制书记员岗位流动性强，对毕业生的持续吸引力较低，对口就业率低，明确对口的就业岗位缺乏，人才培养后的输出成为制约专业发展的瓶颈。

如何破解案多人少的难题？如何切实提高办案效率？如何使法官、检察官从大量烦琐的事务中解脱出来，集中精力办大事、办难事？如何实现司法辅助人才的本土化、专业化、职业化？这些都是深圳司法辅助人才培养面临的亟待解决的问题。

二、主要做法

（一）产学研用相贯通，优化人才培养模式

1. 与深圳市司法局合作成立全国首家法律职业辅助人才培养基地

2017 年 8 月，深圳市司法局与深职大签订了战略合作协议，成立了全国首家法律职业辅助人才培养基地。深圳市司法局将深职大法律事务专业建设纳入深圳司法体制改革体系，将基地建设作为推进法律职业教育和法律职业共同体建设的重要内容。基地以培养应用型、技能型法律服务人才为目标，加强司法系统与法律事务专业的合作，共同制定人才培养方案，成立法律职业辅助人才精英班。多年来，基地不断探索创新法律职业人才培养模式，取得的系列成果获得深圳司法行政改革创新案例 30 强等多项荣誉。

图 1 为深职大与深圳市司法局法律职业辅助人才培养基地挂牌仪式。

图 1　深职大与深圳市司法局法律职业辅助人才培养基地挂牌仪式

2. 成立产学研用指导委员会，进行人才培养顶层设计

深职大经济学院法律事务专业邀请公安、检察院、法院、律师协会、仲裁委员等单位的专家成立了产学研用指导委员会。产学研用指导委员会针对人才需求现状、课程设置、教学安排、人才培养模式等进行指导（图 2 为深职大经济学院法律事务专业成立产学研用指导委员会留影）。在产学研用指导委员会的指导下，深职大经济学院法律事务专业重新构建了课程体系，更新了专业的课程内容、教学方法与手段，取得了丰硕的教研成果。深职大经济学院法律事务专业举办各类技能培训 1900 余学时，并针对罗湖区招收专班，扩大人才培养规模和力度，基地学员 94％以上进入深圳法律辅助人员队伍，对缓解深圳案多人少的矛盾做出了独特贡献。

图 2　深职大经济学院法律事务专业成立产学研用指导委员会

3. 成立深圳法务学院，共同培养司法辅助人才

为了满足深圳打造“法治中国示范城市”对法务人才的需求，为深圳公检法机关、法律服务机构培养高素质的法律服务人才，深圳市司法局与深职大联合成立深圳法务学院。新设立的深圳法务学院借鉴国际先进的职业教育制度模式，在深职大与深圳市司法局“双主体”的精准指导下，组建专业化队伍，以培养复合式实用型高技能司法辅助人才为目标，制定人才培养方案、开发课程标准、编写教材、讲授专业课程，承担人才培养任务，

成为培养符合社会要求的司法辅助人才的孵化器和教育平台。法律职业辅助人才培养基地参与深圳市第二批初任辅警培训，作为13个培训基地中唯一的高校培训点，主要承担罗湖区公安分局初任辅警培训（见图3），5个区队300余名辅警进行了为期8周的封闭式岗前培训。

图3 法律职业辅助人才培养基地承担罗湖区公安分局初任辅警培训

（二）政校行企深入合作，打造高质量校外实习基地

1. 为专业建设、教师、学生成长提供平台

法律职业辅助人才培养基地自成立以来，与深圳市司法局共同建立深圳市调解工作研究与调解员培训基地；与深圳市金亚伟科技有限公司共建法庭速录人才培养基地，并获深圳市教育局资助50万元；与中国中文信息学会、深圳市亚伟速录科技有限公司及行业协会等共建智慧模拟法庭和法律人工智能实训与体验中心，获得深圳发改委资助500万元；与国际速联教育委员会、中国中文信息学会共建国际速录大赛中国代表队选手集训基地；与深圳市劳动人事争议仲裁院共建实训基地；与深圳市中级人民法院、深圳市宝安区人民法院、深圳市前海合作区人民法院、深圳市南山区人民法院、深圳市前海公证处等先后建立学生实习、实训基地；与深圳市公安局共办辅警专业，共同培养、培训警务辅助人才。多层次、全方位进行政校行企合作，共建实习基地，为专业建设、教师成长提供平台，为学生实习、实践、就业提供广阔的天地。

2. 共同开展专业人工智能转型

近年来，国家大力实施人工智能战略，发布了《新一代人工智能发展规划》，“智慧法治”成为法律行业的改革新动力，这也为法律职业辅助人才培养智慧化转型提出了新的更高要求。为适应新形势发展，深职大经济学院法律事务专业与法院、检察院、司法行政部门、公安机关和知名法律科技企业等共同开展专业人工智能转型建设。

（1）与政府部门和相关企业共建实训实习基地

一是与法律科技企业——深圳小法博科技有限公司、深圳市亚讯威视数字技术有限公司共建智慧审判实训室；二是与上海浦东华宇信息技术有限公司共建法律人工智能实训与体验中心。

（2）共同开发人工智能相关课程

与深圳小法博科技有限公司、维正知识产权服务有限公司联合研究，人才培养方案中增加三门“AI+法律”课程，即“大数据与法律实务”“人工智能法律基础”“人工智能法律实训”。这些课程目前已连续开设5年。专业教师和校外合作导师共同开发课程以及大数据法律检索、法律文书制作等实训项目，实现校外导师和校内导师共同授课（见图4），授课地点也转换到校外实践基地。

图4　校外导师和校内导师共同授课

（3）共同推动课程体系转型

根据人工智能背景下人才需求的新变化，对原有课程体系进行改革，对部分专业核心课程、专业选修课程进行调整，替换了“大数据与法律实务”“人工智能法律基础”两门常规课程，增设“人工智能法律实训”这门整周实训课。同时，对原有主干课程的教学大纲做了修订，对教学内容进行人工智能化改造，增加了本学科人工智能方面的知识和技能。比如“公证与律师制度”课程中增加了“人工智能背景下律师行业的新变化”等内容，“法理学”增加了“法律人工智能大变革”的内容，“民事诉讼法实务”“刑事诉讼法实务”等程序法也增加了人工智能方面的知识和技能。图5为教师现场展示人工智能机器人应用教学。

（4）共同编写教材

深职大教师与深圳小法博科技有限公司联合编写《人工智能法律基础》（见图6）、《法律大数据分析与检索》等专业转型所需的新教材；与深圳市司法局联合编写司法辅助人员培养系列教材《法务秘书实务》《公证理论与实务》《辅警基础知识》《法庭速录技巧与实务》《司法辅助人员职业道德》。这些教材也增加了人工智能方面的知识和技能。其中，《人工智能法律基础》为广东省高职“十四五”规划教材，也是该领域首部教材。

图5　教师现场展示人工智能机器人应用教学

图6　《人工智能法律基础》教材

三、典型经验

1. 以人才需求为导向，建立订单式精准培养新模式

与用人单位建立产学研用指导委员会等长效沟通协调机制，精准掌握政企用人需求，结合实际需求设定人才订单，精准培养相应法律职业技能，有的放矢地培养学生专业能力。

2. 各方共建高质量校外实习基地，完善专业人才培养方案

与各方合作建设实习基地，促进法律职业理论教学和实践学习应用深度融合，为学生创造理论和实践相结合的多元化场景，帮助学生积累实际工作经验，突出职业教育的特色，全面提高学生的职业能力和综合素养，拓宽学生的就业选择面。

3. 产学研用相结合，畅通学生就业渠道

为学生创造与用人单位对接交流、实习工作的机会，使学生能够提前与政企单位接触沟通，畅通就业渠道，既使政企单位高效获得能够快速上手投入工作的高水平人才，又有利于学生有针对性地提升自身技能，提前做好职业规划。

四、成果成效

多年来，深职大经济学院依托校外实习基地，为法院、检察院、仲裁机构、律师事务所等培养了3000多名法律职业辅助人才，主要成效和影响包括以下几点。

1. 共办订单班，精准培养司法辅助人才

与中国中文信息学会、北京亚伟速录科技有限公司以订单班的形式共同举办书记员精英班，并设立相应奖学金。与广东省深圳市先行公证处合作，开办公证员助理订单班。与恒程知识产权科技有限公司共同建立知识产权服务订单班（见图7）。近年来，这两个订单班累计培养书记员、公证员助理、知识产权代理人员260余人。

图7 深职大与恒程知识产权科技有限公司建立知识产权服务订单班

2. 以赛促学，学生在各种技能大赛中屡获佳绩

学生参加文秘、速录、模拟法庭等各项技能大赛，成果显著，获得国家级、省级技能大赛奖项总计 119 项。在工业和信息化部人才交流中心 2020 年第二届“亚伟杯”信息处理大赛中，获得高校组全国一等奖 1 项、二等奖 1 项；2019 年第一届“亚伟杯”信息处理大赛中，获得团体一等奖 2 项、个人一等奖 8 项。连续 3 年参加广东省职业院校学生专业技能大赛（高职组）中文信息处理赛项，获得团体一等奖的好成绩。参加 2024、2023 年广东省职业院校技能大赛法律实务赛项获得一等奖 3 项。参加 2023 年全国职业院校技能大赛（高职组）法律实务赛项获得团体二等奖（见图 8）。通过大赛，学生的信息处理能力、法律信息检索能力、法律文书制作能力显著提升，综合素养得到明显增强，直接提升了就业质量。

获奖证书
深圳职业技术学院代表队
在 2023 年全国职业院校技能大赛（高职组）法律实务赛项中荣获团体二等奖
学校名称：深圳职业技术学院
选手姓名：蔡雨露　张梦真　张可宜
指导教师：巴　卓　汪　婧
全国职业院校技能大赛组织委员会
编号:202309777

图 8　学生在 2023 年全国职业院校技能大赛（高职组）法律实务赛项中获得团体二等奖

3. 以赛促教，提升教师教学能力

基地组织深职大经济学院法律事务专业教师与校企合作教师共同打造教学团队，参加全国和广东省各级各类教学能力大赛，其中 2021 年深职大经济学院法律事务专业 4 位女博士组成的团队获得全国职业院校技能大赛教师教学能力大赛二等奖，2023 年 4 位教师获得广东省教师教学能力大赛一等奖的好成绩（见图 9），教师王瑜获得“深圳职业技术学院第三届校长教学质量奖”。

图 9　4 位教师参加全国教学能力大赛并获得一等奖

4. 创新顶岗实习模式，拓展学生就业渠道

学生实习“成建制”在校外实习基地进行，在法院的实习人数由 2015 年的 53 名，提升到 2022 年的 160 名。校外实习基地注重对学生专业认知实习、假期实习、顶岗实习的培养和考察，每年择优录取一定的毕业生，学生顶岗留用的比例增加。2019 年，前海合作区法院在毕业生实习 1 周内就正式签约，深圳市中级人民法院近年来累计招收 35 名学生。

五、推广应用

1. 智慧司法人才培养“双精准”体系广泛推广

积极推进“八个共同”，即共同制定招生计划，共同制定培养方案，共同推动专业建设，共同参与课程开发，共同培养师资，共同实施教育教学、共建实训基地，共同组建管理队伍，共同考核评价，深化产教融合。校企精准对接、精准育人，建立智慧司法人才培养“双精准”体系，顶岗实习、教学改革、教材编写等成果受到司法部、中国职业技术教育学会、深圳市政法委、深圳市各级公检法系统的高度认可和推广使用，在全国高职院校相关专业中进行推广。

2. 探索出可复制的社会培训长效机制

为配合深圳辅警改革，自 2017 年 6 月起，深圳市法律职业辅助人才培养基地与深圳市公安局政治部辅警办多次就辅警人才培养相关事宜进行洽谈，与罗湖区公安分局达成初任辅警培训协议。本基地是深圳市第二批初任辅警培训的唯一高校培训点，此次辅警培训开创的政校合作模式是深职大政校行企合作的又一次大胆探索，也是深圳市法律职业辅助人才培训基地首次承办的特殊社会服务项目，产生了积极的社会影响和示范效应。

3. 增强了法律事务专业在全国的综合竞争力

通过共建共享共治共教新模式，深职大经济学院法律事务专业的综合竞争力从 2021 年的第 32 名提升到 2022 年的第 12 名，2023 年在全国职业院校 69 个法律事务专业中，排名第 5，实现综合竞争力的显著提升（见图 10）。

2023-2024年法律事务专业高职院校排名_高职分专业排行榜

专业排名	高校名称	水平等级	学校数	专业名称
1	河北政法职业学院	5★	69	法律事务
2	安徽警官职业学院	5★	69	法律事务
3	浙江警官职业学院	5★	69	法律事务
4	湖南司法警官职业学院	4★	69	法律事务
5	深圳职业技术学院	4★	69	法律事务
6	山东司法警官职业学院	4★	69	法律事务
7	河南检察职业学院	4★	69	法律事务
8	北京政法职业学院	4★	69	法律事务
9	江苏财经职业技术学院	4★	69	法律事务

图 10　深职大法律事务专业排名第 5

六、改进方向

一是理论与实践的结合程度可进一步提升。由于法律行业的特殊性，产教融合培养的法律辅助人才可能缺乏对某些专业领域的深入了解，导致学生难以将所学知识应用于实践。下一步拟在加强理论教学的同时，为学生创造更多实际参与法律职业辅助工作的机会，努力使每名学生都能够体验两种以上的实际工作，提升学生的专业素养和职业选择范围。

二是合作范围和课程覆盖面可进一步拓宽。当前的课程设置和实习场景可以结合人工智能技术的发展持续优化调整，并针对不同的专业领域开设相关的课程。下一步拟围绕人工智能技术的学习和应用开设更多跨专业课程，拓宽合作的政企范围，使学生能够深入了解各个领域尤其是人工智能相关的法律知识和法律职业辅助技能。

"双元驱动、双轨并行"　共育港航"新匠人"

张兆民[1]　廖诗管[1]　向吉英[1]　黄　萍[2]　安　洋[2]

（1. 深圳职业技术大学　2. 招商局港口（华南）营运中心）

摘要： 深职大携手招商局港口集团股份有限公司，就港航人才培养方面的问题，加强和推动了校企深度合作。在明确行业对人才国际化和创新能力具体需求的基础上，双方共同构建了"双元驱动"的协同育人长效机制和"职训"双轨运作体系，创建了教育与培训"双轨并行"的课程体系，将招商局培训课程、深职大教育课程融合打造为一个灵活互动的体系，实现课程内容和教学方法的及时更新互动，不仅提高了企业参与产教融合积极性，还解决了企业人才需求难点问题。

关键词： 产教融合；人才培养；国际化；创新性

一、实施背景

2019 年，中央全面深化改革委员会第九次会议审议通过《国家产教融合建设试点实施方案》，该方案指出，"发挥企业重要主体作用，深度开展校企协同育人改革，推进职业院校人才培养与企业联盟、与行业联合、同园区联结，在技术类专业全面推行现代学徒制和企业新型学徒制。重点推动企业通过校企合作等方式构建规范化的技术课程、实习实训和技能评价标准体系，提升承担专业技能教学和实习实训能力，提高企业职工教育培训覆盖水平和质量，推动技术技能人才企业实训制度化"。总而言之，深化产教融合，促进教育链、人才链与产业链、创新链有机衔接，是当前推进人力资源供给侧结构性改革的迫切要求。为了实现这一目标，深职大联合国务院国有资产监督管理委员会资产排名第一的大型央企、世界 500 强的招商局港口集团股份有限公司合作共建招商局港口国际学院——深职海丝分院。

深职海丝分院以产业需求和学生成长为导向，开展"双元驱动、双轨并行"的国际化港航技能人才培养新模式，致力于培育具有国际化视野和创新能力的港航"新匠人"。

二、主要做法

按照《国家职业教育改革实施方案》相关要求，在坚持校企合作、产教融合的原则下，深职海丝分院对人才需求结构、需求质量和需求层次进行深度调研，逐步厘清产业行业对人才的真实需求。本案例人才培养新模式如图 1 所示。

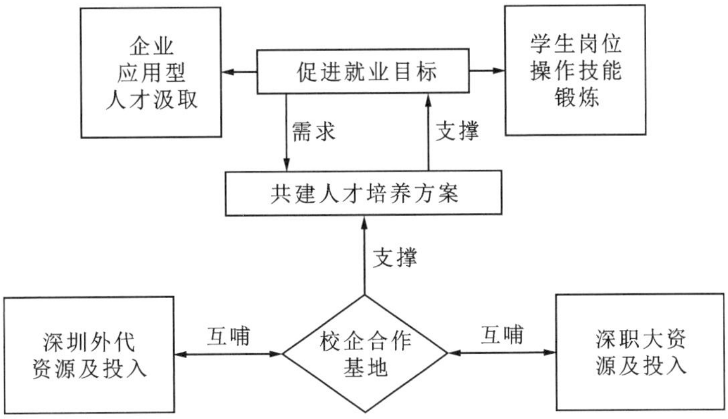

(融合培养载体)

图 1 港航国际化“新匠人”培养模式

（一）瞄准行业需求，提出港航“新匠人”培养目标

习近平总书记在二十大报告中明确指出，“必须坚持科技是第一生产力、人才是第一资源、创新是第一动力，深入实施科教兴国战略、人才强国战略、创新驱动发展战略，开辟发展新领域新赛道，不断塑造发展新动能新优势”。培养拔尖创新人才是高职院校的重要使命和主要责任，其中，国际化创新人才培养是一个重要的方向。深圳拥有全球最大的航运公司（招商轮船）、全球领先的码头运营公司（招商港口），集装箱吞吐量居全球第四，国际航线经过全球两百多个国家，港航人才需求巨大。

依据二十大报告精神，结合深圳实际情况，深职海丝分院提出港航人才“新匠人”需要具备的三个关键核心能力，即专业业务能力、国际化素养和创新意识。“新匠人”模式所培养的人才可在港口和航运业及其细分产业胜任工作，能够在国际竞争与合作中贡献应有的力量，具体能力体现如表 1 所示。

表 1 港航国际化“新匠人”核心能力体现

核心能力	能力体现
专业业务能力	1）具有港口、航运、货代、船代等信息系统应用与维护能力； 2）具有泊位分配图编制、堆场作业、特殊箱处理等港口业务办理能力； 3）具有船舶代理、租船、船舶调度、放货与集装箱管理等航运业务办理能力； 4）具有提单填制、电放业务、整柜货业务、散货拼箱业务、空运业务等国际货运代理业务办理能力； 5）具有商品归类与收集、报关随附单证准备、进出口货物报关单制作、进出口税费计算等进出口通关业务办理能力； 6）具有组织和参加港航业务商务谈判和商务处理的能力。

续表

<table>
<tr><th colspan="2">核心能力</th><th>能力体现</th></tr>
<tr><td rowspan="2">国际化素养</td><td>国际语言能力</td><td>良好的英语或第三国语言能力和沟通表达能力。</td></tr>
<tr><td>国际文化素养</td><td>1）熟悉掌握本专业的国际化知识；
2）具备较高的政治思想素质和健康的心理素质，能经受多元文化的冲击；
3）具有国际跨文化沟通和交往能力；
4）具有国际视野、国际意识，通晓国际规则，能够参与国际事务与国际竞争。</td></tr>
<tr><td colspan="2">创新意识</td><td>1）具有较强的运用和处理信息的能力；
2）具备以互联网、大数据及区块链技术为核心的创新性思维能力；
3）熟悉主要互联网平台的商业运营模式，能够结合行业企业特性进行互联网融合，创新产品和商业模式；
4）具有本行业新知识、新技术、新工艺的敏感度和探究学习的意识。</td></tr>
</table>

（二）校企“双元驱动”的协同育人长效机制

“双元驱动”的协同育人长效机制是指学校和企业共同参与并推动学生培养工作。首先，通过让学生深度参与招商局港口员工在学校开展的各项培训和教学活动，探索港航人才“课堂内”和“课堂外”培养手段的和谐统一机制；其次，在对招商港口员工进行培训的基础上，优化针对港口与航运产业的课程内容，按照港航产业需求开展专业课程教育。此机制是在解决企业人才需求难点的基础上，提升企业投入的边际产出和知识溢出、提高企业参与学生培养积极性的有效策略，有效解决了校企合作中“学校一头热”的问题。

港航人才的国际化能力不仅体现在学生的英文水平上，培养方法也不局限于英文课程。在“双元驱动”协同育人机制下，专业实现“课堂内”专业知识扩展学习和“课堂外”国际文化素养提升学生素质培养。“课堂内”学生积极学习各种英文基础知识，“课堂外”学生利用针对企业的培训和教学内容，以及各种沙龙、集体拓展等活动与招商学员构建“零距离”学习团队，形成“做中学、学中做”的学习机制。

（三）兼顾学历教育和职业培训，构建“双轨并行”的教学体系

在学历教育方面，构建了“职业技能＋国际化＋创新”的教学体系，优化了教学内容和专业人才培养方案；积极吸收国际化和创新元素，并将其实时纳入“港航专业英语”“港口业务与操作”“航运业务与操作”等课程建设，将“货运代理”世界技能大赛项目融入“货代业务与操作”课程内容。

在职业培训方面，基于招商港口培训基础，构建港航产业培训服务中心，打造针对港口与航运产业的公共培训课程。

三、主要创新点

（一）产教融合模式创新

在产业学院框架内，明确双方合作机制，形成“双元驱动”的协同育人长效机制。在解决企业人才需求难点的基础上，提升了企业投入的边际产出和知识溢出，提高了企业参与学生培养的积极性，解决了校企合作中“学校一头热”的问题。

（二）人才培养目标创新

以往培养方案存在对港航人才国际化和创新能力的培养规格不准确和目标不明确的问题。本案例明确了国际化和创新能力的内涵，并将这两个因素纳入港航“新匠人”的培养目标之中。

（三）“教育＋培训”双轨运作体系创新

具备国际视野和创新能力的港航人才仅靠英文课培养具有一定的难度。本案例创建了“教育＋培训”双轨并行的课程体系，将招商局培训课程、深职大教育课程融合构建为一个灵活互动的体系，实现课程内容和教学方法的及时更新互动，将教学内容与市场紧密连接，解决了“训育一体化”机制问题。

（四）校企合作实施机制创新

受产业、行业、政府、学校等因素的影响，高职院校文科专业的“校企合作、产教融合”的制度落地性效果差。本案例基于产业学院打造了互利共赢的平台和机制，提升了企业参与人才培养的积极性，缩小了校企合作政策与落实的差距。

四、典型经验

（一）系统思维引领产教融合

系统思维在促进产教融合方面发挥着关键作用。通过深度调研和分析，深职大与招商局港口集团股份有限公司运用系统思维，将人才链、创新链和产业链相互贯通。这意味着人才培养、创新推动、产业发展不再是独立的环节，而是有机地结合，实现了深度融合。

（二）校企协同，面向国际化与创新性需求

在校企协同方面，深化了对港航人才需求的理解，特别关注国际化和创新性方面的需求。龙头企业的参与为校方提供了直接的产业反馈，使学校能够更准确地定位人才培养目标。校企协同不再是简单的合作，而是在全面了解企业需求的基础上，精准定位培养方向，使学生具备更强的国际化素养和创新意识。

（三）创新应用型人才培养方式，构建双轨道培养平台

为应对国际化和创新性需求，引入创新应用型人才培养方式，构建双轨道培养平台。该平台由学校和企业共同构建，使学生在学校学习的基础上，通过企业参与的培训和项目实践更好地锤炼实际应用能力。这一创新性的培养方式，有效地将学校教学与企业实践融为一体，使学生更好地适应港航产业的要求。

（四）龙头企业引领示范，突破教育与产业藩篱

通过引入龙头企业，深职大与招商局港口集团股份有限公司突破了教育与产业之间的藩篱。龙头企业不仅提供了实际的产业需求和创新动力，还通过示范效应引导其他相关企业参与，形成了更大范围的合作。这种引领示范效应有助于增强人才链、创新链、产业链之间的联系与协调，构建起一个联系更为紧密的产教融合网络。

（五）互联互通，实现知识和信息共享

深职大与招商局港口集团股份有限公司通过共同努力实现了知识和信息的互联互通。这不仅让学校更加深入地了解行业需求，也让企业更清晰地了解学生的培养状况。这种双向的沟通和合作，使得港航人才标准更为清晰，双方在协同发展中实现了共赢共生。

（六）显著的连接性与系统性

系统思维的引领、校企协同的深化以及龙头企业的示范作用，使得人才链、创新链和产业链之间形成了有机深度融合。这种系统性的合作不仅增强了高校与企业之间的联系，也提高了企业人才需求与高校人才供给的匹配度，为港航产业的可持续发展奠定了坚实的基础。

五、成果成效

（一）社会成效

1. 国际和国内知名度提升

国内方面，2020 年与 2021 年，教育部与中央电视台共同走进深职海丝分院，与校企双方负责人深入交流，并在国内进行宣传报道。

国际方面，深职海丝分院为招商局港口集团股份有限公司海外业务培养并储备了 140 多名优秀国际化管理人才和技术骨干。截至 2023 年 12 月底，双方联合开展的“海丝计划”培训班为海外输送近 30 名人才，他们在斯里兰卡、吉布提和巴西等港口成为管理者和技术骨干。

2. 国际化教学体系逐步完善及健全

首先，国际化教学体系逐步完善。培养方案获得了国际认可，港口与航运管理专业与英国普利茅斯大学合作，开办了专科本科衔接“3＋1”项目。通过此项目，达到条件的毕

业生可申请普利茅斯大学一学年学士学位课程，毕业后获得本科文凭，为学生提供了更广阔的国际发展空间。

其次，港口与航运管理专业国际化师资队伍初具规模。专业拥有3位海归博士和8位具有海外进修经历、可全英文授课的教师。这一师资队伍的建设不仅丰富了专业的国际化教学资源，也为学生提供了更为开阔的国际视野。

再次，港口与航运管理专业形成了国际培训课程体系。通过为招商轮船来自全球的近200名远洋船长提供定制化培训服务，港口与航运管理专业在国际培训领域取得显著成果。这不仅满足了企业需求，也提升了学生在国际市场的竞争力。

最后，精品课程初具影响力。港口与航运管理专业成功开发了2门国家级精品（资源共享）课程、2门省级精品开放课程、2门教职委精品课程。此外，“国际航运业务（中英双语）”慕课建设取得了阶段性成果，成为深职大首门“学堂在线”国际版上线课程。这些精品课程为学生提供了更具竞争力的学术资源和实践经验，推动了专业的国际化发展。

总之，这一系列措施完善了港口与航运管理专业的国际化教学体系，为学生提供了更为全面、深入的国际化教育，助力其在全球范围内更好地适应和参与国际港口与航运管理领域的发展。

（二）专业建设提升

1. 突破性品牌建设

（1）广东省一类品牌专业

2019年，通过申请、专家评审等一系列程序，港口与航运管理专业成功进入广东省一类品牌建设专业行列。这一立项让港口与航运管理专业在省内的声望和地位得到显著提升。

（2）卓越的就业率

连续三届毕业生就业率超过98%，并获得了全球前20大集装箱航运有限公司、深圳市前50大国际货运代理公司的高度认可，其毕业生数量连续多年超过50%的录用比例，凸显了港口与航运管理专业在培养高素质人才方面的优异成果。

2. 卓越的赛事表现和荣誉

（1）广东省技能大赛

2019年，在第46届世界技能大赛省选拔赛货运代理赛项中获得二等奖，为专业技能的展现奠定了坚实基础。2021年，在广东省职业院校学生技能大赛中，货运代理赛项斩获一等奖2项，关务技能赛项一等奖和二等奖各1项，为专业在技能领域赢得了多重赞誉。

（2）全国职业院校技能竞赛

2022—2023年，港口与航运管理专业在全国职业院校技能大赛学生技能竞赛中取得了显著成绩，货运代理赛项荣膺全国第一名，关务技能赛项获得全国二等奖，船舶航行安全管理技术获得全国三等奖，商务数据分析与应用获得全国三等奖。

（3）广东省教师教学能力大赛

2022—2023年，在广东省职业院校技能大赛教学能力比赛中获得三等奖，体现了专业教师团队在教学能力方面的高水平。

这一系列突破性的专业建设和卓越的赛事表现，不仅使深职大在技能培养方面获得了广泛认可，也进一步提升了港口与航运管理专业的知名度和声誉。港口与航运管理专业不断打造品牌，以良好的毕业生就业率和学生在各类竞赛中的出色表现，为广东省和全国港口与航运管理领域输送了一流的应用型技术人才。

六、推广应用

（一）国内推广应用情况

1. 国家级认可与肯定

（1）主持标准制定

在全国交通运输职业教育教学指导委员会委托下，成功主持“高等职业学校港口与航运管理专业教学标准修（制）订”项目，并于2019年5月通过全国验收，标志着该专业教学标准得到国家级认可。

（2）修订新版国标

当前，该专业正在主持修订港口与航运管理专业国家教学标准，凸显其在推动行业教学标准不断完善方面的引领作用。

2. 同行院校认可与合作

（1）专业参与建设

以专家身份参与兄弟院校港口与航运管理专业的教学标准和培养方案的建设，为同行院校提供指导和借鉴，展现了育人模式在行业内的引领地位。

（2）指导培养方案

指导其他院校制定和完善港口与航运管理专业培养方案和教学标准，得到同行的充分认可，证明其育人模式在同类专业中具备示范和引领作用。

3. 行业高度评价

（1）培训服务优化

在为招商港口提供培训的基础上，积极完善和丰富培训内容和培训体系，体现出对行业培训需求的灵活响应和不断优化的承诺。

（2）全球远洋船长培训

为招商轮船全球近200名远洋船长提供定制化培训服务，获得行业高度评价，进一步巩固了其在航运业界的专业声望。

（二）国际推广应用情况

1. 服务“走出去”战略

（1）企业人才培训服务

推动招商局港口集团股份有限公司实施“走出去”战略，提供人才培训服务，为企业外派人才提供了针对性的定制化培训，为拓展国际市场提供了有力的支持。

（2）国际化人才输出

通过为企业提供国际化培训服务，促使人才更好地适应国际市场要求，实现了国际化人才的输出和服务“走出去”战略的有机结合。

2. 国际合作项目

深职大与英国普利茅斯大学合作，成功开办专科本科衔接“3+1”项目，超过 20 名学生成功申请到普利茅斯大学一学年学士学位课程。这充分体现了该经验在国际推广方面的成功实践和对国际高等教育合作的积极贡献。

通过国内外的推广应用，该经验在国内得到了行业、同行和国家级的多方认可，同时在国际上通过合作项目成功实现人才输出、提供国际化培训服务，为产业和高校间的深度合作树立了良好的典范。

七、改进方向

在深职大与招商局港口集团股份有限公司的共同努力下，港航“新匠人”的培养在实施过程中取得了一定的成绩，但仍然需要在实践中不断完善。

在数字经济时代，产教融合的参与主体愈加多元化、复杂化，高校与企业、政府、科研机构以及其他社会组织协同创新，形成开放的复杂生态系统。合作主体从松散的合作形式向开放合作发展，最终形成有机融合的共同体，并通过体制机制创新，提升系统的协调性和有序度。在今后的人才培养过程中，深职大将继续探索建立多方主体共赢合作机制，依托互联网、大数据以及人工智能等技术的创新，进一步深化产教融合思路。

课程思政引领、岗课赛证融通、双元育人落地
——深职大校企共建课程案例

陈 桥[1] 周 浩[1] 何颂华[1] 丁智勇[2] 朱盼景[3]

(1. 深圳职业技术大学 2. 深圳市裕同包装科技股份有限公司 3. 深圳市合乐教育科技有限公司)

摘要：本案例以包装策划与设计专业核心课包装设计师训练为例，系统阐述了在课程思政引领下，岗课赛证融通课程设计的理念、方法和过程。通过甄选企业真实商业设计项目，并将其转化为学习项目，将课程按照“阶段分层、由简到难、梯次递进”的原则序化为三个学习项目，将真实的工作任务转换为学习任务，基于工作过程重构教学内容。基于该课程改革实施了五届“双元制”教学，以深职大裕同图文传播学院为载体，校企共同培养了80余名学生，教学成效显著，学生考证首次通过率显著提高，多次获全国职业技能大赛奖项，包装设计方案完成质量达到商业设计水平；学生学习成就感与专业认同感也明显提高。

关键词：课程思政；岗课赛证；“双元制”教学；课程改革

一、实施背景

当前，我国职业教育的发展瓶颈就在于行业企业参与力度不足，工学结合缺乏紧密性和有机性，职业教育体系服务于社会经济发展（尤其是经济发展方式转型）的能力不足。“双元制”的办学模式高度依赖于校企合作。在“双元制”视角下，如何充分利用和调动企业与学校的办学资源，充分发挥企业和学校各自的优势，有待进一步研究。

深职大裕同图文传播学院是深职大传播工程学院联合行业龙头企业深圳市裕同包装科技股份有限公司共建的产业学院。该产业学院以包装策划与设计专业为主要载体，校企双方以“九个共同”构建了校企双元育人模式。共同开发课程标准是“九个共同”的重要环节。积极探索校企“双元制”教学模式改革，从根本上讲就是进行课程改革，这样才能培养适应行业岗位要求的高技术技能人才。

本案例以深职大裕同图文传播学院为载体，校企深度合作进行课程改革。该课程改革坚持职业教育产教深度融合、岗课赛证融通的办学特色，面向包装产业转型升级，对接职业与岗位标准、全国行业职业技能竞赛（包装设计师）大赛考点、包装设计师职业

技能等级证书要求，将真实的工作任务转换为学习任务，基于工作过程重构教学内容。

二、主要做法

（一）组建课改团队

1. 课改顾问

课改顾问有 2 人，皆来自长期从事职业教育与培训顾问服务、具有丰富课改与咨询经验的第三方团队。课改顾问负责运用职业教育育人理念与方法，带领岗位业务专家、校内专任教师开展岗位工作任务分析、学习目标确定、学习活动设计、学习内容收集与编排等工作。

2. 岗位专家

岗位专家有 4 人，由具有超过 10 年工作经验的品牌策划师、包装结构设计师、包装平面设计师、包装工艺设计师组成，负责梳理和输出包装设计师岗位典型工作任务、实际工作过程、岗位胜任能力要求以及职业技能等级证书匹配度等。

3. 教学团队

教学团队有 4 人，由承担本门课程教学任务的校内专任教师组成，结合学情分析与教学实践经验，主导学习情境/载体选取、课程结构设计、学习目标编制、学习活动设计、教学资源建设、活页式教材开发及教学研究等工作，全程推动课程改革进程。

（二）萃取岗位工作任务

课程设计瞄准岗位需求，对接职业标准和工作过程。分析岗位工作任务是课程对接岗位的关键，也是课程改革中最费精力与时间的关键环节。包装设计师岗位工作任务分析过程可以概括为下面的“六步法”。

1. 分析课程面向岗位的职业发展路径

岗位专家按照企业真实岗位设置与分布情况，罗列出包装设计师训练课程可以面向的全部岗位或角色。

2. 分析岗位工作任务流程

运用穷尽原则和动宾命名原则，按照企业产品包装策划与设计实际工作过程，罗列出包装设计师岗位的全部工作任务。

3. 整合工作任务

岗位专家遵循不包含、不交叉的原则，将上面分析的工作任务进行整理与优化。

4. 筛选典型工作任务

岗位专家按照工作任务的重要度、难易度和工作频率，对工作任务逐项评价打分，筛选出三项典型工作任务，具体为分析产品定位、策划产品品牌、包装设计。

5. 划分岗位职业等级

根据典型工作任务、职业发展需求和学习者的学习规律，将岗位职业能力等级划分为三、二、一级。

6. 分析岗位胜任能力

分析筛选出的三个典型工作任务的二级工作过程与关键动作，梳理、分析岗位胜任能力和知识点（过程/方法、信息/概念、原则/原理、工具/器材）。

通过上述“六步法”，萃取包装设计师岗位的典型工作任务、工作过程及关键步骤，如图1所示。

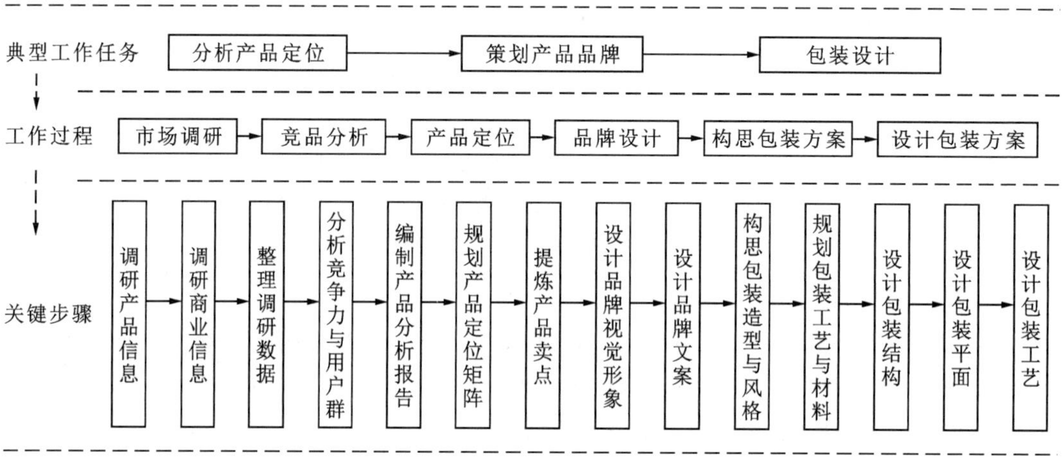

图1　分析课程面向岗位的职业发展路径

（三）思政有机融入，构建思政体系

构建“一主线三阶段八元素”的课程思政体系，并将其有机融入教学全过程。以讲好品牌故事、坚定文化自信、包装设计助力乡村振兴为主线，将思政教育融于学习过程的三个阶段，即课前视频观摩直观感受、课中循序渐进润物无声、课后实践创新拓展完善。三大典型工作任务承载了八大思政元素，即乡村振兴、民族品牌、文化自信、创新思维、安全环保、精益求精、美学素养、劳动精神。

（四）融通岗课赛证

分析全国行业职业技能竞赛（包装设计师）大赛竞赛要点、包装设计师职业技能等级证书要求，与上文分析整理出的典型工作任务进行匹配、整合，融入技能竞赛、职业技能等级证书的知识、能力、素质要求，实现岗课赛证融通。

（五）设计学习情境

结合企业真实项目、订单合同以及包装设计师岗位典型工作任务，按照“阶段分层、由简到难、梯次递进”的原则，兼顾课程思政内容，选取三个学习情境，将企业真实项目转化为学习情境或载体。

（六）设计课程结构

将企业典型工作过程转化为学习任务，重构课程结构与内容。本课程采用滚雪球式学习任务排序中的逆向链接排序法进行设计。包装设计师训练课程的三个典型工作任务中，分析产品定位（A）和策划产品品牌（B）都是为完成包装设计（C）所做的准备工作，因此，在第一个学习情境中先训练包装设计任务（C），在第二个学习情境中训练策划产品品牌和包装设计（CB），在第三个学习情境中系统训练三个任务（CBA），课程结构总体的学习任务排序设计为 C—CB—CBA。图 2 为包装设计师训练课程的结构。滚雪球式学习任务排序法能够为学习者提供更多的学习机会去训练完整任务，帮助学习者整合、协调不同的局部任务间的流畅度。

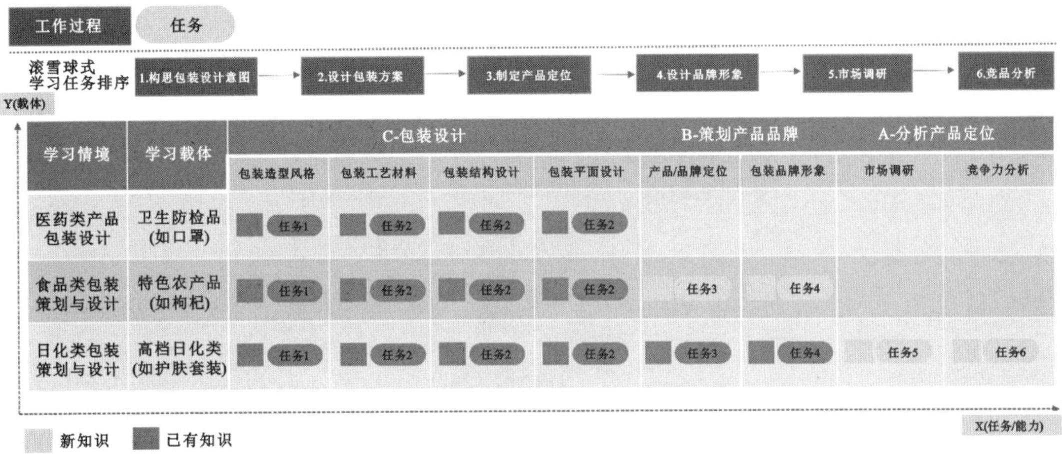

图 2　包装设计师训练课程的结构

（七）设计学习活动

课改团队根据课程结构与职业能力分析阶段性结果，依照学习要求，序化知识点内容，编制有效的学习目标，基于“工学结合”的育人理念，有效设计学习活动，罗列开展学习活动所需的学习素材、视频、阅读资料、案例等工作/学习清单。

（八）开发学习内容

课改团队根据学习活动中列出的素材内容清单，考虑素材类型、来源及课改团队资源禀赋优势，分工协作，责任到人，收集、制作、整理学习内容，包括但不限于企业案例、课件、视频等，并对学习内容、资料进行整理、优化、排版、校对，出版《包装设计综合训练（学生用）》活页式教材。

（九）实施双元教学

校企共同开展“双元制”人才培养改革与实践，组建“裕同班”，采取“学校理论教学＋企业实践学习”的双元育人模式，采用“专业教师＋企业导师”的双导师指导方式，进行岗位和技能培养目标明确的“理论＋实践”相互交融、闭环迭代的“双元制”教学。

三、典型经验

（一）思政有机融入，思政体系完善

课程改革构建了“一主线三阶段八元素”的课程思政体系，具体如图 3 所示。该体系有机融入教学实践全过程，引导学生在学中思、做中悟。该体系通过引入企业实际商业项目，根据企业实际设计流程，分解成三个典型工作任务，承载了八大思政元素，有机融入课前、课中、课后三个阶段的学习过程。

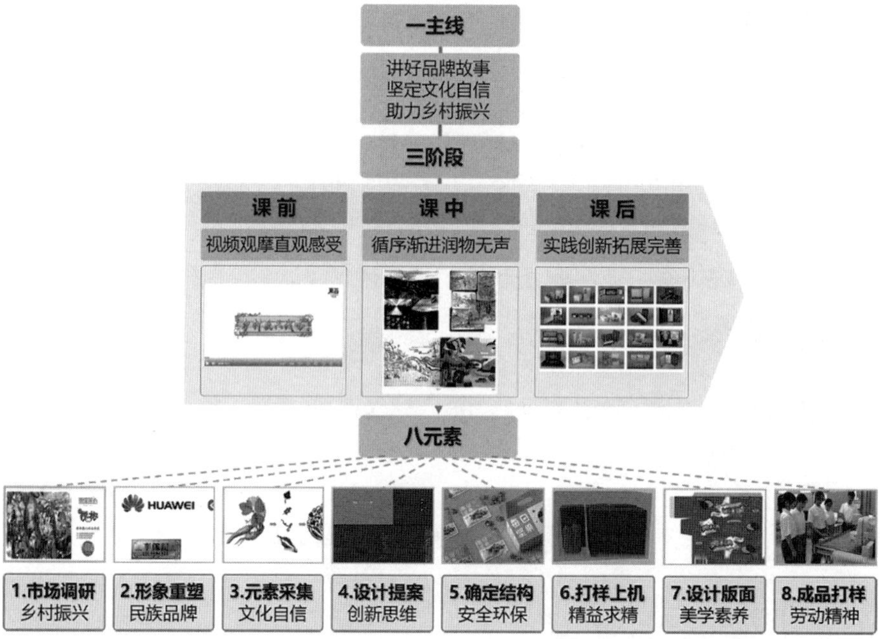

图 3　“一主线三阶段八元素”的课程思政体系

（二）岗课赛证融通，教学内容重构

具有 10 年以上一线工作经验的产业专家、课改咨询顾问、校内双师教学团队等组建课改团队，融通岗课赛证，分析课程定位、能力要求与育人目标，重构课程内容，将课程按照“阶段分层、由易到难、梯次递进”的原则序化为多个项目，项目环环相扣，输出课程标准与教案，稳步推进教学实施。包装设计师训练如图 4 所示。

（三）产教深度融合，双元育人落地

依托特色产业学院，打造专兼结合的双主体教学团队，共同研发课程标准，共同建设课程资源，共同实施教学实践，将真实商业项目、真实设计流程、真实工作场景、真实方案输出贯穿教学全过程，加强全过程个性化指导与教学策略动态调整，实现教师双主体、学生双角色、授课双场景的双元育人模式。

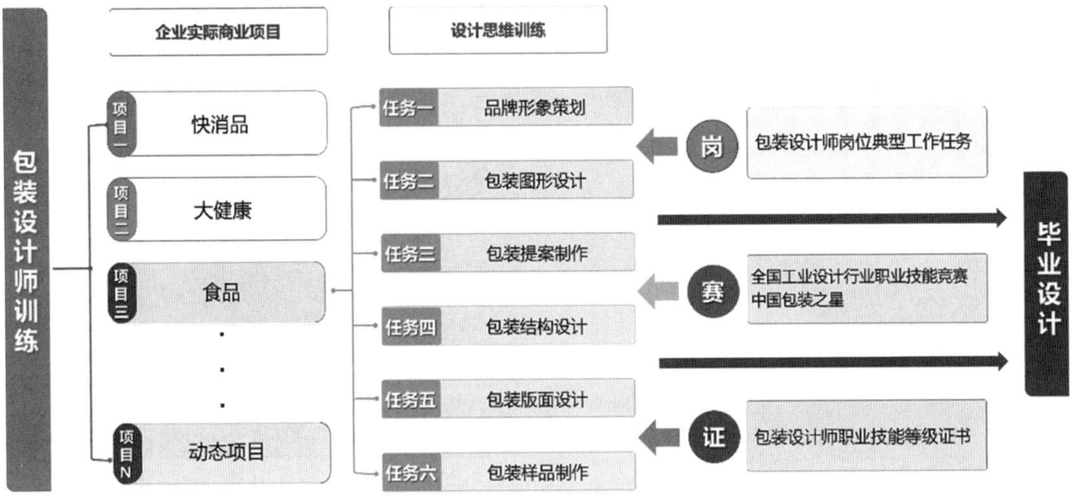

图 4　包装设计师训练

四、成果成效

（一）渐进式工作任务重构，学习兴趣显著提高

线上问卷调查结果显示，学生学习满意度超过 95.5%，学习兴趣显著提高。学习通统计数据显示，学生在线主动学习时长显著增加，学生自主学习积极性显著提升，学生互动频次明显增多，任务完成度显著提高。

（二）教学过程环环相扣，三维目标有效达成

该模式将企业实际设计流程转化为学习任务，按“课前导学—情境创设—问题启发—梳理归纳—实操训练—评价总结—课后拓展”的流程实施教学，运用包装打样 VR 虚拟仿真平台等信息化手段，解决教学重难点，使学生熟练掌握包装策划与设计全流程知识与技能，全面提升职业素养。

学生包装设计师（中级）职业等级证书首次通过率超过 90%，团队老师指导学生获全国工业设计职业技能大赛（包装设计师）一等奖 2 项、全国印刷行业职业技能大赛一等奖 3 项。

（三）双元教学模式探索，商业项目成功落地

经过四年的探索和实践，深职大传播工程学院和深圳市裕同包装科技股份有限公司采用“双元制”教学模式培育了 80 余名优秀毕业生，其中有一半以上毕业生在深圳市裕同包装科技股份有限公司获得了实习和就业机会，并连续四年举办线上线下双元制教学成果展，校企双主体协同育人模式初见成效，多款包装设计方案入选企业备选方案，并有两款包装设计方案被客户采纳，批量生产后推向市场。图 5 为校企双元教学实施情景。

图 5　校企双元教学实施

五、推广应用

该校企共建课程案例适用于基于特色产业学院的深度产教融合，推广应用经验包括以下几个方面：打造校内教师与企业能工巧匠组成的专兼结合双主体教学团队，实现教师双主体、学生双角色、授课双场景的双元育人模式；共同研发课程标准，共同建设课程资源，共同实施教学；将真实商业项目、真实设计流程、真实工作场景、真实方案输出贯穿教学全过程，加强教学过程中的个性化指导与教学策略的动态调整；关注校企双元育人中双方积极性方面的问题，制定双元教学的激励和考核制度，调动校企双方的积极性。

六、改进方向

该校企共建课程案例探索了思政引领下岗课赛证融通的校企课程改革路径，取得了一定成效，但是在思政融入、证书开发及社会服务等方面还需要进一步深入研究。下一步要继续深挖思政元素，使得思政元素与课程内容深度融合，校企共同开发行业高水平证书，持续深化岗课赛证融通；继续开展行业企业员工职业技能培训，开发基于课程改革的行业培训课程；以校企共同进行课程改革、重构课程内容为抓手，全方位、多层次地进行深度产教融合。

深职大裕同图文传播学院“九个共同”校企双元育人案例

陈　桥[1]　何颂华[1]　吴芬芬[1]　彭越辉[2]　丁智勇[2]

(1. 深圳职业技术大学　2. 深圳市裕同包装科技股份有限公司)

摘要：为推进产教深度融合、校企全面合作，深职大传播工程学院与行业的龙头企业深圳市裕同包装科技股份有限公司于2018年11月合作共建深职大裕同图文传播学院，围绕“九个共同”，在共同开展党建、共同开发专业与课程标准、共同打造高水平双师团队、共同设立研发中心、共同制定行业标准、共同开发职业资格证书、共同开展创新创业教育、共同开展乡村振兴活动、共同开展国际产能合作等九个方面开展了一系列合作，构建了校企双元育人模式，将学生的专业与产业、就业、创业紧密结合，推动教育链与产业链、创新链与人才链高质量有效衔接，在专业共建、人才共育、师资共培方面取得了明显成效。

关键词：产教融合；产业学院；九个共同；双元育人

一、实施背景

为充分发挥学校的技术技能人才培养优势和企业行业的产业优势，深职大传播工程学院和行业的龙头企业深圳市裕同包装科技股份有限公司于2018年11月签署了战略合作协议，双方合作共建深职大裕同图文传播学院，围绕“九个共同”，推进产教深度融合，共同培养高素质技术技能人才，有效提升包装产品策划、包装设计、数字图文制作、数字印前、数字印刷、智能包装、物流包装、包装材料、包装工艺、包装印刷及印刷包装标准化等领域的人才培养质量及技术创新能力。

深职大裕同图文传播学院的总体建设目标是通过深化产教融合、校企合作，利用3—5年的时间，将学院建设成为集人才培养、技术研发、创新孵化、服务培训、项目咨询、政策研究等于一体，立足深圳和粤港澳大湾区、面向全国的特色产业学院，形成包装产品策划、包装设计、数字图文制作、智能包装、物流包装、包装材料、包装工艺、包装印刷及印刷包装标准化等领域的技术技能人才培养“深圳模式”，有效促进行业加快发展、创新发展、科学发展，为中国尤其是深圳的包装和印刷产业发展做出积极贡献，为深圳和粤港澳大湾区加快建立现代化经济体系提供有力支撑。图 1 为深职大裕同图文传播学院签约暨揭牌仪式留影。

图 1　深职大裕同图文传播学院签约暨揭牌仪式留影

二、主要做法

（一）共同开展党建，实现校企资源共享

为积极探索校企党建合作新模式，加强和改进教育系统中党的建设，适应并引领校企深度合作，2020 年 6 月，深职大传播工程学院党总支与深圳市裕同包装科技股份有限公司党支部签订校企党建合作备忘录，双方就搭建校企党建合作平台、共建党员教育基地、深入开展人才培养合作等问题达成合作意向（见图 2）。深职大传播工程学院党总支与深圳市裕同包装科技股份有限公司党支部开展校企党建共建以来，双方本着“资源共享、优势互补、双向受益、共同提高”的原则，搭建了校企党建合作平台，共建了党员教育基地，深入开展了人才培养合作，激发了基层党组织和广大党员的工作热情。

图 2　共同开展党建活动

（二）共同开发专业与课程标准，“双元”教学提升人才质量

深圳市裕同包装科技股份有限公司副总裁俞朝晖博士，包装专业教研室主任陈桥，联

合包装行业其他知名企业行业的一线员工共 11 人，组建包装策划与设计专业的产学研用指导委员会（俞朝晖、陈桥分别担任主任、副主任），共同制定专业标准，并于每年召开产学研用指导委员会会议（见图 3），修订人才培养方案。

开展岗课融合实践，推行“引企入教”，将企业技术标准、企业单位用人能力标准引入课程教学环节，实现职场与课堂教学的零距离对接。在实践中，深圳市裕同包装科技股份有限公司的技术标准转化为深职大传播工程学院的课程标准，进而形成教学资源，校企共同开发教材。根据包装产业的转型和发展情况，校企共同开发了“物联网与智能包装”“网络包装与电子商务”两门新课，共同制定了课程标准并共同教学；基于双元制教学，改造了“包装策划与营销”和“品牌包装设计”的课程标准，共同开发了国家级规划教材《包装策划与设计》，并探索开发新形态活页式教材；学院专业教师和深圳市裕同包装科技股份有限公司研发院相关专家共同讲授基础课程“包装与文化”，共同修订课程标准，并根据产业发展，实时更新教学内容。

图 3　校企共同召开产学研用指导委员会会议

校企共同开展“双元制”人才培养改革与实践，从三年级学生中遴选优秀学生组建“裕同班”，采取“学校理论教学＋企业实践学习”双元育人模式。其中，企业实践学习针对本门课程对应的岗位和技能，采用“专业教师＋企业师傅”的双导师指导方式，进行岗位和技能培养目标明确的理论与实践相互交融、闭环迭代的“双元制”教学。图 4 为第一期“裕同班”学员留影。

图 4　第一期“裕同班”学员留影

（三）共同打造高水平双师团队，提升教学质量

一方面，在学校内部组建由学校专业教师和深圳市裕同包装科技股份有限公司一线兼职教师构成的双师工作室，共同开发课程内容，将课程内容与职业标准对接，将教学过程与生产过程对接；鼓励深圳市裕同包装科技股份有限公司兼职教师带企业项目进驻双师工作室，在校内招收优秀学生参与企业项目，实现学生学习与职业的零对接。

另一方面，在深圳市裕同包装科技股份有限公司内部建立双师工作室，并通过该双师工作室实施“一师一企”计划，支持学校专业教师“下（下企业）、访（访问工程师）、挂（企业挂职锻炼）”（见图 5），确保专业教师每个聘期在企业实践时间累计不少于 3 个月。通过这两种类型的双师工作室建设实现专兼结合、双向流动，促进教师教学能力、科研能力和社会服务能力提升，推动人才培养质量显著提升。

图 5　学校专业教师下企业留影

（四）共同设立研发中心，解决“卡脖子”技术与工艺问题

在特色产业学院智能包装研发中心，校企双方围绕包装产品策划、包装设计、智能包装、物流包装、包装工艺、包装印刷等领域进行合作，联合行业企业开展智能包装技术研发与应用。2017 年，双方开始进行技术研发项目合作，截至 2024 年，双方已开展合作研发项目 6 项，到账经费 150 万元。双方共同立项深圳市科技创新委员会重点项目“农业种植领域可降解新型塑料替代材料关键技术研发”，项目经费 300 万元。

（五）共同制定行业标准

校企双方依托设立在深职大传播工程学院的全国印刷标准化技术委员会包装印刷分技术委员会秘书处，联合开展印刷包装领域国家标准及行业标准的制定。

深职大与深圳市裕同包装科技股份有限公司等共同开展并制定颁布了《数字印刷纸张印刷适性及检验方法》等 8 项国家标准及《热带水果包装通用技术要求》等 8 项行业标准。双方合作制定的标准具体如表 1 所示。

表 1 双方合作制定的标准统计

深职大与裕同共同制定的标准		
标准名称	类别	标准号
数字印刷纸张印刷适性及检验方法	国标	GB/T 34688—2017
印刷技术 胶印数字化过程控制 第 1 部分：概述	国标	GB/T 34690.1—2017
印刷技术 胶印数字化过程控制 第 2 部分：作业环境	国标	GB/T 34690.2—2017
印刷技术 胶印数字化过程控制 第 3 部分：原始资料的接收和处理	国标	GB/T 34690.3—2017
印刷技术 胶印数字化过程控制 第 4 部分：输出文件制作	国标	GB/T 34690.4—2017
印刷技术 胶印数字化过程控制 第 5 部分：软打样	国标	GB/T 34690.5—2017
印刷技术 胶印数字化过程控制 第 6 部分：数字硬打样	国标	GB/T 34690.6—2017
印刷技术 胶印数字化过程控制 第 7 部分：计算机直接制版	国标	GB/T 34690.7—2017
热带水果包装通用技术要求	行业	BB/T0079—2018
茶叶包装通用技术要求	行业	BB/T0078—2018
绿色印刷 产品合格判定准则 第 2 部分：包装类印刷品	行业	CY/T132.2—2017
绿色印刷 通用技术要求与评价方法 第 2 部分：凹版印刷	行业	CY/T 130.2—2017
绿色印刷标准体系表	行业	CY/Z 26—2017
印刷产品智能设计与仿真指南	行业	CY/T 245—2021
智能印刷工厂参考模型	行业	CY/T 242—2021
智能印刷工厂构建规范与指南	行业	CY/T 243—2021

（六）共同开发职业资格证书，提高专业与职业适配度

双方共同引进行业公认证书或联合知名企业开发行业认可度高的证书，将其融入课程内容，并开发与之配套的认证课程，实现岗位与课程对接、职业标准与教学内容对接。校企双方联合深圳市印刷行业协会开发与组织实施中、高级包装设计师等国内认证和培训项目，培养包装设计技能人才。双方共同开发的“包装设计师（高级）”证书如图 6 所示。获得该技术证书的学生可以胜任包装企业相关设计岗位。

图 6 双方共同开发的“包装设计师（高级）”证书

（七）共同开展创新创业教育，集聚资源协同发展

双方联合举办技能大赛、创新创业训练营和创新创业大赛，开发和完善大赛标准。一

方面，以深圳市裕同包装科技股份有限公司的主营业务和未来业务为依托，开展包装设计与技术领域的全国性技能大赛，并逐步形成引领全国大赛的标杆；另一方面，以深圳市裕同包装科技股份有限公司的技术创新需求为指引，共同举办创新创业训练营和创新创业大赛，孵化高水平的创新设计团队和项目。

（八）共同开展乡村振兴活动，服务于共同致富

在党建引领下，产业学院在过去多年服务于乡村振兴战略，助力脱贫攻坚。2019—2020 年，基于特色产业学院，包装策划与设计党支部组织 15 位师生为河源市和平县礼士镇下洞村农副产品进行品牌策划，对农产品红薯、百香果、板栗和原浆酒进行包装设计，运用专业知识，助力精准扶贫（见图 7）。在专业教师和企业兼职教师的共同指导下，他们为下洞村农副产品量身定制了 20 余款品牌设计方案。最终，设计团队确定了黄绿华和林丹芬两位同学的方案为下洞村农副产品品牌方案，选取了“洞香”“绿农谣”两个商标。其中，“洞香”主要用于下洞村的土法酿制原浆酒品牌，“绿农谣”主要用于下洞村出产的农产品（如百香果、板栗红薯等）品牌。

图 7　师生为河源市和平县礼士镇下洞村进行农副产品包装设计留影

2021 年 12 月，第三期“裕同双元制”教学在深圳市裕同包装科技股份有限公司的全资子公司“云创科技”进行，同学们完成了内蒙古自治区人民政府的乡村振兴项目，为“天赋河套”系列农产品进行包装策划与设计，多款设计方案被采纳。在深圳市科学技术协会和广西壮族自治区科学技术协会的支持下，产业学院的专业设计团队对广西壮族自治区南宁市横县茉莉花茶进行了品牌策划与包装设计，对广东省河源市隆街镇立新大米进行了品牌策划与包装设计。

2022 年 9 月，深职大传播工程学院联合深圳市裕同包装科技股份有限公司和深圳餐饮博览会组委会共同筹办“2022 湾区餐饮包装创意大赛”，其包括食品包装、饮品包装、外卖包装三大部分，旨在将环保、健康、实用的理念融入大赛，为粤港澳大湾区餐饮行业展示具有创新性、灵感和力量的餐饮包装设计，从而带动中小企业品牌的提升和推广。

（九）共同开展国际产能合作，增强国际竞争力

借助深圳市裕同包装科技股份有限公司在越南、印度和美国等国家设立的海外生产基地和服务中心，双方联合开发企业员工的培训课程包，参与海外印刷包装人才的培训。

三、典型经验

（一）校企协同，同频共振

只有增强专业与当地产业的关联度、依存度，对接紧密度，才能将企业的新技术、新工艺、新产品转化成学校教学的新元素，提升服务贡献能力，做到校企同频共振，实现深度产教融合。

（二）岗课结合，对接标准

以传统产业新形态和复合型人才培养为突破点，解构新技术、新岗位、新技能，将企业的职业标准、技术标准、技能大赛、创新创业等贯穿专业人才培养全过程，促使产业链与教育链、创新链与人才链有机衔接，构建符合产业新形态的人才培养模式和方法，推动区域内产业转型和升级，形成协同共生的适应状态，实现可持续发展。

（三）师资共培，共享共建

充分发挥企业的一线实践经验和过硬的专业岗位操作技能优势及学校的学术优势，增强校企师资人才互动，加深“双元制”教学、“现代学徒制”合作的内涵建设，形成共享共建状态。

四、成果成效

（一）专业建设成果显著

产业学院牢固树立以市场为导向的办学理念，根据行业、企业和市场的需求制定专业标准。一方面，校企双方共同开展课程体系的研发，分析行业岗位的用人需求，分解职业岗位的工作内容，将企业岗位的胜任能力作为课程开发和人才培养的关键要素；另一方面，结合行业标准和技术标准对课程体系进行优化，提高了建设的专业性，推动了专业教育与市场需求的紧密对接。该专业建设模式成果获得广东省教学成果二等奖 2 项。

（二）双元育人初见成效

校企按照工学交替、产学研一体化的原则进行课程设计和“双元制”教学，促进了职业教育和产业人才需求的精准对接。经过多年的探索和实践，截至 2024 年 2 月，校企共同培育了 80 名优秀毕业生，其中有一半以上在深圳市裕同包装科技股份有限公司获得了

实习和就业机会，校企双主体协同育人模式颇见成效。学生获全国工业设计职业技能大赛（包装设计）一等奖 2 项、全国印刷行业职业技能大赛一等奖 3 项。

（三）教学团队能力提升

校企双方共建由深职大传播工程学院包装策划与设计专业的 13 位专职教师和深圳市裕同包装科技股份有限公司的 14 位兼职教师构成的“双师型”结构化教学团队，承担了裕同“现代学徒制”试点和包装专业裕同班“双元制”的教学任务，共同开发了 5 门专业课程标准，共同编制了 1 部规划教材，共同开发了两个高水平资格证书和培训项目，每学年认证和培训达 200 人次以上，团队教学能力显著提升，获得广东省教学能力比赛二等奖 1 项、三等奖 2 项，并获批首批全国包装职业教育教师教学创新团队立项。

五、推广应用

（一）专业建设成效显著，省内国内示范作用好

特色产业学院的包装专业建有省级实训基地、省级现代学徒制试点，校企共同制定国家和行业技术标准 13 项，引入行业顶级证书 2 个，连续四年“金平果”高职专业排行中，包装专业位列全国第二。该产业学院也获 2022 省级示范性产业学院立项，相关成果获得 2022 广东省教学成果特等奖 1 项、二等奖 2 项。

（二）项目案例多次在相关专业论坛、高职院校宣讲和推广

依托特色产业学院，校企共同实施教师、教法、教材“三教”改革，并以此为案例在广东省高等职业院校轻工纺织类专业教学指导委员会“三教改革”交流会上进行分享，为广东省内其他高职高专院校开展产业学院建设和人才培养模式改革提供参考和借鉴。

六、改进方向

基于深职大裕同图文传播学院五年多的建设，校企双方取得了一系列显著成绩，同时校企在共建特色产业学院的过程中也存在一些问题，其中，学校方面的主要问题是人事聘任、经费使用等相关制度僵硬、流程烦琐；企业方面的问题是比较重视实际利益，在某些合作方面眼光不够长远，配合不够积极。

为了实现特色产业学院理想的校企合作办学模式，双方需要在以下几方面进行改进：制定激励政策制度，刺激和鼓励企业的积极性；学院和专业在学校争取更灵活、宽松的政策，提高校企合作办学的效率；引导企业从高层到基层员工都更重视产教融合，进行前瞻性布局。

深圳尚客文创平台：培育文创新生，助力产业发展

李公伟　李　博

（深圳职业技术大学）

摘要：深圳尚客文创协同创新众创空间是多领域研究与培训平台，该平台旨在促进文化创意产业发展，培养创新人才。平台融合纸媒艺术与数字化技术，包括纸媒艺术、文创产品、版画、立体书、艺术品数字化等多个研究方向。平台集结了校内外专业研究员和企业特聘研究员，积极参与国家和地方项目或比赛。平台中产教融合，确保学生接触真实产业需求，培养创新和问题解决能力；为学生和社会提供广泛且深入的培训和孵化服务，培养推动深圳文创发展的专业人才，为广大创客提供技能培训。平台支持学生和社会创客的创意、技术、艺术全流程，强调多方协作、技术融合与共建共赢。平台在文化创意培养和创新方面做出了显著贡献，为深圳乃至全国文创的发展提供了宝贵经验。

关键词：创客平台；产教融合；纸媒艺术；数字化技术；协同育人

一、实施背景

（一）背景

随着我国经济快速发展，文化创意产业逐渐崭露头角，成为国民经济发展的新动能。该领域对于高素质、强创新能力的人才需求日益迫切。在这一背景下，深圳尚客文创协同创新众创空间应运而生。该平台旨在培养具备纸媒艺术、数字化技术等多重技能的创客，满足产业需求。

（二）必要性

产教融合的必要性在于，高校教育教学需要更紧密地结合产业形势，确保学生掌握实际工作所需的技能。在这一平台中，学生能够接触到真实的产业需求，参与实际项目，培养实际工作中所需的创新和解决问题的能力。同时，行业合作伙伴也能够为平台提供实际案例和资源支持，加强学校与产业之间的联系。

（三）可行性

深圳尚客文创协同创新众创空间是由深圳市科技创新委员会资助，由深职大承建的

高校创客培育项目。该平台建立在深职大传播工程学院的专业特色基础上，致力于创建专业与创业之间有效对接的实践基地，同时提供纸媒艺术与数字化技术相融合的多功能创新、创意、研发服务。平台的研究方向包括纸媒艺术、纸艺文创产品、艺术品的二维与三维数字化，以及艺术品的保护与装裱等。该项目的主题围绕纸质艺术品及文创产品的多种可能性展开，从团队构建、文化建设、管理架构、推广宣传、教学模式等多个方面深入而广泛地进行探索，旨在找到适用于中国高校创客培育和创客式教育的有效模式和方法。

深圳尚客文创协同创新众创空间已经组建了一个强大的团队，包括校内研究员和企业特聘研究员，他们拥有丰富的实践经验和专业知识。此外，平台已获得国家、省市级项目的资助，多次参加国家级以上的比赛并获奖，其自主研发的文创产品也得到了社会的广泛认可。这些成就表明，平台在开展产教融合方面具备坚实的基础和可行性。

（四）预期目标

平台的最终目标是培养高素质的创客人才，为文化创意产业提供有力支持。通过与企业、行业协会、高校及国内外相关机构深度合作，平台不仅培养出一批对深圳文创产业具有推动力的专业技术人才，还为社会范围内的广大创客提供专业培训服务，具体包括更多创新创业团队的孵化、创客项目的成功转化，以及深圳文化创意产业的蓬勃发展，为整个产业链提供更多有创意、有实力的创新产品和解决方案。

二、主要做法

（一）产教融合，携手孵化创客人才

平台充分发挥“创意＋互联网＋科技”的特色，实施以学生学习成效为导向的“六个融合”人才培养模式改革，实现高等职业本科教育内涵式发展，培养知识型、技能型、创新型技术技能人才。

平台与深职大创新创业学院合作，引入行业相关的企业，与行业的龙头企业、研究机构等开展深度合作，组建产教联盟。通过各级工商业联合会、各级商会、各级行业协会推荐、邀请其会员企业加入，各高校的产学研合作单位经由各高校推荐直接成为大学生专利孵化创客服务平台的会员。企业不仅为大学生创客的专利孵化提供了实实在在的需求信息和技术创新建议，也是大学生专利的需求者，直接决定着大学生专利的产业化率。平台借助企业资源实现了各专业领域的基本平衡，截至 2023 年 12 月，合作的企业有 20 余家，努力将自身建成促进产、学、研、科技服务有机结合的重要基地。另外，平台开放共享大型设备的使用及服务，共建一流的平台服务体系，吸引社会创客加入。大学生创客和社会创客通过注册成为创客网络服务平台会员后，可以通过预约享受创客实体空间服务。社会创客的加入可为大学生创客带来经验、理念和创业创新意识的分享，从而支撑企业自主研发、服务国家战略项目、培养专业技术管理人才和创新创业人才。

1. 行业对接与需求分析

学校定期组织产学研合作研讨会和沙龙活动，深入了解企业在技术、创新和人才需求

方面的最新动态。进行产业需求分析，通过调查问卷、座谈会等方式，获取企业对人才的期望和具体的技能要求。

2. 课程与实践结合

学校与企业共同设计并优化课程体系，确保培养的人才具备实际应用能力。鼓励企业专业人员参与教学，担任兼职教授或提供专业指导，以使教学更符合企业的实际工作要求。

3. 产教联盟的拓展

扩大产教联盟成员范围，特别是吸引知名企业和新兴产业加入。深化与联盟成员的交流合作，具体方式包括研讨会、研究项目合作等，促使学校与企业深度融合。

4. 实践基地建设

学校与企业合作建设实践基地，为学生提供更多的实践机会，促使他们更好地融入产业环境。鼓励学生在实践基地参与企业项目，与企业技术团队进行深度互动，提高学生的实际操作技能水平。

5. 科研合作与创新项目

学校与企业加强科研合作，联合申请国家和地方科技项目，推动科研成果的转化。鼓励学生参与企业创新项目，激发学生的创新创业意识，培养学生解决实际问题的能力。

6. 人才交流平台建设

搭建人才交流平台，促使企业和学生更直接地互动。推动企业人才与学生进行导师制培养，建立企业与学生之间更为紧密的联系。

（二）服务领域布局，争创世界一流

1. 多元领域的战略定位

深职大结合国家及省市有关教育、文化产业的发展规划和政策文件，在主管政府和行业协会的领导下，发挥自身的工艺美术、数字化技术研究及人才培养优势，通过申报立项、企业支持、技术服务、合作共建等渠道，产出了一批项目成果，在产业发展中取得了明显成效。平台联合个体艺术工作者、多家企业、行业协会、同类高校及国际力量，形成多方协作、技术融合、共建共赢的工作模式；通过技术合作研发、成果转化应用、测试服务等产学研用合作，产出一批技术研发项目和知识产权。建成数字化技术与工艺美术相结合的技术服务平台，并实现了良好的社会及经济效益，独立运作良好。在设备、技术力量、纸张工艺品创意研发方面达到国内一流水平。通过分期建设，坚持高水平、高起点、高定位，最终建成全国领先的技术与艺术相融合的文创服务平台，为深圳文化产业发展贡献重要力量，推动文创产业结构优化调整、内涵提升及技术进步。

通过建立完善的贯穿开发、设计、制作、销售、维护等环节的纸质工艺品产品生命周期，融合数字化技术打造该类产品的全生境发展模式，使得深圳市美术工艺品领域在品质与量化之间的矛盾、艺术个性与消费对象普遍性之间的矛盾、销售成本与销量之间的矛盾、应用场景有限与数字化时代虚拟环境泛化趋势之间的矛盾等现阶段阻碍行业发展的问题实现明显突破。

建成世界一流的纸质艺术品研发技术服务平台。采用创客创新时代新兴的众创空间模式运作，借助项目所具有的国内一流水平的设备、专业人才，实现产业上下游的连接，为广大创意产品及艺术品研发从业者提供切实有力的启发和助推，在促进深圳文化产业发展方面发挥重要作用，推动文创产业兴旺蓬勃发展。

2. 争创世界一流平台

首先，建设世界一流的纸张艺术文创研发平台。解决纸张艺术品面向市场化、面向数字时代的各种技术问题，提供数字化语境下文创研发的新颖思路和具体方案，寻找纸张艺术在数字化技术下增强体验性、互动性、科技性、虚拟性的切入路径。

其次，建设世界一流的颇具实力的数字化技术研发平台。研究数字化技术应用于艺术品预防性及修复性保护、多维度重现、互联网传播的方式或方法，并解决相关技术难题，实现艺术品生命形态多样化、远距离化和长久化。

最后，建设世界一流的文创产业人才培养基地。一方面，在创客教育方面进行深入研究，利用本项目内容和相关项目的支持，探寻项目化教学在高校创客培育方面的积极作用；另一方面，研究如何作为公共服务平台，为社会范围内的广大创客提供专业培训服务。

（三）建设实践，提供多维度服务体系

平台是将最新的技术、设计、制造和产业链配套优势资源作为出发点，利用网络的信息共享、互联互通优势，发掘创新创意潜力、协同社会外部资源，跨界扩展到全领域、全行业，打造线上线下相结合、“互联网＋开放创新＋研发协同＋智能制造”的开放创新和联合创业平台，打造国内乃至国际一流的创新创业新趋势。

平台旨在为有创新创意的学生、众多制造商、天使投资者搭建桥梁，让学生提出好的创意，整合学生资源参与创意设计，为好的创意产品找到合适的生产者和投资者，为制造商找到好的产品和投资机会。该平台能够让有创新创意思想的学生零成本地、快速地实现创业梦想，如图 1 所示。

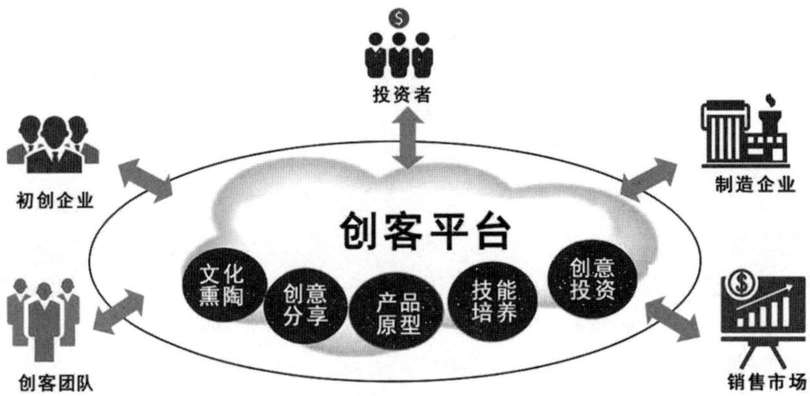

图 1　创客平台的多维度服务体系

平台将通过八个功能的联动（见图 2），充分发挥平台的技术、设计、制造和产业链配套优势，打通学校与社会领域互通互联的双向渠道，发掘高校内部资源潜力，集聚创意创

想，协同外部资源，打造“互联网＋”新经济形态下开放式创新的众创众包平台、研发协同的众创众包平台、智能制造的连接平台。通过线上网络平台实现线上信息共享，通过线下运营平台实现线下需求对接和设计、研发、生产等。

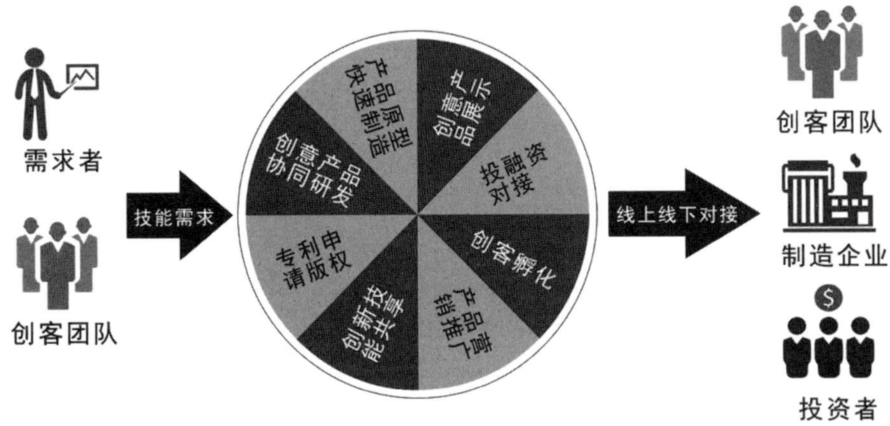

图 2 创客平台八个功能的联动

平台主要针对三类人员，即学生、制造企业和投资者。其中，针对学生的功能有创新创意需求的收集、创新创意的联合设计、创新创意的分享和交流、创新创意产品的展示、创新创业计划书的发布、专利版权的申请办理等；针对制造企业的功能有创意产品的快速原型制作、创意项目的投资、对创意产品进行量产、对创意产品进行营销；针对投资者的功能有创意项目的投资、学生创业项目的辅导、创业的孵化等。

平台与企业建立广泛的合作关系，整合、提升原有活动，是以平台为核心，以合作伙伴群和企业服务网络为依托和支撑，以抖音、淘宝等电商运营为动力，以创客服务平台为网络新平台，以创客交流活动和专题推广会为有效链接的科研成果产业化服务平台（见图 3）。平台可以全方位地促进本地企业与平台的紧密合作，引导企业提升自主创新能力和核心竞争力，为经济社会又好又快地发展提供服务。

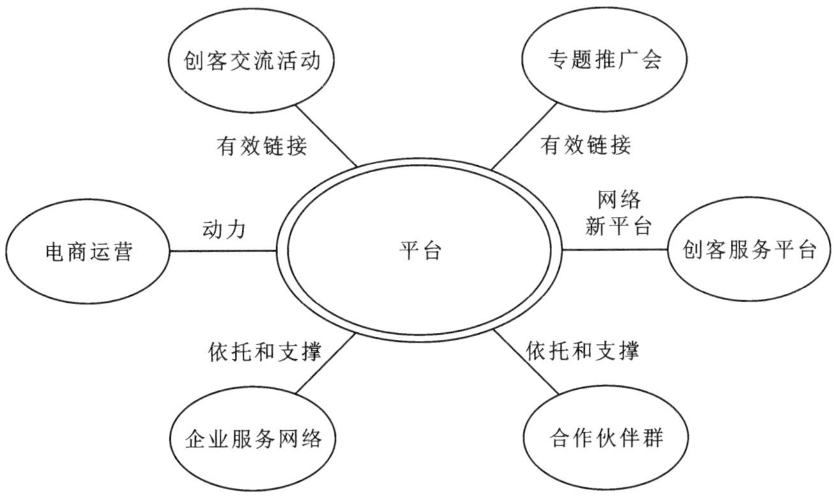

图 3 科研成果产业化服务平台

三、典型经验

（一）创新实践，学做并进

围绕“做中学、学中做、学做并进”，基于工学结合的人才培养模式，深职大与企业深度合作，邀请企业参与学生培养全过程，共同构建基于工作过程的人才培育体系。首先，制定基于工学结合的人才培养模式。深职大确立了“基本技能训练—岗位技能训练—职业能力训练”这种循序渐进的人才培养路径，为人才培养指明了基本方向，同时围绕基本创作手法、工艺技法和制作方法安排实训内容。其次，聘请行业、企业以及高校的专家，对创客的创作产品与职业能力进行分析，初步形成培育体系框架，并开发了创新型项目化课程。最后，结合艺术设计行业的相关规范、标准以及实际工作过程，不断细化、修改、完善人才培育体系。这为今后的艺术设计专业培养毕业即可顶岗作业的技能型人才，缩短与企业接轨的距离，提供了相应的模式参考。

（二）全流程创客支持与指导

为了更好地指导创客设计和制作独具特色的纸艺作品和文创产品，平台的课题组成员采用多种工艺技术支持和资源共享方式，为创客提供全流程的辅导和帮助，具体包括创意激发、草稿制作、模型制作、设备操作、陈列策划、包装运输方案、宣传推广、对外交流等多个角度和层次的支持和指导。师生通过头脑风暴法和个别辅导法，激发创意的灵感。学生创客通过查询资料和手绘草稿，初步拟定设计草图和实施步骤。通过实验研究纸张材料、颜料、切割加工技法等，确定制作的手法和路径。具体如图 4 所示。完成作品后，指

图 4　全流程创客支持与指导

导教师还针对上架、包装、运输等实际问题为学生提供参考方案，并与供应商进行联络。这一全方位的支持和辅导体系旨在帮助创客在设计和制作过程中提高艺术性和制作效率，确保他们的作品在市场上脱颖而出，同时为他们提供了提升综合素质的机会。

四、成果成效

（一）构建并不断优化符合创客培育需求的生态体系

建设完备的纸张艺术文创研发环境；开发新颖的纸张艺术样式，完成了纸张材料的实验和测试；通过纸张文创产品的创意策划、样稿设计、模型研讨，确定了适合深圳及珠三角文创市场的产品思路；完善了文创产品研发流程，提高了产出效率；提升了文创产品面向实际市场的能力，解决了产品与市场对接的关键问题；建设了完备的数字化技术研发环境；研发了纸张艺术品的防尘防酸保护和装裱方案；研发了艺术品数字化保护技术方案；研究了艺术品数字化传播方式、渠道和受众人群，解决了具体传播方案的技术难题，提供了切实可行的技术路径；研究了大型技术服务平台的科学管理制度，拟定了适宜文创产业的技术服务规程及实验室对外服务的形式、要求和条款；培养了一批对深圳文创产业具有显著推动力的专业技术人才，提升了工作室成员的专业水平和技术水平；培养了一支具备较强专业素质、创意研发能力、动手操作能力和统筹运营能力的学生创客队伍，孵化了一批在深圳市及珠三角地区具有较强影响力的文创企业。

（二）建立产学研创合作生态圈

平台联合企业、行业协会、高校以及国内外相关机构，以高起点、高水平、高定位为出发点，秉持多方协作、技术融合与共建共赢的理念，着手建设工作，旨在将自身打造成为国内外领先的纸艺文创服务平台和纸媒文创产业人才培训基地。平台在创客教育方面进行了深入研究，集聚教育资源，为广大社会创客提供专业技能培训服务，为深圳文化创意产业的发展建设做出了积极的贡献。

（三）打造青年教师职业成长与发展支撑体系

深职大牵头组建的科研团队梯队架构合理，通过“老带新”的方式，组织青年教师开展教育教学科研沙龙，鼓励他们参加业务进修，并指导青年教师申报各类项目和专利。这些举措旨在促使青年教师在教育理念、思想政治、专业知识、教学能力以及科研能力等方面具备更高的素质、水平和知名度，加速他们的成长。

（四）搭建学生创新创业平台

平台与深职大创新创业学院合作，深化创新型复合式人才培养，引入行业相关的企业，与行业龙头企业、研究机构等深度合作，组建产教联盟，积极营造创新文化、学科交融、多方交流的氛围。平台邀请来自不同学科、不同领域、不同经历的创客和嘉宾，聚集在一起研讨、创作和分享，努力将自身打造成为创客的创新成果宣传推广平台。截至 2023 年 12 月，平台已孵化 8 个创业团队，其中 3 个团队已注册公司，正式运营。这些孵化团队多次参与大规模的展览和比赛，向社会展示了创客的创意和实力。平台在各方面的发展取得了令人瞩目的成绩，获得了校内外领导的认可，也在社会上产生了积极的反响。

五、推广应用

随着各方面建设工作的推进，平台培育了自己的创客品牌文化，成为深圳市活跃的文创机构。平台产出了丰硕的成果，包括 200 多幅作品、1 项发明专利、6 项实用新型专利、43 项外观专利、165 项美术作品著作权、4 人次参赛并获得省级以上奖励，同时参加了共 7 届的中国（深圳）国际文化产业博览交易会和 4 届深圳创意十二月活动。平台自主研发的文创产品受到了行业和社会的广泛关注和好评，同时得到了包括教育部政府门户网站、广东卫视、《光明日报》、《南方都市报》、《中国文化报》、深圳都市频道、第一现场等在内的多家媒体报道。该平台的建设模式具有极强的可操作性和可重复性，为深圳市乃至全国范围内的创客事业以及文创产业的发展提供了积极的样例和参考。

六、改进方向

尽管平台在培育创客和推动文创产业发展方面取得了显著的成就，但仍然存在不足之处，需要在一些方面进行改进。

（一）不足之处

1. 产教融合的深度和广度不足

尽管平台已经建立了与企业、高校等合作伙伴的联系，但联系不够紧密。平台可以进一步深化合作，确保学生能够更多地接触真实的产业需求，参与实际项目，获得更丰富的实践经验。

2. 青年教师培养和科研支持力度不足

尽管平台在培养青年教师方面取得了一定的成就，但需要以更多的支持和资源来提高青年教师的教育和科研水平，确保他们在教育理念、专业知识和科研能力方面达到更高的水平。

3. 创新成果的宣传和推广

虽然平台已经取得了一系列创新成果，但需要更积极地进行宣传和推广，以便更广泛地吸引合作伙伴和社会创客。

4. 可持续性和发展规划

平台需要制定长期的可持续发展规划，确保在未来为学生和相关产业提供有力的支持。

（二）改进之处

第一，拓展与企业的合作领域，提供更多的实际案例和项目，确保学生能够在实际工作中充分运用自身的技能和知识。

第二，提供更多的教育资源和科研项目支持，鼓励青年教师参与进修和申请项目，以培养更多的高水平教育者和研究者。

第三，加强与媒体和社会创客的互动，提高平台和创客成果的知名度，吸引更多的创新者和合作伙伴加入。

第四，制定战略规划，包括资源筹备、人才培养和合作拓展，以确保平台在未来能够持续发展并适应不断变化的需求。

总之，平台在纸媒艺术与数字化技术融合、创客培育、产教融合等方面取得了显著的成效，适应了中国经济快速发展和文化创意产业崛起对高素质、强创新能力人才的迫切需求。平台为文化创意产业提供了有力的支持，培养了高素质的创客人才，为产业链提供了更多有创意、有实力的创新产品和解决方案。通过不断的改进和创新，平台将继续为深圳乃至整个国家的创客培育事业以及文创产业的繁荣发展做出积极的贡献。

“精英引领、分层联动”打造产品设计育人高地

金　海[1]　闵光培[1]　陈向锋[2]　温施霞[2]

（1. 深圳职业技术大学　2. 深圳市鼎典创造体设计有限公司）

摘要： 分层育人与分层教学可以全面提升职业院校教育教学水平。职业院校融合企业资源，运用恰当的分层策略来开展针对性的专业培养，可以全面实现不同层次的育人目标。深职大艺术设计学院产品艺术设计专业在育人实践中构建设计人才分层培养体系，与深圳市鼎典创造体设计有限公司（以下简称鼎典创造体）共同建设校企合作“技能精英班”，充分发挥产学研一体化办学特色，注重人才培养、科学研究和服务社会的功能结合，全面提升了人才培养质量。

关键词： 产教融合；分层培养；技能精英班；产学研一体

一、实施背景

分层育人与分层教学是职业院校提升教育水平的重要手段。在分层育人体系中，教师可以根据学生现有的专业知识、技能水平和潜力倾向，科学地把学生分成不同组别和班级，按照水平相近的群体基础进行区别化教育。这些层次的学习群体在教师恰当的分层策略和相互作用中实现良好的发展。

深职大艺术设计学院产品艺术设计专业在育人实践中构建设计人才分层培养体系，与大湾区龙头设计企业鼎典创造体共同建设校企合作“技能精英班”，从每届学生中按照班级规格容量甄选知识、技能功底较好的学生加入班级。“技能精英班”充分发挥产学研一体化办学特色，注重发挥人才培养、科学研究和服务社会的功能。教学过程中，“技能精英班”将理论学习和实践有机结合，更有目的性地进行专业技能讲授和职业素质培养，加强高校教学、科研及人才培养工作与社会发展的联系，同时借助企业的优势，为校企合作提供更大的空间，以实现人才培养目标，有力提升人才培养质量。

二、主要做法

（一）主要举措

深职大艺术设计学院产品艺术设计专业与鼎典创造体共同推进产学研合作，实施创新

驱动发展战略，着力构建产品创新服务领域全产业链复合型、技能型人才培养体系，推动专业与鼎典创造体之间的人员互动，为学生实习实训、教师实践、学生就业创业、员工培训、企业技术和产品研发、成果转移或转化等提供支持，促进教育和产业体系人才、智力、技术、资本等资源要素的集聚融合、优势互补，为深圳国际创新中心输送行业转型、产业升级的创造性人才。

产教融合复合型人才培养体系如图 1 所示。

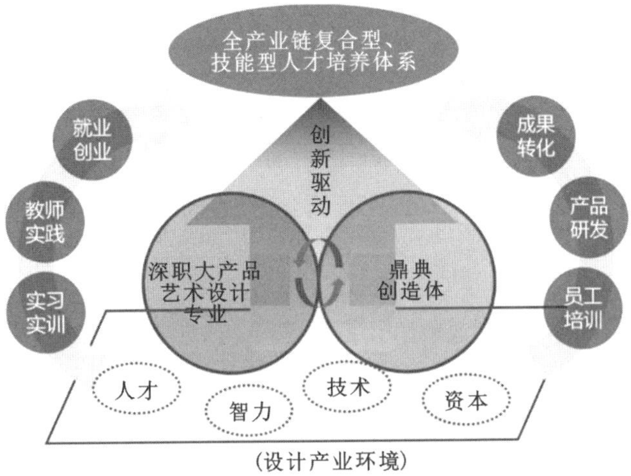

图 1　产教融合复合型人才培养体系

1. 开设具有企业特色的"技能精英班"

在学校既有的理论教学体系基础上，打造"技能精英班"，在育人实践中更切实地融入企业实践的方法、技能以及实践案例，形成特色人才培养体系。鼎典创造体与产品艺术设计专业共同制定了人才培养方案与专业教学计划，甄选具有代表性的专业核心课程，按照企业标准共同开发课程标准，企业专家与校内教师共同完成授课全过程，并进行教学评价。学生从加入班级至毕业，接受为期 2 年的特色专业课程学习，毕业时得到企业授予的高技能人才结业证书。

2. 协同共建精品专业教学资源库

产品艺术设计专业与鼎典创造体以工业设计国家级专业教学资源库和产品艺术设计校级资源库为载体，共同开发建设一批高水准线上资源库课程，促进专业理论和实践教学的有机结合，更有目的性地提升专业技能教学水平和职业素质培养水平，强化专业与行业的联系。专业借助企业的实践性优势，为专业教学和资源库开发提供一线的高水平项目教学资源，拓宽教学视野，切实提高人才培养质量。

3. 深入建设公共实践教学基地

产品艺术设计专业与鼎典创造体合作，共同制定专业实习实训计划，为学生提供基本技能和综合能力两方面的实践环境，使学生在真实的环境中进行岗位实践，培养学生在技术操作中解决实际问题的能力，并让学生获得实际工作经验；同时培养学生的团队协作精神、群体沟通技巧、组织管理能力、领导艺术才能等个人综合素质，为其今后从事各项工作打下良好的基础。

4. 共同组织和参与专业活动

鼎典创造体每年积极参与深职大组织的专业研讨会、项目比赛指导、设计方法分享、专场招聘会等活动。

5. 共同探索开发职业学校本科专业

以鼎典创造体系统创新理念为依托，以工业设计行业高层次人才培养为入口，以点带面，进一步扩大专业面。企业与深职大共同探索开发产品设计相关本科专业，致力于创建中国特色、世界一流职业技术大学，开展更多有实质内容和具体项目的校企合作。

（二）工作过程

从 2018 年开始，产品艺术设计专业与鼎典创造体合作设立“技能精英班”，截至 2023 年 7 月，已经培养了 3 届毕业生。双方在具体合作中开展了以下工作。

第一，以鼎典创造体为主导，开发教学课程，完成 7 门课程的整体课件开发并已开始授课。

第二，针对行业发展以及专业教学计划的更新，主导开发 4 门核心课程（“产品进阶项目设计”“设计方法与产品战略”“系统认知体验与设计”“设计认知与基础”）的线上教学课程资源，包括教学视频、课件、作品案例等，并同步完成授课。

第三，以每届学生 3 年为一个周期，鼎典创造体随着每届新生入学到毕业，协助专业开发每个阶段的课程。

第四，根据职业方向需求，有针对性地选择与鼎典创造体有资源合作的企业，带领学生进行校外的知识性和实践性参观、交流及学习。

第五，通过制定鼎典创造体实际项目的共同课题、项目实践，理论联系实际，让理论知识落地，提高学生的专业设计能力和学习成果价值。

第六，结合鼎典创造体的企业需求与深职大的专业教学计划，在课程中增加各类设计大赛和技能大赛的相关内容，联合企业导师共同开展比赛培训，以赛促学、以赛促教。

第七，成立以鼎典创造体专家为主体的专业教学指导委员会，不断探索创新教学方法与教育实践方式，为提升专业教学水平、服务地方产业、规划未来产品设计本科专业的育人机制打下良好的基础。

（三）主要解决的问题

本产教融合项目合作主要解决的是设计行业高技能人才短缺、高校育人与设计行业人才需求对接不畅的问题，通过校企协同式复合人才培养的实践，为设计行业输送优秀的毕业生。

本项目合作也服务于大湾区设计行业发展和制造业升级的需求，通过真实项目植入课程的方式，发挥高校智力优势，广泛开展校企合作项目，切实提升产品设计项目水平，解决大湾区中小企业产品设计投入不足、难以获取高水平设计服务的问题。

（四）主要创新点

1. 校企协同、分层育人

发挥校企协同、产教融合优势，开设具有鲜明企业特色和行业特质的“技能精英班”，在校企合作的基础上践行设计人才分层培养理念，以精英班带动平行班，共同提升专业学生的职业能力和职业素养。

2. 校企共建教学资源

鼎典创造体与产品艺术设计专业基于行业标准共同开发专业教学资源库，企业为专业课程提供各项素材、案例，同时，企业专家亲自参与录课，以教学资源建设为抓手，建设高水平的体现行业一流水平的动态和静态学习资源。

3. 育人前置，服务中小微企业

设计行业与制造业普遍存在人才成本高、专业人员流动性强的问题，设计专业应届毕业生在企业的培养周期长、见效慢。产品艺术设计专业通过校企合作“技能精英班”的分层培养，有效提升了应届毕业生的专业技能水平，让学生在毕业时即具备行业所需的复合型专业知识和技能，从而有效降低中小微企业和设计公司的人才培养成本。

三、典型经验

(一) 基于分层育人，实现校企双赢

产教融合的基础是“产”，即必须以真实的工作生产为前提，只有在这样的基础和氛围中进行专业实践教学，学生才能学到真本领，教师才能教出真水平。这样的“产”不能是单纯的工作生产，必须与教学紧密结合，其目的是“教”，在“产教结合”比较成熟的情况下，再逐步向产学研一体化发展。

当前职业院校实施产教融合式教学主要存在以下两大难点。

一是企业的工作要求与学生的技能水平之间存在差异性矛盾。企业希望联合培育的每一位学生都能快速掌握核心的专业技能，基于校企合作项目的开展，在投入经济性较强的人力和物力的情况下，具有能为企业所用的商业价值，而学校的学生在专业技能和知识水平方面往往参差不齐，企业在项目化教学和工作实操指导方面投入的成本相对高昂。

二是学生的人数与企业硬件和软件资源数量之间存在矛盾。学校教学育人的数量往往远超单个企业能承载的极限，这直接影响了产教融合式教学的深度开展。

妥善解决这两大矛盾是保证产教融合顺利开展的关键。突破难点的关键就在于“解放思想”，校企要不断深化人才培养模式改革、课程改革，创新课程体系，在实践中不断完善育人体系。而人才分层培养、设置与企业深度融合的校企合作“技能精英班”，无疑是解决上述问题的有益探索。具体来说，即通过客观公正的人才选拔机制，选定加入“技能精英班”的学生。这些学生具备较好的专业基础和较强的学习能力，人数上力求与企业软硬件资源相匹配，实现人才的订单式培养；而“技能精英班”之外的平行班学生，也能根据自身特点，学习具有针对性的专业知识和技能，实现宽口径就业，如图 2 所示。“技能精英班”和平行班的分层育人，为产教融合的深度实施创造了有利条件，解决了校企合作的难点问题，也为不同层次学生的发展有针对性地创设了不同的学习路径，实现了因材施教、科学育人，也促成了产教融合过程中的校企双赢。

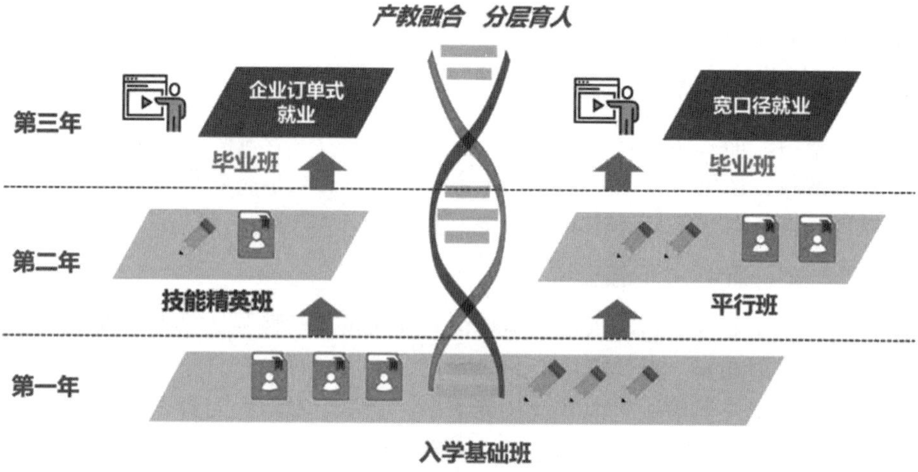

图 2　“技能精英班”分层育人模式

（二）校企共建、共享教学资源库

鼎典创造体深度参与了产品艺术设计专业工业设计国家级专业教学资源库建设，在项目化教学资源、学习案例素材、专业教学视频等多个层面，为产品艺术设计专业提供了大力支持。校企双方还共同开发了基于资源库课程的云教材，企业专家亲自参与录课。这些举措确保了资源库课程的水平与一流企业的工作要求一致，具备良好的时效性和高水平。与此同时，资源库的课程资源也被企业采纳，不仅用于公司的内部新入职员工培训和考核，还通过行业协会在更广阔的行业范围内得到分享和使用。资源库的共建共享极大地提升了产品艺术设计专业和资源库服务社会的能力，为后续与不同企业开展多个产学研合作项目打下了坚实的基础。

四、成果成效

多年的校企合作为鼎典创造体的项目开展提供了强有力的支持。通过在课程中融入设计项目，充分发挥在校师生的创造力优势，鼎典创造体项目设计品质显著提升，创新附加值得到客户的认可，累计产生经济效益超过 100 万元。产品艺术设计专业平均每年为企业输送 30 名以上的实习学生，其中 5 名以上实现就业，改善了鼎典创造体的人力资源结构，为其优秀人才储备提供了强有力的支撑。

通过参与校企合作课程资源开发，鼎典创造体建成了系统化的员工培训教学资源。多年的教学合作为鼎典创造体新员工入职培训、优秀设计师培训、项目研发与迭代提供了丰富的资源和素材。鼎典创造体也通过项目运行和教学实践积累了整套有关设计流程与方法的创新经验，构建了完备的设计方法和理论体系，为未来的可持续发展打下了坚实的基础。

项目合作过程中，产品艺术设计专业承接了大量企事业单位合作横向课题，充分发挥学校、专业的人才智力优势，为社会企事业单位提供全方位的设计服务，有力地提升了行业企业产品的竞争力，受到合作方的广泛好评，近 4 年横向合作资金总额超过 300 万元。

五、推广应用

（一）校企共创精英资源

产品艺术设计专业校企合作“技能精英班”自2018年开办以来，受到教育行业的广泛关注。苏州工艺美术职业技术学院、重庆工商职业学院等相关院校来访进行交流、学习。“技能精英班”分层式教学根植于深度的校企合作，适用于产业学院、订单班式培养的育人场景，为产教融合教学改革提供了有益借鉴。

（二）校企共育人才高地

通过参与“技能精英班”建设，鼎典创造体在人才、项目、资源等各方面得到了有力支持，业务面向更加广阔、更具可持续性。2020年，鼎典创造体被评为“深圳市产教融合示范企业”，深圳市工业设计行业协会也对该模式所产出的成果进行了宣传和鼓励。校企合作为产教融合开辟了一条新的路径。

六、改进方向

（一）工作反思

产品艺术设计专业与鼎典创造体的合作，在人才培养、课程建设、师资建设、资源库建设、实训基地建设、教学改革等多个方面结出了累累硕果，但也有一些不容忽视的问题。比如，校企双方在校内、校外实训基地建设的合作中，需要进一步加大硬件的投入力度；校企双方组建的师资团队需要更多的磨合，团队教师之间信息互通和共享也需要进一步加强。

（二）改进方向及举措

产品艺术设计专业与鼎典创造体的校企合作将持续深入开展，学校教师与企业专家团队要共同努力、相互配合，发挥集体智慧优势，继续开发体现专业特色的线上课程。鼎典创造体应深度参与产品艺术设计专业的线上线下融合式教学实践，以“技能精英班”为平台，持续推进教学改革实践，为企业和社会输送更多优秀人才，实现校企双方的合作共赢。

聚焦“政校行企”数字联动　践行岗课赛证育人创新

刘　洋　刘建珠　楼　洁　邓灵昭　王　馨

（深圳职业技术大学）

摘要：通过“政校行企”四方联动，结合岗课赛证融合的育人方式，深职大以“九个共同”为行动纲领，在人才培养、技术研发、创新孵化、服务培训、项目咨询、政策研究等方面与企业共建、共享，实现“政校行企”四方共赢，探究人工智能背景下数字贸易专业整合建设和人才培养经验，开展数字贸易前沿理论政策研究和社会服务，总结深职大商务外语学院数字贸易产业学院的建设模式和经验，助力大湾区数字经济的研究和数字人才的培养。

关键词：“政校行企”共建共享；岗课赛证；“九个共同”

一、实施背景

数字经济时代已经来临，数字通信技术、互联网技术、算法技术、5G 通信技术等的发展推动了数字贸易的兴起。智能主导的全产业链对人才提出了更高的要求，“外语＋商务＋数字技能”成为新的趋势。数字技术技能复合人才的培养实现了传统外语人才的智能化转型和就业拓展。深职大商务外语学院依托全国职业教育创新行动计划骨干专业、广东省高职院校第一批品牌专业和高水平专业群以及深职大中国特色世界一流专业群资源，联合阿里巴巴集团、京东科技集团、亚马逊、深圳市通拓科技有限公司（以下简称通拓科技）等行业龙头，形成优势资源，期望能够在数字贸易前沿领域理论研究、职能部门数字贸易政策制定建议和解读、数字贸易相关课程体系的搭建和课程资源的开发、数字贸易应用型技能人才的培养和认证等方面进行研究和探索，旨在建设集数字贸易领域应用型人才培养、政策制定研究与社会服务于一体的特色产业学院。

（一）指导思想

数字贸易产业学院以习近平新时代中国特色社会主义思想为主导，全面贯彻落实党的二十大精神，遵循国务院对深化产教融合、校企合作的意见指导，依据《深圳职业技术学院中国特色世界一流职业院校建设方案》的精神，瞄准世界产业发展前沿数字贸易经济，联合世界一流数字贸易企业，以打造一流数字贸易专业和师资、培养专业领域一流技术技能人才、提供一流应用技术研发和社会服务为目标任务，紧密结合深圳率先建设社会主义现代化先行区和形成具有世界级竞争力的现代产业体系发展需要，按照“立足深圳、对标前沿、瞄准一流、突出特色、服务需求、产教融合、统筹谋划、循序渐进”的思路，用新担当、新作为，积极引领数字贸易领域校企合作模式创新，推动相关课程体系建设，加快建立数字贸易特色人才培养培训体系。

（二）建设目标

依托学校提出的“九个共同”，深职大商务外语学院开展了包括人才培养、技术研发、创新孵化、服务培训、项目咨询、政策研究等在内的项目，期望建设一个立足于深圳和粤港澳大湾区，面向全国的数字贸易产业学院。在数字贸易产业学院建设 2.0 阶段，深职大与深圳市跨境电子商务协会和知名跨境电商企业开展产教融合、校企合作，用 3 年左右的时间，将数字贸易产业学院建设成为国际知名、国内一流的集人才培养与标准研制、社会服务、技术应用于一体的特色产业学院，为中国引领下一代贸易方式、掌握国际贸易规则主导权提供智力支撑和人才保障，推动粤港澳大湾区数字贸易产业优质资源和研究成果走向国际市场。

二、主要做法

依托学校提出的“九个共同”行动纲领，深职大商务外语学院开展了人才培养、技术研发、创新孵化、服务培训、项目咨询、政策研究等活动，创办了立足深圳和粤港澳大湾区、面向全国的特色产业学院。

（一）共同开展党建

商务英语专业在建设全国高校样板党支部建设经验的基础上，联合多家企业开展党支部共建，新建 1—2 个省级以上样板党支部，充分调动国际商务专业群教学团队成员的积极性，充分发挥党员教师在数字贸易产业学院建设中的模范带头作用。

商务英语专业教师党支部等学院教工党支部积极联合通拓科技、深圳市跨境电子商务协会、深流星教育集团、《深圳日报》、深圳航空运行控制中心、深圳建设银行、外语教学与研究出版社等企业开展校企党支部共建，积极开展课程思政、产教融合等活动，分别于 2021 年 11 月和 2022 年 5 月完成广东省委教育工委和教育部高校党建样板党支部建设任务，顺利通过项目验收。

（二）共同开发专业与课程标准

采用“岗课赛证”综合育人培养模式，校企共同办学，共同策划、设计、实施和建设数字贸易与电子商务相关专业、课程、实训、“双师型”教学团队、教学资源库和项目库，开发了 2 个得到广泛认可的专业教学标准，建成 2 门省级以上精品在线开放课程和 5 门以上校级金课。

国际商务和商务英语专业分别组织了跨境电商、应用英语本科专业建设专家论证会，邀请阿里巴巴集团、通拓科技、跨境电子商务协会、深圳市商务局等政府、行业、企业专家对专业标准进行修订，力求对接产业岗位群，优化学生知识结构，提升人才培养质量。跨境电商专业于2021年获批设立，成为学院第七个专业并于2022年9月首次招生。跨境电商专业的教师与企业专家一起撰写了该专业的第一版人才培养方案和核心课程标准。同时，跨境电商和应用英语专业被列为学校第二批本科建设专业。

国际商务专业群“国际市场营销实务”“进出口关务管理”“跨境电商大数据统计与分析”“跨境电商实务”等首批校级立项金课均与企业合作，共同开发与建设课程资源，顺利完成金课结题验收，多门课程验收结果为优秀，其中，“国际市场营销实务”“跨境电商大数据统计与分析”“跨境电商实务”等课程被评为一流课程。“国际市场营销实务”获得省级精品在线开放课程认定，为线上线下混合教学提供了优质资源。国际商务专业还联合企业出版《跨境电商实务》纸质教材和电子教材。

（三）共同打造高水平“双师型”团队

深职大和京东科技集团协同组织数字贸易行业水平领先的企业运营专家以及国内外一流院校、研究机构的名师以及教授专家构成教学团队，形成“种子师资库”，面向全球广招（聘）行业杰出人才、博士后、优秀博士生，以及在数字贸易产业领域具有丰富实战经验的企业大师。依托数字贸易研究院建设项目计划引进4位数字经济专业人才，建成了1支省级以上教学创新团队。

国家级教学名师刘红燕教授主持的广东省“双师型”名师工作室也于2021年9月顺利通过验收。国际商务专业教师裴茜主持的“数字贸易专业产业发展适配能力提升研究与实践”于2022年7月获评学校丽湖菁英人才项目并立项。2022年5月，刘红燕教授主持的“系统反向设计、分类项目化再造、学生中心六步教学法——打造职业教育高质量课程”获2021年广东省教育教学成果奖（职业教育）一等奖。

深职大商务外语学院各部门都组建了“双师型”骨干教师团队，联合企业和行业协会积极开展“一新一师”和“一师一企”等品牌活动，从合作企业精选10多名兼职教师，进校为学生进行授课。与此同时，“双师型”骨干教师团队与企业人员一起参加教师能力大赛，并在“跨境电商大数据统计与分析”“跨境电商实务”“创新思维”课程教学上获得省级一等奖。此外，商务外语学院还先后安排甘田、张骁、张任然等2022年新入职教师到深圳市跨境电子商务协会、通拓科技、深圳市云译科技有限公司跟岗实习。

（四）共同解决“卡脖子”技术与工艺问题

深职大和京东科技集团筛选生态合作方，依托数字贸易研究院、智能翻译产教融合研发中心，联合深圳市跨境电子商务协会、通拓科技等机构引入数字贸易国际技能竞赛、数字贸易慕课课程、直播课程、实训实践平台、项目孵化等多种教学资源，共同设计跨境电商B2B课程体系，确定教学内容，开发核心课程，进行教学设计，通过教学平台引导合作学院的实训课程和教学内容。目前正在依托智能翻译产教融合研发中心等联合申请软著和专利技术。

数字贸易产业学院于2022年9月专门成立了产教融合研发中心，并与深圳市跨境电子商务协会和深圳市云译科技有限公司等机构就联合建设跨境电商创新实验室、智能翻译实验室以及校企研发推广中心达成了共识和合作意向。

2022 年初，深职大商务外语学院组织国际商务专业群骨干教师申请国际商务和翻译学科点项目，其中，翻译学科点于 2022 年 3 月成功获得立项。2022 年 9 月，翻译学科点建设团队联合深圳市云译科技有限公司、深圳新宇智慧科技有限公司等企业申请广东省智能翻译产教融合平台并成功获得省教育厅立项。高水平学科点和省级创新平台的立项为深职大商务外语学院参与解决“卡脖子”技术和工艺研发问题打下了坚实的基础。

（五）共同制定行业标准

依托京东科技集团的行业人才标准和权威认证体系，利用生态合作方丰富的教育经验和教学创新模式，深职大商务外语学院在承担学历教育的同时，成立了京东科技跨境电子商务师认证中心。双方在有条件的情况下组织成立全国数字贸易认证体系工作组，起草制定技术标准、人才标准、职业资格证书，携手推动数字贸易技术标准、人才标准“双标准”的深度融合，构建行业培训认证和学历教育一体化的教学体系。

国际商务专业群刘红燕教授担任全国外经贸职业教育教学指导委员会委员，分别以副组长和核心成员身份参与国际经济与贸易专业教学标准以及全国跨境电商专业设置的论证，主持了全国职业院校国际商务顶岗实习标准的论证。刘建珠教授担任广东省高职教育外语教学指导委员会委员和深圳市翻译协会副会长，以专家身份参与全国职业院校商务英语专业教学标准、深圳市金融窗口服务英语行业标准、深圳市双语公示语规范等论证。

国际商务专业群建设团队以主持或承担横向课题形式积极参与政府部门、企业和行业组织的行业标准联合研发，一共获得 14 个课题立项，项目经费累计 218.605 万元。刘红燕教授主持的“深圳市跨境电商人才培育项目”于 2021 年 11 月获得深圳市商务局立项支持。刘建珠教授主持的“深圳市国际化都市语言环境建设”和“深圳市双语公示语现状调查”于 2021 年 12 月获得深圳市翻译协会立项支持。赵继政教授主持的“跨境电商国别研究”于 2022 年 7 月获得深圳市跨境电子商务协会立项支持。

（六）共同开发职业资格证书

深职大商务外语学院联合北京外国语大学外研培训中心成立了全国职业院校外语教师发展联合培训基地，专门设立了培训与测评中心，负责职业资格证书的研发与考试组织和培训工作。国际商务、商务英语等专业积极推进 1＋X 课证融通工作，共申请了 5 个证书考点，分别为电子商务数据分析、跨境电商 B2B 数据运营、跨境电商 B2C 数据运营、新媒体营销、实用英语交际，本学年共组织 7 场考试，考生 400 余人。

此外，培训与测评中心还组织了国际人才英语、全国公共英语等级（PETS）、大学英语四六级、日语、韩语等外语能力等级证书考试，考生人数累计超过 20000 人。国际商务、商务英语等专业还组织骨干教师参加跨境电商培训师、PETS 考官等培训，参与了 1＋X 实用英语交际职业技能等级证书（VETS）的项目研发。未来，深职大商务外语学院计划与深圳市跨境电子商务协会和九洲电商直播基地联合开展跨境电商和全媒体营销师证书研发。

（七）共同开展创新创业

深职大商务外语学院建成了 2 个市级以上校外实践基地，改造了校内智慧学习实训室，联合行业协会和龙头企业，成立了校企研发创新中心，营造了良好的“双创”环境。通过线下人才双选会、线上招聘平台的方式对双方共建的学院开展人才输送服务，在院校与企业之间搭建起人才精准匹配的桥梁。人才双选会根据院校毕业生数量、能力水平、人才认证等情况进行人员组织与安排，学生通过人才双选会与企业达成就业意向，并签订实习协议，进入企业实现就业，完成人才匹配。

深职大商务外语学院在开展“双创”活动方面进行了大胆的尝试，并取得了喜人的成绩。2022 年 7 月，商务外语学院、阿里巴巴数字贸易研究院、深圳南山区西丽果场共同举办的“全荔以赴”电商节单场直播最高观看人次达到 4 万，在线观看数量峰值达到 400 人次，累计点赞量超 6 万人次。学生团队从直播店铺注册、宣传拍摄、选品上架到专场直播以及数据分析、打包发货等都全程参与。

此外，深职大商务外语学院国际商务专业骨干教师与企业合作，带领学生参加 OCALE 全国跨境电商创新创业能力大赛获得 4 个全国一等奖、阿里巴巴 GDT 全球商业挑战赛跻身全球 10 强。在特色产业学院支持下，商务英语专业学生获得第七届中国国际“互联网＋”大学生创新创业大赛银奖；广东省第六届“互联网＋”大学生创新创业大赛银奖、第七届 OCALE 全国跨境电商创新创业能力大赛二等奖和三等奖、第八届海峡两岸大学生国际贸易经营实战沙盘竞赛高职组团体赛三等奖。

（八）服务共同致富

深职大商务外语学院依托全国职业院校外语教师联合培训中心，联合北京外国语大学外研培训中心和深圳市跨境电子商务协会，以甘肃省的培黎职业学院、广东省的河源职业技术学院为突破口，对西北等欠发达地区的职业院校开展对口帮扶，每年组织 1 期以上省培或国培项目，实现共同发展。

2021 年 10 月，刘建珠、廖丽洁等教师前往河源职业技术学院开展河源中职学校管理干部治理能力提升研讨班教学。2022 年 1—3 月，深职大商务外语学院分 3 批次向培黎职业学院捐赠学术期刊、专业标准等书籍，协助其成立跨境电商专业资料中心。2022 年 6 月 20 日，为培黎职业学院应用英语专业与深流星教育集团和广东头狼教育科技有限公司“牵桥搭线”，使它们达成校企合作意向，培黎职业学院成立了实习基地。同年 6 月 29 日，邀请培黎职业学院国际交流合作专题培训国培项目学员旁听广东省国培项目“高职英语教师教学能力提升研修班”开班仪式以及三天网络研修活动并参加最后一天的反思交流活动。同年 6 月 30 日，培黎职业学院第一届应用英语专业建设指导委员会正式成立。深职大商务外语学院院长赵继政教授担任该指导委员会主任，副院长刘建珠教授担任该指导委员会副主任。

（九）共同“走出去”

深职大商务外语学院联合北京外国语大学外研培训中心和深圳市跨境电子商务协会实现数字贸易优质资源和研究成果“出海”，为巴基斯坦、科特迪瓦等国以及“一带一路”沿线国家或地区培养跨境电商人才。借助深圳市云译科技有限公司的智能翻译技术输出多语种跨境电商实务、市场营销等方面的精品教材和课程资源。

2021 年前后，全球范围内的新冠疫情使深职大商务外语学院的国际交流受到一定程度的影响。但是，商务外语学院联合校外事处、深圳市云译科技有限公司等，利用网络平台开展形式多样的活动，积极开展数字贸易和跨境电商国别研究，开发了“跨境电商实务”“市场营销”“职业综合英语”等面向全球开放的慕课，学院教师在国际期刊发表论文共计 8 篇，助力优质教学资源和科研成果走出国门。

2021 年 12 月 20 日，深职大商务外语学院副院长刘建珠教授应邀在 WFCP（世界职业院校与技术大学联盟）主办的以“Technology Transformation & Teacher Professional Development”（技术变革与教师专业技能发展）为主题的国际学术会议上做“OBE：Introduction，Application and Reflection”（OBE 模式：介绍、应用和反思）主旨报告。2022 年 3 月，刘建珠撰写的《基于成果驱动的混合教学模式研究：4D-4P 模式》被联合国教科文组织录用。

三、典型经验

（一）坚持“成果导向＋产教融合”的理论引导

结合国务院办公厅印发的《关于深化产教融合的若干意见》和教育部办公厅、工业和信息化部办公厅印发的《现代产业学院建设指南（试行）》，结合学校“九个共同”的行动纲领，实现教育链、人才链、产业链和创新链的融合。相应地，现代产业学院也要具备创新人才培养模式、提升专业建设质量、开发校企合作课程等 7 项功能，具体如图 1 所示。数字贸易产业学院围绕“成果导向＋产教融合”的理论指导，结合学校的建设目标，拟定了创新产教融合“九个共同”模式的行动纲领，具体如图 2 所示。

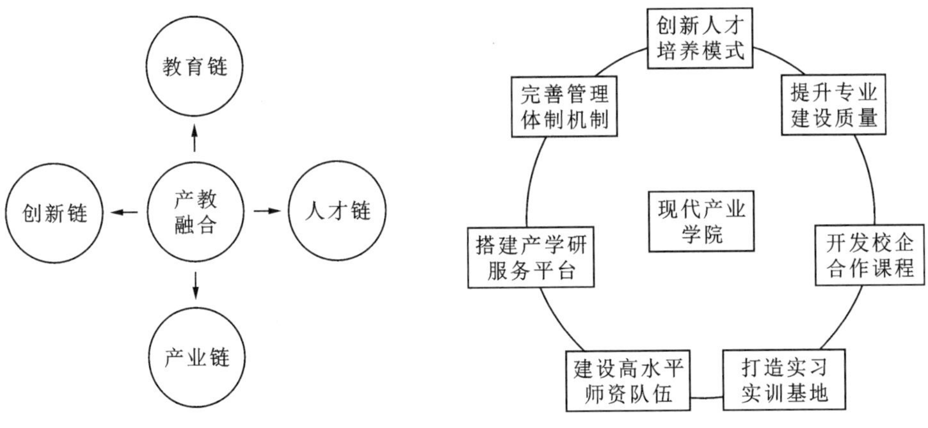

图 1　产教融合和现代产业学院的要求

（二）实施“四方联动＋共建共享”的行动路径

坚持“政校行企”四方联动，促进“岗课赛证”综合育人（见图 3）。“政校行企”是管理数字贸易产业学院的主体。在政府相关政策的支持和协调下，跨境电子商务协会带领相关行业企业和深职大商务外语学院联合共建多元协同创新的育人平台。行业协会和企业共同成为数字贸易产业学院育人的主体之一，发挥了行业协会对企业和学校的双重指导作用。这种联动旨在以坚实的政策保障和正确的指导为牵引，推动校企开展良性、深入的合作。

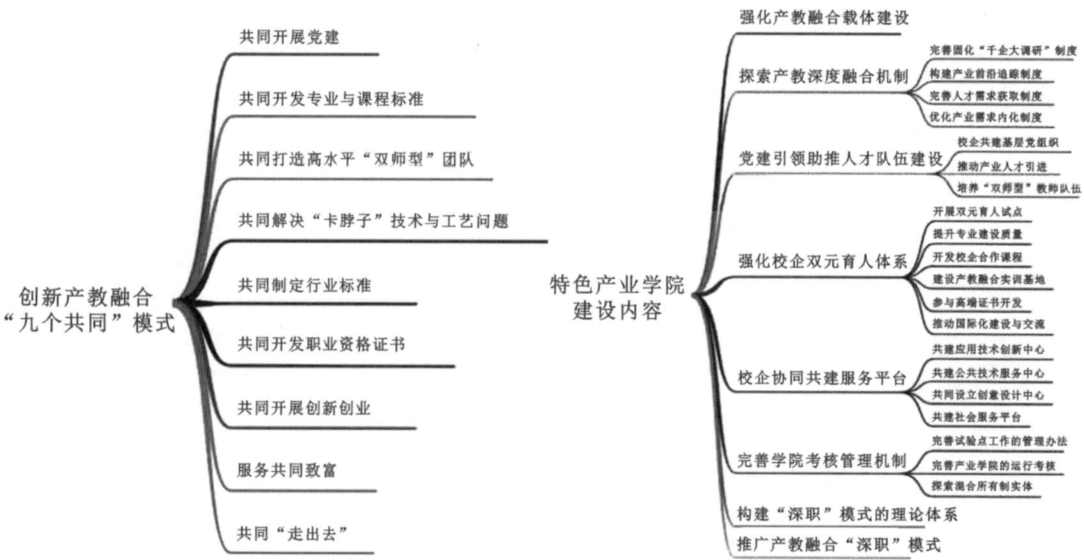

图 2　“九个共同”行动纲领

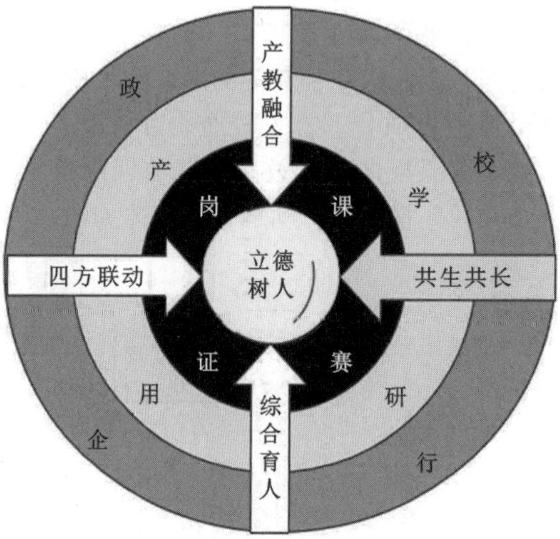

图 3　“政校行企”四方联动，“岗课赛证”综合育人

“岗课赛证”是数字贸易产业学院人才培养的工作抓手。这个模式以岗位需求为逻辑起点，以课改实现专业与产业的无缝对接。其中，“课”是载体，“赛”“证”则是围绕岗位职业能力需求而开展课程改革的关键要素。通过这种方式，数字贸易产业学院不断调整和完善课程体系，使之与岗位技能标准相适应。同时，数字贸易产业学院借助各级职业技能大赛等高水平竞赛平台，以高端技能引领教学改革，加强“课赛”融通，充分发挥“以赛促教”“以赛促学”“以赛促改”的作用。此外，数字贸易产业学院加强“课证”融通，融合企业认证内容，以实际案例为对象，及时纳入新技术、新工艺、新规范，使学生的知识能力、技术技能水平、职业素质培养有机结合，从而成长为全方位数字技能人才。

（三）深化“校企共赢666模式”的影响

要想巩固数字贸易产业学院的建设成果、扩大数字贸易产业学院的影响范围，就必须实现校企合作的共建、共享和共赢。为此，深职大商务外语学院提出了“校企共赢666模式”，具体如图4所示，即通过校企共建的“六个共同”（共育优秀人才、共建双师队伍、共推行业标准、共享优质资源、共办论坛培训、共促社会发展），实现校企双方“六个平台”（实践教学平台、一师一企平台、技术研发平台、智慧资源平台、社会培训平台、创新创业平台）的平台共享，最终达成“六个高地”（人才培养高地、教师发展高地、技术研发高地、资源建设高地、社会服务高地、创新创业高地）的共赢，深化数字贸易产业学院在标准制定、人才培养和科学研究方向等方面的影响力。

校企共赢：六个共同+六个平台+六个高地

六个共同	六个平台	六个高地
共育优秀人才	实践教学平台	人才培养高地
共建双师队伍	一师一企平台	教师发展高地
共推行业标准	技术研发平台	技术研发高地
共享优质资源	智慧资源平台	资源建设高地
共办论坛培训	社会培训平台	社会服务高地
共促社会发展	创新创业平台	创新创业高地

图4　“校企共赢666模式”

四、成果成效

（一）思政引领，创新党建方式

数字贸易产业学院教工支部积极与企业党支部开展课程思政、产教融合等活动，充分发挥党员教师在专业建设中的先锋作用，增强了党组织的凝聚力和战斗力，充分提升了教师党员和企业党员的理论素质，推动了党的建设与工作实际的深入融合，确保党建工作与教学和企业实践的紧密联系，创新了党建活动的形式。思政引领、党建先行的做法使得思政元素融入教学活动、融入科研活动、融入个人行动的思想和观念深入人心，也使得思政党建成为指引校企行动的鲜明旗帜。

（二）着重育人，重构数字课程体系

围绕数字经济时代主题，整合各类专业资源，进行数字贸易专业群建设，实现传统人才培养的转型升级。依据“数字引领、外语助力、商务搭台”的数字贸易专业群的课程设计框架与思路，以培养集商务知识、数字技术、语言精通知识技能复合型人才为目的，突破专业樊篱，构建别具特色的数字贸易人才培养体系。对数字贸易专业群内的课程进行融通，形成致力于培养学生“商务＋外语＋数字”复合能力的方向平台课程、具备专业特色

和核心能力培养的核心课程，以及服务于深圳现代特色服务业要求、与就业方向密切相关、紧密对接产业现状的专门化领域课程。在产业学院框架下进行优势专业整合，构建具有鲜明主题的数字贸易人才培养体系，形成数字贸易特色课程，实现传统人才培养模式的时代和数字转型，这也是对数字贸易人才培养模式的有益探索。

（三）提升师资水平，建立“双师型”核心团队

数字贸易产业学院高度重视高水平“双师型”团队建设工作。阿里巴巴数字贸易学院筹建了规模庞大的校外专家数字贸易的师资库，这其中既包含享受国务院津贴的顶级专家，也包含具备扎实企业经验的企业导师。在理论研究方面，引进了张骁、甘田等多名具有企业工作经验的“双师型”高层次人才。国家级教学名师刘红燕教授主持的广东省“双师型”名教师工作室在师资建设方面起着引领作用。在实践操作方面，组建数字贸易校外专家库，聘请阿里巴巴集团、亚马逊、京东科技集团等知名企业一线专家担任校外兼职教授。同时注重对“双师型”教师的培养，积极推动年轻教师向数字贸易方向转型。目前，教师团队全员至少获得一项技能等级证书，均在企业进行实践，全部达到“双师型”教师标准。

（四）助力科研，共解技术难题

校企联合研发，开展技术研究和创新，了解企业应用技术实践前沿，结合专业优势，找到科学研究和技术提升的契合点，共同攻克技术难题，将教师的科学研究和技术应用有机结合起来，助力企业优化技术难题，充分提升竞争力。

当前，虽然人工智能在自然语言处理方面已经取得了很大的进步，但是一些复杂语言现象的解析、不同语言之间的语义映射和转换、跨语言的信息检索和问答系统等，都需要更加精准和高效的技术支持。深职大商务外语学院的翻译学科点项目立项成功，将与深圳市云译科技有限公司、深圳新宇智慧科技有限公司等企业在技术的实践应用和科研理论层面深度合作，以技术催生科研成果，以科研助力技术更新。

（五）制定行业标准，进行课证融通

数字贸易产业学院积极发挥专家资源的优势，共同制定行业标准。国际商务专业群刘红燕教授主持了全国职业院校国际商务顶岗实习标准的论证。刘建珠教授参与了全国职业院校商务英语专业教学标准、深圳市金融窗口服务英语行业标准、深圳市双语公示语规范等标准规范的论证工作。国际商务专业群建设团队以主持或承担横向课题形式积极参与政府部门、企业和行业组织的行业标准联合研发活动，校企专家合作共建行业标准，推动了行业的创新发展。校企共同制定行业标准，促进了新技术、新工艺、新方法的推广和应用，推动了行业的技术进步和转型升级。同时，资源共享和互利共赢的合作关系，促进了学院产学研合作和科技成果的转化，推动了行业的创新发展。

数字贸易产业学院充分结合“职教 20 条”（即《国家职业教育改革实施方案》）的精神，落实引企入教和书证融通，将数字贸易人才的培养与新的数字时代技能对接。数字贸易产业学院联合企业积极推进数字贸易相关技能证书的开发，并且在人才培养方案和课程建设中，落实相应的课程模块，对接证书的技能要求。数字贸易产业学院还引入企业资

源，聘请企业导师担任 1＋X 证书相应课程模块的教学工作，通过与企业合力开发 X 证书，精准把握数字贸易发展的前沿实践；通过开设相应课程模块，将企业前沿与人才培养无缝对接。

同时，数字贸易产业学院与企业联合开发新证书，针对市场需求和行业需求，制定更加实用和有针对性的证书内容，帮助学生掌握更加深入的专业技能和知识，提高其就业竞争力；同时通过校企双方的资源进一步扩大彼此的影响力。在校企合作开发新证书的过程中，企业向学校传递企业文化和价值观，帮助学生了解企业需求和职业规划，同时为企业的未来发展提供人才储备。

（六）创新创业，打造数字贸易生态圈

借助企业资源，数字贸易产业学院建立了从校级到省级的各类数字贸易实训基地。目前建设有跨境电商体验中心，该中心被认定为省级校内实训中心；同时联合生态企业建成市级实训基地。通过实训基地，数字贸易人才的培养从引企入教到企业校外实践再到通过对接生态企业资源实现就业，成为一个完整的“数字人才培养—实践—就业”生态闭环。结合行业前沿、企业需求培养数字贸易人才，同时满足企业对数字贸易人才的迫切需求。企业参与数字贸易人才的培养，可以让数字贸易人才充分地流动，打造良性的数字贸易生态圈。

数字贸易产业学院推动学生结合行业实践进行创新创业实践，使得学生获得了创新项目的支持，可以更好地了解市场需求和行业趋势，掌握实际操作技能、积累管理经验，为未来的职业发展打下坚实的基础。通过校企合作的资源对接，学生可以自主创办或参与创办企业或项目，挖掘潜力，发挥优势，实现自我价值的最大化。学生积极创新创业不仅有助于培养更多的行业人才，而且有助于改善行业生态，推动行业内部的竞争和合作，为行业带来更多的创新和机遇，促进行业内部的交流与合作。

（七）服务社会，积极“走出去”

第一，为实现共同富裕，学院积极服务社会，积极落实“走出去”策略。数字贸易产业学院联合深圳市跨境电子商务协会、深流星教育集团等企业对培黎职业学院、河源职业技术学院开展对口帮扶工作。帮扶工作使得校企致力于合作搭建教学育人服务平台，建设高水平数字平台，实现先进教育模式的推广，实现教育成果的共建共享。在服务社会和“走出去”的过程中，数字贸易产业学院提升了自我影响力，加强了与兄弟院校的沟通和合作，促进了对以往工作经验和案例的总结和梳理，提升了专业教师的教学科研能力。

第二，数字贸易产业学院努力扩大影响，助力优质教学资源和科研成果走出国门。数字贸易产业学院通过参与国际学术组织和交流，积极与国外企业和学校沟通合作，共同培养人才、开展科研合作，展示和推广自身在教育教学、科研方面的成果和经验，提升学院乃至学校在相关行业的影响力，推动学院国际合作能力和影响力达到世界一流水平。

五、推广应用

（一）开创校企合作新典范

数字贸易产业学院一直朝着数字贸易建设领先、人才培养独具特色、集科研平台与企

业社会服务于一体的特色产业学院方向稳步前进。通过“政校行企”四方联动和“岗课赛证”育人创新模式，形成产业学院建设可以借鉴和推广的经验，加快和推动了数字贸易人才培养体系的探索和完善。

（二）实现数字贸易时代人才的转型培养

深圳是中国数字贸易发展的窗口和前沿，其行业态势发展的日新月异对于人才的培养提出了更高的要求。基于对人才培养和人才就业的考量，传统的人才培养模式需要实现数字贸易时代的转型。仅具备单一的语言或是商务技能的毕业生已经不能适应数字时代的要求，单打独斗的专业也无法胜任复合素质的培养需求。面对人工智能和大数据技术的强烈冲击，数字贸易产业学院的探索引领了新时代人才培养的转型方向，即从单一技能到“商务＋外语＋数字技能”的复合型转型，从单一的专业建设到整合专业资源建设数字贸易特色专业群，这一转型具有鲜明的时代特色，也产生了深远的影响。

（三）扩大数字经济的辐射范围

当前中国数字产业的规模和发展态势可以说前所未有，充满了机遇与挑战。目前，学界与数字贸易相关的研究尚少、资料匮乏，缺乏理论支持。数字贸易产业学院的相关研究率先聚焦数字贸易领域，为相关研究提供平台服务和智力支持。数字贸易未来的发展需要具有一定规模的数字人才做支撑，而人才培养具有一定的滞后性，只有率先进行数字贸易人才培养体系的探索和建设，才能为深圳乃至全国数字贸易行业输送符合标准的人才。因此数字贸易产业学院的建设，扩大了数字经济的辐射范围，成为数字贸易理论研究和人才培养的创新旗帜，带动了更多院校进行数字贸易人才转型培养，为未来蓬勃发展的数字贸易行业提供了智力支撑。

六、改进方向

（一）产教融合有待深化，校企互动有待加强

校企合作、产业融合是职业教育的核心。深职大商务外语学院虽然依托产业学院进行了校企合作开发专业标准、课程标准制定，但在引入企业真实项目进行金课建设、专业标准与课程标准的推广与宣传以及共同开展软著和专利研发等方面还需要完善。此外，对于企业兼职教师的引进力度还不够，目前主要停留于授课层面，缺乏创业项目孵化、共同申请项目的实践。另外，教师前往企业交流的时间需要延长，深度也需要加强。

（二）实训条件有待改善，基地建设有待加强

深职大商务外语学院数字贸易人才培养在实训室建设方面还存在较大的不足。目前具有的两间校内实训室主要面向商务谈判与跨境电商运营。考虑到目前专业正在往跨境电商、新媒体营销方向转型，现有的实训条件不足以支撑新的教学改革，因此，需要新增跨境电商选品摄影棚、跨境直播实训室等。

另外，深职大商务外语学院虽然联合深圳市家具行业协会、中国国际高新技术成果交

易会、深圳市跨境电子商务协会等行业或企业建立了2个省级和3个市级校外实践基地，并同近200家企业签署了校企合作协议，但是部分校外实习基地的功能没有得到充分发挥，基地的建设和管理工作有待加强。

（三）资源建设有待强化，共享机制有待加强

特色产业学院是国家推行的产教融合计划，具有协同多主体办学、分流人才培养与供给、回归教育人本价值等功能性特征。产业学院应整合政府、企业、高校、行业、研究机构、社会团队等多方资源，创建全新育人环境，实现应用型人才供给侧和需求侧的紧密对接。数字贸易产业学院的平台聚合性功能体现得还不明显，未能充分发挥合作共同体的作用。

目前，数字贸易产业学院尚未建立高效的资源和成果共享机制，在未来应凭借强大的平台功能，将地方政府、行业协会、企业事业单位的资源、信息和成果整合共享。虽然数字贸易产业学院在“九个共同”方面做出了可圈可点的成绩，但未能建立制度化的管理机制，各要素之间的结构关系和运行方式仍缺乏组织管理。

（四）高层人才有待引进，团队建设有待加强

数字贸易是近些年出现的新名词，对于数字贸易的研究以及数字贸易人才的培养需要引进专门人才。数字贸易产业学院虽然持续针对数字贸易相关课题进行科学研究，但是近几年一直没有引进合适的高层次领军人才，高质量的数字贸易研究成果不多。

国际商务专业教学团队从经济学院并入商务外语学院，专业团队文化有待进一步融合。另外，跨境电商在商务外语学院中属于新兴专业，需要集中引进专业教师，相关师资团队建设也有待加强。

产教融合，校企双赢
——深职大与外研社协同育人的“九个共同”故事

刘建珠[1] 刘爱容[1] 汪文格[1] 张任然[1] 李淑静[2]

（1. 深圳职业技术大学 2. 外语教学与研究出版社）

摘要：深职大商务外语学院公共外语部（以下简称公外部）与外语教学与研究出版社（以下简称外研社）在支部共建、教材开发、课程建设、教师发展、标准推广、社会培训、证书考试、科学研究、共同富裕等方面开展了卓有成效的深度合作，大力推进了我国高职院校公共外语教学与研究的发展。经过 20 多年的合作，公外部与外研社携手同行，在深职大提出的“九个共同”理念指导下，走出了一条合作共赢的产教融合之路。通过与外研社开展深层次、多方位的合作，校企双方建立了亲密的信任关系，发挥了各自优势，推动了我国高职院校公共外语教学和研究的发展，探索出一条可复制、可推广的产教融合发展路径，提高了学生的满意度，提升了教师的获得感，扩大了社会影响力。

关键词：“九个共同”；合作共赢；公共外语教学与研究；学生满意度；教师获得感；社会影响力

一、实施背景

公外部是深职大商务外语学院“一体双翼”中的重要一翼，其由三个教研室组成，现有专职教师 50 人（其中党员 29 人、教授 9 人），主要承担全校所有非英语专业的公共外语教学任务，在学校建设中国特色世界一流职业院校进程中扮演着重要的角色，为提升全校师生外语水平和全球胜任力做出了重要的贡献。

公外部与学院和学校的发展同频共振、同向同行。自从 1993 年深职大创立至今，公外部的发展大体上可以分为初创期（1993—2002 年）、发展期（2003—2012 年）、转型期（2013—2022 年）和奋进期（2023 年至今）四个阶段。经过 30 余年的建设与发展，公外部在高职公共外语教材建设、教法推广、教师发展等“三教改革”中取得了一批辐射全国、影响深远的突出成绩。

在公外部整个发展历程中，特别是进入发展期的 20 来年中，外研社一直是重要的合作者、参与者、见证者和促成者。外研社成立于 1979 年，现已成为中国外语教育出版领域的标杆和中国出版业的一面旗帜。在外研社眼中，读者、客户和合作伙伴是永远的朋友，也是一切努力的起点和终点。深职大是外研社忠实的读者、客户和伙伴，更是值得信赖的朋友。深职大牵手外研社必然会演绎出动人的故事。

二、主要做法

公外部与外研社在支部共建、教材开发、课程建设、教师发展、标准推广、社会培训、证书考试、科学研究、共同富裕等方面开展了卓有成效的深度合作，大力推进了我国高职院校公共外语教学与研究的发展。经过 20 多年的合作，公外部与外研社携手同行，在深职大提出的“九个共同”理念指导下，走出了一条合作共赢的产教融合之路。

（一）共同开展支部党建

多年来，公外部教师党支部积极与外研社职教分社党支部开展支部共建活动。2022 年 12 月 29 日，公外部教师党支部与外研社职教分社第二、四党支部开展了一次别开生面的线上共建活动（见图 1）。本次共建活动由公外部教师党支部书记汪文格和外研社党委第四党支部书记王悦共同主持。

外研社党委第二党支部书记李淑静组织大家深入学习党的二十大报告精神。公外部教师党支部党员刘建珠为大家上了一堂题为“党史上的家乡——于都”的生动党课。本次支部共建活动跨越了时间和空间，拉近了校企双方的距离。

图 1　公外部教师党支部与外研社职教分社党支部线上共建

（二）共同开发精品教材

教材开发是公外部与外研社合作的重要内容。在 20 多年的合作中，双方合作开发了《希望英语》（普通高等教育“十一五”国家级规划教材、普通高等教育“十二五”国家级规划教材）、《新职业英语》（普通高等教育“十二五”国家级规划教材、普通高等教育“十三五”国家级规划教材、普通高等教育“十四五”国家级规划教材）、《超越英语》（普通高等教育“十三五”国家级规划教材、普通高等教育“十四五”国家级规划教材）以及“新时代职业英语”系列《通用英语（本科版）》（普通高等教育“十三五”国家级规划教材、普通高等教育“十四五”国家级规划教材）等几十部教材，并被国内许多高职院校选为参考教材。

（三）共同建设一流课程

完成国家精品课和国家精品资源共享课“管理英语”的建设后，公外部联合外研社依托“新时代职业英语”系列教材和“公共外语”课程，于 2015 年启动“职业综合英语”慕课建设。截至 2024 年 3 月，该课程已在外研社 U 校园、中国大学慕课、学银在线等平台开设 23 期，参加学习人数超过 12 万。2022 年底，“职业综合英语”通过首批校级金课建设验收，并获得“优秀”和“一流课程”认定（见图 2）。2023 年，该课程被深职大评为“国家在线精品课程重点培育课程”，并以学校第一名的成绩被推荐为广东省精品在线开放课程。

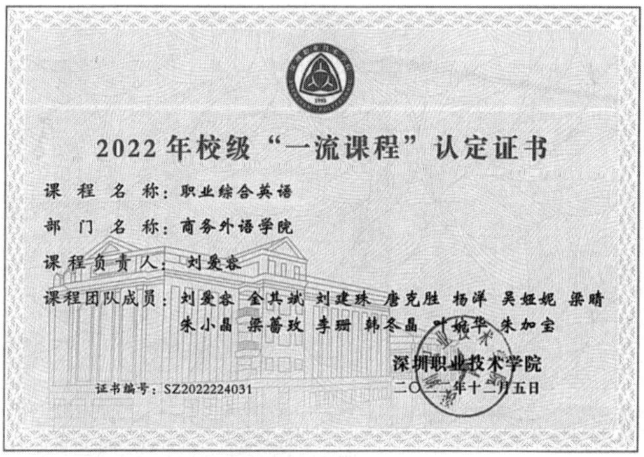

2022 年校级“一流课程”认定证书

课 程 名 称：职业综合英语

部 门 名 称：商务外语学院

课程负责人：刘爱春

课程团队成员：刘爱春 金其斌 刘建珠 唐克胜 杨洋 吴娅妮 梁晴 朱小晶 梁蕾玫 李珊 韩冬晶 叶婉华 朱加宝

深圳职业技术学院

证书编号：SZ2022224031

二〇二二年十二月五日

图 2 “职业综合英语”课程获得“一流课程”认定

（四）共同建设“双师型”队伍

在同外研社合作的过程中，公外部十分重视“双师型”队伍的建设，充分利用外研社提供的丰富资源，分批次组织教师参加外研社组织的各类教师发展智慧研修、1+X 证书 VETS 培训师等培训项目，有效提升了教师的“双师”素养。2022 年 8 月，公外部教学团队获外研社 2022 年暑期全国高校外语教学研究与教师发展系列研修班优创奖。2022 年 12 月，公外部以核心成员单位身份，联合外研社成功申请国家级职业教育“双师型”教师培训基地（教育与体育大类-语言类）项目。

（五）共同研发、推广教学标准

外研社于 2017 年在深职大成立职业外语能力研究中心，公外部负责该中心的日常运行和建设。依托该中心，公外部教师先后参与了中国英语能力等级量表（2017）、高等职业教育专科公共英语课程标准（2021）、“1＋X”实用英语交际职业技能等级证书（2022）等标准文件的研发和推广，并多次应邀在全国性研讨会和研修班上进行标准解读。依据上述英语能力等级标准，公外部结合外研社的 iTest 智能测评系统，从 2022 年 9 月开始，在全校范围内实施分级测试、摸底测试和应用。

（六）共同开展社会培训

2022 年 7 月，深职大商务外语学院联合北京外国语大学外研培训中心成立全国职业院校外语教师发展联合培训基地（见图 3），主要由公外部负责该基地的建设。依托该基地，深职大联合外研社先后承办高职院校外语教师国际视野与教学能力提升研修班、高职英语教师教学能力提升研修班（国培）（见图 4）、甘肃省培黎职业学院国际交流合作专题培训班、新时代职业教育外语教学改革与发展论坛等项目，协助外研社完成山东、福建、辽宁、四川、山西、湖南等地多个国培和其他研修项目。2022—2023 年，累计培训人数超过 3 万人。

图 3　双方共同建立全国职业院校外语教师发展联合培训基地

图 4　2022 年高职英语教师教学能力提升研修班（国培）留影

（七）共同开发等级证书

在开展了近十年职场英语等级证书考试组织与培训的基础上，深职大商务外语学院公外部参与了外研社的国际人才英语证书（ETIC）、实用英语交际职业技能等级证书（VETS）的研发，并组织相关培训和考试（见图 5），多次获得 ETIC 和 VETS 考试优秀组织奖。2023 年 3 月，深职大联合外研社申请了教育部 1+X 证书 VETS 产教融合协同育人全国示范基地建设项目。

图 5　实用英语交际职业技能等级证书考试

（八）共同开展科学研究

围绕高职外语人才培养目标，联合开展教学和科学研究也是校企双方合作的重要内容。外研社支持公外部开展了多项中国外语教育基金项目、中国外语测评基金项目、外语信息化专项以及多个课程资源建设横向委托课题研究。2022—2023 年，“高职院校外语专业数字化转型的体系构建研究”“教育数字化转型背景下高职公共外语学习支持服务体系的建构研究”和“学习支持服务视域下高职公共外语教学智慧化转向研究”分别获得广东省哲学社会科学外语信息化专项和第十一批中国外语教育基金重点课题立项。

公外部和外研社联合搭建了外语智慧化教学平台，致力于提升外语教学中师生的数字化素养，推进职业外语教学的数字化转型。双方联合进行课程思政资源本地化探索，联合制作了反映深圳历史、人文、科技、商业、环境等的“你好，深圳!”系列英文短片，旨在“用英文讲述深圳故事，用视频弘扬深圳精神，借媒体展示深圳形象”。

（九）共同服务共同富裕

服务社会共同富裕也是校企合作的目标之一。长期以来，深职大承担着吉安职业技术学院、培黎职业学院、河源职业技术学院和广东新安职业技术学院的对口帮扶工作。深职大商务外语学院公外部团队多次应外研社邀请为兄弟院校提供专家咨询等服务。2022 年，公外部参与了外研社举办的多期高职外语“三教”改革研修班，为上述帮扶院校提供了免费学习名额。2023 年 2 月，双方共同举办了培黎职业学院帮建专项培训班，并积极筹划送教育下乡活动。

三、典型经验

（一）坚持校企双赢

深职大商务外语学院公外部和外研社的合作，在高职人才的培养、教材建设、课程建设、师资培养、社会服务、教研科研方面，取得了丰硕的成果，实现了校企双赢的目标。

（二）坚持同向同行

多年来，公外部和外研社在学生职业外语能力培养、以外语服务社会、高层次职业外语改革探索等方面，具有共同的理念和目标，携手同行、不断进取。

（三）坚持共生共长

在多年的合作中，公外部和外研社在职业外语教学改革、教材与课程建设、职业外语人才培养、教师教学能力发展等方面，共同探索、共同发展，显著提升了双方在行业的影响力和竞争力。公外部与外研社“共生共长”的故事证明，深职大提出的“九个共同”理念为国内外职业院校提供了一条可供校企合作和产教融合借鉴的路径。

（四）坚持与时俱进

社会的发展与变化不断为校企合作提供新的机会和挑战，比如企业需求的变化、数字技术的升级迭代、区域重点产业的发展、国家政策的调整等。它们为职业教育带来了职教类型的变化、数字技术的深度运用、课程思政的大发展等多方面的重大影响。公外部和外研社在合作中紧跟时代发展潮流，及时调整合作的内容和方式，高度契合时代发展的要求，及时抓住新的机会，找准新的增长点，获得最佳产出。

四、成果成效

（一）共同开发高质量课程与教学标准，提高了公外部学生的满意度

深职大商务外语学院公外部与外研社深度合作，积极开展高职公共外语教学改革和数字化转型，双方共同开发了高质量的课程与教学标准，提出了由“一个理念、两个面向、三组课程、四重素养、5A 模式、六化课堂”组成的金字塔体系。该体系荣获深职大教学成果奖一等奖。

依托与外研社合作开展的口语、写作等职场英语技能大赛和外语角以及英语晨读等系列活动，深职大全校学生的外语学习兴趣和氛围日益浓厚，学生的外语水平及对课堂教学的满意度不断提升。多年来，公外部学生获得包括国际金奖和全国冠军在内的市级以上大奖 100 余项。这些成绩离不开公外部与外研社的紧密合作，双方共同打造了优秀的教学体系和学习环境。

（二）共同打造高水平教学与研究团队，提升了公外部教师的获得感

通过与外研社的合作，公外部教师的获得感显著提升。外研社为公外部教师在课堂教学、科学研究和社会服务等方面提供了宝贵的支持和资源，为教师提供了展示才华的平台，双方共同打造了一个高水平的教学研究团队。

公外部教学团队通过参与外研社提供的项目，实现了自我价值，确立了既能教，也能研，还能产的工作目标，摆脱了边缘化的感觉。教师的教学热情和教学能力有了显著提升。2022 年 8 月，公外部教学团队荣获广东省职业院校公共课程组教学能力大赛一等奖，这是对公外部教学团队教学质量和能力的肯定，也是与外研社合作的成果之一。

五、推广应用

（一）共同开展创新创业活动，促进党建工作和思政教育

校企双方共同开展创新创业活动，通过共建全国职业院校外语师资培训基地和线上线下讲座等形式，开展双方的党建工作和思政教育，开发了一个可复制、可推广的产教融合促党建和思政教育的路径。

（二）共同开展现代学徒制，推动高职外语教学科研发展

双方共同开展现代学徒制，积极促进“一带一路”国际合作，加强人才培养交流，介绍中国故事，传播中国文化；共同举办全国职业院校英语教育论坛和全国研修班。在这些活动中，公外部负责人及成员担任主讲专家，发言和示范教学超过 40 次，共培训 10 余万名师生。

双方合作建设的课程惠及 1379 所学校和机构，其中包括东莞理工学校、天津中德应用技术大学、广西城市职业大学、山东职业学院等。为培黎职业学院、吉安职业技术学院等中西部高校提供对口支援服务，开展了“一对一”线上线下共建共享课程活动。

六、改进方向

（一）存在的不足

合作项目的实施过程中，校企双方在合作目标、任务分工、资源投入等方面，存在一定程度的不足，导致合作无法达到预期的效果。

（二）改进方向和举措

1. 拓宽“九个共同”的合作范围

在现有合作基础上，双方可以一起探讨更广泛的合作领域，例如深入开发职业资格证书、深入开发课程与教学标准、深入开展国际产能合作等。

2. 加强“九个共同”的规划和协调

双方应制定更明确的合作目标和任务分工，并明确资源投入和时间安排；同时，建立有效的沟通和协调机制，确保合作项目的顺利推进。

3. 提高“九个共同”的合作质量

公外部可以提供更专业的教学资源，外研社可以提供更多实践环境和学生参与的机会。通过双方的优势互补，提高合作成果的质量和实效。

4. 加强“九个共同”的监督和评估

校企双方要合作建立更有效的监督和评估机制，定期对各个合作项目进行评估和反馈，及时发现问题并采取相应的改进措施，确保合作成果持续产出。

携手行业协会二十余载　共育产教融合共同体硕果

黄晓彤[1]　周月容[1]　张　伟[1]　胡　娟[2]　叶　明[2]

（1. 深圳职业技术大学　2. 深圳市家具行业协会）

摘要： 深职大商务外语学院商务英语专业（以下简称商英专业）与企业、行业协会深度合作，在积极构建多元、动态协同创新模式和开放、融合协同创新机制方面做了深入探索。商英专业与深圳市家具行业协会（以下简称家协）合作，以“五真”环境多元育人路径，系统化推进产教融合产业合作，专业化推进产教融合共同体建设，实现多方共赢。商英专业在课程建设、实训基地建设、学生培养等方面成果显著；家协在国际品牌影响力、会展服务提升和员工储备聘用等方面获益良多；学生也通过顶岗实习积累了专业展会培训和工作经验，全面提升了全球胜任力和就业竞争力。

关键词： 协同创新模式；创新机制；顶岗实习；“三赢”

一、实施背景

习近平总书记在深圳经济特区建立40周年庆祝大会上强调：要对标国际一流水平，大力发展金融、研发、设计、会计、法律、会展等现代服务业，提升服务业发展能级和竞争力。深圳市政府高度重视和大力支持发展会展业，全力打造“会展之都”，旅游与会展业已成为深圳市第五大支柱产业。深圳每年举办十余次1000个以上标准展位的大、中型展览，200多个各类其他展会，形成了以展览场馆、专业办展机构、展览工程设计搭建企业为核心，以物流、酒店、餐饮商务服务等为配套的成熟的会展产业链。根据商英专业培养适合新业态需求、服务粤港澳大湾区，特别是适合深圳建设的中国特色社会主义先行示范区相关产业高标准合格人才培养的目标和基本定位，商英专业学生的职业面向主要集中于现代服务行业产业链中的国际商务、语言服务等，可以为会展业提供大批高素质人才。

家协成立于1986年，拥有500多家会员单位。它以市场服务和技术服务模式为家具行业企业提供服务，在企业和政府之间搭建了桥梁，并创立了中国第一个以设计为导向的家具贸易平台——深圳国际家具展（由家协下属企业深圳市德赛展览有限公司承办）。该展会自1996年创办以来，截至2023年底，共举办了38届，始终坚持展会战略领导性，从单一家具展会发展到集家具、软饰、住宅于一体的综合展会，引领我国家居业世界级展会发展。

商英专业携手家协，结合行业优势，共建国家级精品课程、省级市级大学生实践教学基地和省级校内实训室，不断在构建多元、动态协同创新模式和开放、融合协同创新机制方面进行深入探索。

二、主要做法

商英专业与家协的合作经过了萌芽期、定型期和集成期三个阶段。自 2003 年起，家协因发展需要对商英专业提出学生实习需求，双方初步进行合作探索，此为萌芽期。随着深圳会展业蓬勃发展，深圳国际家具展览会的全球影响力日益增强，家协对实习生的需求激增，商英专业与家协通过持续通力合作，在顶岗实习机制、学生全球胜任力培养、合作机制打造等方面经验日趋成熟，此为定型期。近年来，随着产教融合共同体理念的推广，会展业上下游单位、其他高校和科研单位纷纷加入此产教融合共同体合力发展，此为集成期。从实践来看，商英专业与家协的合作秉承校、企、生“三赢”的理念，从最初 100 多名学生的尝试，发展到商务外语学院每年定期派出二年级全体学生到深圳国际家具展览会、中国国际高新技术成果交易会等国际展会进行顶岗实习。商英专业与家协合作，在共同开发精品课程、共同撰写国家级规划教材、共同开发“五真”实训项目、共同建设省级市级实训基地等方面全方位融合，践行双主体育人，并实行长效化运作，系统化推进产教融合长期合作，专业化推进产教融合共同体建设。商英专业与家协共同打造的产教融合育人模式如图 1 所示。

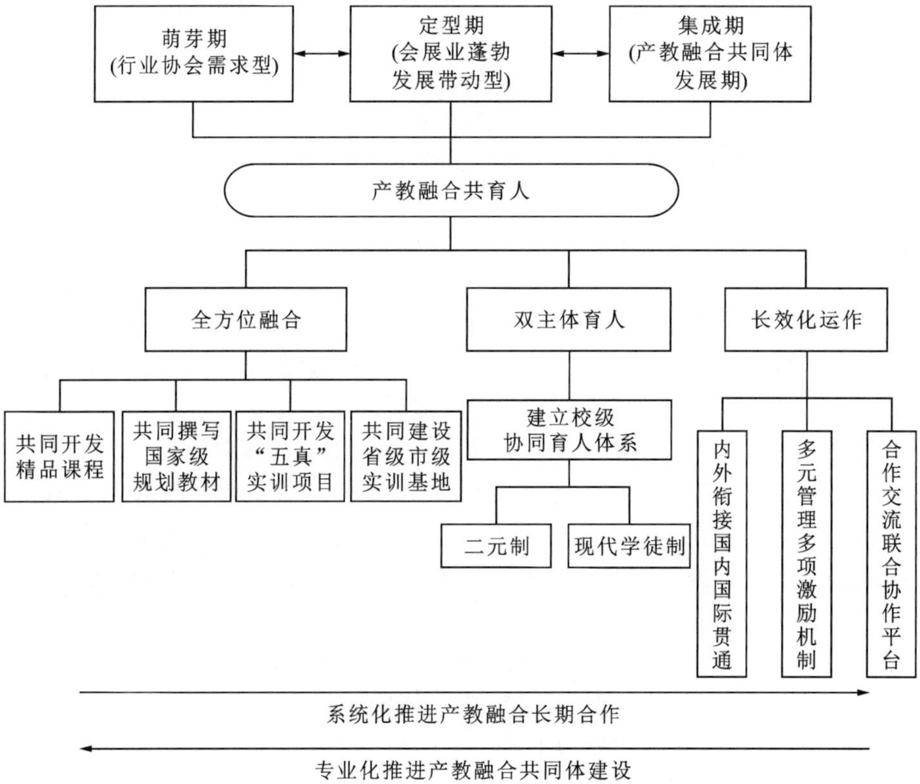

图 1　商英专业与家协共同打造的产教融合育人模式

（一）共同开发精品课程

经过多年合作，商英专业和家协共同开发了“会展英语”课程，开设在第三学期和第四学期。该课程第一阶段为校内实训，由本校教师在实训室对学生进行理论知识传授和实践技能模拟。教学内容按行业企业需求安排，分为“主办方”和“参展商”两个角色；教学过程按工作流程和工作岗位设计，分别将“主办方”和“参展商”两个角色在展前、展中和展后的主要工作任务贯穿于教学活动。第二阶段为校外顶岗实践，在家协和深圳国际会展中心进行，由家协资深员工以及合作单位员工对学生进行现场教学，带领学生去其他展会见习以及培训和考核，之后二年级全体学生每年到深圳国际家具展览会中进行顶岗实习。“会展英语”课程的校内实训部分采用形成性考核方式，校外实践部分评估引入企业绩效考核机制。

2008 年，“会展英语”课程凭借新颖的课程设计、实用的教学内容编排、科学的评估体系、多元的师资队伍（在校教师和企业员工共同组建）、“校内授课＋校外大规模学生顶岗实习”模式等被评为国家级精品课程。本课程 2013 年转型升级为国家精品资源共享课程，2022 年获评深职大金课“一流课程”。

（二）共同撰写国家级规划教材

基于多年教学实践、学生会展实习，以及与家协等行业协会和企业合作，“会展英语”课程组教师编写了高职高专商务英语实践系列教材中的《会展英语》，并于 2012 年由外语教学与研究出版社正式出版，该教材被评为普通高等教育“十二五”高职高专规划教材。编写期间，家协员工提供了大量素材和宝贵意见，并承担了部分文字校对工作。该教材在融合听、说、读、写等语言技能的同时，注重培养学生的展会实际操作能力。教材中每一个单元模块均设定了会展职业能力与英语语言能力的培养目标，并根据这些目标设计了教学环节，设定了具体工作任务及相应学习任务。教材一经出版便在社会上得到广泛好评，2022 年课程组对教材进行了修订。

（三）共同开发“五真”实训项目

商英专业与家协始终坚持以学生为中心，践行“让每个学生都出彩”的理念。双方针对学生的全球胜任力培养进行了长期而深入的探讨，通过提供真实问题、真实体验、真实关系、真实项目、真实场景这“五真”的国际展览会实训环境，在认知、技能和态度三个维度全面提升了本土化人才的国际胜任力。

（四）共同建设省级市级实训基地

商英专业与家协合作以来，二年级全体学生到展会进行为期 2 周的培训、考试和顶岗实习，承担家具展大部分岗位任务。基于与家协的长期紧密合作，2013 年商英专业申报家协为广东省大学生实践教学基地并获得立项，2014 年申报家协为深圳市职业院校校外公共实训基地并获得立项，并获深圳市 200 万元项目经费支持。在两个教学基地和实训基地经费支持下，“会展英语”课程的实训室条件得到了进一步提升。近年来，商英专业着力打造校内外语智慧实训中心，2022 年，商务英语实训室通过省级高等职业教育教学质量与教学改革工程项目验收。

(五)共同打造高职外语实践教学体系

商英专业和家协共同打造高职外语实践教学体系(见图 2)。商英专业通过与家协合作,第三学期由专业教师和企业兼职教师共同承担校内实训课程,在学校实训室进行,以模拟操作为主;第四学期为校外实践阶段,在深圳市国际会展中心和家协进行,首先由企业、行业的员工在真实环境中为学生进行现场教学、培训和面试,之后学生在深圳市国际会展中心顶岗工作,这为学生毕业后顶岗实习和就业打下了良好的基础。

校企合作形成“校内实训+岗位培训+校外实习+毕业就业”的实践教学体系,共同培养涉外应用型人才应具备的英语应用能力、协调能力、创新能力、独立解决问题的能力、沟通接待能力、策划组织及宣传能力、信息收集及处理能力等能力和综合职业素质。

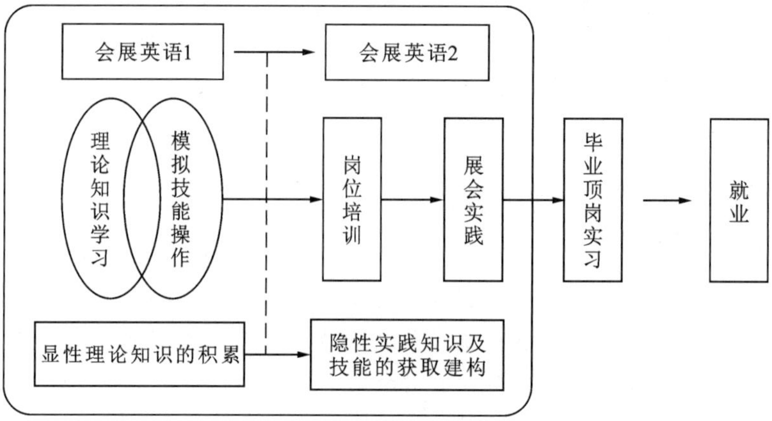

图 2 商英专业和家协共同打造的高职外语实践教学体系

(六)协同助力粤港澳大湾区会展业发展

深职大商务外语学院每年派出二年级商英专业学生参加深圳时尚家居设计周暨深圳家具展。同时,学院还派出商英专业学生参加在深圳举办的其他各类展会,如中国国际高新技术成果交易会、中国国际文化博览会和医疗器械展等。学院与各类企业和展会合作 20 年来,参与学生累计仅 7000 人次。参加家具展使学生的职业意识、职业道德、沟通协调能力、敬业精神、团队合作精神、分析处理问题的能力等岗位职业能力和综合素质得到全面提升,同时助力粤港澳大湾区会展业发展。

三、典型经验

(一)系统化推进产教融合长期合作

商英专业与家协合作 20 年,历经不同阶段的探索与实践,在课程、教材、师资、人才培养等方面进行了全方位融合,构建了双主体育人体系,完善了协同育人体系,突出了二元制和现代学徒制特点。商英专业重视长效化运作,在资源方面,注重内外衔接,使国内国际资源贯通,努力为学生打造一个国际化实训平台;在机制运行方面,实行多元管理、多项激励机制共同运行的方式；在平台协助方面，建立会展行业共同体，共同打造产教融合育人平台。

（二）专业化推进产教融合共同体建设

深圳作为粤港澳大湾区的中心，产业发达、产业链完整；家协拥有500多家会员单位，为深圳职业教育的产教融合及校企合作奠定了良好的基础。

1. 全方位整合产教融合资源

商英专业在与家协合作的20年时间里，链接国内外龙头企业，整合家协和会展业上下游单位产教资源，利用产教融合共同体建设优质多元资源，开展岗位实习、会展业区域合作论坛、会展业工作坊等，在会展人才培养标准制定、标准国际化、资质互认互通方面进行了多方探索，培养了一批“双师型”教师和专业化企业导师，积累了一系列高水平课程和教学资源。

2. 多元主体创新人才培养模式

商英专业与家协校企合作基于共创多元价值理念，采用理论学习与实训实践相结合的双螺旋上升式教学模式，从技能、方法和人文等方面全面提升学生就业能力和全球胜任力，破解了会展人才培养与行业市场需求严重脱节的问题。商英专业与家协以及其会员单位深度合作，解决了会展创新人才在教育链、人才链、产业链、创新链“四链条”双循环有机衔接方面的问题，为国内外会展业商务人才培养模式提供借鉴。

3. 建设开放型产教融合实践基地

商英专业与家协产教融合，共同建设了一系列集实践教学、社会培训、真实生产和技能服务功能于一体的服务于大湾区的开放型产教融合实践基地，打造了多元化实践中心网络，将政府、国内外企业和职业教育机构紧密联系在一起。这些实践基地通过系统规划、组织、领导、控制和管理，协调内外资源，实现了人才培养生态构建以及为社会提供有价值的社会服务的目标。

四、成果成效

（一）科研教研成果累累

商英专业与家协合作以来，在课程设置与建设、专业建设、实训基地建设和学生实习与就业等方面取得了显著成绩，开发了国家级精品课程和国家级精品资源共享课程“会展英语”；家协被评为广东省大学生实践教学基地和深圳市职业院校校外公共实训基地，获200万元项目建设经费。商英专业与家协共同编写的《会展英语》教材获评普通高等教育“十二五”高职高专规划教材。校内实训室通过省级高等职业教育教学质量与教学改革工程项目验收。课程组教师主持多项相关教研科研课题，发表多篇相关论文。

（二）学生就业质量高

商英专业与家协深度合作，为每一位商英专业的学生提供行业协会和企业就业实践机会。商英专业联合家协与会员单位系统性设计课程，并对所有学生进行岗前培训。在顶岗实习过程中，家协为学生提供全方位支持，让学生在实训过程中掌握会展服务技能、培养跨文化交际等能力。从毕业生反馈来看，通过在校期间进入工作岗位实习，大多数学生毕业后都能迅速适应并胜任工作，大大缩短了与工作环境和社会的磨合时间。学生在与龙头企业对接和沟通的过程中，积累了大量企业人脉，为之后继续教育和就业打下了良好的基础。此外，家协为商英专业学生提供优质工作岗位，到目前为止商英专业学生有 30 余人正在或曾经在家协就职。

（三）扩大家协国际品牌影响力

通过与深职大商务外语学院 20 年来的合作，家协在降低成本、提高员工素质、提升行业协会和企业形象等方面取得了良好成绩。商务外语学院参与顶岗实习工作的学生既懂英语又掌握会展专业知识，素质较高，为展会顺利进行提供了保障。历年来，深圳国际家具展览会因其优质的服务、超前的设计理念和高端性受到社会广泛好评，这树立了企业和展会良好的形象，打响了企业和展会的品牌。鉴于商英专业师生在家协国际品牌打造方面发挥的积极作用，家协为商英专业专门设立了奖励机制：家协每年为商务外语学院提供 20 万元奖学金，并设立“深圳市家具行业协会奖学金”奖励优秀实习生、优秀交流生和优秀教师。

五、推广应用

商英专业与家协经过 20 来年的探索与合作，破解了产教合而不融，校企双方合而不久、合而不深、合而不强的动力机制难题，形成了系统化推进产教融合的长期合作机制，为深圳市的产教融合提供了特色样本。商英专业和家协的合作表明，建立校企双方资源共享、优势互补双赢机制可以解决高职院校人才培养与企业用人之间的矛盾，有助于将支持职业教育内化为企业的自主行为，调动校企双方合作的积极性，有效改善校企合作中普遍存在的“学校一头热”状况。在企业和学校实现双赢的同时，学生也在知识、能力、技能和素质等方面获益匪浅。只有与行业企业充分协同，高职院校才能在教育教学上不断创新。商英专业与家协的合作是建立在互利互惠基础之上的，不仅学校获益，行业协会、企业和学生也受益匪浅，并为粤港澳大湾区经济发展贡献了力量。

六、改进方向

商英专业与家协的合作以“五真”环境、多元育人为培养路径，双方 20 年来的合作充分展示了产教融合共同体的强大效应。目前的产教融合共同体还存在企业数量少、跨学科跨行业力度不足、国际传播力不强等问题。未来，产教融合还要纳入更多现代服务业和制造业企业、粤港大湾区高校、国际知名应用技术大学共建产教融合共同体，在人才培养、机制创新、资源共享等方面展开合作，构建基于价值共创的技术技能人才生态体系。

产教融合探新路：构建“两翼”推进学科融通，引领复合型技术技能人才培养模式升级

王　欢[1]　李绍峰[1]　杨金锋[1]　李宝伟[2]　杜　红[3]

（1. 深圳职业技术大学　2. 深圳市深水光明水务有限公司　3. 深圳市供排水行业协会）

摘要： 深职大与深圳环境水务集团共建深圳环境水务产业学院，构建“两翼”，即市域产教联合体和行业产教融合共同体，打造了“产学一体”“产研一体”“产学研创一体”的“三维一体”生态圈；推进交叉学科融通，对“人工智能＋传统专业”进行升级改造，跨学院、跨学科组织共建多元协同创新的智慧水务专业教学平台，深入贯彻“九个‘共同’十六个‘融合’”新型人才培养模式，形成深职大、深圳环境水务集团、深圳市供排水行业协会三方协同育人机制，校企政多方共同制定范例式核心课程标准，建成集“三近、三新、三育”于一体的共享式开放型智慧水务专业教学资源库，联合行业企业建立高效多元的评价体系。通过“跨融结合”打造一批“互联网＋特色双师型”高素质、高水平、高技能师资队伍，引领传统给排水工程技术专业数字化升级，携手企业培育智慧水务复合型人才。

关键词： 产教融合；产教联合体；产业学院；人才培养模式；数字化转型

一、实施背景

（一）智慧水务产业发展对复合型技能人才的新需求

国家相关政策明确了城市水务企业在信息化、智能化以及智慧化方面的建设和应用要求，加快促进数字水务向智慧水务的转型。新产业、新业态、新模式蓬勃发展，给排水工程技术专业从传统的土木结构型向设备的集成化、自动化、智能化、模块化、数字化、实时化方向发展，以智慧水务为标志的水系统智能化技术应用已成为行业的主要发展方向。全国智慧水务企业发展迅速，从业人员需求剧增。传统的水务企业以招录环境水务相关专业的学毕业生为主，如图1所示，随着智慧水务产业的发展，各类型水务企业对计算机技术、自动化岗位的需求也逐渐增加。根据企业调研，目前行业缺乏既掌握给排水专业知识，又掌握智能化技术相关知识的复合型人才，具有复合专业能力的智慧水务人才存在巨大缺口。

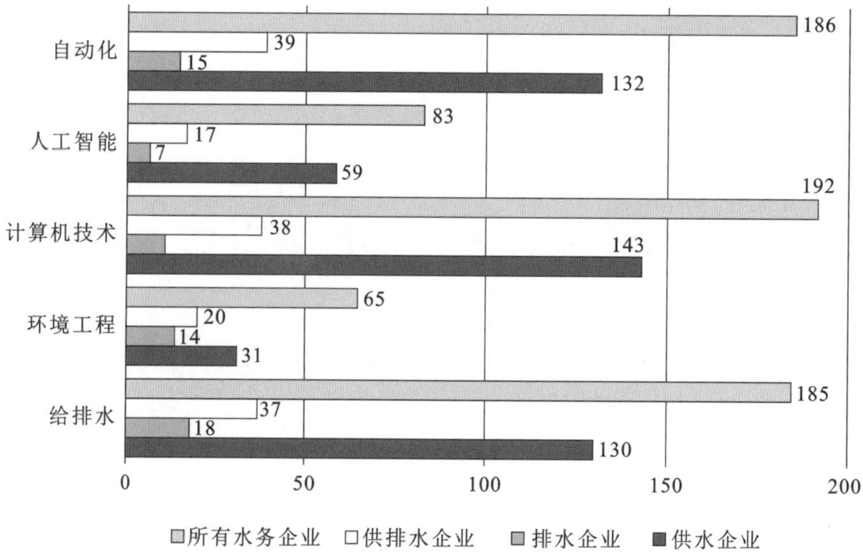

图 1 不同类型水务企业智慧水务方向招录专业需求

（二）水务行业转型发展对深度校企合作提出了新要求

给排水工程技术专业的知识体系滞后于水务行业的技术发展，专业需要将企业的新技术、新工艺、新方法、新标准引入教学内容，改善教学效果，协同人才培养与水务行业发展，使给排水工程技术专业的人才培养工作适应社会需求。在这种背景下，深职大材料与环境工程学院、人工智能学院与深圳环境水务集团联合创办深圳环境水务产业学院，通过跨学院、跨学科的校企合作，打造了一批"互联网＋特色双师型"高素质、高水平、高技能师资队伍，培育了企业紧缺的人才，在产教融合考试中交出了一份令人满意的答卷。

二、主要做法

在推进产教融合的过程中，深职大与深圳环境水务集团深入贯彻《关于深化现代职业教育体系建设改革的意见》中提出的打造"两翼"（即市域产教联合体和行业产教融合共同体）要求，围绕深圳环境水务产业学院特色，打造"三维一体"生态圈；紧密围绕立德树人根本任务，坚持以学生为中心的理念，推进学科融通，实施"水务＋人工智能"复合型人才培养升级方案；通过双高校人才聚集效应，校企共建创新型高水平、高技能双师队伍；依托深圳环境水务产业学院，探索高效多元动态育人全过程评价标准与改进机制。

（一）建设内容

1. 依托产业学院产教融合优势，构建"两翼"协同创新的智慧水务专业教育教学平台

双方以深圳环境水务产业学院为载体，充分利用产业学院具有的产教融合优势，提升校企合作品牌知名度，深化与区域行业协会、产业联盟、龙头企业、上市公司、国有企

业、国家级高新技术企业等的合作，实施以全要素为纽带的产教融合改革，重点研究产教融合的深度、广度和效度。企业、行业协会和学校共同组建产教联盟，共同参与智慧水务专业建设、人才培养方案制定，共同建设实验实训基地、人才培养及技能鉴定中心，共建共享设备基地，校企协同解决技术工艺难题等，持续强化企业参与人才培养工作的深度。通过多元主体参与，创新工作机制，多元协同搭建智慧水务专业教学平台，提高人才培养质量，助力学生成为高层次、高素质、复合型，且具有创新性的技能型人才。

2. 通过产业学院人才集聚效应，建设智慧水务专业高水平、高技能“双师型”队伍

产业学院和应用研发院通过人才集聚效应，引进高层次人才搭建科研兼高技术技能创新型平台，下设校企共建教师培养培训基地和教师企业实践基地，同时，完善“固定岗＋流动岗”资源配置新机制，建设兼职产业教师资源库，打造一支高水平、高技能的“双师型”队伍。同时，鼓励教师通过产业学院平台参与企业的技术研发工作，这不仅能够提升教师的企业实践技能，让教师掌握企业最前沿的技术，还能够帮助企业解决生产、管理技术或应用难题，服务产业转型升级。此外，积极搭建创客空间，鼓励教师参与各类创新创业竞赛，转化身份变身创业导师，助力企业行业新产品、新技术开发。

3. 联合产业学院进行行业企业评价，探索高效多元智慧的水务专业教育教学评价体系

深职大与深圳环境水务集团依托深圳环境水务产业学院，形成覆盖从入口到出口（招生、培养、就业和培训）的育人全过程评价标准，形成依托产业学院内部和外部的高效多元动态评价与改进机制。同时，注重企业岗位贴合度和岗位胜任力方面的评价，校企通过产业学院共建评价机制，通过评价反馈结果及时调整更新课程设置，使职教本科生的培养更加符合高技能岗位的需求。

（二）实施路径

具体的实施路径为“产教融合—产学相通—学科融通”，即校企合作创新跨学院、跨学科教学组织，深入贯彻“九个‘共同’＋六个‘融合’”新型人才培养模式，形成深职大（材料与环境工程学院＋人工智能学院）、深圳环境水务集团、深圳市供排水行业协会三方协同指导人才培养全周期模式体系，通过跨融结合推动智慧水务建设，具体如图 2 所示。

图 2　跨学院、跨学科、校企合作人才培养模式体系

1. 跨学院、跨学科组建高水平智慧水务方向教师团队，创新多元集群发展逻辑

深职大通过校企合作，深入推进智慧水务新专业方向建设，遵循“资源共享、相互支撑、优势突出”思路，以城市生态环境专业群为牵引，联动大数据与人工智能专业群，全面优化专业群逻辑，将具有内在关联的专业有机结合，打破原有专业所在二级学院的界限，形成“给排水工程技术专业＋人工智能技术应用专业”跨学院、跨学科建设新模式，打造“水务＋人工智能”交叉性师资队伍。

2. 跨行业、跨组织拓展校企协同育人，创新融合育人实践载体

深职大与深圳环境水务集团共建深圳环境水务产业学院，通过智慧水务这个新方向，与深圳环境水务集团的深圳市深水光明水务有限公司深度融合，以光明智慧水厂实践基地为中心，校企导师共建专业、共建课程、共建教材、共建教师基地、共建实训基地等，合作开展智慧水务专业人才培养，强强联合，打造一个高校-行业联合体，让企业的新技术、新工艺融入给排水工程技术课程的教学内容，使学生能够第一时间接触最新的行业动态，知识储备跟上行业发展步伐。

3. 校企政合作，成立高职院校智慧水务产教联盟

企业也需要进行人才培训。人才培训、后续教育对企业来说非常重要，因此，深职大牵头并带动周边职业学校在深圳市供排水行业协会下成立了一个高职院校的产教联盟，利用协会下的300多家会员单位，让教师、学生与企业更好地建立联系。通过产教联盟，校企共建的课程资源得以输出到其他高校作为借鉴和参考，“产-教-研”模式逐渐辐射至全国，同时深职大的影响力也辐射到其他院校，提高了深职大在行业和高校的影响力。

4. 跨类型、跨层次开展教学改革实践，创新人才培养工作机制

深职大充分发挥人工智能学院的优势，深入推进线下教育与远程教学融合发展、信息技术与教育教学耦合创新。城市生态环境专业群牵头，结合大数据与人工智能专业群的力量，联合深圳市腾讯计算机系统有限公司、上海昊沧系统控制技术有限责任公司等互联网知名企业共同建设“跨学科融合数字孪生型”虚拟仿真实训基地，构建多元化虚拟仿真实训中心体系。

5. 创新“融合制＋交换制”培养机制，形成MEST“课训证”一体化人才培养模式

以“融合制＋交换制”的校企合作人才共育机制为抓手，构建MEST“课训证”一体化人才培养模式。M即融合制，将给排水工程技术专业与人工智能专业进行深度融合，融会贯通，学校与企业落实“‘九个共同’＋‘六个融合’”（见图3），实现校企深度合作。E即交换机制，具体包括学校与企业交换、教学课堂与实训基地交换等，智慧水务系统运维员、智慧水务设备维护员、智慧水务专业调度员、水处理设施运行管理员、建筑信息模型员按照模块化设置课程，学生根据相应岗位选取专业课程，考取相关证书。S即阶段，实施三个教学阶段：第一阶段用时2年，实施一体化模块化课程教学，实现“以验带学”；第二阶段用时0.5年，实施综合训练、毕业设计、岗位培训，实现“以训促学”；第三阶段用时0.5年，实施顶岗实习与线上课程教学，实现“以做强学”。T即类型，开设四类

课程模块，分别为职业成长课程模块、专业基础课程模块、专业核心课程模块和专业拓展互选课程模块。

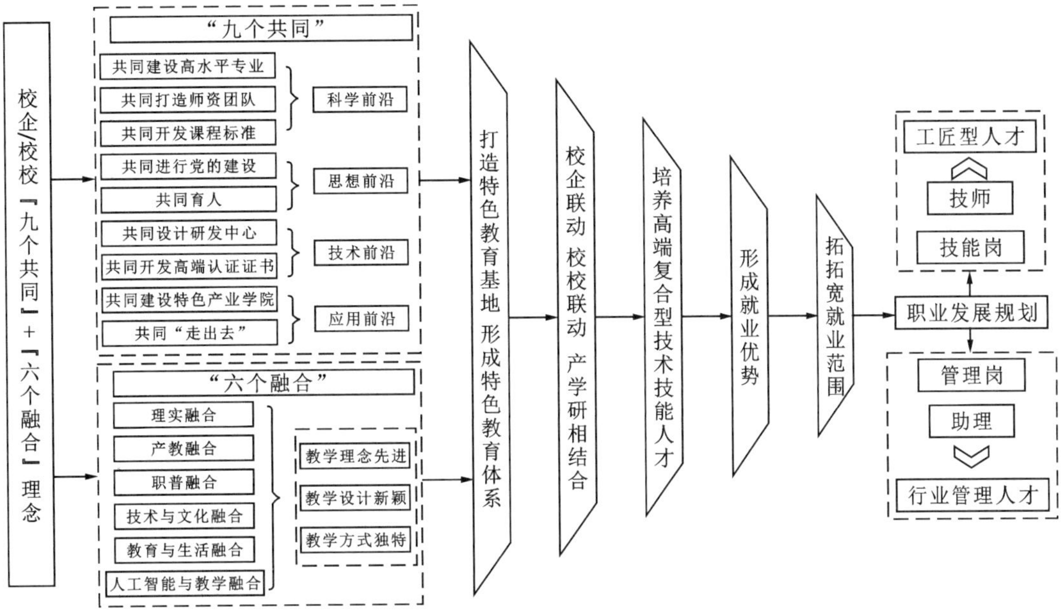

图 3 “九个共同＋六个融合”的新型培养模式

6. “育训”并举，专业靶向“1＋4＋X”证书制度

落实立德树人根本任务，培养德智体美劳全面发展的复合型高素质技术技能人才。坚持“育训结合、长短结合、内外结合”原则，专业靶向“1＋4＋X”证书制度。“1”即学历证书；“4”即智慧水务系统运维员、智慧水务设备维护员、智慧水务专业调度员、水生产处理工证书等四个证书；“X”即智能水厂运行与调控职业技能等级证书、建筑信息模型（BIM）职业技能等级证书、水环境监测与治理职业技能等级证书、污水（废水）处理工职业资格证书等。

7. 专业方向建设与经济发展建设对接

通过跨学院、跨学科的校企合作等方式，校企共同承担高技能智慧水务复合型人才培养、“水务＋人工智能”复合型师资队伍建设，以及智慧化升级后交叉学科教研、科研项目等，将新专业方向建设融入水务产业转型与粤港澳大湾区区域经济发展建设，同时为其他院校相关专业转型起示范引领作用。“双师型”模块化教学创新团队如图 4 所示。

三、典型经验

（一）产教融合打造“三维一体”生态圈

以产业学院为载体，打造具有深职大特色的智慧水务专业“产学一体”“产研一体”“产学研创一体”的“三维一体”生态圈（见图 5）。将城市生态与环境专业群与深圳重点发展的产业群紧密对接，建设产学融合人才培养新模式。将产业先进技术、产业优秀文化、产业发展需求融入教育教学全过程，促进教育链、专业链、人才链与产业链、创新链、需求链有机衔接。

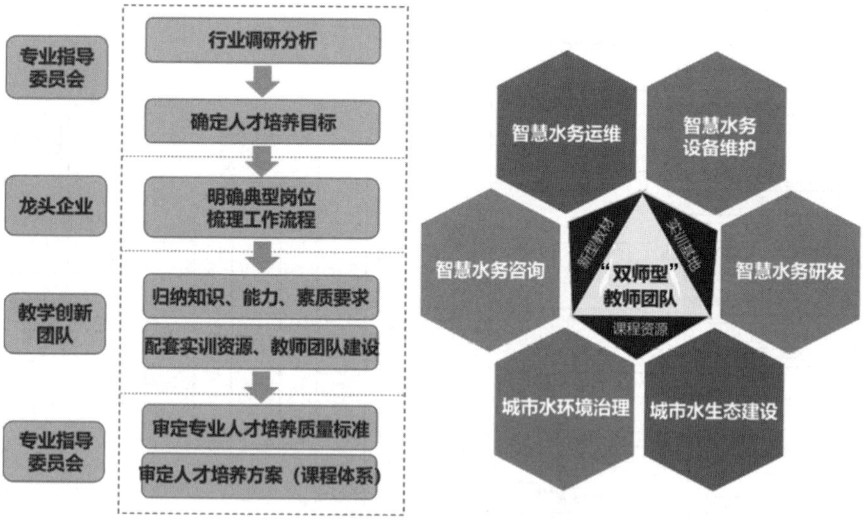

图 4 "双师型"模块化教学创新团队

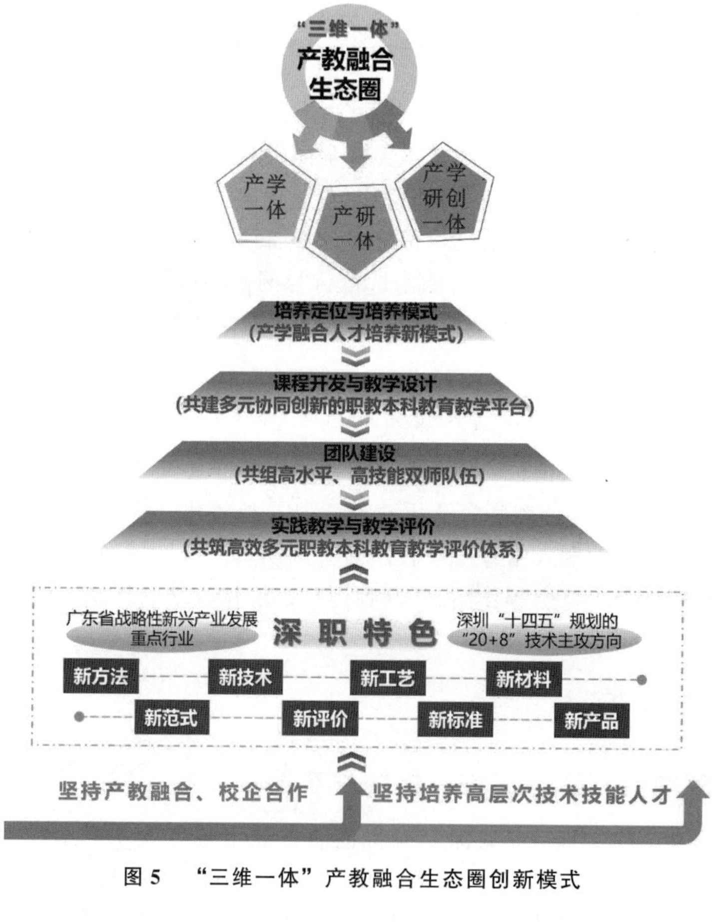

图 5 "三维一体"产教融合生态圈创新模式

（二）推进学科融通复合型人才培养模式创新

打破学科专业限制，推动学科交叉融合。瞄准科技前沿和关键领域，以产业学院为载体，跨学院、跨学科组织共建多元协同创新的智慧水务专业教学平台，将传统给排水工程技术专业调整升级为“人工智能＋水务”，为水务行业新专业教育教学建设融入水务产业转型与粤港澳大湾区区域经济发展提供可复制、可推广的具有深职大特色的新经验、新范式。

四、成果成效

（一）实践成效

1. 促进团队教学水平提升

校企合作团队在教育教学改革中获得累累硕果，其中 1 个重点项目立项，同时产出 21 门金课、6 个教材项目、3 个教研项目。成员主讲课程有 2 门获得校级示范课程认可，4 个案例入选课程思政案例库。与深圳市水务（集团）有限公司水质监测站联合申报并立项了广东省资源与环境教职委教改课题。

2. 提高科研成果质量

校企合作团队近 5 年立项国家自然科学基金项目 5 项，省级自然科学基金项目 2 项，深圳市项目 5 项，总经费 2771 万元。发表 32 篇 SCI 论文，获 4 项国家专利、3 项省部级奖项。

3. 促进校企合作教材高质量建设

面对新业态、新技术、新岗位，校企合作共研教学标准、共组教学团队、共同编写教材、共同把关教材编写质量、共建虚拟仿真课程、共建数字化资源库等，促进了教材高质量建设。

4. 校企携手党建，联学共促实践

城市生态与环境专业群教师党支部与 10 家龙头企业党委合作，形成“党建＋校企合作”育人模式。

（二）实践育人成果

1. 校企发挥各自优势共建实训基地

团队已建市级校外实训基地 1 个、校内实训实验中心 1 个、智慧水务实训室 1 个；建立深圳环境水务产业学院；打造 7 个省市级及校级高水平科研平台。

2. 以赛促教，五育并举

带领学生积极参赛，荣获各类职业技能大赛及“互联网＋”“挑战杯”等创新创业大赛国家级金奖和省级各类奖项数十项。

五、推广应用

（一）人才市场竞争力显著提升

专业毕业生起始薪酬整体水平提升超16%、专业对口率增加32%以上、就业岗位群拓展20%。2022届毕业生被大型国有企业和业内知名企业接收的学生比例超过80%。

（二）打造技术攻关服务平台

校企共同完成技术研发项目32个，解决企业生产中的实际问题57个，开展员工稳岗技能培训1000余人次。

（三）以学生社团为载体服务社会

实践项目开展至今累计参与学生100余人次，完成项目10项，生态宣讲覆盖2000余人次，获得良好的社会反响。

（四）发挥行业引导及示范效应

面向全国推广院校4所，推广会议12场次，技能培训399人次，证书培训240人次。

（五）提升国际影响力

与香港专业教育学院、香港高等教育科技学院开展交流项目，参与中非职教合作项目“技能非洲”。

六、存在问题及改进方向

（一）“两翼”构建初起步，校企合作不够顺畅

校企的产教融合程度不够深入，校企之间的合作仍存在一定的隔阂，下一步需要明确合作目标，设定明确的合作形式，提高企业参与校企合作的积极性，同时建立健全相关政策法规和管理机制。

（二）实践成果有待进一步推广

本实践成果还需要进一步对外推广，要组织专家评审会，广泛征求政府、行业、行职委、教职委等多方专家意见及建议，同时注重向其他院校推广以及媒体宣传报道等工作。

同心同行，创新共赢
——校企共建认证检测“双师型”教师企业实践基地

蒋晓华[1]　罗大为[1]　吕智文[1]　赵　彦[2]　杨国武[2]

（1. 深圳职业技术大学　2. 深圳市计量质量检测研究院）

摘要：为培养符合产业高质量发展和创新需求的高素质人才，进一步提高“双师型”教师的人才培养能力，推动学校人才培养供给侧与产业需求侧紧密对接，深职大材料与环境工程学院分析检验技术专业（以下简称分析检验技术专业）与深圳市计量质量检测研究院（以下简称深圳检测院）在长期校企合作的基础上共建“双师型”教师企业实践基地，开创“一基地二中心六融合三共赢”的“1263”模式，以基地为桥梁，以中心为渠道，以融合为根骨，以共赢为目标，全面提升产教融合效果，建成一支师德高尚、业务精良、技术过硬、结构合理、专兼结合的高素质专业化“双师型”教师队伍，推动产教深度融合，实现校企教师、学生、员工的同向共赢。

关键词：企业实践基地；“双师型”教师；“1263”模式；产教融合；同向共赢

一、实施背景

为加快发展现代职业教育、提高专业人才培养质量，满足培养既具有扎实的专业基础理论知识、能够胜任专业理论课教学任务，又有丰富的实践经验及精湛的职业技能、能够胜任实习指导和传技带徒任务的“双师型”教师队伍的需求，分析检验技术专业与深圳检测院合作，建成共同培养“双师型”教师的企业实践基地。

深圳检测院是由深圳市人民政府依法设立、经国家市场监督管理总局授权的法定计量检定和产品质量检验认证机构。深圳检测院的业务范围与分析专业的课程设置高度匹配，企业岗位需求与专业学生所学无缝对接，学生可以顺利地在企业相关岗位进行实习、就业。十多年来，深圳检测院累计为深职大的学生提供了上千个实习岗位，并接收了数百名毕业生在企业工作，为深职大毕业生的实习、就业提供了重大支持与保障。

基于深圳检测院与深职大前期稳固的校企合作基础，以及未来双方长期合作意向及可期的合作成果，立足人才培养，本着同心同行、创新共赢的原则，分析检验技术专业与深圳检测院共建“双师型”教师企业实践基地，为教师实践、学生实习和企业员工成长搭建新平台，创新产教融合形式，激发产教融合活力，开创产教融合新局面，引领校企合作实现新跨越。

二、主要做法

（一）共建“双师型”教师企业实践基地，搭建桥梁

“双师型”教师企业实践基地采取“企业＋专业”模式，即企业作为牵头单位和基地主体，接纳并安排教师进企业进行实践。在基地建设和教师企业实践过程中，专业与企业发挥各自优势，紧密合作、分工协作，共同完成教师提升教育教学理论水平、提高专业技术素质、提高实践操作技能水平的企业实践任务。教师通过企业实践，真正深入企业一线，解决企业生产过程中的实际问题，与企业专家协同攻关，解决技术难题。通过深度的产教融合，企业与专业同心同行、互利双赢。

（二）设立两个中心，加强沟通

1. 设立教师培育发展中心

根据校内骨干教师、新入职教师及产业导师和兼职教师的不同情况，分层次、分阶段对教师进行培育，提供不同的培育形式，提出不同的发展要求，达成不同的提升目标。

（1）校内骨干教师企业实践的形式和要求

校内骨干教师是通过学校遴选并担任专业基础课和专业课教学的教师，他们每年到行业、企业实践锻炼的时间不少于一个月。骨干教师到深圳检测院实践锻炼可以分为四种形式，即顶岗实践、合作研发（提供技术服务）、蹲点指导学生实习、实地调研。

顶岗实践是教师以脱产的形式用不少于一个月的时间到深圳检测院的某一岗位顶岗生产、服务或承担实质工作任务进行挂职锻炼。合作研发（提供技术服务）时教师可以脱产或不脱产的形式进行。以脱产形式进行时，时间不少于三个月；以不脱产形式进行时，在一定时间内要有相对固定的工作时间和形式，单个项目的合作研发、技术服务可累计。蹲点指导学生实习是在学生集中地到深圳检测院实习时，教师全程参与具体的定期实习指导。实地调研是专业有组织、有计划地安排教师到深圳检测院开展目的明确的调研活动，共同商讨人才培养方案修订、课程建设、实训基地建设、教学改革和社会需求等。图1为2023年6月，校内骨干教师到深圳检测院交流学习。

图1　校内骨干教师到深圳检测院交流学习（2023年6月）

校内骨干教师在企业实践结束后，要撰写不少于2000字的实践报告，总结实践成果并提出专业建设、课程建设和教学改革等方面的建议。

（2）新入职专业教师企业实践的形式和要求

刚毕业来校、无企业工作经历的新入职教师两年内要脱产参加实践锻炼，时间不少于三个月。新入职教师在实践基地的培训包含基本理论培训和专业技能培训两部分。培训内容由校企双方共同协商确定，并制定企业实践任务、计划，培训内容贴近教师工作实际，体现实用性，满足教师知识更新需要，重点提升教师的理实一体化教学能力、专业实践技能、信息技术应用能力等“双师”素质。

基本理论培训内容包括师德师风、职业教育政策与法规、职业教育改革动态、现代信息化教育技术、专业教学法、课程开发与应用、课程改革与建设、行业的前沿技术、行业发展趋势、专业基本理论与方法等。培训课程设置社会考察课程、专家讲座课程等，满足教师开阔教育视野的需要，有助于培养教师的综合素质和职业道德。图2为2023年11月，新入职教师和学生一起在深圳检测院接受理论培训。

专业技能培训内容以检验检测认证行业的最新技术和职业岗位需要为主线，帮助教师了解新技术、职业发展新趋势和新动态，重视新知识、新工艺、新方法、新标准、新材料、新设备的介绍和操作应用，聚焦教师的技能训练、职业素养和职业精神的培养。技能培训采取“师带徒”指导与研修小组完成工作任务相结合的方式进行，企业基地选派技术骨干、项目主管等作为师傅指导教师在企业的培训工作，以分组教学、现场教学、案例教学、角色扮演、实践操作为主，真正实现做中教、做中学。图3为2021年12月，新入职教师在深圳检测院接受技能培训。

图2　新入职教师和学生一起在深圳检测院接受理论培训（2023年11月）

图3　新入职教师在深圳检测院接受技能培训（2021年12月）

为减少对学校正常教学工作的影响，培训一般安排在寒、暑假期间进行，采取集中授课方式。培训结束时，企业对培训效果进行评估，对教师进行考核，通过考试、完成工作任务、实践操作、问题诊断等形式考察教师培训情况，并根据教师培训效果不断调整课程设置、师傅配备。

（3）产业导师和兼职教师的形式及要求

聘请深圳检测院的技术骨干、能工巧匠作为产业导师及兼职教师到学校任教，参与课堂教学，主讲部分理论章节，指导部分实训课程，指导实习实训，指导学生技能大赛训练，带队参加创新创业大赛、“互联网＋”大赛、“挑战者杯”大赛等，开设大师讲坛等，为学生带来最新的检测技术、质量标准解读。同时他们还参与专业建设、教材编制等，进一步培育学生的工匠精神、促进学生技能水平提高，同时为专业教师的能力提升和发展方向给予支持。图 4 为 2023 年 4 月，企业专家进课堂为师生讲解质量管理。

图 4　企业专家进课堂为师生讲解质量管理（2023 年 4 月）

2. 设立校企双向流动中心

（1）设置教师企业实践流动站

分析检验技术专业依托深圳检测院国家检测中心，在深圳检测院设置教师企业实践流动站，在教师和员工培训、课程开发、实践教学、技术成果转化等方面开展精准化深度合作，推动教师立足行业企业前沿，开展科学研究，服务企业技术升级和产品研发。教师在企业实践流动站可以专心进行业务能力的深度学习和实践，从而更好地服务教育教学；同时，教师还能参与企业一些基础建设工作，起到服务企业的作用。

企业实践流动站的设置为深化校企合作、实现资源共享、加强校企共建等提供了良好的平台，对建设教师队伍、优化教师知识结构等起到积极的促进作用；同时，在企业实践流动站参加实践的教师秉持“深入一线、覆盖岗位、真干实学、积极贡献”理念，实现实践效果最大化。

（2）校内挂牌技能名师工作室

在二级学院挂牌检验检测技能名师工作室，聘请深圳检测院的技术骨干、能工巧匠入驻工作室，充分发挥企业高技能人才（专家）在优质师资培育、技能竞赛指导（见图 5）、产教研学创新、专业建设深化等方面的示范引领作用，形成一批以名师为核心的高层次教学团队和专家型兼职教师群体。

3. 实施六个“融合”，强根健骨

校企双方在共同参与人才培养方案修订、专业建设、课程建设等过程中，始终坚持人才培养与企业需求融合、专业教师与能工巧匠融合、教学内容与工作任务融合、理论教学与技能培训融合、能力考核与技能鉴定融合、校园文化与企业文化融合，根据实际情况调整培养目标、充实教学内容、夯实教学根基、加强产学研建设，形成教育链连接产业链的人才培养新路径。

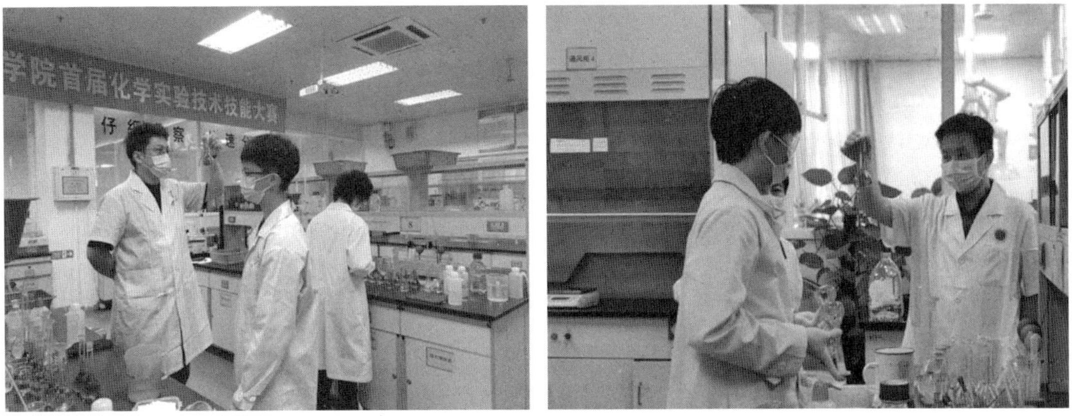

图 5　企业专家指导学生参加技能大赛（2023 年 4 月）

三、典型经验

产教融合是职业教育发展的坚实根基，是专业建设的根本引领，是教师成长、学生成才的指引方向。本案例成功运行的关键要素可概括为“一基地二中心六融合三共赢”的“1263”模式（见图 6）。以产学研合作的“双师型”教师实践基地为桥梁，设立两个中心，实施六个融合，拓宽企业培训作用的发挥途径，丰富校企合作形式，使之与学科建设、教学科研、日常管理等工作有机结合、相互促进，全面提升专业教师的企业实践水平，建成一支师德高尚、业务精良、技术过硬、结构合理、专兼结合的高素质专业化“双师型”教师队伍，推动教师成长、学生成才、员工有成就感，实现三方共赢，形成深职大产教融合特色和范式。

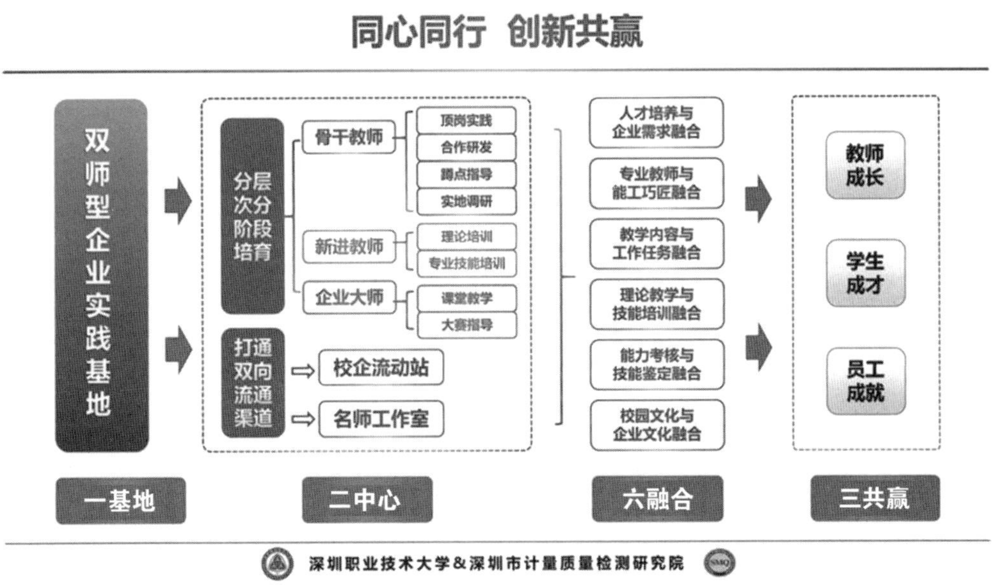

图 6　校企共建认证检测“双师型”教师企业实践基地典型经验

四、成果成效

分析检验技术专业与深圳检测院在校企合作基础上共建“双师型”教师企业实践基地，加强专业与企业技术的合作及文化交流，在促进教师成长、提高人才培养质量、推动产教融合等方面取得了一定的成就，初步实现了产学研和校企文化的共融共赢。

（一）教师企业实践基地为教师、学生和企业员工搭建了相互了解的平台

教师企业实践基地不仅增强了企业对学校育人工作的认同度，也增强了教师和学生对企业发展模式的认同度，提高了毕业生在实习企业的就业率，减少了企业的人才流失，从而提高了毕业生就业的专业对口度，形成“学生、企业、专业”三方共赢的模式。

（二）“双师型”教师团队教育教学能力提升

团队教师主持多项省市级教研科研项目，2 人获得深圳市优秀教师称号，1 人获评学校金牌教师，4 人在省级说课比赛中获得一等奖，团队多位教师连续多年教学质量测评获优秀，相关建设成果获中国轻工业联合会教学成果奖二等奖，团队被中国化工教育协会评为 2021 年度全国石油和化工教育优秀教学团队。

（三）人才培养质量提升

教师以实际行动为培养高素质、应用型人才服务，学生专业技能过硬，国家级比赛获得 7 个奖项，其中一等奖 1 项、二等奖 3 项；省级比赛获奖 22 项，其中一等奖 10 项、二等奖 10 项；国际（iGEM）大赛获金奖 2 项。

（四）企业员工技能提升

学校为企业输送 1000 多名实习生、130 多名毕业生，为企业提供了一批理论扎实、技能熟练，具备一定科学素养、人文素养、工匠精神、可持续发展能力的复合式、创新型、高素质技术技能人才。这些人才的加入有助于企业内部形成良性竞争，推动企业员工整体技能的提升。比如，分析检验技术专业两名就职于深圳检测院的毕业生就在全市技能大赛中取得了优异成绩，入选 2022 年度“深圳工匠”培育计划（见图 7），为企业增光添彩。另外，分析检验技术专业与企业联合申报了多项研究课题，促进了产学研深度合作。

五、推广应用

分析检验技术专业和深圳检测院共建“双师型”教师企业实践基地的“一基地二中心六融合三共赢”的“1263”模式，在观念上有所突破，在做法上有所创新，在育人上有所成效，具有很强的可操作性和参考价值，不仅适用于分析检验技术专业与检验检测认证行业其他头部企业和校外实践基地的深度合作，也可以为其他院校、其他专业的校企合作提供样板，这对于拓展校企合作方式、深化产教融合，起到了很好的示范和引领作用。

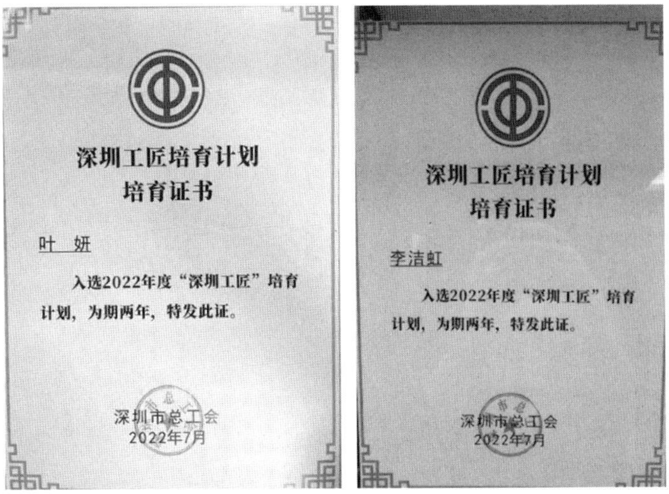

图 7　两名毕业生入选 2022 年度“深圳工匠”培育计划

六、改进方向

分析检验技术专业和深圳检测院切实落实“双师型”教师企业实践基地的作用，引领校企合作向纵深发展。在下一阶段的校企合作中，要逐步探索并构建具有新时代特色的产教融合理念和机制，延伸产教融合的触角，构建“产教融合＋专业建设”“产教融合＋学生管理”“产教融合＋社会服务”“产教融合＋文化建设”的全链式思政育人模式，推动学生培养、教师成长和专业发展等齐头并进、多面开花。

校企合作，课证融通
——“注塑加工实训”培养大湾区新材料产业技术技能人才

杨光辉　刘俊俊　罗超云

（深圳职业技术大学）

摘要：“注塑加工实训”课程以我国新材料产业的爆发式增长为契机，瞄准大湾区新材料产业技术技能人才的缺口，依托区域内完善的新材料产业链，积极开展校企合作、课证融通，形成“产教对接、校企共建、面向岗位、能力递进”的特色。课程团队紧跟产业发展趋势，联合行业企业制定课程标准，共建数字化教学资源，开展线上线下混合教学和模块化多层次考核鉴定，与深圳市新材料行业协会合作开发了“塑料注塑员”中级证书，与海尔智家股份有限公司（以下简称海尔智家）共同开发了“注塑模具模流分析与工艺调试技能”等级证书，引入苏州模流分析软件有限公司开发的得到国际认证的“Moldex3D”证书，全方位培养高素质技术技能人才，助力大湾区新材料产业发展和转型升级。

关键词：校企合作；课证融通；注塑加工实训；技术技能人才

一、实施背景

教育部、人力资源和社会保障部、工业和信息化部联合发布的《制造业人才发展规划指南》预测，制造业十大重点领域2025年的人才缺口将接近3000万人，其中新材料产业人才缺口为400万人。新材料产业人才具有鲜明的科学、技术、工程方面的积累性与跨学科的复合性、团队性等特征，随着新材料行业细分领域的发展，人才缺口将进一步扩大。

“注塑加工实训”课程以我国新材料产业的爆发式增长为契机，瞄准大湾区新材料产业技术技能人才的巨大缺口，依托区域内完善的新材料产业链，全面推进校企合作和课证融通，主动将职业技能等级标准和职业岗位资格标准融入课程标准，开展线上线下混合教学，促进教育链、人才链与产业链、创新链有机衔接，服务大湾区新材料技术技能型人才培养。

课程团队与行业企业紧密合作，先后开发了“塑料注塑员”中级证书、1+X“注塑模具模流分析与工艺调试技能”等级证书，引入“Moldex3D”证书，配套建设丰富的数字化教学资源，上线运行后访问量达283257人次。课程结合企业生产实际，将新材料注塑生产的十大理论知识模块和五大实操技能模块有机融入六个典型实训项目，构建理实一体化的课程体系，提高学生的思想政治素质、职业素养与全方位的注塑岗位适应能力和可持续发展能力。在本课程的“加持”下，深职大材料与环境工程学院材料工程技术专业超过70%的毕业生从事新材料技术岗工作，平均工资比深圳新材料企业拥有同等学历的人员高出21.7%。

二、主要做法

充分把握新材料产业快速发展契机，紧密跟踪新材料产业的国家发展战略和转型升级需求，结合职业教育的类型特色，以“校企合作、课证融通”为抓手，以“产教对接、校企共建、面向岗位、能力递进”为指导，做好课程目标与职业能力的对接、课程标准与职业标准的对接、实训项目与岗位技能的对接、师资团队与产业团队的对接，打造线上教育教学资源丰富、线上线下有机衔接、可持续发展的课程，提升课程服务专业发展和人才培养的能力。

（一）基于产业特色和岗位需求重构课程知识体系

通过企业行业调研，明确课程对应的岗位为注塑工艺师和试模工艺师；将岗位所需能力和知识进行细分，得到知识点和技能点；将知识点和技能点按照认知规律和岗位需求由简到繁重构，以不同材料、不同典型模具为主线，设计实操项目；明确项目培养的技能点、知识点，结合实训室的实际情况和学生的实际情况，进行教学组织安排。通过产教融合、校企合作，不断升级贴合生产实际的教学案例，保证教学内容的技术先进性，解决传统课堂教学知识更新换代难的问题。图1为“注塑加工实训”课程知识图谱；图2为“注塑加工实训”课程获得的荣誉。

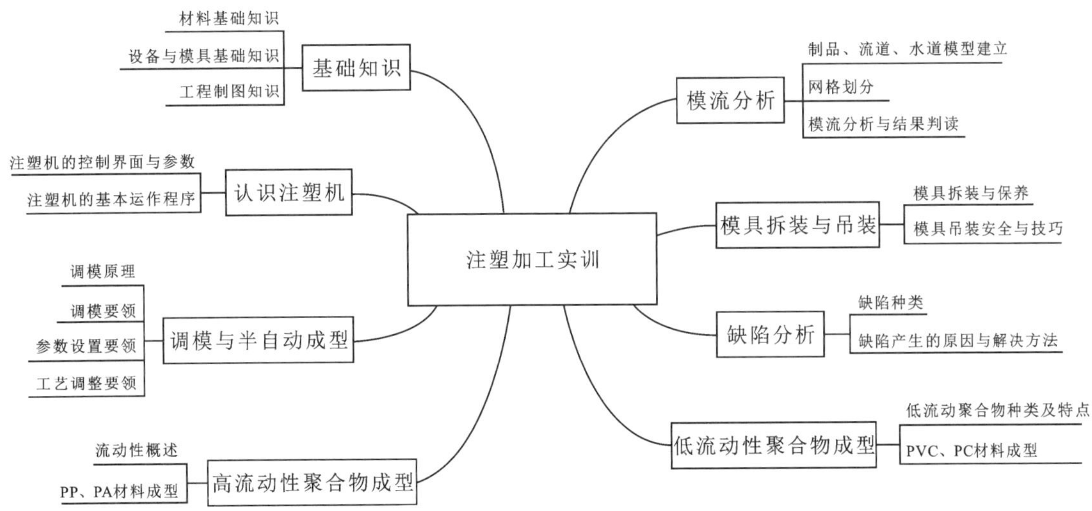

图1 “注塑加工实训”课程知识图谱

图 2 “注塑加工实训”课程获得的荣誉

（二）校企双向人员流动打造高水平结构化教学团队

2021 年，深职大材料与环境工程学院材料工程技术专业申报获得“注塑模具模流分析与工艺调试技能等级 1+X 证书”全国首批试点，随后与证书评价组织海尔智家开展教学团队合作共建。材料工程技术专业分批次安排了 6 名中青年骨干教师参加海尔智家的企业实践项目和 1+X 证书考评员资格培训，强化教师实战技能，使教师掌握企业岗位群技术技能要求，熟悉岗位需求的行业前沿技术，进一步夯实课程设计、课堂教学改革的基础。海尔智家定期派遣资深专家到深职大参与课程的实践教学活动，不仅为课堂带来大量鲜活的生产案例，还提供企业独有的数字化教学培训工具，创建与企业一致的注塑工作场景，将课堂打造成“校中厂”。

（三）校企行合作建设开放共享的优质教学资源

课程团队与海尔智家共同开发智能家电专用材料成型制造员的培训讲义、课件、考核题库等资源。基于岗位能力需求和 1+X 职业技能等级标准，校企双方合作开发“注塑加工实训”“材料成型模具设计应用”和“材料助剂与配方设计”等课程及配套教材，开发材料加工成型数位学习系统、材料成型模具模流分析系统、材料性能分析模拟仿真系统等数字化教学资源。截至 2023 年 12 月，已上线运行的课程资源包括 62 个视频（总时长约 1200 分钟）、49 个课件、1116 道习题、1 套模流分析软件、2 套仿真学习系统。未来，课程团队将通过中国大学慕课或智慧职教等平台推广本课程，并逐步向兄弟院校、智能家电企业和其他社会成员开放，形成开放共享的教学资源库。校企共建线上线下教学培训资源如图 3 所示。

（四）对标岗位职业标准开展场景式项目化教学

在教学过程中，理论知识、实操项目、模拟题考核在六个实操项目中穿插进行，做到理论联系实际、理论指导实践、实践验证理论。全班学生约 4 人为一组，每组选一名优秀学生做组长，采用组长负责制。在课程的初期、中期和后期，采用不同的教学方式。

图 3　校企共建线上线下教学培训资源

1. 课程初期

其一，教师结合 PPT 和图片，以提问的方式检查学生的预习情况，并带领全班学生了解注塑机的结构、界面等内容。其二，教师将学生召集到注塑机前，对照实物对界面进行补充性介绍。其三，在注塑机操作实践课上，教师首先细分仪器操作技能点，示范机器操作技巧，然后让学生进行实际操作，并由组长帮助组员达到学习要求。此阶段主要学习注塑机的构成、动作、仪器界面参数设置等。

2. 课程中期

在学生掌握注塑的基本理论与实践技巧后，开始对企业相同的注塑项目进行实操训练，同时穿插相应的理论知识讲解。此阶段学生主要学习注塑工艺的理论与实操技能。

3. 课程后期

由于注塑设备型号不同、模具不同、设备厂家不同，因此学生需要在不同的机台上进行轮换学习，以适应不同的机台与模具。在这个过程中，教师会不断对学生进行抽查实操考核，最后达到全员考核。此阶段主要是先让学生进行理论模拟，然后教师对共性问题进行集中讲解。

（五）校企行合作开展技术技能人才等级认证

“注塑加工实训”课程在授课初期，按照深圳市人力资源和社会保障局塑料注塑工（中级）证书职业技能鉴定要求设置教学内容，考核合格后累计有 450 余名毕业生获得深圳塑料注塑工（中级）证书。2020 年，“注塑加工实训”课程团队与深圳市新材料行业协会合作开发“塑料注塑员”证书，截至 2023 年 6 月，已有 56 名学生通过该证书认定。2021 年，“注塑加工实训”课程与海尔智家通力合作，开发注塑模具模流分析与工艺调试职业技能等级证书（1+X 证书），并参与完成该证书的标准制定、教材编写、题库组织和考点建设等任务。截至 2023 年，先后有 40 位同学在学习“注塑加工实训”课程后，成功通过了该 1+X 证书的中级认证。此外，课程积极对接苏州模流分析软件有限公司，将获得国际认证的“Moldex3D 证书”相关内容引入课程教学，先后有 8 名优秀学生获得该证书。课程对接的技能等级证书如图 4 所示。

图 4　课程对接的技能等级证书

三、典型经验

（一）深度融合行业发展，引领及服务行业前沿

注塑行业发展迅速，从业人员超过 200 万人，专业技术人才需求旺盛。课程瞄准行业需求，采用与企业相同的设备和项目进行培训。课程密切关注行业技术发展，努力使学生掌握最新的模流分析技术和注塑技术。

（二）课程资源丰富，学习方式灵活，学习效果好

课程配有大量的课件、视频、动画、图片、论文等数字资源，建有课程网站，让学生能够通过网络进行在线学习和移动学习，学习效果好。教学活动组织合理，课程思政显隐并进，教学效果显著，学生获得证书率高。

（三）注重与企业和行业协会的合作，关注技能认证及学生优质就业

课程与企业和行业协会合作，按照注塑员（中级）证书和注塑模具与模流分析技能等级证书（1＋X 证书）的相关要求进行授课和培训。学生在课程结束后即具备获取证书的能力，能够高分通过技能等级认证，获得在康佳集团股份有限公司、捷普绿点科技（深圳）有限公司、深圳市斯洛模具有限公司等知名企业担任注塑工艺师和试模工艺师职位的机会。

四、成果成效

（一）课程设计合理，学生主体地位加强

教师的授课模式由讲授为主向组织、引发及管理定位转变，注重发挥教师的服务支撑作用；启发学生由易到难依次完成不同难易程度的注塑制品生产，学生的身份由被动学习者转变为主动学习者和执行者，突出了自身在学习中的主体地位。

（二）教法和资源设置恰当，学习效果提升

充分利用学习通平台，实施线上线下混合式教学，学习过程贯穿课前、课中、课后，有力地保证学习效果。在教学活动中，教师以三维图形、动画、视频等形式，形象立体地展示注塑加工的关键知识点和技能点，有效消除了学生的学习障碍，激发了学生的学习兴趣，提高了学生的学习效果。相比传统课堂，学生的学习时长有了显著提高，整体成绩进步明显。

（三）课程对标清晰准确，学习成就感增强

本课程精准对标 1+X 证书和职业岗位要求，辅以实训环境营造的校园即打造企业式沉浸体验，学生的获得感和成就感明显提升。在 2021 年和 2022 年的 1+X 证书考试中，材料工程技术专业学生的通过率达到 100%。还有 8 名学生获得国际认证的“Moldex3D”证书。

（四）课程思政显隐并进，教学效果显著

在课程的教学过程中，引入与教学内容高度契合的思政元素，组织学生谈感想、说想法，引导学生体会团结协作、工匠精神、家国情怀、和谐社会、爱岗敬业、安全意识等思政内涵的重要意义以及对人生成就的决定性作用。在课程接近尾声时，大部分学生已愿意在教学过程的“评”与“思”环节主动分享思政案例。

五、推广应用

在我国产业快速转型升级，逐步走向智能制造时代的大背景下，新材料、高端装备制造等国家战略性新兴产业对高素质、复合型技术技能人才的需求日益增大。“注塑加工实训”课程涵盖机械和材料两大学科的内容，将材料、设备与工艺贯通融合。课程以校企合作、课证融通为抓手，积极开展课程推广，取得显著成效。

一是反哺合作企业，开展员工培训。课程整合多家企业的生产案例和数字化资源，构建了综合性的注塑加工生产学习平台，将平台向海尔智家、力劲集团、苏州模流分析软件有限公司等注塑行业上下游合作企业开放，协助企业开展员工技能提升工作，先后已有超 200 名相关企业人员完成学习培训。

二是支撑行业企业，健全人才评价体系。“注塑加工实训”课程团队联合深圳市新材料行业协会，开发了“塑料注塑员”中级证书，为行业人才发展提供通道。在与海尔智家的合作过程中，将课程理实一体化的设计理念引入 X 证书标准，将课程的理论习题和实操项目分别纳入 X 证书的理论和实操考核科目，将课程的教学资源嵌入 X 证书的培训教材，极大地丰富了 X 证书的内涵，提高了 X 证书在业内的认可度。

六、改进方向

（一）开展教学的场地和硬件设施面临挑战

材料注塑加工的实体实训设备价格昂贵、占地面积大，随着专业未来招生规模的扩

大，现有实训场地和实训设备数量可能出现难以满足教学运转需要的状况。为此，课程团队将推动专业加快开展 VR/AR 等虚拟仿真实训资源的开发和建设工作，为课程的持续发展注入活力。

（二）课程的评价体系仍存在升级空间

基于教学过程的数据评价手段基本满足了教学评价的需要，也取得了较好的教学效果，但在学生学业评价、课程思政育人效果、学生人格成长及社会性发展等增值性评价方面仍须继续探究，深挖评价内核，持续改进评价体系。

校企合作、产教融合助推职业教育“共同富裕”

黄　强　袁辉洲　孟伯阳　迟惠中

（深圳职业技术大学）

摘要： 近年来，国家越来越重视职业教育，将职业教育提升到与普通高等教育同等的位置。迎着国家职业教育改革的春风，深职大给排水工程技术专业群（以下简称专业群）在深化校企合作、产教融合等方面进行了大量探索，尤其是与行业龙头企业深圳环境水务集团进行深度合作，建立了协同育人、共同研发、助力乡村的长效合作机制，铺设了职业教育“共同富裕”的康庄大道，为职业教育的良好发展树立了标杆。

关键词： 职业教育；产教融合；育人育工；技术研发；智力帮扶

一、实施背景

习近平总书记强调全体人民共同富裕是社会主义的本质要求，是中国式现代化的重要特征。党的二十大报告明确了中国式现代化的本质要求，其中一个重要方面是“实现全体人民共同富裕”，并提出到 2035 年，“人的全面发展、全体人民共同富裕取得更为明显的实质性进展”。社会经济的可持续发展是实现共同富裕的关键手段，而职业教育作为与经济社会发展关系最为紧密的教育类型，为整个社会人力资源素质的提升和人民幸福生活的实现提供了重要支撑，是实现共同富裕的强大驱动力。

职业教育的生命力在于实践和应用。深化现代职业教育体系改革，重点在于坚持校企合作、以教促产、以产助教、产教融合。国家发展改革委、教育部等八部门联合发布《职业教育产教融合赋能提升行动实施方案（2023—2025 年）》，强调了职业教育校企合作、产教融合的重要性，为现代职业教育指明了发展方向。

在此背景下，深职大相关专业群在深化校企合作、产教融合等方面进行了大量探索，尤其是与行业龙头企业深圳环境水务集团深度合作，建立了协同育人、共同研发、助力乡村的职业教育“共同富裕”长效合作机制。

二、主要做法

专业群与深圳环境水务集团的合作始于 2000 年签订校外实习基地协议，深圳水务集团及其下属子公司为专业群学生提供实训实习的场所和人员支持。随着职业教育的深入发展以及国家对地方高校成为推进共同富裕建设排头兵的号召，校企双方于 2020 年就职业教育“共同富裕”的探索进一步签订了校企合作与产教融合框架协议，并在 2022 年联合成立了深圳环境水务产业学院，双方通过产业学院建立了长效的合作机制。

专业群与深圳环境水务集团合作探索的校企合作、产教融合助推职业教育“共同富裕”模式如图 1 所示。校企双方签订框架协议，通过共同进行人才培养、技术研发和智力帮扶，在师资打造、资源共建、技术攻关、成果转化、生态振兴、人才振兴等方面开展持续性合作，以期实现办学提升、企业发展、乡村振兴的行动目标。职业教育“共同富裕”的内涵体现在实现学校、企业和社会的可持续发展。校企双方通过深度合作，在取得学校和企业双向可持续发展的同时，为全体人民共同富裕的伟大目标贡献人才支撑、税收增长、乡村建设的社会效益和技术进步、标准提升、生态改善的环境效益。

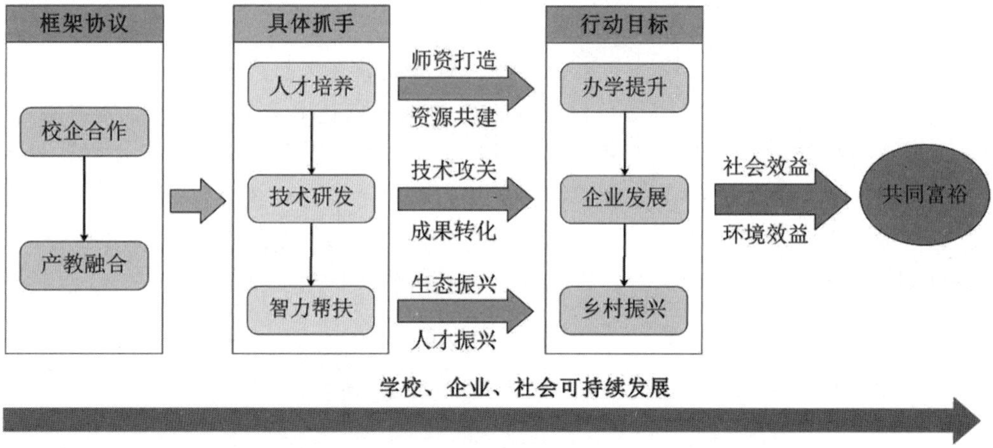

图 1　校企合作、产教融合助推职业教育“共同富裕”模式

（一）协同育人育工，助力校企双向高质量人才培养

提高人才培养质量是校企合作的初心，专业群与深圳环境水务集团在校企合作与产教融合的框架协议下，通过共同开展党建工作、共同制定人才培养方案、共同开发教材、共同建设教学资源、共同打造师资队伍、共同建设校内外实训基地等方式，联合开展双向的人才培养工作。

一方面，深圳环境水务集团深度参与深职大相关专业群的人才培养，为专业的实践教学开展提供场地、设备和人员支持。学生在校学习期间可以到深圳环境水务集团下属的自来水厂、污水处理厂、排水公司进行课程实训和岗位实习，在参与企业一线项目的过程中接受企业员工的实践指导，获得实践经验和职场能力的提升。同时，深圳环境水务集团在学校开设“校中厂”，派驻有资历的工程师到学校开设课程，将企业的技术与工艺带入教学活动。另一方面，专业群还参与深圳环境水务集团的企业员工素质提升培训活动，为深圳环境水务集团的员工开展理论知识培训，并提供丰富的线上学习素材与资源库。专业群的李绍峰、袁辉洲和陈益清教授每年受邀到深圳环境水务集团下属企业为基层技术人员开展重金属处理、废水资源化、污泥回收利用等讲座与技术培训，帮助企业基层员工提升理论知识与技能水平。

在校企双方开展深度交流与合作的基础上，在校学生与企业员工以“绿水卫士——重金属废水处理专家”项目共同参加第六届中国国际“互联网+”大学生创新创业大赛，荣获创业组国家金奖。2016 届毕业生黄钰豪是参赛团队的核心成员，其参赛前任职于深圳环境水务集团下属的南山污水厂运行员岗位，其在获奖后接受采访时表示：“非常感谢产教融合让我获得了参加‘互联网+’大学生创新创业大赛的机会，并且得到了校方和集团的专业指导。通过本次参赛，自己的个人能力和素质得到了极大提升。”黄钰豪在比赛获奖后得到了深圳环境水务集团的表彰，同时职位晋升为南山污水厂安全主任，在后续水厂安全管理和防疫工作中发挥了重要作用。

（二）共同研发技术，解决生产一线技术难题

随着城市的不断发展，污水处理厂、污水泵站建设在城市中心区，去除这些市政设施产生的恶臭气味已成为解决环境和民生问题的重要之举。为解决这个问题，专业群的陈益清教授领导除臭技术团队与深圳市环境水务集团下属的深圳市利源水务设计咨询有限公司联合开展了多年的技术攻关研究，在除臭塔设计、生物载体填料等领域形成了多项先进技术成果。通过双方共同努力，除臭塔设计、生物载体填料的多项技术已实现成果转化，应用到了深圳环境水务集团的工程实践中，为解决市政设施恶臭气体处理提供了坚实的技术支撑，产生了显著的社会效益和环境效益。

2020 年 5 月 1 日，深圳市《生活饮用水水质标准》（DB4403/T 60—2020）正式实施。该文件提出了饮用水中典型嗅味物质 2-MIB 的最新标准，但深圳市现有水厂采用的常规水处理工艺难以有效去除 2-MIB，导致出水浓度无法实现稳定达标。针对这一技术难题，专业群的高静思副教授领导水处理技术团队与深圳环境水务集团下属的深圳市深水宝安水务集团有限公司联合启动了技术攻关项目，成功攻克了常规给水工艺去除 2-MIB 的优化技术，并申请了多项发明专利。这项研究成果为饮用水中典型嗅味物质 2-MIB 的去除提供了完善的技术方案和标准。

（三）联合智力帮扶，推动乡村振兴发展

对于区域资源和发展机会不平衡不充分的农村、基层与欠发达地区来说，地方高校发挥着智力库和主力军的作用，对于这些地区实现共同富裕意义重大。2017—2018 年，专业群与深圳环境水务集团共建智力帮扶团队，为广东省河源市和平县礼士镇下洞村提供给排水规划建设的专业服务。下涧村位于广东省的东部山区，2017 年左右村民的年人均收入只有 6950 元，被列为精准扶贫村庄。规划建设之前，居民生活用水直接采用山上的泉水，水源受到一定程度的污染，村内没有任何污水处理设施，村容村貌及居住环境与社会主义新农村的目标有较大差距。智力帮扶团队对下涧村的地理位置、道路交通情况、自然环境水利等具体情况开展了深入调研，重点针对居民环境、用水安全和农村污水处理等问题，对下涧村的在垃圾收运、给水和污水处理、给水和污水管网建设等开展了详细的规划设计，并为工程实施提供了蓝本。智力帮扶团队的规划方案获得了广东省委和当地政府的高度认可，为下涧村争取到了 1500 万元的建设经费，对下涧村的社会主义新农村建设做出了重要贡献。

在下涧村乡村振兴合作的基础上，专业群与深圳环境水务集团在 2022 年又达成了共

同帮扶汕头市两英镇仙斗村的乡村振兴合作意向，并签订了合作备忘录。该合作主要聚焦“乡村人才振兴”，共同推动仙斗村的就业创业帮扶和干部人才培养。同时，双方还在“乡村生态振兴”方向开展了进一步的深入研究，讨论了具体实施方案。

三、典型经验

（一）与行业龙头企业深度融合，建设特色产业学院

在校企合作的基础上，为了进一步深化产教融合，专业群与深圳环境水务集团共同建设了深圳环境水务产业学院。双方充分发挥专业群的师资队伍优势和深圳环境水务集团的龙头企业优势，利用3～5年时间将产业学院建设成为集人才培养培训、职业技能等级认定、研发与咨询、政策研究等于一体，立足深圳、面向全国的特色产业学院，为深圳社会主义先行示范区和粤港澳大湾区建设做出了突出贡献。

（二）以人才培养、技术研发、智力帮扶为抓手，助推职业教育“共同富裕”

在人才培养方面，校企双方耦合推动产教融合的实践学习和科教融汇的理论学习，成立“双师型”教师工作站和兼职教师流动站。企业员工进学校，学校教师下企业，提升职业教育的办学水平，从而推动校企双方人才的高质量培养。在技术研发方面，企业提出生产及施工过程中遇到的技术难题并提供经费支持，校企双方共同组建研发团队。充分利用学校的实验条件和企业的中试平台，攻克技术难点，促进研究成果的落地转化。在智力帮扶方面，依托校企双方在人才培养和技术研发方面的合作基础，共同开展对落后地区的帮扶工作。在助力乡村发展的同时，检验技术成果的应用，促进人员的实践水平，加深校企双方的合作。

四、成果成效

（一）人才培养质量

深职大相关专业群与深圳环境水务集团协同育人育工为校企双方培养了一批又一批高质量技能型人才。截至2023年底，专业群已为深圳环境水务集团输送了100多名高质量人才，平均薪资为每年18.5万元，远超全国职业院校的平均薪资水平。专业群为深圳环境水务集团提供的线上学习素材与资源库，点击量已超10万次，大大提升了企业员工的理论知识与技能水平。

（二）成果转化效益

深职大相关专业群科研团队与深圳环境水务集团在饮用水工艺提升、污水深度处理、废水资源化、市政设施除臭等领域共同开展了20余项技术攻关，有效解决了企业在生产及施工过程中遇到的技术难题。其中，污泥动态成核絮凝重金属废水处理、生物塔除臭、

饮用水去除 2-MIB 等技术已成功应用于深圳环境水务集团的工程实践，形成了超过 5000 万元的企业效益，为深圳环境水务集团的发展提供了坚实的技术支撑。

（三）助力乡村发展成效

依托人才培养和技术积累，深职大相关专业群与深圳环境水务集团组建的帮扶团队对发展落后的农村和基层地区开展帮扶工作。其中，团队为下涧村规划的社会主义新农村建设方案在经济、社会和生态等方面取得了显著效益，帮扶工作获得了广东省委和当地政府的高度认可。

五、推广应用

（一）职业教育“共同富裕”模式可向同类院校输出

职业教育“共同富裕”模式在本质上提升了专业群的人才培养水平。近年来，深职大相关专业群不但在招生规模上从 6 个班扩展到 8 个班，学生素质也呈现不断提升的趋势，薪资远超全国职业院校平均水平，并且涌现出一批优秀人才。专业群的人才培养成果得到了企业用人单位和兄弟院校的高度认可，职业教育“共同富裕”模式为同类院校提供了成功的经验借鉴。

（二）更多的企业受惠于职业教育“共同富裕”模式

深度的产教融合不但每年为深圳环境水务集团输送高质量的技术技能人才，还在研发成果转化上帮助深圳环境水务集团解决了生产和施工难题，提高了企业效益。深圳环境水务集团跻身中国服务业 500 强、广东省企业 500 强，连续三年获得深圳市总部经济企业贡献奖。未来，深职大相关专业群将与更多的企业开展产教融合的合作，将有更多的企业受惠于职业教育“共同富裕”模式。

（三）职业教育“共同富裕”模式持续助力乡村振兴

在对下涧村进行帮扶的成功经验基础上，深职大相关专业群与深圳环境水务集团达成协议，将持续为落后地区提供智力帮扶。专业群未来将在生态振兴和人才振兴等方面不断助力乡村事业发展，为全体人民共同富裕伟大目标的实现做出职业教育贡献。

六、改进方向

专业群与深圳环境水务集团探索的职业教育“共同富裕”模式虽然在办学提升、企业发展和社会贡献方面产出了突出成果，但也存在一些不足之处。一方面，人才培养与技术研发的融合还不够深入，仅有少数优秀学生参与解决企业生产难题的技术攻关；另一方面，在助力乡村振兴的过程中，智力帮扶团队为乡村提供了技术和人员支持，但未能达成“授人以渔”的帮扶目标。

未来，专业群将把技术研发成果应用和助力乡村发展的成功案例融入课程教学，并吸引更多的企业导师加入师资队伍，提高实践教学的比重。在助力乡村发展的帮扶工作中，鼓励在校学生加入帮扶团队，建立乡村人才振兴培训机制，让学生在更多的实践中获得相关技能，更深层次地理解共同富裕，从而实现人才培养、技术研发、智力帮扶的有机结合。

以供排水民生项目落实产教双元育人

高静思[1]　朱　佳[1]　杜　红[2]　吴　阳[2]

（1. 深圳职业技术大学　2. 深圳市供排水行业协会）

摘要：本文总结介绍了深职大材料与环境工程学院环境工程技术专业的师生团队多年来与深圳市供排水行业协会及其十余家会员企业通力合作、科教融汇，将环境工程技术专业技术技能人才培养与环境水务民生行业技术咨询服务有机结合，形成综合育人模式的典型案例。双方持续十余年的合作有效整合了企业市场资源和学校人才优势，互补共赢，完成了包括深圳市供水全流程管控、排水系统诊断、排污许可登记、生态红线基础信息详查等在内的多项民生服务任务，同时融合校企双师力量培养了百余名环水优秀技术技能人才。

关键词：校企共育；科教融汇；环境水务；技术服务；民生担当

一、实施背景

深圳市供排水行业协会成立于2009年，是在深圳市民政局、市水务局的大力支持下，由深圳市供水、排水及污水处理、节水、海绵城市建设、水环境治理等领域的企业、大专院校、科研院所、相关单位及个人自愿组成的具有法人资格的非营利性的社会组织。

我国《水污染防治行动计划》（即“水十条”）、《大气污染防治行动计划》（即“气十条”）、《土壤污染防治行动计划》（即“土十条”）发布后，深圳经济开始由高速增长向高质量发展转变，特别是在城市供排水环境改善和污染治理方面，“十三五”期间投资累计超过千亿元。环境水务部门及相关行业主管部门产生了大量的基础调研、评估诊断、考核监管、技术咨询、风险管控等技术服务需求，这也对从事这一类基础工作的环境水务技术技能人才提出了全新要求。

在此背景下，深职大材料与环境工程学院环境工程技术专业教学团队联合深圳市供排水行业协会及其会员企业承担了大量来自政府主管部门的相关技术服务项目，在项目开展过程中实现科教融汇、项目带动教学、校企协同、“双师型”人才培养等。

二、主要做法

（一）案例设计

1. 依托深圳环境水务产业学院，五位一体，深度融合

校企双方共建深圳环境水务产业学院，通过校企合作，深化产教融合，有效提升自来水生产及供应、废水及污泥处理、供排水管网工程、海绵城市建设等领域的技术技能人才培养质量及技术创新能力，满足粤港澳大湾区环境水务行业对人才的巨大需求，共同开展城市环境水务相关科学研究，为美丽中国、生态湾区建设提供智力支撑和人才保障。校企合作平台设计如图 1 所示。

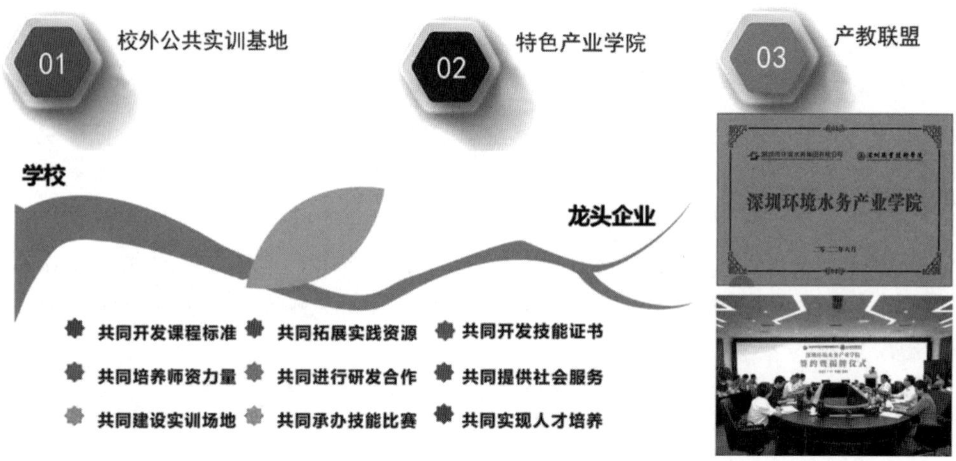

图 1　校企合作平台设计

2. 以人才培养投身民生建设

依托校企共建的特色产业学院，双方实施项目化“双师型”育人模式，培养理论基础扎实、应用技能娴熟、国际视野开阔的环境水务工程专业人才，成为支撑大湾区深入打好污染防治攻坚战、建设美丽中国典范的重要助力。

3. 以技术支持服务民生发展

自 2010 年以来，深职大师生团队始终服务于深圳市供水行业管理，陆续承担典型小区供水设施现状调查评估、供水企业计量水表使用和管理状况调查评估、供水企业水压评估、二次供水设施清洗消毒状况调查评估、供水行业综合评价、福田区水务局供水全流程水质保障督察等项目；自 2012 年开始，团队先后开展了城市污水处理厂处理费拨付与污染物减排效果进行挂钩的机制研究、污水处理标准对河流水质达标的影响研究、政府委托运营污水处理厂设备运行质量评估、全市污水管网建设绩效考核、宝安区福永污水处理厂提质增效、光明区光明水质净化厂提质增效、龙岗区污水零直排调查等工作。年均科研经费在千万元以上，工作开展均以生态环境专业群在校学生为主力，年参与学生超过 100 人次，其中 50%以上最终被央企或行业龙头国企录取就业。

4. 以科研突破改善民生现状

深职大材料与环境工程学院环境工程技术专业群在全国高职院校同类专业中名列前茅，具备全省一流的师资、先进的教学科研平台以及一流的社会服务能力，在全省乃至全国具有较大的影响力和竞争力。

深圳市供排水行业协会依托广泛的会员资源和平台优势，充分发挥科学灵活的整体机制和策略优势，在产业创新服务、行业资源积累、技术成果转化等方面取得了卓有成效的业绩。

双方依托特色产业学院，提升供水、排水及污水处理、节水、海绵城市建设、水环境治理等领域的技术技能人才培养质量及技术创新能力，推动环保领域高质量发展，提升行业、企业对环保水务产业开发和培育的重视程度，改善人民生活环境，以实绩实效助力民生现状改善。

（二）实施过程

自 2010 年以来，校企师生团队依托环境工程技术专业、广东省城市智慧水污染治理技术开发中心、深圳市工业节水及城市污水资源化技术重点实验室等平台，凝聚专业师资力量，打造精品学生社团（饮水思源社），坚持扎根深圳水务环保行业，助力深圳绿水青山建设。在城市供水管理和供水安全保障、生活污水高效处理、工业废水资源化、地表水体生态环境保护、污染源普查和智慧水务等方面开展了大量的社会服务工作，为政府的相关管理决策提供有效支撑的同时，切实贯彻全方位产教融合和系统化人才培养方针。

1. 全方位支撑深圳供水管理和供水安全保障

自 2010 年起，校企师生团队连续十余年承担典型小区供水设施现状调查评估、供水企业计量水表使用和管理状况调查评估、供水企业水压评估、二次供水设施清洗消毒状况调查评估、供水行业综合评价、福田区水务局供水全流程水质保障督查等项目，并与深圳市深水宝安水务集团有限公司合作，深入研究常规给水处理工艺高效去除典型嗅味物质 2-MIB 的工艺路线和技术原理，解决供水企业的“卡脖子”技术难题。从市到区、从设施评估到智慧化评估、从管理支撑到技术开发，团队从各个方面助力深圳供水发展，为深圳供水安全保障和技术服务水平提升做出了重要贡献。

2. 从市到区，全市域支持污水系统提质增效

自 2012 年开始，校企师生团队先后开展了城市污水处理厂处理费拨付与污染物减排效果进行挂钩的机制研究、污水处理标准对河流水质达标的影响研究、政府委托运营污水处理厂设备运行质量评估、全市污水管网建设绩效考核、宝安区福永污水处理厂提质增效、光明区光明水质净化厂提质增效、龙岗区污水零直排调查等工作。团队专家多次做客市水务局，项目成效受到各级水务政府部门的一致好评。

3. 推进电子电镀行业重金属排放核查核算，普查工业污染源，解决工业废水减排及资源化关键技术问题

自 2011 年开始，校企师生团队关注深圳各类中小型工业企业，开展污染物排放摸底

调查，助力关键技术开发和工艺升级改造，先后获得十余项相关专利授权，专利技术得以推广示范，为深圳市电子电镀行业的污染减排做出了重要贡献。

4. 推进地表水污染治理，全面支持深圳治水提质

自 2013 年开始，校企师生团队先后开展观澜河干流综合治理评估分析、松岗河水质改善与维护工程社会满意度调查、龙岗河——“流动的城市绿道”沿岸居民满意度调查等工作，推进河流污染治理，宣传推动全民关注水生态环境。2016—2019 年是深圳水污染治理最为关键的时期，团队承担了深圳市水务局决策支撑性科研课题“典型城市水污染治理策略比较研究”，课题成果多次被深圳市水务局领导采纳，并在评审中得到中央生态环境保护督察专家的认可，并在之后被广泛推广到行业各个单位和部门。

5. 推进生态环境保护调查宣传

校企师生团队积极响应国家号召，全力协助深圳实现绿水青山的生态目标，利用专业知识在生态建设方面添砖加瓦，开展了梧桐山及银湖山生态红线基础信息详查、地表水环境修复生态组合技术研究等项目，进入深圳多个社区和企业开展生态红线保护宣传，并于 2021 年底获得了深圳市社会公益基金会的认可和资助。

6. 推进深圳智慧水务建设

团队协助深圳市政府打造智慧水务平台，协助相关部门进行深圳市 2020 年度优质饮用水智慧水厂评估、光明区智慧水务动态监控及预警系统辅导研究、基于大数据的水质净化厂 A2/O 工艺过程智能控制系统等工作，与时俱进，积极开拓，为深圳智慧水务的发展贡献力量。

7. 持续开展生态环保先进理念宣传

团队连续十余年坚持每年开展进社区活动，广泛宣传节约用水、海绵城市、生态保护、垃圾分类等，推动全社会参与绿水青山建设。

此外，团队扎根深圳，辐射周边，前往江苏常州、江西吉安等地协助当地部门解决水污染治理相关问题，相关事迹得到《中国科学报》报道。科研不忘育人，团队教师始终谨记教书育人的本职工作，多年来，团队教师凭借横向科研课题为学生创造了广泛的实践、实习和接触就业机会，并于 2017 年组织成立了学生社团饮水思源社，充分发挥学生力量，搭建校企互通平台，以更系统的团队、更强大的实力、更精神的面貌提供更优质的社会服务。依托上述课题内容，团队教师指导学生在省级以上大赛中获奖 20 余项，其中国家级金奖 2 项。

三、典型经验

（一）以科研项目为枢纽，整合资源，共享成果

团队以服务社会的横向科研项目连接社会与学校、行业与教师、企业与学生，为学生搭平台，为民生做服务，为企业育英才。行业、教师、学生和企业力量的充分整合，不仅为政府的民生决策提供了基础性支持，还为学生的专业技能培养提供了实战机会，同时为企业的人才储备和行业的发展进步提供了助力，奠定了基础。

（二）以龙头企业和行业协会为坚实伙伴，逐步形成机制化格局

校企依托深圳环境水务产业学院，形成深度产教融合人才培养格局；依托深圳市供排水行业协会，打造环境水务技术技能人才专家委员会，推动落实环境水务技术技能人才终身职业教育。专业建设与发展紧密对接产业需求，包括行业人才需求、突破产业科技瓶颈、企业服务需求等，向产业提供人才输送、纵向科技研发支撑和横向技术咨询服务；行业产业向专业反馈支撑人才培养，包括成立产学研用专家委员会“把脉”人才培养，校企共同建设科研平台，共同承担政府科技研发课题，引领科技研发，共建校内外实训基地等，具体如图 2 所示。

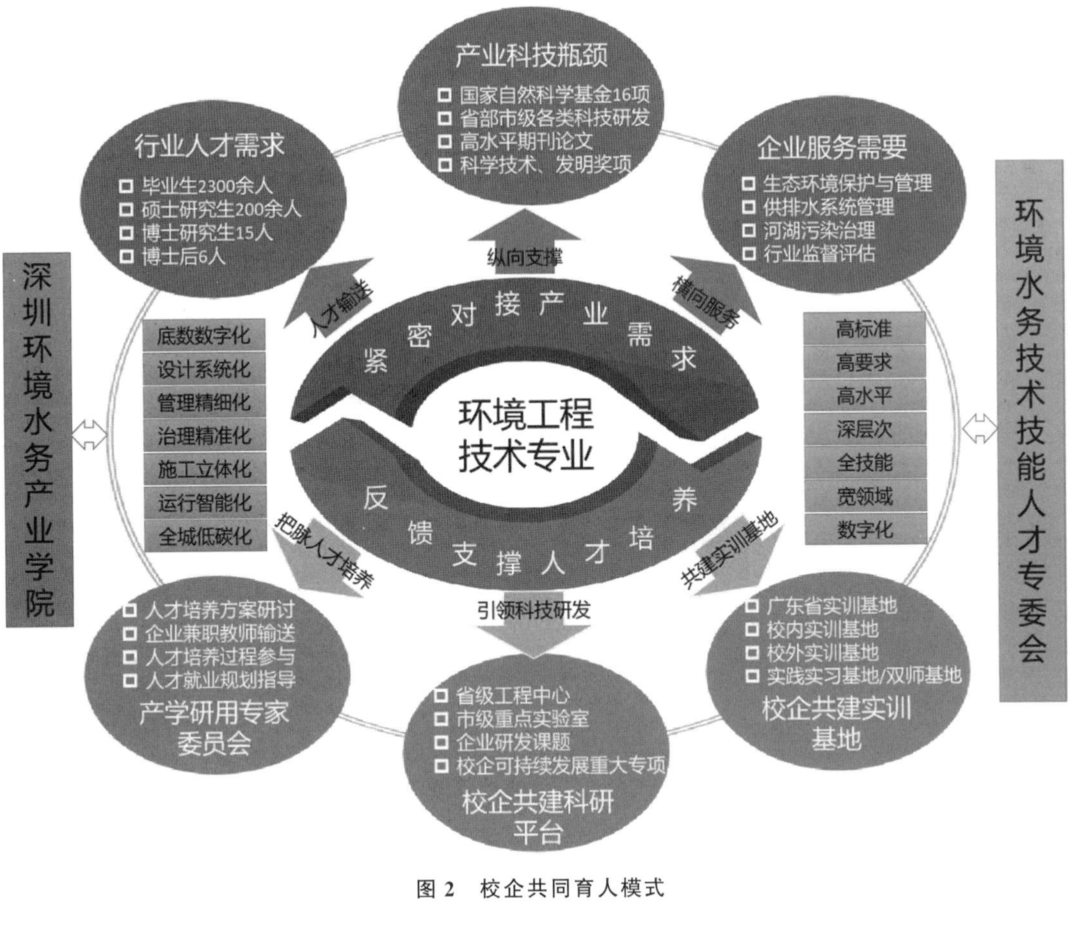

图 2　校企共同育人模式

四、成果成效

专业群以学生为主体成立饮水思源社，培养学生环境保护者的担当和节能节水的意识，同时通过广泛深入的实践树立学生的职业信心和社会使命感。该社团年均社员 200 人以上，累计社员数千人，先后被评为校级三星社团、全校 10 个 A 类品牌社团之一、深职大十年十大杰出志愿团队等。饮水思源社的历任社长均就职于深圳环境水务集团。

以 2020 级环境工程技术专业 2 班为例，在本文所介绍的校企共同育人模式下，该班级在 2020—2021 学年“五四”系列评选中，获“优秀团支部”荣誉称号；在 2021—2022 学年“五四”系列评选中，获“五四红旗团支部标兵”荣誉称号。“活力在基层”主题团日活动获得省“千人围”项目 2 次，深职大校级精品项目 1 次；6 人次获得国家励志奖学金；26 人次获得校级奖学金；1 人获“三好学生标兵”，5 人获“三好学生”，1 人获“五四”优秀共青团干部标兵，5 人获“五四”优秀共青团干部，10 人获“五四”优秀团员，4 人获“优秀学生干部”，6 人获材料与环境工程学院“优秀青马学员”，7 人获社会实践优秀奖，20 余人在学院和学校各类学生组织和社团中担任干部主力；8 人次获得各类国家级奖项，27 人次获得各类省部级奖项，50 余人次获得各类校级奖项，覆盖应用技能、体育运动、媒体文化、社会实践等多个领域。

五、推广应用

环境工程技术专业具有清晰的行业脉络和主管部门，与城市供排水行业息息相关，对接民生用水、排水和亲水需求，具有扎实的产业基础。同时，行业企业大量的技术服务需求为本案例的实施创造了良好的土壤。

在广东省 2023 高职环境/给排水工程技术专业教师智慧水务管理教学能力提升培训班（国培）上，本案例负责人做了一场题为“服务深圳水务民生，融合高等职业教育”的主题报告，将相关经验传递给来自广东省的十余所职业院校的 30 名学员教师，大家纷纷表示受益匪浅，将进一步学习推广。

此外，本案例适用于在同类民生行业中推广应用，不仅凝聚了专业师生力量，打造了精品学生团队，以累计横向技术服务为民生行业发展改善做出了卓越贡献，还逐步形成了“以研育人百炼成钢”的人才培养模式，在人才培养方面取得了丰硕成果。

六、改进方向

本案例目前存在的主要问题是在传统教育模式影响下，未能形成学生梯队传承模式，导致育人效果的影响力和覆盖面都受到了一定程度的限制。未来，团队应借助校内饮水思源社和校外环境水务技术技能人才专家委员会，联合校企人员打造导师制的菁英训练营，实现不仅有师者传道亦有学长解惑，不仅有校内学习亦有终身成长的持续育人、协同育人、广泛育人效果。

“政校行企”共建深圳锂电产业学院 四方联动培育锂电产业人才

罗大为[1] 杨光辉[1] 罗超云[1] 李小祎[2]

（1. 深圳职业技术大学 2. 深圳市电池行业协会）

摘要： 校企共建产业学院，可以将企业和职业院校联合起来，发挥最大的产业价值和教育价值，共同培养适合现代企业的技术技能型人才，推动职业教育改革向纵深推进，进而创新发展职业教育。在深圳市工业和信息化局的指导下，深职大联合深圳市电池行业协会以及五家锂电产业链领军企业，建设了深圳首个锂电产业学院——深圳锂电产业学院，学院以多主体共同党建为抓手，以产教融合、开放融通为思路，以打造产教融合研究平台、建设产教融合教学中心、夯实数字基础设施为举措，落实职业教育与产业发展同步、办学特色与产业特色同步、人才培养与技术革新同步、教学改革与产业升级同步这“四个同步”，实现“双元制”技术技能人才培养，为我国锂电产业的发展保驾护航。

关键词： 校企合作；产教融合；锂电产业；产业学院；双元育人

一、实施背景

随着新一代电子信息产业和新能源汽车产业的迅猛发展，深圳已逐渐成为拥有雄厚锂电池产业集群的新能源产业重镇。锂电产业在深圳市工业总产值中占比高达10.7%，也是深圳市的优势产业。在锂电产业快速发展和转型的背景下，高素质技能人才缺口问题日益凸显，严重威胁深圳锂电产业的可持续发展。相关调查显示，截至2022年，深圳市锂电相关产业就业总人数37万，人才缺口超5万，预计到2025年缺口将达20万。突破锂电产业技能人才供给瓶颈，将成为深圳在锂电产业转型升级进程中保持领先的关键一环。

为抢抓锂电相关产业发展机遇，做好产业人才储备布局，在深圳市工业和信息化局指导下，深职大联合深圳市电池行业协会以及贝特瑞新材料集团股份有限公司（以下简称贝特瑞）、深圳新宙邦科技股份有限公司、深圳市星源材质科技股份有限公司、欣旺达电子股份有限公司、海目星激光科技集团股份有限公司五家锂电产业链领军企业，合作共建深圳锂电产业学院（见图1）。

深圳锂电产业学院集人才培养、技术应用研发、社会人员培训于一体，做好课程体系与职业能力的对接、课程标准与职业标准的对接、实训项目与岗位技能的对接、师资团队

图 1　2023 年 2 月 22 日，“政校行企”四方在深圳市工业展览馆举行深圳锂电产业学院揭牌仪式

与技术团队的对接，通过共同开展党建、共同打造研究平台、共同建设高水平专业、共同开发教学培训资源、共同打造结构化教学培训团队、共同开发职业技能等级证书等举措，推动产教融合，培养锂电产业高素质技术技能人才，为深圳乃至全国的锂电企业可持续发展提供智力支撑和人才保障。

二、主要做法

深圳锂电产业学院统筹“政校行企”四方优势资源，加强产教融合顶层设计，打通人力到人才的“最后一公里”，解决人才供需矛盾；通过“政校行企”四方联动，实现教育链、人才链与产业链、创新链的有机衔接。深圳锂电产业学院提供有“质”有“量”的技术技能人才培养，致力于打造具有深圳特色的引领产教融合进程的锂电行业，服务深圳市乃至全国锂电产业升级转型。“政校行企”共建深圳锂电产业学院模式如图 2 所示。

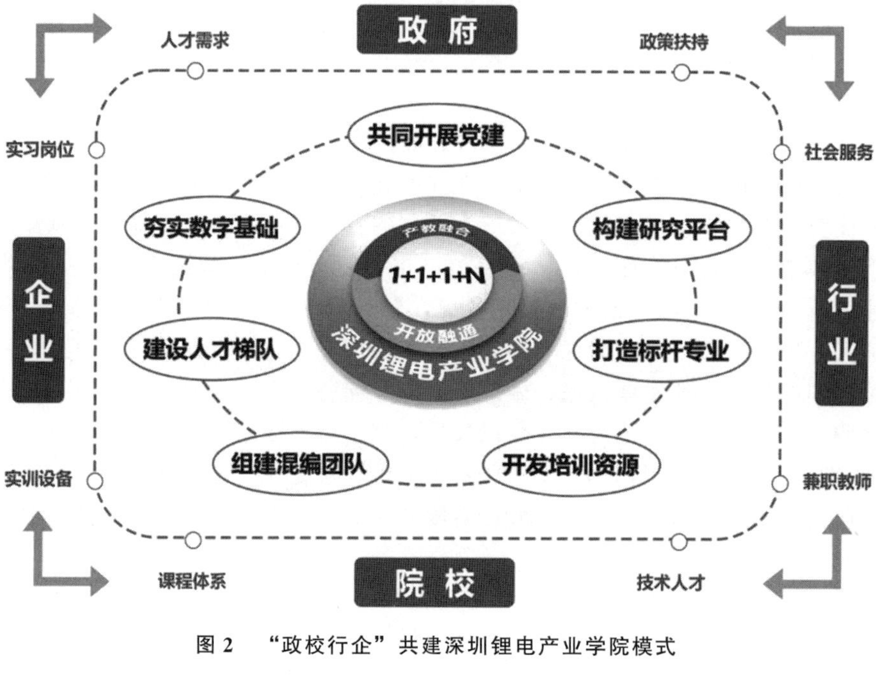

图 2　“政校行企”共建深圳锂电产业学院模式

(一) 共同开展党建，引领"校行企"深度融合发展

深圳锂电产业学院依托深职大材料与环境工程学院省级样板支部（霍夫曼团队、材料工程技术专业教师党支部），与行业协会及五家企业的党组织共同开展党建。各方党组织结合实际，以专业共建、课程建设和实训基地建设等业务为抓手，围绕人才联培、服务联创、发展联动等三大目标建立深度合作，共同组织开展"三会一课"、主题党日、学习教育等活动，引领"校行企"深度合作，实现构建"校行企"命运共同体的核心目标。

(二) 打造产教融合研究平台，形成面向锂电产业前沿的研发能力

深圳锂电产业学院充分发挥校、行、企三方在人才储备、设施设备、行业洞察等方面的互补优势，致力于打造高端产教融合研究平台。政、校、行、企四方联合，定期对深圳市的锂电发展情况、人才需求和人才培养状况进行调研分析，并形成指导性报告，为深圳市的锂电企业发展和锂电人才培养提供决策支撑。各成员单位联合申报锂电领域的前沿科研项目，共同攻克生产实践难题。企业高级技术人员和技能大师兼任深圳锂电产业学院导师，为产业学院的科学研究和人才培养提供支持。图 3 为 2023 年 8 月 7 日，深职大教师前往贝特瑞开展技术调研。

图 3　2023 年 8 月 7 日，深职大教师前往贝特瑞开展技术调研

(三) 建设产教融合教学中心，形成高水平锂电人才培养体系

1. 对标锂电产业链，打造高水平专业

面向深圳市锂电产业的人才需求，基于锂电企业的"专、精、特、新"特色，结合锂电产业涂布、卷绕等关键岗位的技能需求，校、行、企三方联合研制专业人才培养方案，动态调整专业发展规划，将锂离子电池制造的关键技能和前沿技术引入专业课程体系，推行面向企业真实生产环境的"端到端"培养模式，打造覆盖锂电产业全局的人才培养体系，培养兼具岗位适应性和可持续发展能力的技术技能人才，打造锂电产业技能人才培养基地。

2. 校企合作建设权威教学培训资源库

按照教学内容与职业标准对接、教学过程与生产过程对接的要求，以深职大材料与环

境工程学院材料工程技术专业人才培养方案和锂离子电池制造国家标准为基本遵循，制定专业课程标准。基于岗位类型特点，设置模块化课程体系。围绕岗位技能需求，开发课程实训项目，将职业能力需求嵌入课程标准，将新技术、新工艺、新规范纳入教学过程，校企联合编写《锂离子电池材料与技术》《锂离子电池制造》等课程教材，配套建设数字化学习资源，建成业内认可的教学培训资源库。

3. 组建校企混编结构化教学培训团队

以“锂离子电池材料与技术”和“锂离子电池制造”等课程建设为切入点，校企共建动态的结构化教学培训团队。学校与企业建立人员互派机制，共建“双师型”教师工作站和兼职教师流动站，聘请企业高级工程师来校担任产业教授，指导教师培训、人才培养和技术创新。学校定期派遣专任教师深入企业，了解产业发展动态，学习企业先进技术和技能，增强专任教师的实践技能和教育教学能力。

4. 深化岗课赛证融合，助力人才梯队建设

针对企业对于锂电产业人才的需求，将企业的产品标准、技术标准、服务标准转化为人才认证标准，开发锂电池技能人才等级证书。依托深职大，面向在校生、社会人员和企业在岗员工开展多层次人才培训和认证，实现“培、考、证”融通。

依托深圳市电池行业协会，开展专门针对锂电行业的专业技术职称评定，满足锂电相关专业技术人才职称评价需求，拓展人才职业发展空间。图 4 为 2023 年 9 月 8 日，深职大教师与深圳市电池行业协会人员联合开发锂电池技能人才等级证书。

图 4　2023 年 9 月 8 日，深职大教师与深圳市电池行业协会人员联合开发锂电池技能人才等级证书

深圳市电池行业协会牵头，联合深职大和龙头企业，推动建设“涂布技能”和“卷绕技能”等锂电职业技能竞技平台，以“赛”引“才”、以“赛”推“训”，提高技能人才培养水平。

（四）夯实数字基础设施，打造智慧运行管理系统

建设产业学院的统一门户平台，展示产业学院的建设过程、资源情况和建设成果，实现产业学院的智能运行和管理。通过智慧云的数字化能力，将锂电产业在资源、人才、发展动态等方面的数据输出为锂电企业人才岗位能力模型，为产业学院的人才培养提供清晰指引，推动产业需求与高校人才培养同步发展，实现精准化产教融合。

三、典型经验

（一）“1＋1＋1＋N”的创新型组建模式

深圳锂电产业学院是深职大首个与行业协会和企业共建的产业学院，是国家“双碳”背景下的产业学院。区别于以往高校联合一家企业成立产业学院的模式，深圳锂电产业学院是在深圳市工业和信息化局指导下，由高校联合行业协会和锂电产业链上五家龙头企业共同发起成立的，形成了“1个政府部门＋1所高校＋1个行业协会＋5家企业”的产业学院基座。创新的组建模式有利于跟踪产业实时动态，强化产教融合由顶层到基层的全链路设计，彻底打通人力到人才的转换路径。

（二）面向多对象的多层次人才培养格局

区别于以往产业学院仅培养高职院校的学生，深圳锂电产业学院基于“政、校、行、企”的四方联动，集聚各方优势资源，实现教育链、人才链与产业链、创新链的有机衔接，不仅可以在校内培养高素质技术技能人才，还可以在校外培训大量锂电从业人员和社会人员，极大地缓解了大湾区锂电产业技能人才紧缺的现状。

深圳锂电产业学院联合地方政府和行业协会，开展技能人才等级认证、职业技能竞赛、职称评审等工作，构建“培、考、证”一体化人才培养和发展格局，源源不断地为锂电产业输送多层次人才，保证人才梯队的健康发展。

四、成果成效

（一）推动职业教育全面服务产业发展

深圳锂电产业学院通过共同开展培训、共同开发标准和为行业建言献策等途径，多维度提升了职业教育对产业发展的服务效益。

1. 促进人才培养

深圳锂电产业学院上线全国首个“锂离子电池材料与技术”课程，推动举办全国首个新能源材料领域职业技能竞赛。依托课程对学生和企业参赛人员进行培训，截至2023年9月，选课人数超过11000人，从知识传授和技能比拼两个维度，为锂电行业人才技能提升提供了有力支撑。图5为2022年8月22日，深圳锂电产业学院组织开展深圳市光明区第二届职业技能竞赛。

图5　2022年8月22日，深圳锂电产业学院组织开展深圳市光明区第二届职业技能竞赛

2. 完善标准研制

深圳锂电产业学院开发了国家职业技能标准《电池制造工五极标准》（即将发行），制定了深圳地方标准《锂离子电池存储使用安全规范》，参与出版了团体标准《柔性可拉伸锂离子电池安全要求及试验方法》。

3. 全面建言献策

深圳锂电产业学院充分发挥人才优势，通过融媒体手段积极为地方产业建言献策；组织产业调研会议，为学术界和产业界搭建沟通桥梁，团结多方资源共谋锂电产业可持续发展。图 6 为 2021 年 10 月 14 日，锂电产业牵头人接受深圳卫视专访，交流对深圳锂电产业布局的思考。

图 6　2021 年 10 月 14 日，锂电产业牵头人接受深圳卫视专访，交流对深圳锂电产业布局的思考

（二）推动专业建设取得丰硕成果

1. 建成高水平教学和科研平台

2021 年获批广东省高职教育实践教学产教融合示范基地；2022 年获批广东省先进电池材料研究创新团队（见图 7）；立项 10 个省市级科研项目和教研规划课题，为锂电企业解决共性技术问题；编写《锂离子电池材料与技术》《锂电池制作实训》等教材，建成深圳市高校唯一的锂离子软包电池中试生产实训线，为高水平人才培养提供保障。

图 7　2022 年获批广东省先进电池材料研究创新团队

2. 产出高质量教育和教学成果

深圳锂电产业学院在建设过程中形成的场景教学模式，获得中国石油和化工教育教学成果奖一等奖，教学团队获得全国石油和化工优秀教学团队称号；学生的锂电池研发成果获得第七届中国国际"互联网＋"大学生创新创业大赛全国铜奖、第八届中国国际"互联网＋"大学生创新创业大赛广东省分赛职教赛道金奖（见图8），以及广东省"挑战杯"一等奖3次。

"建行杯"第八届中国国际"互联网+"大学生创新创业大赛 广东省分赛

荣誉证书

邓玉君、欧智琪、郑佳莹、王星星、曾广进、刘德鑫、艾星鹏、曾廷威、马致成、张育滢、黄子龙、陈家俊、胡榕、肖睛、郑佳威 同学：

你（们）的项目 覆铁优锂 在第八届中国国际"互联网+"大学生创新创业大赛广东省分赛职教赛道中表现优异，荣获

金奖

指导老师：罗大为,杨光辉,张健,陆亚明,王程程,李绍峰,童瑶,罗超云,赵宁,赵海雷,陈文锴

特发此证，以资鼓励。

广东省教育厅

2022年8月

图8　2022年8月，学生获得第八届中国国际"互联网＋"大学生创新创业大赛广东省分赛职教赛道金奖

五、推广应用

深圳锂电产业学院坚持政府主导、产教融合、开放融通的发展思路，以服务深圳锂电产业健康可持续发展为宗旨，以打造产教融合标杆行业为目标，以特色产业学院建设为主线，聚焦技术技能人才培养和共性技术输出，创新体制机制，探索政校行企的"1＋1＋1＋N"模式。

深圳锂电产业学院组织模式新颖，带动效益显著，受到国内外教育界和业界的广泛关注和高度认可。自成立以来，枣庄市能源局、宜宾市发展和改革委员会、青岛科技大学、宜宾职业技术学院、海尔智家股份有限公司等多个部门或企业团体来深圳锂电产业学院参观学习和交流。此外，深圳锂电产业学院联合香港职业培训局申报的锂电技能人才"万人计划"项目已获得教育部正式批复，这将进一步推动深圳锂电产业学院"走出去、引进来"计划的实施。

六、改进方向

（一）人才培养培训规模化

受限于场地条件和硬件基础设施设备，深圳锂电产业学院目前的学历制招生规模为每年120人，非学历制人才培训规模每年约为800人，人才培养总规模远远落后于深圳市锂

电产业当前数以万计的人才缺口，并且该缺口仍在持续扩大。为解决这一问题，深职大申请扩大新能源材料专业的办学和培训规模，以支持产业学院的持续建设。

（二）人才培养培训全面化

深圳锂电产业学院目前聚焦锂电产业人才培养，教学培训资源库集中于锂电储能领域，尚未涉及光伏、快充等其他深圳市的优势新能源产业。在市政府的支持下，随着深职大深汕校区的建设，深圳锂电产业学院将进一步扩充建设与光伏、快充等产业相关的教学培训资源库，让人才培养拓展覆盖整个新能源产业，为深圳市新能源产业的发展保驾护航。

"政校行企"深入落实产教融合，协同服务区域经济发展

——以工程造价专业为例

李睿璞　喻　博　王　群　吴　刚　叶　玲

（深圳职业技术大学）

摘要： 本文对新时期产教融合的实施背景进行了宏观政策与微观需求方面的剖析，详细介绍了深职大建筑工程学院工程造价专业（以下简称深职大工程造价专业）通过"合作、吸收、实施、评估、反馈"五个行动步骤，联合政府、行业协会、头部企业共同推进产教融合的实践与典型经验。本文还从教学团队、课程改革、教学实施三个方面对校企协同推进产教融合的实践进行了推广和总结，最后指出了此项工作存在的不足以及之后的改进方向。

关键词： 政校行企；联合育人；联动机制；模式创新

一、实施背景

（一）国家教育战略的重大决策

随着国家对技术技能人才的需求逐年提升，职业教育的发展备受各界关注。中共中央办公厅、国务院办公厅于 2022 年 12 月印发的《关于深化现代职业教育体系建设改革的意见》明确提出，把推动现代职业教育高质量发展摆在更加突出的位置，并规定以深化产教融合为重点，有序有效推进现代职业教育体系建设改革，扎实推进产教融合。

（二）产业技术革新的现实需求

新一轮科技革命和产业变革加速演变，在土木工程领域，以 BIM（建筑信息模型）技术为代表的前沿信息技术对传统建筑业产生了巨大的冲击，极大地凸显了现阶段加快提高建筑业科技创新能力和培养符合行业发展需求的专业技术人才的紧迫性。因此，政府、学校、行业和企业应深入挖掘核心技术，促进产教融合，助推智能建筑业发展。

（三）新时期专业转型的实施路径

深职大工程造价专业为服务区域经济，推动建筑业高质量发展，与深圳市住房和建设

局、深圳建筑业协会、深圳市航建工程造价咨询有限公司等建立了政、校、行、企协同机制，共同推进产教融合，提高行业科技创新水平，培养符合行业发展需求的专业人才。

（四）校企合作的预期目标

1. 提升专业水平

校企联合修订课程内容，使学生能够掌握最新的行业知识和技能，提升专业水平。

2. 促进经济发展

多方联动促进学生就业，为当地建筑业、房地产行业等提供专业的服务，推动当地经济发展。

3. 实现产教融合

建立长期稳定的校内外实践教学基地，让学生在企业实践中掌握实用的技能，为合作企业提供人才支持和智力保障。

4. 提高就业质量

通过企业工程师进校园活动，提升学生的实际操作能力和职业素养，提高学生的就业竞争力。

5. 推动行业进步

通过与政府主管部门、行业协会、头部企业合作制定工程造价技术标准，推动工程造价行业的发展。

二、主要做法

深职大工程造价专业在开展政、校、行、企协同推进职业教育产教融合的过程中，积极与政府、行业和企业等建立合作伙伴关系；同时，根据专业的人才培养目标以及用人单位的实际岗位需求，遵循“合作、吸收、实施、评估、反馈”五个行动步骤，协同推进职业教育产教融合的落地与实施（见图 1）。

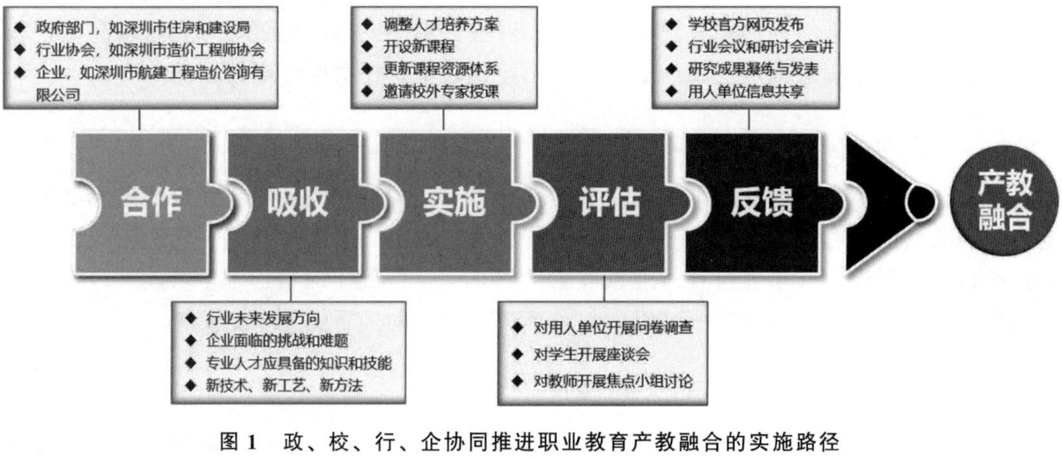

图 1　政、校、行、企协同推进职业教育产教融合的实施路径

(一) 合作

深职大工程造价专业与深圳市住房和建设局、深圳市造价工程师协会、深圳市航建工程造价咨询有限公司、深圳市栋森工程项目管理有限公司等政府部门、行业协会和企业建立稳固合作关系，成立联合工作组，设立协同育人工作委员会，通过签订合作协议，明确合作的目标、内容、时间和方式。协同育人合作期间，深职大工程造价专业教师积极参与行业课题研究，作为牵头单位与深圳市造价工程师协会、多家知名企业联合编著《深圳市建筑工程消耗量定额》《深圳市装饰工程消耗量定额》《深圳市装配式建筑工程消耗量定额》《深圳市现代建筑业高质量发展"十四五"规划》《深圳市建筑废弃物减排技术规范》《深圳市建筑业发展报告》等行业技术标准与规范、行业发展规划、行业发展年度报告等文件（见图 2 和图 3）。一方面，高校将理论知识应用于行业实践，及时掌握行业最新发展动态和方向，反哺和指导教学；另一方面，企业通过与高校在产学研方面深度融合，积极参与行业标准的编制工作，打造行业发展前沿案例，并作为行业内新技术的推广者，在科技创新、模式创新、工业创新、管理创新领域推动粤港澳大湾区高端咨询服务行业的转型升级，助力地方经济高速发展。

图 2　校企联合编著行业技术标准

图 3　政、校、行、企开展规范编制工作

（二）吸收

深职大工程造价专业教师在参与行业课题研究时，通过实地参观、观察、交流等方式，深入了解企业实际运营中的工程造价相关问题及对应的解决方案，及时记录和整理获得的信息，对收集到的信息进行分析，找出共性和规律。基于调研结果和关键要点，梳理和总结建筑业未来的主要发展方向和领域，制定教学内容更新计划，更新教材内容，调整课程设置，引入新的教学方法，及时将建筑业高质量发展所需专业人才应具备的基本知识和技能植入人才培养方案。如专业教师参与编制《深圳市现代建筑业高质量发展“十四五”规划》，经过调研了解到未来要将科技创新作为行业高质量发展的战略重点，把 BIM 技术作为推动行业发展的主攻方向，将装配式建筑消耗量标准、建筑节能减排和绿色建筑技术应用到建筑工程实践中。此外，企业与学校共同制定人才培养方案，确保人才培养的质量和效率。在制定过程中，企业根据造价咨询行业发展的特定阶段和深圳的特定市场需求，提出人才的需求建议，学校根据企业需求和教育规律，及时将 BIM 技术、智能建造技术、工业机器人技术等与传统课堂教学相融合，制定符合实际情况的人才培养方案（见图 4）。在此过程中，专业教师为补齐知识短板，积极参与企业真实项目，并通过观摩、交流、分析、领悟等途径，及时将新技术应用于教学实践活动。

图 4　企业座谈访谈

（三）实施

深职大工程造价专业教师通过参与社会服务过程，积累了经验与前沿知识，并有效地将建筑业高质量发展所需专业人才应具备的基本知识和技能有针对性地融入现有教学课程。以 OBE 教育理念为指导，将工程造价专业毕业生应具备的岗位技能、行业通用技能以及职业素养进行分解，通过适当的教学策略和方法，提升学生的相应岗位能力。例如，专业教师经调研访谈了解到，现阶段行业对通用岗位的技能要求比较高，这具体表现在沟通与写作能力、行文的书写能力、问题的解决能力等方面。专业教师通过集体教研活动（见图 5），调整人才培养方案，开设新课程，并及时更新和完善以课程教学大纲、教材、教案、参考资料等为基础的课程资源体系，开展教学实施工作，必要时邀请行业、企业专家作为校外教师授课，以提升学生的职业道德与岗位责任感。在产教融合的具体实施过程中，政府主管部门的管理人员、行业协会的技术人员多次受专业邀请，通过专题讲座、主题报告以及政策宣贯等途径向高校师生普及造价咨询行业的新要求、新标准、新规范；企业在高校的顶岗实习、毕业作品等教学环节，派遣专业人员参与教学活动，为学生提供实践指导，不定期组织教师参加企业实践和培训活动，提高教师的实践能力和专业素养。

图 5　教师集体教研活动

（四）评估

为及时检验人才培养方案是否调整到位，需要定期开展反馈与评估工作，将更新前后的培养方案进行详细对比，了解更新的内容是否符合行业需求和企业要求，是否符合学生实际情况和学习需要。深职大工程造价专业主要围绕以下三个方面进行评估工作：第一，向合作企业和相关行业机构发放调查问卷，收集他们对新培养方案的反馈和建议；第二，通过问卷调查、座谈等方式了解学生对新培养方案的满意度，收集学生对课程的评价和建议；第三，收集教师对新培养方案的建议和意见，了解教师在教学中遇到的问题和困难。根据企业和行业反馈、学生满意度、教师态度等情况，评估新培养方案的实际效果。分析新培养方案是否提高了学生的就业率、就业质量以及学生的实际工作能力，是否符合企业和行业的实际需求。根据评估结果，对新培养方案进行持续改进和调整，不断完善和优化新培养方案。

（五）反馈

深职大工程造价专业教师及时收集学生的反馈结果，并与政府、行业、企业开展交流和讨论，调整和完善教学内容，确保教学内容符合专业人才培养和行业发展需求，及时将修订的最新成果进行发布，便于公众参与。深职大工程造价专业主要通过以下几种途径进行信息的公开：学校官方网页及时发布；参加行业会议和研讨会及时宣讲；相关研究成果在相关期刊上发表；与用人单位进行信息共享。专业每年定期邀请政府主管部门、行业协会、知名企业开展产学研教学研讨会，通过以上渠道或途径，及时将工程造价专业教师企业调研后更新的人才培养方案向社会发布，从而提高或扩大方案的知名度或影响力，进一步推动工程造价专业的发展和人才培养质量的提升。企业对深职大工程造价专业毕业生岗位技能的需求以及人才发展路径的反馈，可以有效促进高校高素养、高技能人才培养模式的更新与迭代。图 6 为教师、协会、企业开展专业人才培养的交流和研讨活动。

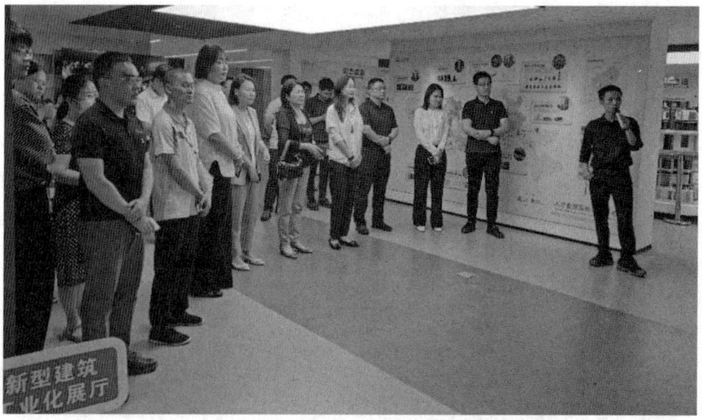

图6 教师、协会、企业开展专业人才培养的交流和研讨活动

三、典型经验

政、校、行、企协同联动的产教融合新模式能够有效促进深职大工程造价专业的发展和人才培养质量的提升。政、校、行、企深度合作，共同服务于区域经济，可以培养更多具有实践能力和优秀职业素养的高素质工程造价人才，在推行过程中形成了如图7所示的工作模式与典型经验。

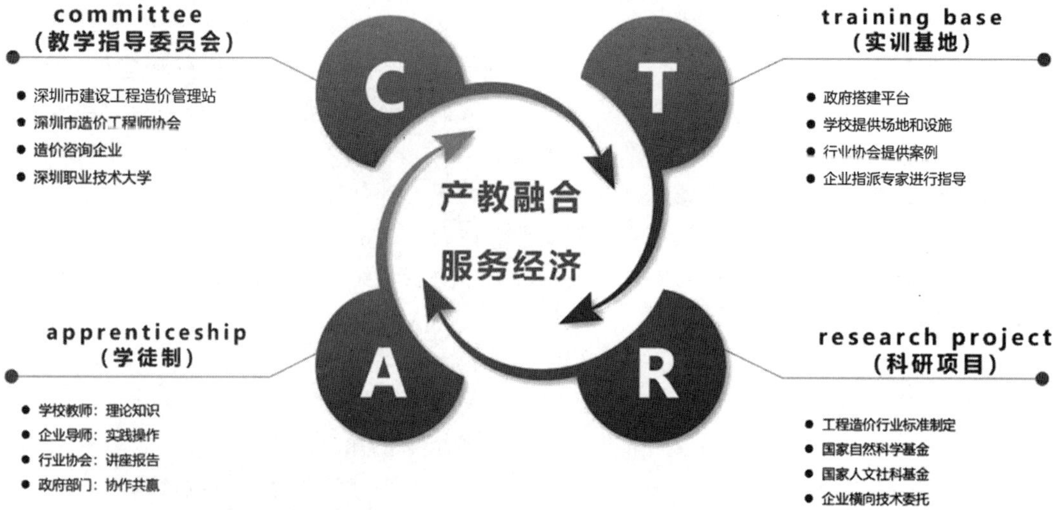

图7 产教融合服务地区经济的实施路径

（一）建立多方参与的教学指导委员会

深职大工程造价专业联合深圳市建设工程造价管理站、深圳市造价工程师协会和众多造价咨询企业组建了教学指导委员会。通过定期交流与合作，共同制定人才培养方案，确保教学内容与行业需求紧密衔接。同时，企业导师的引入以及企业真实案例的引入，使得学生在学校就可以接触到实际工程项目，增强了实践能力，积累了工程经验。

（二）政、校、行、企共建、共享实训基地资源

政府搭建平台，学校提供场地和设施，行业协会提供案例，企业指派专家进行指导，四方联动的模式有利于学生在实训基地接触到实际工程项目的运作和管理，提高学生的专业技能和实践能力。企业也可以利用校内资源开展各类实验项目，并鼓励校内师生参与。深职大工程造价专业通过多年的内涵式建设，已获得广东省校外实训基地、广东省首批现代学徒制以及广东省高职院校一流高水平专业、广东省教学成果奖、国家精品开放课程等荣誉。

（三）实施并创新现代学徒制运行模式

学生不仅在校学习理论知识，还在企业导师的指导下进行实践操作。这种模式强调学生的实践能力和职业素养的培养，使其更好地适应行业需求和职业发展。企业也通过产教融合平台，节省了公司运营成本并储备技术人员，实现双方的合作共赢。

（四）开展多方联合的科研项目

政、校、行、企的产教融合模式还可以促进联合科研项目的开展。政府、学校和企业可以共同投入资源，联合进行科研攻关和科技创新，推动工程造价专业的理论研究和实际应用。深职大工程造价专业教师通过主持或参与行业技术标准的编制工作（如多部深圳市工程造价消耗量标准），一方面提升了自身的专业素养，扩大了学校在行业的影响力，另一方面及时跟踪并掌握了最新技术或规范等行业前沿内容，反哺教学，制定不同层次和类型的人才培养方案，以满足社会对工程造价专业人才的不同需求。

四、成果成效

（一）形成了政、校、行、企协同推进的工作格局

近几年，深职大工程造价专业教师积极承担社会责任，服务行业高质量发展，主持或参与编制行业定额、规划、规范和报告 10 余项，与深圳市住房和建设局、深圳建筑业协会、深圳市造价工程师协会、深圳市住房研究会、深圳市航建工程造价咨询有限公司等建立了稳定的合作关系，实现了政、校、行、企的深度合作。

（二）建成了符合行业发展需求的课程资源体系

深职大工程造价专业已将 BIM 技术、区块链技术、5G 技术、物联网技术、建筑机器人、智能控制造楼机、零碳建筑、无废工地等行业前沿技术内容纳入教学课程，及时更新和完善了以课程教学大纲、教材、教案、参考资料等为基础的课程资源体系，实现了教学内容的与时俱进。

（三）取得了丰硕的教育教学成果

通过持续更新和完善专业课程资源体系，近几年深职大工程造价专业教师已出版 3 本

兼具前沿性和特色化的专业教材，立项7门校级以上金课，荣获包括全国职业院校技能大赛教学能力比赛在内的多项国家级、省部级奖项，为持续开展创新型技术技能人才培养和形成良好的人才培养机制奠定了坚实的基础。

（四）提升了适应新时代要求的人才培养质量

人才培养紧跟行业发展潮流，深职大工程造价专业教师将最新政策法规、行业标准、研究成果等融入课程教学内容，使得人才培养质量显著提升，学生的职业竞争力显著提高，毕业生的初次就业率、用人单位满意度、毕业生在高端企业就业的比例等均有了显著改善。

五、推广应用

（一）组建“1+N”模式的课程教学团队

根据深职大工程造价专业教师的专业背景、研究方向和当前所教科目划分课程教学组，采取抱团式“1＋N”的课程教学团队形式，其中“1”为组长，由具有高级职称的“双师型”教师担任；“N”为组员，由本专业教师和有相关实践经验的行业专家、企业一线高技能人才组成。深职大工程造价专业共有4个课程教学团队，包括工程定额与计量计价教学组、智慧建造与装配式施工教学组、BIM建模与应用教学组以及施工技术与设备材料教学组，它们分别围绕工程造价专业人才培养所需的专业知识和技术技能展开教学。

（二）实现专业课程的迭代、升级与更新

结合行业发展要求和专业人才培养需求，突出强调紧跟时代前沿，将工程定额、装配式施工、BIM技术、3D打印技术、区块链技术、5G技术、物联网技术、建筑机器人、智能控制造楼机、零碳建筑、无废工地等知识纳入相关课程并拓展教学内容。例如，将BIM技术和3D打印技术融入“建筑识图与BIM建模”“BIM建筑信息模型软件”和“智慧建造”课程；将工程定额的具体应用过程融入“建筑工程计量与计价”“装饰工程计量与计价”和“建筑设备工程计量与计价”课程；将零碳建筑和无废工地融入“建筑施工技术”“建筑材料与构造”“建筑设备”等课程，讲授如何开展空调、电梯、照明等设施的综合性节能改造，以及如何开展建筑废弃物规范化管理与资源化利用等。

（三）以学生能力培养为目标的教学实施

根据行业发展所需专业技术人才的培养要求，采用与时俱进的教学内容重组现有课程体系。同时，强化基础知识、基本理论和基本技能，利用项目教学法、情景模拟法、任务驱动法等多种教学方法提高学生的学习兴趣和教学效果。跟踪科学前沿，优化教学内容，提出教学内容的调整与更新、教学方法的革新要与时俱进、协调发展，反映科学前沿成果。此外，采用现代化教学手段，不断改进教学方法，加强实践教学环节，重视对学生分析问题和解决问题能力的培养，重视学生动手能力和创新精神的培养，提高学生利用知识分析、解决社会实际问题的能力。

六、改进方向

（一）深化产教融合参与各方的合作与统筹力度

政、校、行、企协同育人涉及的参与主体众多，应通过加强顶层设计、统筹规划，推动办学、科研、社会服务等各领域联动互助，制定协同协作和互联互通的保障机制。

（二）完善协同联动的实施机制

政、校、行、企协同育人应制定具体的实施方案，明确产教融合的目标、内容、方式、时间、地点等细节，校方以专业为纽带形成跨部门、跨组织的联动机制，促进协同育人产教融合工作有序进行。

（三）多样化的教师考核与保障体系

教师是协同育人产教融合的关键，应加强对教师的培训和管理，提高教师的教育教学水平和专业素养，使教师能够更好地参与协同育人产教融合工作。建立科学的考核评价机制，对教师在产教融合方面的工作进行全面、客观、公正的评价。

依托特色产业学院，着力构建产教融合共同体，打造深圳工匠人才培养新高地

赵子涵[1]　陈绍名[1]　喻圻亮[1]　谢利娟[1]　于　芳[2]

（1. 深圳职业技术大学　2. 深圳市特区建工集团有限公司）

摘要：深职大建筑工程学院联合深圳市特区建工集团有限公司成立了特区建工特色产业学院。双方围绕深圳建筑工匠人才培养产教融合的课堂思政体系构建、人才培养方案制定、多样化的课堂教学方案设计、职业资格证书开发、“双导师”制度完善、“双师型”师资培养等开展工作；积极探索“双元制”技术技能人才培养模式，并联合举办技能大赛、创新创业训练营和创新创业大赛等活动；推荐优秀的企业高级工程师、技术技能大师成立“大师工作室”，指导并开展人才培养和技术创新工作。校企双方依托特色产业学院，着力构建产教深度融合共同体，通过校企紧密协作，多渠道搭建多层次的培养平台，为深圳的建筑工匠人才培养提供稳定且多样化的人才支撑。

关键词：产教融合；深圳工匠；“双元制”；“双师型”

一、实施背景

建筑业是我国国民经济的重要支柱产业，为经济社会发展和民生改善做出了重要贡献。近年来，我国建筑业发展步入转型阶段，建筑施工技术的智能化和数字化系统应用已成为提升建筑企业核心竞争力的必要手段。《深圳市现代建筑业高质量发展“十四五”规划》明确指出现代建筑企业的新型工业化升级离不开产业工人整体素质的提升，并指出要推进产业工人实训基地建设和技能训练的提升。在此背景下，深职大建筑工程学院联合深圳市特区建工集团有限公司成立了特区建工特色产业学院（原天健建工学院）。该产业学院充分发挥深职大技能人才培养优势和深圳市知名企业的产业优势，通过组建产教融合共同体，基于跨区域产教资源汇聚有效提升了市政工程、建筑工程、交通运输和物业管理等领域技术技能人才的培养质量及技术创新能力。

二、主要做法

自 2018 年 7 月，深圳市特区建工集团有限公司与深职大共建特区建工特色产业学院

以来，双方围绕深圳建筑工匠人才培养产教融合的课堂思政体系构建、人才培养方案制定、多样化的课堂教学方案设计、职业资格证书开发、“双导师”制度完善、“双师型”师资培养开展工作，同时进行现代学徒制、退役军人和高职扩招计划等专业实践教学体系的开发，切实提升了深圳建筑产业工人的技术技能水平，形成了具有深圳特色的人才培养方案，有效促进了建筑行业加快发展、创新发展、科学发展，为建设美丽中国、促进深圳经济社会发展做出了积极贡献。

（一）基层党建

加强资源共享，促进校企双方党建工作，提升基层党组织和党员活力。促进校企双方实现优势互补、共同开展党建工作，构建基层党建工作新格局。激发基层党组织和党员活力，推动学校和企业共同发展。相互支持、相互促进，共同开展党建工作，形成优势互补、共建共赢的局面。

（二）人才培养

1. 探索“双元制”技术技能人才培养模式

双方在市政工程、建筑工程、园林景观、生态环境和物业管理等领域开展人才培养、技术研发、创新孵化等工作，在确保符合国家相关政策要求并报主管部门审批同意后，结合深圳市特区建工集团有限公司实际情况试点推行风景园林、建设工程管理和工程造价专业的职业本科人才培养模式；同时，为深圳市建筑和园林行业提供继续教育培训，并依据省市招生政策规定，开展学历教育，提高员工专业技术水平。

2. 联合举办技能大赛、创新创业训练营和创新创业大赛

双方以深圳市特区建工集团有限公司的主营业务和未来业务为依托，开展市政工程与建筑工程领域的全国性技能大赛，并逐步形成引领全国大赛的标杆。以深圳市特区建工集团有限公司的技术创新需求为指引，双方共同举办创新创业训练营和创新创业大赛，孵化高水平的创新设计团队和项目。

3. 联合建立“双师型”教师工作室

双方选派优秀专业技术人员或教师，共同制定人才培养方案、开发课程标准、讲授专业课程。深圳市特区建工集团有限公司协助深职大开展“双师型”教师培养，深职大聘请深圳市特区建工集团有限公司优秀专业技术人员或管理骨干人员为深职大兼职教师。

4. 人才引进

深圳市特区建工集团有限公司推荐优秀的企业高级工程师、技术技能大师在深职大设立“大师工作室”，以指导学院的人才培养和技术创新工作。深职大设立专项人才引进基金，全职引进 1～3 名行业顶尖技术技能大师。深圳市特区建工集团有限公司协助深职大在全球范围内遴选相关行业顶尖技术技能大师，引进的高端人才为特区建工特色产业学院服务。

（三）社会服务和校外实训

打造实践教学、社会培训、企业生产、技术服务和创新创业“五位一体”的省级产教

融合特色专业，共同构建“BIM+智慧建造”高水平产教融合实训基地——深圳第六个装配式实训基地（深汕合作区）。在国家大力推进装配式建筑和建筑产业现代化的形势下，着力解决建筑行业转型时期人才储备不足的问题。同时，以培养适应建筑产业现代化发展要求的复合型、专业型、技能型人才为目标，以为建筑业发展提供人才保障为己任，进行必要的专业数字化转型。

校企双方联合开展市政工程和建筑工程等领域的技术研发、标准研制、职业资格认证开发和政策咨询等工作。

（四）科研合作

1. 共建博士后科研工作站

双方发挥深圳市特区建工集团有限公司在工程实践和深职大在应用技术研发方面的优势，共同探索与国际顶尖科研机构联合培养博士后的合作机制，加大科研投入力度，巩固在营主业的技术领先地位，积极培育未来产业，增强企业自主创新能力，提升企业核心竞争力，促进企业可持续健康发展，打造深圳企业创新和高层次人才集聚平台。

2. 科研与公共服务平台建设

依托深圳市特区建工集团建立的企业技术中心、博士后工作站、沥青研究所、海绵城市及地下空间研究院等技术创新载体，特区建工特色产业学院在校内建设了科研与公共技术服务平台。主要做法如图 1 所示。

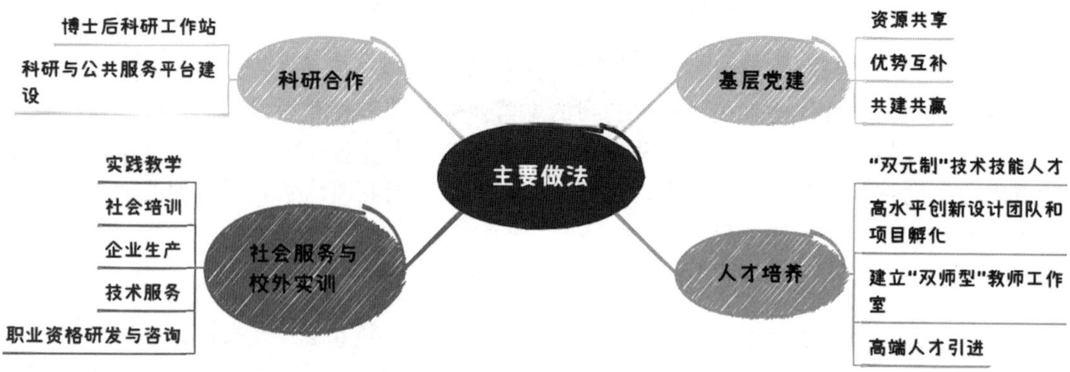

图 1　主要做法

三、典型经验

双方依托特色产业学院，着力构建产教深度融合共同体，以培养深圳未来所需的工匠人才为目标，创新人才培养方式。通过校企紧密协作，更好地对接深圳地区建筑产业人才链的近期和长远需求。通过多渠道搭建多层次的培养平台，为深圳的产业发展提供稳定且多样化的人才支持。同时，积极进行技术攻关，将科技研发与实际应用紧密结合，推动产业持续发展。通过发挥特色产业学院的引领作用，凝聚多方力量，打造互促共进的建筑工匠人才培养模式，助力乡村振兴。将产、教、研、培等环节有机融合，实现人才培养与社会需求的深度融合，这不仅有助于提升人才培养质量，还能够为深圳的可持续发展注入新的活力。通过机制创新和技术创新，校企之间的合作演变为新时代多向交融的“交响乐”，为深圳的持续发展提供坚实的支持，并努力打造深圳工匠人才培养的新高地，为深圳及更广大的区域提供源源不断的高素质人才。具体如图 2 所示。

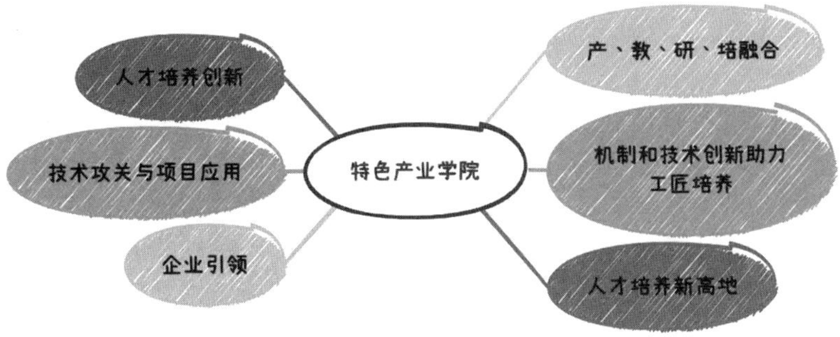

图 2　关键要素、特色创新及模式模型

四、成果成效

双方共同打造“专业+党建”的“建工模式”，拓展校企党建共建新领域。结合深圳市特区建工集团有限公司建立的企业技术中心、博士后工作站、沥青研究所、海绵城市及地下空间研究院等技术创新载体，特区建工特色产业学院在校内建设了科研与公共技术服务平台。

在专业和课程建设方面，双方共同开发了“建筑计算机绘图”课程，并成功申请为校级“一流课程”，同时共建了校级高水平专业群——建筑设计专业群。

在师资团队建设方面，双方共同制定了人才招聘标准和兼职教师培养方案，并共建了“双师型”工作室。此外，双方还实施了“专业教师下企业”和“企业教师进课堂”制度，共同打造了“双师型”结构化教学团队。

在技能证书和认证证书开发方面，双方共同实施了“1+X（BIM）”证书认证工作，并成功举办了多场考点考试，累积参考人数达到 1454 人。同时，还以选修课的方式开展建筑安全员 C 证培训工作，并共同开发了树艺师职业技能等级证书。

在社会服务方面，双方针对电工、电焊工和测量工等工种合作推出了建设行业产业工人的培育与培养计划。同时，依托特区建工特色产业学院，开展产业工人安全教育大比拼和深圳市技能大赛赛项培训。此外，深职大优秀毕业学子还代表深圳市天健园林绿化工程有限公司参与援港方舱医院建设并获得了荣誉称号。

在实践实训基地建设方面，双方合作共建了装配式建筑和施工相关的实训课程，并在深圳市特区建工集团有限公司的特区建工培训学院进行实地操作训练。同时，“特区建工特色产业学院 BIM+智慧建造”已成为深圳市校外实训基地，并在大型国企联合共建校外实训基地模式方面做出了重要尝试。

在就业方面，得益于校企深度协同育人，特色产业学院学生就业水平“水涨船高”。虽遭遇就业寒潮，但特区建工特色产业学院 2020 届毕业生就业率超过 70%。这是深职大特色产业学院学生高质量就业的缩影。近年来，学校毕业生初次就业率始终高于96%，10%的学生被中国平安等世界500强企业录用。

“随着智慧建造日趋普及，建筑工越来越不是有力气就能干的了，社会对建筑工的技能等素养要求越来越高。”在天健集团党委书记、董事长韩德宏的推动下，天健集团与深职大进一步加强了在职员工的技能培训。在2019年广东省职业技能大赛中，天健集团受训职工表现突出，测量工、焊工、电工组获得多项团队、个人奖项。

五、推广应用

特色产业学院在职业教育、行业技术创新、社会服务、实践实训基地建设等方面产生了广泛的影响。双方共同开发课程、共建师资团队，并实施证书认证工作，共同打造“双师型”师资团队，这些举措有力地提升了教育和培训的实效性。同时，这种合作也涉及实践实训基地的建设，为市场提供了更多的具备实际操作技能的专业人才。通过共同建设科研与公共技术服务平台，更多的科研力量和企业参与技术创新，推动行业技术的进步和发展。双方的合作提升了职业教育机构和实践实训基地的教学水平和服务质量，为行业发展提供了更好的人才保障。同时，企业与职业院校的深度合作，推动了产教融合型教育模式的建设和发展，有助于职业教育迈向国际化舞台。

六、改进方向

双方在原有合作内容的基础上，应进一步拓展在建设工程项目的智能规划与设计、智能生产与施工、智能设施与防灾、智能运维与管理等领域的合作；围绕建筑产业数字化转型，共同制定智能建造技术工匠培养方案，提高人才培养质量和水平；进一步提升国际化合作交流水平，引进国外先进的职业教育理念和资源，推动特色产业学院的国际化发展，提升特色产业学院在国际上的影响力。

大师领航，乐学乐业
——“插花与花艺设计”产教融合典型案例

蔡洪月　谢利娟　叶　雪

（深圳职业技术大学）

摘要：在产教融合背景下，“插花与花艺设计”课程通过职教师资“三步走”培养模式、构建“传承非遗”“赛证融通”的课程内容体系、开展以分层培养为特色的实境化教学三大方法进行课程改革，解决了如何培养高水平职教师资、教学内容与行业需求不匹配和如何提高学生学习积极性的问题。通过教学内容的实境化，该课程将乐学乐业、产教融合的理念融入教学过程，学生对课程评价高、屡获技能大赛大奖，受用人单位青睐、就业形势大大改善，师生承接花艺项目得到媒体宣传，社会评价好，取得显著成效。

关键词：插花花艺；产教融合；技能培养；实境化教学

一、实施背景

2017 年，国务院办公厅印发《关于深化产教融合的若干意见》，要求推进产教融合人才培养改革，其中包括推进产教协同育人、加强产教融合师资队伍建设等。“插花与花艺设计”作为深职大建筑工程学院风景园林设计专业核心课程，主要针对插花与花艺设计及园林植物造景工作岗位技能和素质需求开设，在专业人才培养方案中对学生进行中国传统插花与现代花艺两个方向的能力培养。近年来，传统的插花与花艺设计课程教学主要存在以下问题：一是职业院校缺少技术过硬的教师；二是教学内容与行业需求不匹配；三是教学方法不够灵活适用，学生学习积极性不高。

为满足插花与花艺设计行业人才培养要求，课程改革迫在眉睫。本案例通过多年的改革实践，探索在产教融合背景下“插花与花艺设计”课程教学模式的创新途径。

二、主要做法

本案例围绕“谁来教、教什么、如何教”等问题开展“插花与花艺设计”课程产教融合改革和实践。具体方法如下。

（一）提出职教师资培育“三步走”培养模式

通过选派教师参加专业技能培训考取职业资格证书，教师国内外短期访学、承接和参与行业项目，开拓职业视野，精进技艺；教师代表省市参加行业展览并指导学生参加各类大赛，提升行业影响力。课程负责人按这个路径考取国际花艺设计师证书，专业技术达到行业领先水平，并与国际花艺师共同成长，并以省级“双师型”名师工作室及优秀教学团队为平台带动青年教师快速成长。同时，引入企业行业大师加入课程团队。本课程团队的郁泓老师是国家插花花艺大师，国际花商联认证的花艺世界杯、欧洲杯裁判；淡亚尼老师也是业内知名花艺教师、国际花艺裁判。

教师的技能培养是职教师资成长的必经之路。有师才有课，教师在课程教学中起着重要的作用。教师确定课程的教学内容，并通过自己特有的教学方法培养学生，所以一般认为教师是课程教学的灵魂。根据职业教育“双师型”教师培养要求，结合本专业及课程特点，该课程实施“三步走”的培养模式，课程负责人实现由普通教师到“大师”的蜕变，并通过“传、帮、引”带动青年教师快速成长，逐步将花艺团队建设成优秀的“双师型”教学团队。打铁还需自身硬，只有对师资提出高标准高要求，教师才能拥有扎实的基本功、对技术精益求精，而正所谓“严师育出高徒”，只有这样的教师才能培养具有高素质高技能的学生。“插花与花艺设计”课程改革师资培育模式如图 1 所示。

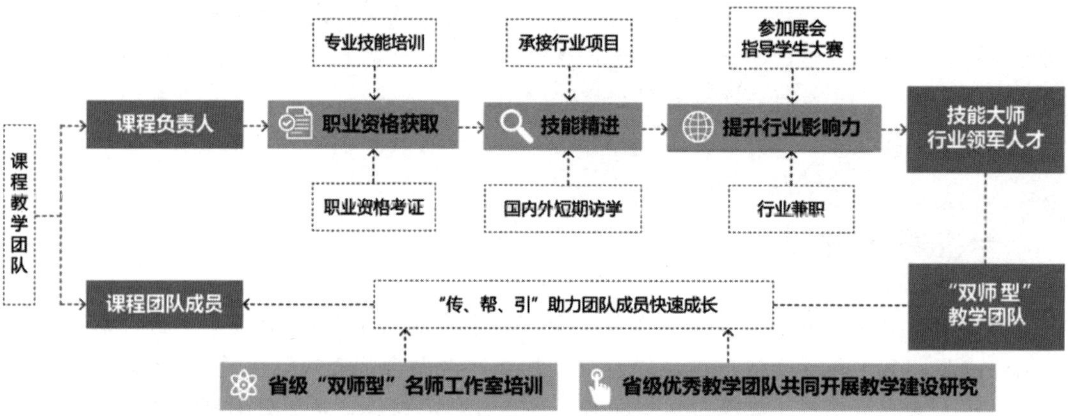

图 1　“插花与花艺设计”课程改革师资培育模式

（二）构建“传承非遗”“赛证融通”的课程内容体系并全面信息化呈现

1. 创建了系统权威的东西方“插花与花艺设计”高职教学体系

中国传统插花因没有系统的理论体系及评价标准模糊，难以进入高等教育体系。本成果首次系统地总结了中国传统插花理论，借鉴国际花艺大赛评价标准，开发了中国传统插花六大器皿四大花型评价体系，初步构建了中国传统插花的高职教学体系；引进西方权威古典插花教学体系；在东西方插花花艺基础教学的基础上，全面跟进国际花艺大赛技术标准，建立现代花艺设计教学体系。课程内容有一定的前导性，课程体系更加完善，按项目化活页式编排“插花与花艺设计”教学模块，实时更新的课程教学内容更适合高职院校学生，并在全国范围内率先推出了国家精品规划教材。

2. 校企合作建设最新信息化教学资源库

基础花型教学采用三维图示插作方法，小程序展示插作步骤，有利于学生掌握基本功；在讲授现代插花与花艺设计时，明确介绍每一种技术的标准，以文字和微课视频形式展示，清晰易懂；与企业合作收集大量行业资讯、最新优秀作品，方便学生参考，学生可以通过扫描教材二维码获得各类信息化资源，提升教学效果。配套制作课程资源，逐年更新。截至 2023 年 12 月，资源库包含 58 个微课视频，19 个基本花型插作步骤动画，近 300 个花材、辅材、工具介绍视频，3000 余个花艺案例图片。每个项目都配有课前预习和课后测试考核体系。

（三）开展以分层培养为特色的实境化教学，丰富“乐学”“因材施教”理论

一是让学生“入行”，通过讲解、各类展览及基础技能训练加深学生对行业的认知和认同；二是带学生“懂行”，传授最实用、最先进的技术，提高学生的获得感和成就感，自我精进技术；三是采用实境化教学，用行业真实项目、大赛项目来加强学生的主体参与感，让学生“乐行”，从而实现学生的乐学乐业、产教融合。具体说来，分以下三个模块进行教学。在“基础模块”，教师图文并茂地讲授理论，方便学生理解；对于实操部分，课前学生看教学视频预习，熟悉步骤；课中教师实操示范，学生紧跟教师练习，完成作品的插作；课后学生参加网上测试，评估知识掌握程度。在“提升模块”，教师采用案例教学法，图文并茂地讲解设计原理和表达技巧；课堂上学生制作作品，教师一对一进行指导；课后学生设计作品，教师修改方案；项目结束后学生网上上传作品，师生网络评分。在“深化模块”，教师课堂上讲解创作思路和技巧，师生共同承接社会实际的花艺工程项目或者开发大赛作品，现场进行展览，接受公众评价或者参加比赛。

该课程通过教学内容实境化、将乐学乐业和产教融合的理念融入教学过程来提升学生的学习积极性，从而提升课堂教学质量；将分层教学、分层培养的理念融入课程教学，通过“入行”“懂行”“乐行”的三段教学，实现从“全体专业学生”到“花艺精英班”再到“花艺集训队”的逐级递进、因材施教，教学过程凸显实境化教学的真实性、挑战性及成就感，培养造就更多行业精英，促进人人成才、人尽其才（见图 2）。

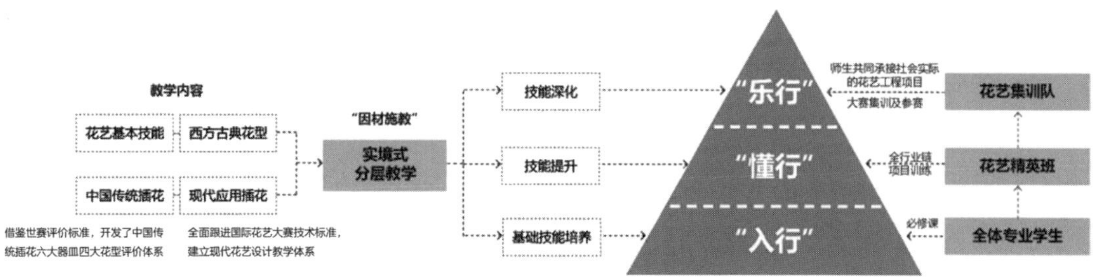

图 2　“插花与花艺设计”实境化分层教学模式

三、成果成效

（一）校内成效

1. 教学效果好，学生评价高

本课程作为风景园林设计专业主干课程在校深受各届学生的喜爱，得到了学生较高的评价。课程培养的学生职业素养高，合作意识强，具有扎实的插花与花艺设计的理论知识，能熟练设计并插作中国传统插花、西式古典花艺、现代花艺作品，并具有自我发展、创作高水平创意插花的能力。

2. 学生深受用人单位青睐

该课程培养的花艺技能精英学生上岗快、起点高、可持续发展性强，深受企业的青睐。部分毕业生已经成为深圳市插花与花艺行业专家，还有一批优秀毕业生跻身国内一流花艺设计师行列。

3. 学生屡获技能大赛大奖

近 3 年获得省级以上奖项 28 项，其中，国赛一等奖 3 项，世赛国家选拔赛铜牌 1 项，世赛国家选拔赛优胜奖（第四名）1 项，行业国赛一等奖 2 项。

4. 学生就业形势大大改善

近 3 年毕业生平均就业率高达 96%，毕业生就业满意度达到 95%。花艺技能精英班学生毕业后均就职于园林行业大中型企业，就业率达 100%，薪酬高出高等职业院校平均薪金水平 20%以上。

（二）国内、行业影响

本课程为国家级精品课程、国家级精品资源课程、国家级在线精品课程，在线学习人数超过 16000 人；编写的《插花与花艺设计》教材，为“十一五”“十二五”“十三五”“十四五”职业教育国家规划教材、国家级精品教材，总发行量达 14 万册；课程负责人自 2008 年以来，在全国 30 多所院校做课程及专业建设讲座 70 多场，受众 7000 多人次；课程负责人 2020—2023 年担任教育部“花艺”赛项专家组组长；近 3 年为山西、山东、河南、广西、湖南、浙江等省“花艺”省赛裁判长，中职院校全国“礼仪插花”赛项裁判长；课程教学设计理念被山西林业职业技术学院等国内数十所院校借鉴，产生了重大的示范效应和广泛的影响力。

（三）媒体宣传、社会评价

师生多次被各大媒体报道：2019 年获奖学生参加北京世博会被《北京您早》节目报道；师生承接的 2021 年粤港澳大湾区花展花艺秀（见图 3 和图 4）被深圳都市频道报道，并接受采访（见图 5）；毕业生夺取粤港澳大湾区专业花艺师比赛冠军，被《中国花卉报》

等多家媒体报道；学生代表广东省参加第 46 届世界技能大赛花艺项目国家选拔获铜牌，被广东卫视等多家媒体报道（见图 6）。

图 3　2021 年粤港澳大湾区花展师生承接花艺秀项目现场 1

图 4　2021 年粤港澳大湾区花展师生承接花艺秀项目现场 2

图 5　2021 年粤港澳大湾区花展花艺秀师生承接花艺秀项目，谢利娟接受深圳都市频道采访

图 6　周婉怡接受广东卫视《2020 技行天下》节目采访

四、经验总结

（一）形成了“大师领航”的职教师资培育“三步走”模式

通过“职业资格获取—技能精进—行业影响力提升”三步走，即选派教师参加技能培训考取资格证书、各类访学及承接实际项目、行业大赛锻炼，使课程负责人成长为行业的领军人才、花艺大师，并引入企业行业大师，再以省级“名师工作室”及“优秀教学团队”平台带动青年教师快速成长，为课程改革建设及教学效果提供有力保障。

（二）教学内容“赛证融通”，校企合作共建信息化资源库

引进最先进的花艺理念和世赛技术标准，系统化设计、活页式编排教学内容，校企合作开发新型教材，教学和工作任务完全融合；持续丰富课程信息化资源，在线资源包括 300 多个微课、花材、花器、辅材及工具使用介绍视频，方便学生学习，更有最新的设计案例库，让花艺学习者和工作者一站式进行专业学习和工作。

（三）产教融合创新教学组织形式

通过分层实境化的产教融合实现了学生的“乐学乐业”。学生从“入行”“懂行”到“乐行”，层层递进，逐步提升。课程内容包括花艺基本技能、西方古典花型、中国传统插花、现代应用插花，开展实境化分层教学，第一层为基础技能培养，为全体专业学生的必修课程；第二层为技能提升，经过选拔部分学生到技能精英班，开展全行业链项目训练；第三层为技能深化，通过大赛集训及参赛、真实行业项目，培养行业精英。

五、推广应用

本案例推广适合实践性强、操作性强的职业教育课程进行产教融合改革。一是建设课程团队，推动课程负责人产生广泛的行业影响力，成为行业技能大师，引入行业大师、培养青年教师共建“双师型”教学团队。二是挖掘优质企业单位进行课程、资源库共建，合理分工。三是优化教学组织形式，通过各类技能比赛、参与真实行业项目，提高学生的获得感和成就感。

通过一系列课程改革实践，学生近 3 年获技能大赛省级以上奖项 28 项，其中国赛一等奖 2 项、世赛国家选拔赛铜牌 1 项；毕业生平均就业率达 96%，精英班毕业生高出高职院校平均薪酬水平 20%，一批优秀毕业生跻身华南区一流花艺设计师行列。本案例理念在国内数十所职业院校推广，师生项目在广东、北京、深圳电视台以及新媒体报道，在全国产生了广泛的影响力和示范效应。

以现代学徒制模式深化校企合作，促进产教融合发展

蒋慧杰[1]　王　群[1]　杨中保[2]　王元鸷[2]　吴海航[2]

（1. 深圳职业技术大学　2. 深圳市栋森工程项目管理有限公司）

摘要：中共中央办公厅、国务院办公厅于2021年10月印发的《关于推动现代职业教育高质量发展的意见》指出，坚持产教融合、校企合作，推动形成产教良性互动、校企优势互补的发展格局；坚持面向市场、促进就业，推动学校布局、专业设置、人才培养与市场需求相对接。本案例以深职大建筑工程学院工程造价专业（以下简称工程造价专业）为载体，对专业人才培养模式进行改革创新，以达到以下教育目标：一是深化院校教育教学改革，培养工程造价专业学生的创新精神和实践能力；二是加强院校人才培养质量与市场岗位能力需求的对接，以创业带动就业，促进院校毕业生充分就业；三是促进“双创”教育与专业教育的深度融合。本案例致力于为工程造价专业下一步创新创业教育的开展，以及确定地方产学研协作的新方向提供可借鉴的依据。

关键词：高职院校；工程造价专业；创新创业教育；人才培养

一、实施背景

工程造价专业具有极强的实践应用性，因此，强化学生应用工程造价相关知识解决实际工程造价问题的能力，是该专业最重要的教学目标。为切实达成这一教学目标，有效提升学生个人就业价值，推动学生顺利走上企业中与工程造价相关的岗位，工程造价专业势必需要引入现代学徒制开展人才培养活动，让学生以学徒身份进入企业。

经广东省教育厅批准，工程造价专业于2017年初成为广东省高等职业教育现代学徒制试点专业。在学校的领导下，工程造价专业以一流专业建设为根本，以现代学徒制培养为重点，把握现代学徒制“双主体育人、双场所教学、双身份管理”的基本特征，紧密结合产业发展需求、学生成长需求以及教育教学改革需求，选择技术先进、管理规范的行业领军企业开展试点。行业领军企业全过程参与人才培养，在市场岗位能力的角度给予支撑，实现职业教育与职业发展对接、教学过程与生产过程对接、教学内容与职业能力对接，不断深化产教融合、校企合作，探索与完善工学结合、校企“双元”育人的人才培养模式改革，使得教育教学效果显著提升，人才培养质量进一步提高。

二、主要做法

（一）构建“2.5＋0.5”校企联合培养模式，助力学生快速适应学校到职场环境的转变

针对工程造价专业毕业生职业发展缓慢、对口就业意愿低迷的现实情况，结合工程造价市场职业发展阶梯清晰的特点，工程造价专业将“打破职业瓶颈、加快职业成长”作为现代学徒制试点工作的主要目标，实现现代学徒制培养与学生职业成长的融合，从而构建以加快学生职业成长为目标的现代学徒制联合培养模式。主要做法是对“2.5＋0.5”课程设置与教学组织方式进行了系统性优化。

工程造价专业（高职）一般采取“2.5＋0.5”的教学组织方式，即在校学习两年半、在企实践半年。其中，在企实践被人们习惯性地定义为“顶岗实习”，内容重复、形式单一，使得培养效果与教学效率大打折扣。现代学徒制试点之后，工程造价专业对“2.5＋0.5”的课程设置与教学进行了系统规划与整合优化，按照“双场所”“双导师”思路，完善了现代学徒制校企联合培养机制。一些基础性的技术技能课程从学校教学改为现代学徒制岗位培养，主要由企业师傅以“师带徒”方式实现“传帮带”的效果，学生在真实的工作氛围中实现“干中学”“学中干”。这样既提高了基础性技术技能课程的教学效果，又可以腾出更多学分安排给在企业无法展开教学的专业核心课程，从而达到充分发挥学校教育和企业培养的比较优势，从技术技能和综合素质两方面提高人才培养质量的目的。图1为“2.5＋0.5”校企联合培养模式课程体系研讨会。

图1　课程体系研讨会

（二）校企联合共建“双师型”教学团队，助力学生理实知识的掌握

校企合作过程中，一方面，可安排青年教师在企业中参与生产实践，培养校内教师的岗位实践能力，让教师在掌握校内教学指导技能的同时，紧跟市场发展趋势；另一方面，可聘请企业技术骨干担任工程造价专业教学任务（见图2），以宣讲会、座谈会等形式给予校内教师指导，提高教师对市场发展的感知力。通过两方面形式的结合，构建专兼结构合理的优秀教学团队。

通过制定《现代学徒制人才培养试点实施细则》《现代学徒制双导师管理办法》，工程造价专业对现代学徒制企业导师的选拔标准、工作职责、考核要求、津贴待遇以及奖罚处理等做了明确的规定，为企业导师的规范化管理提供了制度保障。在此基础上，工程造价专业聘用了 22 名企业导师，师徒比例为 0.7∶1，基本上能够保证一个学徒配一个岗位导师。

图 2　现代学徒制试点项目企业导师聘任

（三）校企联合共建校内外实训指导基地，助力学生实践执业能力的培养

现代学徒制是深化产教融合、校企合作，推进工学结合、知行合一的有效途径。现代学徒制的实施有利于促进行业、企业参与职业教育人才培养的全过程，提高人才培养的针对性与质量水平。现代学徒制培养涉及学生、学校、企业三方，要切实达到“双主体育人”“双导师教学”“双身份管理”的“三双”要求，就必须从顶层设计入手，建立与完善校企深度融合、紧密合作、一体化育人的长效机制。图 3 为教师在现代学徒制试点项目校外实训基地开展工作。

图 3　教师在现代学徒制试点项目校外实训基地开展工作

工程造价专业现代学徒制试点工作在“一流专业建设”的总体框架下，始终坚持“系统设计、重点突破”的原则，以深化产教融合、服务发展需求、提高培养质量为目标，把深化教育教学改革、建设特色产业学院，努力形成校企协同、联合育人的长效机制，完善

校企“双元”育人模式作为最终方向。在重点推进现代学徒制试点工作的同时，加强与主要合作伙伴——深圳市栋森工程项目管理有限公司（以下简称栋森公司）的沟通与协作。工程造价专业与栋森公司在合作建立校外实训基地的基础上，于 2017 年 7 月联合申请了深圳市职业教育校外公共实训基地，于 2021 年联合成立省级高职教育校外实践教学示范基地。根据共建需求，深职大与栋森公司深度对接、紧密合作，进一步深化现代学徒制教育教学改革，共同建设高水平专业，共同打造“双师型”“双导师”教学团队，为粤港澳大湾区工程造价专业人才的培养以及栋森公司的人力资源发展提供智力支撑与人才保障。

校外公共实训基地由栋森公司提供场地、设备及耗材，深职大提供学生；学生在校外公共实训基地培训期间，由栋森公司指定师傅，根据教学计划开展实践教学，工程造价专业校内导师定期到基地协助展开实训辅导（见图 4）。

图 4 校外公共实训基地

（四）建立综合考评机制，提高岗位综合素质

考核内容主要包括理论课程和实训课程两部分，由学校教师与企业工程师联合制定。

理论课程采取过程考核与考试相结合的方式：过程考核占比 40%，包括针对知识点的小作业、针对综合技能的大作业；考试采用半开半闭形式，闭卷部分考核基础理论，开卷部分考核工程计价的综合技能。

实训课程采用完全过程考核方式，按照实操口试、实训成品相结合的考核方法评定实训成绩。工程造价专业学生考核鉴定表如图 5 所示。

现代学徒制试点是工程造价专业一流建设计划的重点内容之一。在“立足传统、面向未来”的总体框架下，工程造价专业一流建设与教育教学改革的主要内容，除了包括推进现代学徒制试点、强化传统技术技能外，还包括加快推进数字化转型，为工程造价行业培养兼具品质服务与数字运营能力的复合型人才。

现代学徒制产学研用工作坊由学校提供场地及学生，栋森公司将实际项目带入学校，学生在教师和员工的指导下开展工程造价专业相关技能培训，建成校内生产性实训基地（见图 6）。工程造价专业校内导师根据教学计划开展实践教学，由栋森公司指定师傅，定期到学校展开项目实战辅导。

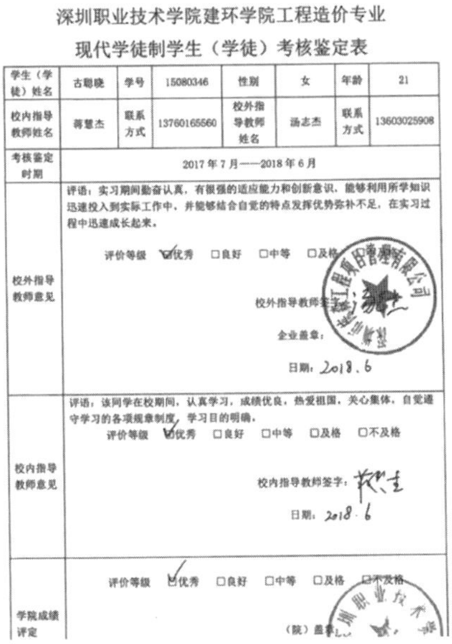

深圳职业技术学院建环学院工程造价专业

现代学徒制学生（学徒）考核鉴定表

学生（学徒）姓名	古聪晓	学号	15080346	性别	女	年龄	21
校内指导教师姓名	蒋慧杰	联系方式	13760165560	校外指导教师姓名	汤志杰	联系方式	13603025908
考核鉴定时期	2017 年 7 月——2018 年 6 月						
校外指导教师意见	评语：实习期间勤奋认真，有很强的适应能力和创新意识，能够利用所学知识迅速投入到实际工作中，并能够结合自觉的特点发挥优势弥补不足，在实习过程中迅速成长起来。 评价等级 ☑优秀 □良好 □中等 □及格 □不及格 校外指导教师签字： 企业盖章： 日期：2018.6						
校内指导教师意见	评语：该同学在校期间，认真学习，成绩优良，热爱祖国，关心集体，自觉遵守学习的各项规章制度，学习目的明确。 评价等级 ☑优秀 □良好 □中等 □及格 □不及格 校内指导教师签字： 日期：2018.6						
学院成绩评定	评价等级 ☑优秀 □良好 □中等 □及格 □不及格 （院）盖章：						

深圳职业技术学院建环学院工程造价专业

现代学徒制学生（学徒）考核鉴定表

学生（学徒）姓名	李柳平	学号	15080326	性别	女	年龄	22
校内指导教师姓名	徐滢	联系方式	13923719260	校外指导教师姓名	庄郭鸿、王兰杰	联系方式	13510980666 15815568925
考核鉴定时期	2017 年 7 月——2018 年 6 月						
校外指导教师意见	评语： 徒弟在这段时间学到了许多书本上学不到的东西，也取得了一定的成绩，但是由于刚刚走向工作岗位各种经验还不是很丰富，在工作中难免会出现些许差错，例如考虑问题不够全面、个别工作做的不够完善、遇事不够冷静，但徒弟在工作中不断的总结与反省，不断地鞭策自己并充实自己，也在提高自身素质和业务水平，总体来说，是一个优秀的学员，综合素质较好，业务能力较强，将会在日后的工作中实现自己的奋斗目标！ 评价等级 ☑优秀 □良好 □中等 □及格 □不及格 校外指导教师签字： 企业盖章： 日期：2018.6						
校内指导教师意见	评语： 李柳平同学不仅学业成绩优良，并按时按量完成了所要求的再度期间的各实践环节，能够遵守学校各项规章制度，有着明确的学习目的和目标且不断努力，在栋森积极主动学习，将学校学习的基础课，拓展延伸了专业的工作知识，希望在以后的工作和学习中，继续保持并发扬优良作风，兢兢业业，争取取得更大的成绩。 评价等级 ☑优秀 □良好 □中等 □及格 □不及格 校内指导教师签字：						

图 5　工程造价专业学生考核

图 6　校内生产性实训基地

（五）构建专业教育人才培养方案及教学资源，保障现代学徒制试点培养工作顺利进行

1. 与合作企业共同制定审核人才培养方案

在制定人才培养方案之前，由专业带头人带领专业教师到校企合作企业开展人才培养调研，充分了解市场和企业对工程造价专业人才的需求和要求，从企业岗位入手，以就业为导向，使制定的人才培养方案建立在企业实际需求的基础上，知识结构和技能水平更符合实际工作的要求，使学生所学专业知识和技能可为企业所用，使学生就业与社会实现无缝对接。

2. 在课程教学改革方面实现校企深度合作

工程造价专业在优选合作伙伴的基础上，本着校企联合培养、加快学生职业成长的思路，按照“造价员—项目经理—部门经理—副总—企业高管、行业专家”的培养路径，对工程造价专业学生的职业能力进行了企业调研，并邀请行业专家进行了集中研讨与分析。根据工程造价专业的培养目标岗位群、职业发展路径以及职业能力分布等，提炼出“造价员岗位职业能力分析表”，并以此为基础，进行课程转换与教学方式调整，重点突出“三双”教育教学方式。

目前，工程造价专科阶段较少涉及前期造价课程，工程造价专业结合与企业合作完成的实际工程项目与科研项目，在现代学徒制课程体系基础上，根据市场需要，开设“土建工程计量计价”“安装工程计量计价”“算量软件应用”等学徒岗位课程，这些课程的教学主体为企业，主要教师为企业导师。

3. 校企合作开发学校实训讲义

在与栋森公司开展的校企合作中，校内教师与企业导师从工程造价专业的实际出发，结合学生的特点，共同开发了供学生在校内创新性学习的实训讲义。

由于现代学徒制培养采取“双场所教学”“双导师指导”的教学组织方式，不少专业课程需要学生在工作岗位上自主学习与领悟，因此除了建立相互协调、相互补充的校企“双导师”队伍外，还建立相应的网络教学教辅资源，以满足学生“干中学”“学中干”的学习参考需求。

三、典型经验

（一）现代学徒制是深化产教融合校企合作的有效途径

校企双方师资技术力量针对产教融合相关事宜，进行多次面对面沟通交流，如图 7 所示，包括现有课程体系、项目实践情况、学生考核、学生就业情况，校内外实践基地的提供以及基地指导教师和师傅的配合，如图 8 所示。通过学校与企业氛围的衔接，让学生能够尽快适应身份的转变，将注重就业率转向注重就业质量，进一步实现产教融合的教学指导意义。

图 7　校企双方交流考察

图 8　企业师傅授课

（二）现代学徒制是职业技能和职业精神培养的有效载体

校企联合共建“双师型”教学团队，在校由学校教师进行理论知识授课，企业师傅将实际项目带进校园（见图9），学员在企业实习进行实践操作，校内外实训基地为学生增加实践操作，同时通过企业师傅的指导和日常经验分享（见图10），培养学生职业技能，同时用企业师傅的职业精神带动学生职业精神的提升，让学生获得实战经验、问题解决能力、熟练使用相关工具技术的能力以及对工作的热忱、责任感、专业信念和道德规范等。

图9　企业进校宣传

图10　企业师傅指导

四、成果成效

（一）产教融合贯通学生职业生涯，坚定学生职业发展

相比一般员工职业发展周期，产教融合模式下的学徒员工晋升为项目经理的时间缩短了将近1年。工程造价专业2016级郭铃同学，2018年7月进入栋森公司进行培养，在学校导师和企业导师的密切配合、全程跟踪、精心指导下，她在2020年8已经成为项目经理。职场中的快速晋升可以坚定学徒的职业规划，也可以更好地树立企业的标杆形象，对产教融合的推进起着积极的正向作用。

（二）以产教融合加深校企合作，解决实践性教学难题

校企合作实践证明，校企双方相互支持、优势互补、资源互用、利益共享，是推进职业教育现代化、人才培养模式改革，实现教育与生产可持续发展的重要途径。通过校企双方的交流，共建课程安排、技能考核以及项目实践等，安排企业师傅到校教学、学生到企业实践的方式，让学校及时掌握市场对专业能力的需求，同时从企业师傅对项目的指导、实践课程的安排和学生对项目的认知以及基础知识的掌握等方面，提高学生的实践能力。产教融合的推进能够有效弥补学校在实际项目领域的空白。

（三）取得成果

1. 获奖情况

校企合作期间，在学校和企业的联合指导下，师生获得两届广东省BIM应用大赛二等奖（见图11和图12）、一届广东省教育教学成果奖二等奖（见图13）以及广东省建筑业协会科学技术进步奖一等奖（见图14）。

图 11　2018 年广东省第二届 BIM 应用大赛二等奖

图 12　2020 年广东省第三届 BIM 应用大赛二等奖

图 13　2021 年广东省教育教学成果奖二等奖

图 14　广东省建筑业协会科学技术进步奖一等奖

2. 课题、论文发表情况

校企合作期间，校企师生共同参与实际项目，在企业与学校的资源、技术力量的支持下，共同做好项目建设、形成学术成果，具体如表 1 和表 2 所示。

表 1　校企合作共建的相关教学科研项目

序号	时间	项目名称	项目来源/颁发单位	主持人及主要参与人
1	2017 年	BIM 时代下工程造价专业理论课程结合实践应用教学创新模式研究	深圳职业技术学院教育教学研究项目	蒋慧杰
2	2019 年	大数据背景下的《工程造价综合实训》创新研究——基于 OBE 教育理念	广东省高等职业教育教学改革研究与实践项目	蒋慧杰
3	2017 年	具有“工匠精神”的工程造价人才培养模式研究——基于产教融合下的现代学徒制	广东省建设工程造价管理总站委托项目	蒋慧杰

续表

序号	时间	项目名称	项目来源/颁发单位	主持人及主要参与人
4	2017 年	高职院校工程造价专业教育与创新教育融合发展研究	广东省高职教育创业教育教学指导委员会教学改革项目	蒋慧杰
5	2019 年	政府投资项目代建模式研究	深圳市大鹏新区坝光开发建设运营管理有限公司	蒋慧杰
6	2018 年	大型医院门诊楼工程前期造价工作指引	深圳市建筑工务署	蒋慧杰
7	2019 年	高职院校现代学徒制运行体系和保障机制研究——以深圳职业技术学院为例	深圳市教育科学 2019 年度规划课题	欧国良、蒋慧杰

表 2　校企合作共建的相关论文

序号	时间	论文名称	发表期刊	作者
1	2023 年	现代学徒制模式下工程造价 BIM 三维算量教学实践研究	《工程造价管理》	廖佩虹、王元鸷、蒋慧杰
2	2022 年	现代学徒制模式下工程计量计价实训课程教学研究——基于 OBE 理念	《深圳职业技术学院学报》	蒋慧杰、王元鸷、廖佩虹
3	2020 年	疫情防控背景下工程造价专业课程在线教学探索	《广东水利电力职业技术学院学报》	蒋慧杰、徐淳、叶玲、杨代铭
4	2019 年	成果导向型工程造价人才培养研究——基于现代学徒制	《深圳职业技术学院学报》	蒋慧杰、杨中保、王元鸷、董紫君
5	2019 年	现代学徒制模式下工匠型人才培养方案研究	《太原城市职业技术学院学报》	蒋慧杰、杨中保、王元鸷、董紫君
6	2020 年	政府投资项目企业代建模式费率研究——以深圳市为例	《项目管理技术》	杨中保、蒋慧杰、王元鸷
7	2020 年	BIM 在综合管廊 PPP 项目全生命周期绩效评价中的应用探讨	《价值工程》	杨中保、蒋慧杰、王元鸷

3. 校内外省市实训基地共同助力产教融合

栋森公司自 2001 年创立开始，便与深职大达成了长期合作协议，并于 2004 年正式挂牌深圳职业技术大学实习基地。截至 2023 年 12 月，参与课程实习及毕业实习人数已有近千人次。随着市场经济的快速发展，栋森公司与深职大的校企合作团队，在团队负责人蒋慧杰博士的带领下，不断摸索、创新、改革人才培养模式，采用现代学徒制的方式开展实施人才培养，并于 2017 年立项成为广东省现代学徒制试点项目、深圳市职业教育校外公共实训基地，2021 年成立省高职教育校外实践教学示范基地。

4. 产教融合推动学生职业发展

校企双方自 2017 年开展实施现代学徒制人才培养模式以来，截至 2023 年 12 月，共有 164 名深职大学生参与实习，对照企业其他员工，产教融合模式下的学徒晋升时间缩短了近一年。截至 2023 年 12 月，共有 20 名深职大毕业生在栋森公司任职，其中，1 人任公司副总经理、1 人任总经理助理、8 人任部门经理、4 人任项目经理。

五、推广应用

栋森公司成立至今与深职大合作已有 20 余年，先后成立市级、省级实训基地，2004 年成立实习基地，2017 年成立市级实训基地，2021 年校企合作成立省级教学实训基地，校企紧密合作，在深圳市乃至广东省都有一定的代表性。

（一）校企共建省级高职教育校外实践教学示范基地

与企业共建省级高职教育校外实践教学示范基地，是高职院校深化教育教学改革、优化办学机制、提高人才培养质量的必由之路，是高职院校办出特色的根本保证，也是探索形成中国特色“双元”育人模式的必要举措。该实训基地依托特定行业与领军企业开展全方位产学合作，在人才培养、科研开发、员工培训等方面有明确的产业服务面向，有助于强化职业教育的针对性，提高人才培养质量。通过实训基地建设，在高职院校与行业企业之间构建分工合作、协同育人、共同发展的长效机制，对探索工学结合的人才培养模式、推进现代职业教育体系建设、增强职业教育服务产业与经济社会发展能力，具有非常重要的现实意义。

（二）以点带面推进一流专业建设

一流建设以协同创新、协同育人为引领，以学生受益、学校发展为根本，加快构建充满活力、富有效率、更加开放的体制机制，全面提升办学水平、人才培养质量和服务发展能力。根据一流建设的目标与任务，工程造价专业确定了“深化产教融合、强化专业特色，推行工学结合、校企双元育人，服务发展要求、争创全国一流”的原则。与行业领军企业开展现代学徒制试点，实现教学与生产的无缝对接，也成为工程造价专业一流建设的重要内容。

六、改进方向

（一）存在的主要问题

1. 合作企业参与现代学徒制的自觉性和主动性不足

企业要为学徒安排实习岗位、提供师傅进行辅导，支付相应薪酬，增加了直接成本，而耗费人力、物力、财力培养出来的学徒，在合同到期后流失的可能性很大，会影响企业的正常生产，也增加了间接成本。

2. 企业师傅的工作激励不足，工作积极性不高

对于企业师傅的学徒制培养激励，一般按企业导师的职称等级发放，但不少企业师傅没有职称，其薪酬只能按较低职称等级标准发放，这造成企业师傅的工作激励不足，工作的积极性不高，难以对学徒培养投入足够的时间与精力，这在一定程度上影响了现代学徒制的培养效果。

3. 实际项目操作学习，学生需要适应不同的教学方式

现代学徒制的课程学习中，项目的实际操作大部分在企业中开展，项目实践由企业导师负责指导。相较于学校教师，企业导师的教学指导方式有着较大的不同，同时面临项目实践的压力，导致教学效果大打折扣。

（二）改进工作

1. 全面推进校外公共实训基地建设，完善企业参与机制

增强企业参与现代学徒制的自觉性和主动性。全面推进校外公共实训基地建设，通过与合作企业的全面对接，打造校企分工协作、互惠共赢的长效机制，是增强企业参与现代学徒制自觉性和主动性的有效方法，也是从学校方面来说可以掌控的基本方法。

2. 争取校企双方政策与资金支持，提高企业师傅的学徒培养质量

争取校企双方的政策与资金支持，设计相应的激励机制，增强企业师傅的工作积极性。在企业方面，企业师傅在职级晋升方面增加培养学徒的条件规定，在企业师傅薪资中增加带徒津贴项，对现代学徒制工作表现突出者给予奖励等。在学校方面，除了尽可能提高企业师傅带徒课时费外，还可以考虑从政策方面对企业师傅做出激励设计。例如，在实训基地的相关项目中，对企业师傅的继续教育给予学费减免；优先考虑让企业师傅参与校企联合开发项目，给予相应的劳动报酬等。

3. 前置实际项目教学案例课程

校企共同进行课程设置，更新教学内容，同时教师应具备丰富的实践经验，了解行业最新动态和工程造价项目的实际情况，更好地加强实践环节教学。利用学校实训基地，由企业导师将项目实践操作前置，将实际项目带入校园，提供学生参与实际项目的机会，培养实际操作能力和工程造价管理技能。

4. 联合相关企业形成专业联盟

校企双方积极参与行业协会和工程造价相关的专业活动，组织人员参观企业和工地现场。与其他高校造价专业、市场造价企业以及行业相关企业建立合作关系，促进行业间的交流与合作，形成市级造价专业发展联盟。

“政校行企”联合开发树艺师职业技能证书的探索与实践

彭金根　谢利娟　蔡洪月　刘　洋

（深圳职业技术大学）

摘要：本案例阐述了“政校行企”联合开发树艺师职业技能证书的实践经验。通过理顺国内外树艺师职业发展脉络、组建专家团队制定证书标准、制定培训与考核方案、开发树艺师职业技能证书配套教材、开展树艺师技能培训与考核、开发树艺师职业技能相关课程等措施，“政校行企”四方联动，探索出树艺师职业技能证书的开发路径，形成了可供行业借鉴的技能鉴定与考核标准，编写了一套具有华南地区特色的树艺师培训教材，提升了园林绿化管养人才培养质量。

关键词：政校行企；树艺师；职业技能；认证证书；开发路径

一、实施背景

（一）职业技能证书开发的引领示范作用

《国家职业教育改革实施方案》（职教 20 条）明确了职业教育与普通教育是两种不同的教育类型，具有同等重要的地位。职业教育承担着为社会培养实用技术技能型人才的重要职责。深职大是中国国内最早独立举办高等职业技术教育的院校之一，其作为国家示范性高等职业院校和全国深化创新创业教育改革示范高校，制定和开发行业发展所需的职业技能标准和认证证书，率先探索联合政行企开发社会认可的高水平职业技能认证证书，对全国其他职业院校具有一定的引领示范作用。图 1 为深职大学校领导和深圳市城管局领导与树艺师对话。

图 1　学校领导和深圳市城市管理和综合执法局领导对话树艺师

（二）开发树艺师职业技能证书的必要性

树木是城市园林绿化的主要构成部分，更是城市历史和文化的重要载体，见证着城市的发展，体现了城市管理工作的水平。深圳作为"国家园林城市""全国绿化模范城市"，绿化树木数量大、种类多、形态丰富，无论是城市管理者还是市民百姓，都对城市绿化美化、园林树木精细化管养提出了更高的要求。在《中华人民共和国职业分类大典》中，与园林绿化养护管理相关的职业工种包括园林绿化工、草坪园艺师、插花花艺师等，尚未有专门针对树木养护管理的树艺师职业工种。由于树木在城市绿化、美化、优化中发挥着草坪、草花、灌木等无法取代的重要作用，且随着树龄增长，树木可能出现的问题或风险也会逐渐增加，因此，树艺师职业技能证书的开发工作是重要的，也是急迫的。

（三）"政校行企"联合开发高端证书模式

2022年，深圳市城市管理和综合执法局、市绿化处、市公园管理中心、深职大、深圳市特区建工集团有限公司、深圳市天健园林绿化工程有限公司等"政校行企"专家共同开发树艺师认证证书标准，共同主编教材，开发题库，建设视频与动画资源，探索出一条"政校行企"联合开发高端证书的路径。该模式为华南地区乃至全国范围内的树木养护管理技术技能人才建设和培育提供了范式和依据。图2为树艺师职业技能证书发布暨开班仪式留影。

图2　树艺师职业技能证书发布暨开班仪式

二、主要做法

（一）梳理国内外树艺师职业发展脉络

通过文献研究、网站查询、出版物阅读、报道案例梳理、专家访谈、线下集体研讨等形式，对国内外树艺师职业资格鉴定与考核的相关信息进行收集整理，尤其是对以欧美国家为主、由国际树木学会认证的"注册树艺师"发展情况，我国香港地区树艺师发展现状，以及我国台湾地区树艺师的开发和进展进行了长达6个月的调研，形成了树艺师国内外研究现状及历史，梳理了目前存在的问题，并提出了相应的解决措施。

（二）组建专家团队制定证书标准

在深圳市城市管理和综合执法局的牵头下，深职大联合行业企业（如深圳市梧桐山风景名胜区、仙湖植物园、深圳市风景园林协会、深圳市特区建工集团有限公司、深圳市天健园林绿化工程有限公司、深圳园林股份有限公司等）专家和一线技术骨干 20 余人组成专家团队，同时联合风景园林设计专业植物管养方向的教授、研究员、高级工程师、高级技师等共同研讨制定树艺师职业技能证书标准（见图 3），根据工作岗位作业复杂程度、操作技能掌握难易程度、生产岗位知识文化等级要求的不同，将树艺师划分为“五级”“四级”“三级”“二级”和“一级”。根据树艺师岗位职责内容的知识属性和技能属性，将其划分为 12 个大项，每个大项下又划分若干小项，分别对应树艺师鉴定与考核的不同等级。

图 3　专家团队研讨职业技能标准

（三）制定培训与考核方案

团队根据树艺师职业技能证书的五级标准，结合华南地区当地特色和树木生长管养情况，对应制定了五级培训和考核方案，通过“实操为主、理论为辅”的线上线下相结合的培训和考核方式，选拔出真正掌握树艺师核心技术技能的人才，为城市绿化提供树木管养人才支撑，为粤港澳大湾区城市绿化建设助力。

（四）开发树艺师职业技能证书配套教材

教材开发是开展树艺师培训的重要前提。要让培训人员有教材可读，有学习素材可参考，专家团队根据树艺师职业技能证书标准，分五级对教材进行编写，以最新的“项目化教学”“工作手册式”教材体例为编写样板，申报国家林业和草原局“十四五”职业教育规划教材（由中国林业出版社出版），并于 2023 年 3 月成功立项，目前已完成“树艺师（五级）”教材初稿，其余部分计划于 2024 年 6 月完成编写并正式出版。图 4 为专家团队研究总结树艺师考核方案和教材编写体例。

(五) 开展树艺师职业技能培训与考核

2022 年 11 月，由深圳市绿化管理处选送的 10 名园林树木养护管理岗位的管理者和一线员工到学校进行了 12 学时的试训。学校开展了"园林病虫害防治技术""园林土肥水管理技术""园林树木整形与修剪技术"三个主题的线下学习（见图 5），整个培训过程以实训操作为主（9 学时）、理论讲解为辅（3 学时），为 10 名学员展示了树艺师职业核心技能的规范和要求，取得了良好的效果。

图 4　专家团队研究总结树艺师考核方案和教材编写体例

图 5　树艺师职业技能培训（试训）

(六) 开发树艺师职业技能相关课程

深职大风景园林设计专业根据专业人才培养方案，结合树艺师职业技能标准，先后开发了"树艺学概论""树艺师技能实训""树木健康管理与风险评估""攀树实训"等树艺师职业技能相关课程，与专业之前已有的"植物与环境""园林树木 1&2""园林植物病虫害防治 1&2""园林植物栽培技术""园林绿地养护技术 1&2"等课程共同构建了"树艺师"职业鉴定与考核的完整知识框架体系。

(七) 建设树艺师职业技能培训考证基地

学校大力支持风景园林设计专业对于树艺师职业技能培训考证基地的建设，2023 年共投入 280 万元资金，完成了树艺师培训考证基地一期工程（见图 6），即铺设基地的主次

图 6　树艺师培训考证基地一期工程

道路、规划不同的功能分区、布置水电工程廊管，将树艺师培训考证基地的大框架搭建起来。计划 2024 年继续投入 200 万元完成该基地二期工程，即各分区的绿化以及附属设施的修建和完善，为下一步树艺师职业技能的培训与考核奠定坚实的基础。

（八）探索和总结树艺师职业技能证书开发模式和路径

这里对“政校行企”四方联动共同开发树艺师职业技能证书的模式和路径进行归纳总结：其一，政府牵头，增加证书的社会影响力；其二，职业院校主导，发挥职业院校技能鉴定与培训的先天优势；其三，邀请行业企业专家参与，吸纳行业发展和现实岗位实践的一线经验；其四，四方共同制定标准、制定鉴定与考核方案、开发教材、开展培训和考核，形成树艺师职业技能证书开发的模式和路径。

三、典型经验

本案例阐述了树艺师职业技能证书开发模式，一方面，从树艺师相关职业岗位出发，通过能力标准、价值标准、素养标准和技术标准，制定其职业教育标准，梳理树艺师职业技能教育逻辑理路；另一方面，“政校行企”四方联动，共同开发树艺师职业技能证书配套资源，包括技能等级标准、课程标准、教材与题库、培训与考核方案等，探索“政校行企”树艺师职业技能证书开发路径，再通过树艺师培训与考核的反复检验，不断对其进行反馈和完善，通过总结工作成效，提炼经验做法，最终形成一套具有深职大特色的行业高端职业技能证书开发模式（见图 7）。

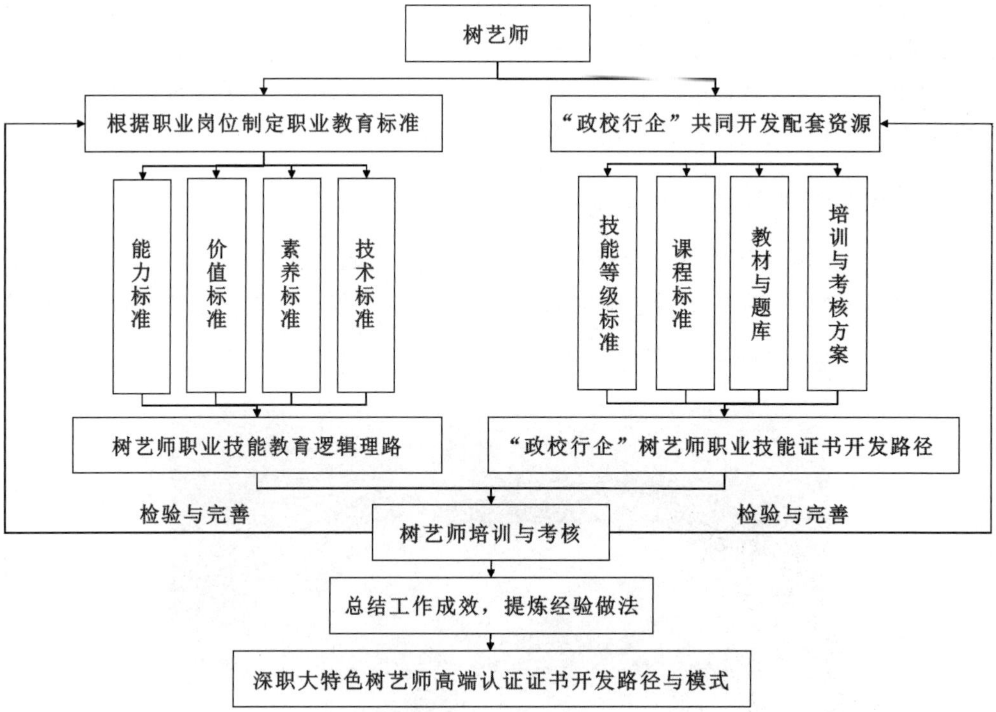

图 7　深职大特色树艺师高端认证证书开发模式

四、成果成效

（一）形成了一套“政校行企”联合开发证书的实践模式

本项目基于“双元育人”“产教融合”理念，联合政府、企业和行业专家，共同进行树艺师职业技能证书的开发，将教育部门主管的职业技能等级证书与人力资源和社会保障部主管的职业资格证书开发相结合，探索具有华南地区特色的树艺师职业技能证书开发路径与模式，对全国其他职业院校具有一定的引领示范作用，同时为华南地区乃至全国树木养护管理技术技能人才建设和培育提供了范式和依据。图8为媒体报道树艺师开发工作，该项目的影响辐射到全国范围。

树艺师报道（深圳卫视）.mp4　　新闻路上说说丨新职业层出不穷，“树艺师”听说过吗.mp4　　在深圳诞生的新职业“树艺师”有证了.mp4

图8　媒体报道树艺师开发工作

（二）形成了行业可借鉴的技能鉴定与考核标准

通过对国内外树艺师发展的现状进行分析，结合华南地区当地园林树木生长情况和地理气候条件，以及华南地区树木养护管理相关规范和指引，制定了具有华南地区特色的树艺师职业技能证书鉴定标准和考核标准（见图9），为粤港澳大湾区树木养护管理工作提供了可供借鉴的范式。

（三）编写了一套具有华南地区特色的树艺师培训教材

项目研究小组成员针对华南地区树木生长特点，结合树艺师职业岗位能力需求，梳理树艺师职业技能证书的能力标准、价值标准、素养标准和技术标准，科学严谨地编写了一套具有华南地区特色的树艺师培训配套教材，同时通过“树艺师”的试训与考核，不断对教材进行检验和完善。该教材已获得国家林业和草原局职业教育“十四五”规划教材立项（见图10），预计于2024年12月正式出版发行。

（四）提升了园林绿化管养人才培养质量

园林绿化管养人才尤其是树木专项管理人才严重缺乏，是目前深圳乃至全国各大城市园林绿化行业的共同痛点。项目通过组建园林绿化管养各领域、各专题的专家团队，广泛挖掘树艺师教学师资，不断开发树艺师培训资源，持续丰富树艺师鉴定与考核的条件与内涵，编写高质量的树艺师培训系列教材，通过线上线下多渠道的课程讲述和技能训练，使得园林绿化管养人才培养质量得到明显提升。

图 9　树艺师职业技能标准制定

国家林业和草原局职业教育"十四五"规划教材

立项证书

教材名称：树艺师培训教材

教材主编：谢利娟
彭金根

立项编号：FGCU23C 0014

国家林业和草原局院校教材建设办公室
2023年7月

图 10　树艺师培训教材获林业和草原局职业教育"十四五"规划教材立项

五、推广应用

这一模式对于高等职业院校如何将教学培训与社会工作者的职业技能继续教育结合起来提升职业竞争力、如何发挥政府在校行企产教融合与深度合作中的作用、如何科学规范地开发一套全新的职业技能认证证书等方面提供了新的思路。该项目得到了深圳卫视、《深圳特区报》、学习强国等多家媒体的宣传报道，受到粤港澳大湾区乃至全国其他多个地区园林行业和社会组织的广泛关注。

六、改进方向

该案例立足粤港澳大湾区，从深圳实际出发，针对华南亚热带地区气候特色研究了适用于当地的树艺师职业技能等级标准，对于粤港澳大湾区的树木养护工作提供了指引和操作指南。同时，该方案实现了政府、高校、行业和企业的联合，多主体共建共享教学培训资源，对其他职业院校具有示范和推广价值。该案例的不足之处是尚未完成树艺师的培训鉴定，尚未得到市场检验。深职大计划在 2024 年树艺师职业技能基地建设完成后，全面启动树艺师的培训鉴定工作，并在实践中不断对其进行完善和改进。

构建“政校村企”四方联动精准扶贫工作模式
——深圳职业技术大学精准扶贫工作的探索与实践

冯金军[1]　李永红[1]　郝文辉[2]

（1. 深圳职业技术大学　2. 深圳鸿济生态农业科技有限公司）

摘要： 扶贫工作是党中央、国务院的一项重要战略部署，为了更好地完成扶贫任务，做好帮扶的各项工作，建立精准扶贫长效机制，体现深职大的社会责任和担当，深职大扶贫工作队针对贫困户致贫原因，制定了一对一帮扶方案，开展了技能培训、教育扶贫、文化和精神扶贫等一系列工作，形成了精准脱贫的长效机制，取得了显著成效；同时，引进农业科技企业，实行“政府＋高校＋企业＋合作社＋农户”精准扶贫模式，建立了贫困户脱贫致富的长效路径。其做法赢得了凤凰网、网易、新浪、搜狐、中国农村网等多家主流媒体和《南方日报》、《羊城晚报》、深圳报业集团及河源当地媒体的广泛赞誉。

关键词： 精准扶贫；校企合作；长效机制

一、实施背景

2016 年 5 月，按照深圳市关于对口河源市精准扶贫精准脱贫的统一部署，深职大对口帮扶河源市和平县礼士镇下洞村。深职大坚持以党建引领扶贫，强化顶层设计；坚持从贫困群众需要出发，以激发内生动力、增强造血能力、确保长效脱贫致富为核心，以推进产业、安居、保障、基础设施四大工程为重点，因地制宜、因户施策，通过生活扶贫、教育扶贫、产业扶贫等一系列举措，协同政府、学院、村委和企业，整合多方资源，开展全方位的精准扶贫工作。

二、主要做法

（一）完善组织领导保障机制，形成精准扶贫帮扶合力

精准扶贫是一项系统工程，需要建立完善的保障体系。深职大突出党建引领，加强组织领导，以加强组织、规范管理、服务村民为重点，筑牢脱贫攻坚沟通联系网。深职大成立了精准帮扶和平县礼士镇下洞村工作领导小组，负责对口帮扶工作的组织领导、统筹规

划、政策研究、综合协调管理等工作，其中，党委书记任组长，校长和主管扶贫工作的党委副书记任副组长，相关职能部门、二级学院一把手为小组成员。领导小组下设办公室和专家组，具体负责日常组织、推进、指导、协调、督促、落实等工作。鹏城学者、农业学科专家李永红教授任驻村工作队长，并配备了助手，为驻村工作队长提供了组织、后勤、财务等保障。建立帮扶责任制，每位校领导帮扶 1 户贫困户，各职能部门、二级学院对口帮扶 1～2 家，实现了学院各部门帮扶责任全覆盖，使得每个部门都有对口帮扶贫困户，每个贫困户家庭都有帮扶主体。

（二）着力开展技能培训和教育扶贫，阻断贫穷代际传递

正所谓“治贫先治愚，扶贫必扶智”，加强贫困地区职业技能培训和文化教育，提高贫困对象自我发展能力，是加快精准脱贫的重要途径。为此，深职大充分发挥智力“孵化器”和技能“播种机”的作用，提升贫困村乃至贫困县人们的整体素质，不断增强帮扶贫困地区的“造血”能力。

1. 开展技能下乡，推动技能脱贫

深职大精准推出一系列职业技能培训项目，2016 年面向下洞村举办电工双证技能培训班，首期培训 28 名贫困人员，免去培训、食宿、鉴定、体检和交通等所有费用，选派深圳市技能大师团队授课，为获得国家职业资格证书的学员推荐就业（图 1 为深职大精准扶贫电工班学员向阮友德老师赠送锦旗）；2017 年建立跟踪培养机制，安排技能大师为学业优秀的学员免费开展更高一级的培训，对于未通过考核的学员，指派专人负责联系进行“回炉”学习；2018 年面向和平县举办汽车维修培训班（见图 2），免费招收了 25 名贫困村民学习汽车维修技术，通过考核者将在深圳汽车相关行业就业。开展水稻种植技能培训，邀请华南农业大学国家植物航天育种工程技术研究中心高级农艺师张建国教授为下洞村村民进行水稻种植培训，推广示范先进的适用的农业技术。自 2018 年起，深职大联合深圳福田驻和平县工作组及和平县教育局，每年在和平县全县范围内组织 40～60 名未考上高中的贫困学生到跨国集团公司——常州德昌机电科技有限公司进行免费学习并安排工作。此外，深职大还开展了电商、电脑、百香果种植等一系列培训，通过技术培训和科技下乡活动，使每位贫困者掌握 1～2 门农业生产和其他方面的技能，形成授人以渔的长效“造血”机制。

图 1　深职大精准扶贫电工班学员向阮友德老师赠送锦旗

图 2　汽车维修培训开班仪式

2. 开展文化下乡，推动教育扶贫

深职大在下涧村建立阅览室，捐赠书籍1000册；捐赠价值5万元的体育器材；建立青年马克思主义者培养基地，定期开展"红色筑梦"大学生社会实践活动，广泛开展文艺表演、摄影、画画、篮球、足球等文体活动，极大地丰富了当地村民的精神文化生活。深职大还组织学校110名师生来礼士镇开展以"情系礼士，筑梦飞翔"为主题的科技文化周，为130多名中小学生提供全方位的科技文化培训；组织学校骨干教师对礼士镇中心小学教师进行PPT制作培训；邀请深圳市福田区竹园小学的校长和优秀教师在下涧村中心小学开展"不忘初心，走进山区"教师公开课，对45名小学教师进行培训。

（三）大力引进产业扶贫项目，建立长效脱贫机制

产业扶贫是解决人们生存和发展问题的根本手段，也是脱贫的必由之路。习近平总书记指出，要脱贫致富，产业扶贫至关重要。

1. 引进农业科技企业，实行"企业＋合作社＋农户"精准扶贫模式

深职大与2016年底成功引入校友企业——深圳鸿济生态农业科技有限公司（以下简称鸿济生态）参与精准扶贫工作。该公司在下涧村预计投资4000万元，分3期建成占地500亩，集生产、研发、示范、推广、培训、观光等功能于一体的高标准现代化观光休闲农业园区，形成"四园（特色生态养殖产业园、无公害绿色蔬菜产业园、特色水果产业园、观光休闲度假体验园）、一中心（创新科技研发中心）、一基地（示范带动基地）"的总体布局，与当地合作社和贫困村民合作发展种植、养殖和生态旅游等产业。图3为学校领导就企业发展规划进行现场指导。

图3 学校领导就企业发展规划进行现场指导

鸿济生态日均为贫困户提供就业岗位25个，人均日工资100元；带动23户99名贫困村民进行种植和养殖。鸿济生态设立了贫困户生产启动资金，每户1000元，用于为贫困户提供种苗、生产工具及帮助贫困户建设、改造种养殖场地等，并与合作社签订240吨土豆、10吨红薯和2万只农家鸡的保障性回购合同，实施订单式生产，解决了贫困山区长期存在的"没资金、没动力""没规模、没市场""没特产、没特色"等问题，提供了贫困户脱贫致富的长效之路。

2. 制定百香果地方生产技术标准，为当地特色产业保驾护航

百香果因超高含量的维生素和多种芳香物质而深受人们喜爱，百香果的种植也具有良好的经济效益，目前是和平县主要经济作物之一。据统计，2016 年前，和平县的百香果占地 2 万多亩，2017 年已发展到 7 万多亩，但存在栽培管理的差异导致果品质量不一致、栽培面积增长过快导致产品积压以及产品缺乏基本贮藏保鲜技术导致百香果发霉变质等弊端。为了解决上述问题，深职大在 2017 年成立科技小组，由学校立项，从百香果的品种选择、种植选地、种苗培育、肥水管理、温度控制、病虫害防治以及贮藏保鲜等方面进行研究，制定和平县百香果生产技术地方规程，保障和平县支柱产业健康发展。图 4 为驻村队长调研百香果生长情况。

图 4　驻村队长调研百香果生长情况

三、典型经验

（一）坚持科学规划，推出系列扶贫项目

深职大积极加强与深圳市精准扶贫精准脱贫派驻和平县工作组、和平县礼士镇精准扶贫工作领导小组的沟通与交流，共同做好礼士镇下洞村精准扶贫的顶层设计，构建了政校协同、立体推进的精准扶贫网络调控体系。深职大驻村干部把群众看成兄弟姐妹，把贫困户视为一家人，走村入户、听取意见，为贫困户对症下药，建档立卡贫困户 55 户。深职大还组织师生和专家团队进驻下洞村开展专题调研，精准分析贫困户致贫原因及脱贫对策，撰写了 8000 余字的调研报告，最终得出结论：下洞村村民致贫的主要原因是技能缺乏、文化程度较低、可利用的土地较少、生产的农副产品严重滞销等。在此基础上，深职大多次派专家组赴扶贫村开展调研，经反复论证研究，编制了《深圳职业技术大学对口帮扶河源市和平县礼士镇下洞村精准扶贫精准脱贫三年规划（2016—2018 年）》和一户一策帮扶方案。学校认真贯彻落实国家和省市精准扶贫战略部署，以高度的政治责任感和使命感，举全校之力推进精准扶贫各项工作，政校村企四方联动，自筹资金 1013.4 万元投入下洞村，推出系列扶贫项目，真正做到项目到村、项目到户、权益到户，引领贫困群众走向脱贫致富之路。

（二）坚持“联农带农”，形成价值联合体

在政府“一村一品”政策指导下，学校驻村工作队引进农业公司打造集生产、研发、示范、推广、培训、观光等功能于一体的高标准现代化观光休闲农业园区，通过上游农户的优质产业资源，开发特色化、多样化产品，共创企业品牌。深职大创新主体联合机制，与种业公司、农民合作社、种植大户、家庭农场、小农户组建农业产业化联合体，签订“包收订单”，同时探索双向入股、按股分红与营收 10%返还等模式，支持小农户以土地、

劳动力、资金等入股企业，推动农民增产增收。深职大还通过海吉星、大润发等大型商超和企事业单位拓宽销售渠道，形成广泛的价值联合体，提升农产品附加值。

（三）坚持创新驱动，解决农业关键技术问题

深职大联合中国农业大学、深圳市农业科技促进中心、粤港澳大湾区数字农业学院、中农业智慧农业研究院，与鸿济生态一道，着力攻克良种培育、数字化生产溯源、种植管理、采后保鲜等关键技术，通过基地试点并推广，授权核心技术专利 13 项，产出 23 项生产技术规程，促进农业数字化转型升级。实施"互联网＋"农产品出村进城工程，充分利用"福和直通车""圳帮扶"等电商平台，积极推进消费扶贫"厅—馆—柜"战略，发展直播带货、智慧零售等新业态。图 5 为鸿济生态签约扶贫农产品销售。

图 5　鸿济生态签约扶贫农产品销售

四、成果成效

（一）形成与脱贫攻坚、乡村产业振兴共生共长模式

推动合作生产基地形成优势产业。鸿济生态在和平县开发生产基地 13450 亩，提供就业岗位 1767 个，间接带动岗位 3512 个，农户种植增收 625 万元，带动 1650 户贫困户脱贫，户均增收 2465 元。在服务脱贫攻坚的过程中，鸿济生态也得以发展壮大，成为和平县精准扶贫产业发展联盟常务副会长单位、和平县就业扶贫车间、深圳市菜篮子基地、深圳市农业龙头企业。

（二）贡献以基金带动共同富裕的深圳范式

鸿济生态建立消费扶贫中心，在业内首创消费返还模式，成立"鸿济乡味 U 选基金"，将年营业额的 10％投入基金，首批认捐 529 万元，首笔捐资 50 万元（见图 6）。基金用于解决基础教育学费补贴、开展农户职业教育、建档立卡贫困户产业发展、村容村貌基建等。截至 2018 年 12 月，已开展种植、保鲜、电工系列技术技能培训 6 次，累计受益村民 1568 人；开展教育公益专项活动 214 次，累计受益学生 1200 人。

图 6　鸿济生态签约基金认捐

(三) 建立了防止返贫的长效机制

一是坚持因地制宜，开发贫困地区特色产业，提高贫困群众的自我发展能力，推行“政府＋高校＋企业＋村民”四方联动的产业帮扶模式，自主研发的百香果地方生产技术标准为村民带来福音，带领群众探索出创业就业、增收致富的新路子。二是通过树典型、传递正能量，建立激励机制，激发贫困群众内生动力。召开了全村贫困户表彰大会，设立产业发展奖、重视教育奖、勤劳奋进奖、温馨家庭奖、自主创业奖和美丽家园奖 6 个奖项，营造“贫穷落后不光荣、好吃懒做很可耻”的良好社会氛围，教育引导贫困群众克服“等、靠、要”思想，树立脱贫光荣导向，弘扬不甘贫困、自尊、自爱、自强的精神品质，促其精神脱贫。三是通过技术技能培训、师资培训，多措并举提升贫困地区村民的致富本领、师生综合素质和教育教学质量，助力贫困地区通过知识改变命运，从根本上阻止贫困现象的代际传递。

五、推广应用

深职大派驻的扶贫工作队在 2016 年河源市扶贫年度考核中获得满分，在 2017 年河源市扶贫工作巡查定级中被评为“好”等级。学校精准扶贫的做法受到包括学习强国、凤凰网、网易、新浪、搜狐、中国农村网等多家主流媒体和《南方日报》、《羊城晚报》、深圳报业集团及河源当地媒体的广泛关注，其中，国家级刊物报道 7 次、省市级刊物报道 28 次、自媒体报道 136 次。

六、改进方向

下一步，深职大将继续贯彻落实国家和省市相关战略部署，在“四个坚持、三个支撑、两个走在前列”新征程中，巩固现有帮扶成果，拿出新担当、勇担新使命、体现新作为、做出新贡献，谱写职业院校精准扶贫工作新篇章，为国家全面实现乡村振兴再立新功！

项目引领　规范培训　基层体验
——食品营养与健康专业产教融合新模式的探索

戴舒红[1]　王　俊[1]　王倩倩[1]　徐子慧[1]　彭晓琳[2]

（1. 深圳职业技术大学　2. 深圳市南山区慢性病防治院）

摘要： 深职大食品药品学院食品营养与健康专业与深圳市南山区慢性病防治院携手参与国家重大公共卫生项目——中国居民营养与健康状况监测项目，以入户营养调查实训的产教融合方式于南山区部分社区开展了入户调查，旨在收集和分析深圳市居民的膳食和营养状况以及时反映居民营养与健康问题，同时培养学生的营养调查能力、宣教能力、沟通能力以及责任感和使命感。本次产教融合的成功实践，不仅促进了健康教育与营养产业的发展，服务了城市居民的健康需求，还为深圳职业教育教学质量的提升做出了积极的贡献。

关键词： 产教融合；营养与健康；社区入户调查；教学质量提升

一、实施背景

营养调查是营养与健康专业学生的基本技能之一，其要求学生掌握并灵活运用营养学知识，有针对性地设计和实施营养调查，了解人们的饮食习惯、营养状况和健康状况。2022 年，《中华人民共和国职业分类大典》增设“营养指导员”这一职业工种，这更加明确了营养调查能力是职业的核心技能。然而，受校内教学条件限制，目前学生营养调查能力的培养效果并不理想，能否通过产教融合方式显著提升教学效果和质量是值得人们深思的问题。深职大食品营养与健康专业与深圳市南山区慢性病防治院（以下简称南山慢病院）借助中国居民营养与健康状况监测项目，开展产教融合，共同探索产学融合模式下的营养与健康专业人才培养方式。

中国居民营养与健康状况监测项目旨在收集和分析国内居民的膳食和营养状况数据，为制定国家政策和精准施策提供依据。数十年来，深圳经济快速发展，居民的营养与健康状况正处于快速变化时期，南山慢病院在辖区开展营养与健康监测，可及时反映居民的营养与健康状况，便于及时采取有效措施遏制慢性疾病大幅上升势头。

南山慢病院是政府设立的负责辖区慢性疾病和精神卫生的集防、治、管、教、研于一体的公立专科医疗机构。作为产教融合实施单位，南山慢病院主要承担全区精神卫生疾病、慢性传染性疾病和慢性非传染性疾病的预防控制和社区指导督导、临床诊疗管理、突发疫情及心理危机干预处理、健康教育促进、疾病监测、科研及适宜技术推广等工作，人才队伍和业务能力居全国基层公共卫生单位领先水平。

通过与南山慢病院进行产教融合实践，深职大学生在基层实训中强化了理论知识，培养了沟通能力，提高了综合素质和应用能力。同时，双方构建紧密的产学研一体化合作平台，通过国家级项目实现人才培养质量和水平的提升。

二、主要做法

推进职业教育产教融合的核心，是通过行业专家培训、分组模拟训练、社区入户调查等一系列有针对性的措施，来提高学生的实践能力和解决问题的能力，从而不断提升营养与健康领域的教育教学质量和服务水平。

（一）行业专家培训

行业专家培训是提高学生营养调查能力的重要途径之一。在学生完成相关课程的理论学习之后，专业教师邀请项目组的国家和省市级公共卫生专家现场解读营养监测任务的重点内容和难点指标，帮助学生更好地掌握入户调查工作的方法和技巧。

2022 年 7 月至今，深职大相继邀请中国疾病预防控制中心营养与健康所王竹和杨丽琛研究员、中国营养学会常务理事徐健主任医师、深圳市标准技术研究院食品药品安全研究所古志华所长、深圳市计量质量检测研究院精准医学检测研究中心杨俊主任技师、南山慢病院彭晓琳和周文丽博士等专业人士，结合营养监测入户调查的特点，融入实际案例和现场操作演示等开展培训，提升学生的实际操作能力（见图 1）。

图 1　行业专家培训

（二）分组模拟训练

分组模拟训练是提高营养类专业学生实践能力的有效手段。专家培训后组织学生进行多种形式的模拟实践活动，例如设计编写调查问卷、分组进行模拟调查等。在这些活动中，学生被分成几个小组，通过自我组织和协作，完成这些营养调查和实践任务（见图 2）。在完成活动的过程中，学生可以通过实际操作，了解调查过程中的注意事项，掌握调查中的技巧，提升实践操作能力。

图 2　分组模拟训练

（三）社区入户调查

社区入户调查是营养调查中的一种常见形式，是将学生实际带入社区居民的生活环境，掌握营养调查技能的重要方式。在南山慢病院的协助下，深职大食品营养与健康专业学生结合国家重大公共卫生项目——中国居民营养与健康状况监测项目，在南山区沙河街道的光华社区和白石洲东社区、招商街道的沿山社区和桂园社区、桃源街道的龙光社区和长源社区开展入户调查，在实际调查中锻炼了自身的营养调查和宣教能力、沟通能力等（见图 3）。

入户营养调查实训解决了营养、健康类职业教育中的多个主要问题，并具有一定的创新性。

图 3　社区入户调查

1. 提高学生的实践能力和解决问题的能力

传统职业教育更注重理论知识的学习和传授，对实践操作能力的培养则显得不足。通过入户营养调查实训，学生能够亲身参与实践性活动，进行营养调查和采样，提高实践操作和解决实际问题的能力。

2. 掌握市场需求和实际应用场景

入户营养调查实训可以更准确地反映社会群体的饮食习惯和营养需求，帮助学生了解市场需求和实际应用场景。学生在实战中学习与协作，适应市场需求，能够在未来的职业生活中更加熟练自如地运用所学知识。

3. 职业教育与社区服务有机结合

入户营养调查实训既与学校教育教学有机结合，又服务于社区居民，为社区居民提供专业的健康营养咨询和指导。这一创新点既能增强学生的实践能力和综合素质，又能为社区居民提供快捷、专业的健康服务。

4. 职业教育与社会责任紧密联系

入户营养调查实训有利于培养学生的社会责任感。由于营养指导的工作直接关系到人类健康，通过这种方式授课，学生更容易意识到自己肩负的社会责任，进而更加积极地投身于职业教育的实践活动。

三、典型经验

通过入户营养调查实训，职业教育在实践操作环节形成了很好的创新点，既解决了职业教育中的问题，又很好地服务了社区和市场，增强了学生的责任感和使命感。具体做法如下。第一，与公共卫生机构合作，确定实训地点和对象，增强实训的针对性和实用性；第二，理论教学与实践操作相结合，分别进行专家培训和入户调查两个环节；第三，鼓励学生参与，通过师生互动讨论、分组模拟、案例研究等活动，使学生更好地融入入户营养调查实践活动。

深职大食品营养与健康专业通过入户营养调查实训的产教融合，取得了以下成绩。第一，提高实践教学质量。入户营养调查实训契合了职业教育的特点，培养了学生的实践操作能力，更好地满足了市场和社会的需求。第二，增强职业教育与社区服务的结合。实训活动既让学生学习了专业知识技能，也为社区居民提供了有益的健康营养指导和服务，增强了职业教育与社区服务的结合。

本次入户营养调查很好地结合了项目引领、规范培训、基层体验三大要素，在产教融合方面积累了一定的经验：第一，坚持产教融合的原则，切实推进校企合作，将专业知识与实践操作相结合，加强实际工作经验的沉淀，进而提升学生的实践能力；第二，加大社会服务品质，进一步深化职业教育与社区服务的互动，提高社区居民和市民的生活质量；第三，增强质量监控机制，建立稳定的满意度调查机制，及时收集反馈意见，从各个方面不断优化入户营养调查实训产教融合的模式，不断提升实训质量与水平。

四、成果成效

入户营养调查实训的产教融合模式不仅提高了学生的实践能力和营养调查技能，也为深圳的经济社会和民生改善做出了积极的贡献。

（一）促进健康教育与营养产业的发展

入户营养调查实训可以为营养产业的发展提供市场需求数据，并进行营养健康知识的普及。通过产教融合的方式，将专业的营养知识与实践操作相结合，能够让学生更好地了解营养产业的发展情况。以深圳市为例，按照最新的人口状况及营养需求标准，研究表明，深圳市民饮食结构不合理、膳食过分高热量等问题依旧存在。如 2018 年深圳市居民平均每标准人日能量摄入量为 9248.6 kJ（2209.49 kcal），其中男性 9261.2 kJ（2215.5 kcal），女性 9239.7 kJ（2207.36 kcal）。2009 年深圳市居民平均每标准人日能量摄入量为 10609.0 kJ（2534.49 kcal），2009 年整个广东省这一数值为 8421.0 kJ（2011.78 kcal）。2018 年深圳市居民平均每标准人日能量摄入水平低于 2009 年深圳市平均水平，但仍高于 2009 年广东省的平均水平。因此，入户营养调查实训可以帮助学生和行业实际从业者掌握市场需求，促进营养健康产业的发展。

（二）服务城市居民的健康需求

入户营养调查实训可以为城市的健康服务提供更专业的支持。比如，学生可以在家庭营养调查中记录住址、年龄等信息，特别关注老年人、儿童和孕妇的营养需求，帮助社区居民了解饮食营养均衡的知识，在家庭膳食中适当改善饮食结构，保持健康。据统计，目前深圳约有 170 万老年人。入户营养调查实训在服务这些老年人和其他居民的营养健康方面具有重要的价值和意义。

（三）推动深圳职业教育教学质量提升

入户营养调查实训不仅能够提高学生的实践技能，还能够推动深圳职业教育教学质量的全面提升。根据深圳市教育局发布的数据，2019 年深圳全市共有 10 所普通高职院校、51 所中等职业学校，涵盖餐饮服务、医学护理、生物科技等多个职业专业。在入户营养调查实训过程中，学生能够将所学知识和技能转化为实践经验，也能够反馈和补充相关教学内容，促进职业教育教学的全面提高。

（四）社会责任感和公益性的促进

通过入户营养调查实训的方式，学生能够更好地了解职业教育的社会责任感和公益性，增强社会责任感，更加积极地投身于涉及社会、民生、科技、环境等方面的公益性服务。这也体现了深圳市职业教育的社会形象和社会使命感。

五、推广应用

通过入户营养调查实训的产教融合模式，我们得出以下可复制、可推广的经验：第一，聚焦市场需求和实际应用场景，注重学生实践操作能力的培养和提升；第二，与社区居委会合作，组织社区活动，为社区居民提供更加专业的健康营养服务；第三，教学与实践相结合，鼓励学生的自主性和创新性，提高实践教学质量；第四，加强师资队伍建设，完善实训教师的专业知识和教学能力，保证实训进程的规范与知识的落实。

入户营养调查也可推广至以下场景。第一，营养改善和教育。通过入户营养调查，发现家庭或个体的不良饮食习惯和营养不良情况，有针对性地进行营养改善和健康教育，提高公众的营养意识和健康素养，预防慢性疾病的发生。第二，市场调研和产品开发。通过入户营养调查，可以了解消费者的饮食需求和偏好，为食品行业的市场调研和新产品开发提供参考。第三，学术研究和科学发展。入户营养调查可为营养学、流行病学等学科的研究提供珍贵的数据资源，有助于人们深入了解饮食与健康之间的关系，推动科学发展。

六、改进方向

由于本案例是食品营养与健康专业的首次尝试，实施过程中也发现一些不足。第一，实训的规模有限。由于场地问题和参与人员的限制，实训的规模有限，影响了实训效果的最大化。第二，学生自主性不足。部分学生在实践操作中还存在一定的依赖性，自主性不足。教师应当在实训活动中促进学生的自主性，引导学生主动思考，让学生更加独立地完成调查任务。第三，需求反馈差异性。实训活动所提供的数据和信息可能存在一定的不足或者误差，质控员虽然对调查问卷的质量进行了审核，但仍须更多地收集反馈，保证数据的准确性、科学性和实用性。

今后，我们将结合食品营养与健康专业的特点，引入更多符合社会需求的真实实训项目，并在实训中充分发挥学生的主动性和自主性，鼓励学生独立完成实训任务；同时，积极探索入户营养调查的多层次、多场景，引入多种技术手段（如数字化、智能化、远程化可穿戴设备），提高实践技能和创新意识，切实推广营养健康知识，提升学生为公众健康服务的水平。

对接产业、协同龙头、产教融合，助力培养生物医药产业创新型技术技能人才
——以药品生物技术与华大基因合作为例

张丽君[1]　杨　剑[1]　李治平[2]　石　琼[3]

（1. 深圳职业技术大学　2. 深圳华大基因股份有限公司　3. 深圳市华大海洋研究院）

摘要：为了培养学生的创新能力，满足生物医药产业对创新型技术技能人才的需求，深职大食品药品学院药品生物技术专业从产业需求出发，与深圳华大基因股份有限公司（以下简称华大基因）携手共建十余年。双方在创新实践基地建设、核心课程建设、教学资源开发、师资队伍建设、技能证书开发、创新创业大赛、科研合作等多方面开展了深度融合，形成了“产学研赛创合一”的创新能力培养模式，成效显著，为培养高端产业创新型技术技能人才提供了可供借鉴的经验。

关键词：产教融合；生物医药产业；创新型；技术技能人才

一、实施背景

生物医药产业是我国在21世纪创新最活跃、影响最深远的战略性新兴产业之一。深圳是首批国家生物医药产业基地和国家自主创新示范区，在产业规模、产业政策、产业集聚、产业创新等方面已具备一定的优势。2020年1月，深圳市人民政府办公厅发布了《深圳市促进生物医药产业集聚发展的指导意见》《深圳市生物医药产业集聚发展实施方案（2020—2025年）》以及《深圳市生物医药产业发展行动计划（2020—2025年）》三个重要的政策文件，明确提出了依托现有高端生物医药企业和行业平台，建成“一核多中心”错位发展格局，全市生物医药产业总产值实现突破2000亿元。2022年6月，深圳市人民政府出台《关于发展壮大战略性新兴产业集群和培育发展未来产业的意见》，明确布局发展以先进制造业为主体的“20＋8”产业集群，生物医药是集群之一，其未来产业包括合成生物学、细胞与基因等。

生物医药产业除了具有高投入、高风险、高收益、周期长这“三高一长”特点外，还有“一高”特征，即技术含量高。同时，随着人工智能技术在生物医药领域的应用，生物医药产业技术更新迭代快，新技术不断出现，这就迫切需要能够应对产业挑战的高素质创新型技术技能人才。

药品生物技术专业为深职大 2021 年新增的专业。该专业于 2022 年首次招生，专业教师 5 位，规模小，处于起步阶段。但专业前期于 2007 年以生物技术及应用专业方向在食品生物技术专业运行多年，有一定的基础和建设积累。本专业精准对接战略性新兴产业中的生物医药产业以及未来产业中的合成生物学和细胞与基因。为了更好地培养满足企业需求的创新型人才，专业不断对接产业需求，深化产教融合深度和广度，探索与龙头企业合作培养生物医药产业创新人才的新模式。

二、主要做法

围绕深圳市生物产业发展的特点，基于产教融合、校企合作培养生物技术类专业创新型高技术人才的目标，药品生物技术专业积极对接产业需求，与深圳市生物技术龙头企业如华大基因开展合作，经过近十年的深入融合和发展，建立了以华大基因为主导的校外综合创新实践基地，搭建了专业与产业、课程与技术、研究与转化、创新活动与创新教育相结合的平台。

（一）十年合作，搭建创新教育平台

华大基因成立于 1999 年，其秉承“基因科技造福人类”的使命，怀抱“健康美丽，做生命时代的引领者”的愿景，以产学研一体化的发展模式引领基因组学的创新发展，已经形成了科学、技术、产业相互促进的发展模式，拥有一支世界一流水平的产学研队伍，建立了核酸测序平台、蛋白质谱平台、细胞学平台、动物克隆平台、微生物平台、海洋生物平台、信息技术平台等平台，已成为全球领先的生物产业龙头企业。

1. 签订校企合作协议，开启共建征程

2007 年华大基因落户深圳之时，也是本专业的前身——生物技术及应用专业方向成立之时。2011 年，双方签订校企合作协议，华大基因研究院成为专业的校外实习基地，为学生提供了充足的实习实践机会，每年可为学生提供 50～100 个实习岗位。

2. 华大基因骨干加盟产学研用委员会，加速深度合作

2016 年，专业聘请了华大基因的技术和管理骨干石琼研究员和华大基因人力总裁李治平以及深圳其他生物企业的专家组成了产学研用管理委员会，召开研讨会，探讨校企合作共育创新创业人才新途径。

3. 合作申报职业教育校外公共实训基地，促进产教融合

2018 年，专业与华大集团下属的国家基因库合作申报深圳市职业教育校外公共实训基地，成功获批，获得资助建设金额 80 万，为学生建立起系统实用的实验、实训和顶岗实习基地。

4. 合作申报省市产教融合型企业，深化产教融合模式

为了响应国家深化产教融合改革的政策，在原有的合作以及校外职业公共实训基地的建设基础上，华大基因申报广东省和深圳市第一批产教融合型企业，2020 年获批广东省和深圳市首批产教融合型企业。

双方依托创新创业教育校外创新平台，重构人才培养方案，重组课程内容，共建师资队伍，共建课程，合作研发项目，共同指导学生参加创新创业比赛，实现“产中生学”。

（二）基于创新基地，合作实现“产中生学”

1. 组建专家团队，共同制定专业标准和人才培养方案

为了使专业人才培养能够充分满足生物产业发展对一线应用型人才的需求，定期开展产学研用管理委员会会议，让委员参与专业教学标准和人才培养方案的审定。作为专业产学研用管理委员会的成员，华大基因技术骨干石琼研究员和华大基因人力总裁李治平参与专业人才培养方案制定。

2. 组建课程建设师资队伍，开设创新课程

华大基因员工学历高，硕士学历及以上人员占比为 31%，员工年轻化，平均年龄为 30 岁，研发技术人员占比高达 50%，人才优势明显。为此，专业紧紧围绕培养创新型生物技术人才这一目标，聘请华大基因一线员工为校外兼职教师，参与课堂教学，开设趣味基因测序课程，把华大基因先进的测序技术引入课堂，按照基因检测的规范要求，开展真实的测序项目，借助基因数据库和分析软件，引导学生从测序数据中发掘有趣的基因（见图 1），之后学生汇报研究结果，企业教师进行点评，极大地提高了学生的学习热情和探索兴趣。

图 1　2021 年华大基因技术骨干来校开展基因测序课程教学

3. 引入企业技术操作标准，共建课程资源

现代生物技术操作如基因操作技术的处理样品均是微量操作，一般以微升计，操作过程要求精准、规范。华大基因建立完备的操作规范和技术标准。基于产教融合基地平台，专业在华大基因技术操作标准的基础上，打造核心专业课程的技术技能评价标准。同时，专业聘请华大基因的技术操作能手参与课程建设，拍摄操作视频。

4. 基于产教融合，开展创新意识教育

2018 年，专业与华大集团下属的国家基因库合作申报深圳市职业教育校外公共实训基地，成功获批，为学生建立起系统实用的实验、实训和顶岗实习基地。该基地不但每年接受实习生进行顶岗实习，而且成为专业创新认知、创新思维培养的重要基地。每年的专业教育、专业创新认知以及专业创新思维训练等活动，教师都会带领学生来该基地开展认

知实习。基地的兼职教师会给学生详细讲解基因组计划、基因测序技术、基因测序仪的研发历程以及基因测序技术的应用领域，提高学生对专业的认知和兴趣，开拓学生的视野，活跃学生的思维。

华大基因作为与学校合作共建的产教融合型企业，近三年接受实习实训 60 人次以上，部分毕业生已经成为华大基因的技术骨干。

5. 基于创新基地，合作开展技术研究

华大基因属于技术创新型企业，重视基础科学研究和技术创新，与中国科学技术大学合作培养硕士和博士研究生。双方除了在专业以及课程方面进行合作外，还在科技研发方面开展了项目合作。双方已经合作开展降血压肽的研究，发篇 SCI 论文 2 篇，申请发明专利 1 项。

6. 基于产学研合作成果，共同指导学生参加创新创业大赛

在产学研合作的成果基础上，校企合作将科技研发融入创新教学过程，让学生参与科技创新研究，双方共同指导学生参加创新创业大赛。2019 年，学生参加国际基因工程大赛（iGEM），产教融合基地的技术骨干给予学生技术指导。2020 年，专业学生参加第六届中国国际“互联网＋”大学生创新创业大赛，李治平作为团队顾问参与学生的比赛指导。

三、典型经验

基于产教融合平台，华大基因与深职大药品生物技术专业在人才培养、课程开发、师资合作、学生竞赛、基地建设、实习就业等方面开展了卓有成效的深度合作。创新平台衍生的大量创新训练项目，为专业项目的教学提供了资源，助力专业培养生物医药产业创新人才。专业与行业龙头企业合作，深化产教融合，以学生为中心，以项目为驱动，以创新为主线，使产业、教学、研发、竞赛、创新等五个要素环环相扣、相辅相成，形成闭环路径并螺旋上升发展的“产学研赛创合一”的可推广的专业人才培养模式，做到了“产中生学、学中有研、研赛生创、创中有产”，实现了创新人才培养与产业人才需求的契合（见图 2）。

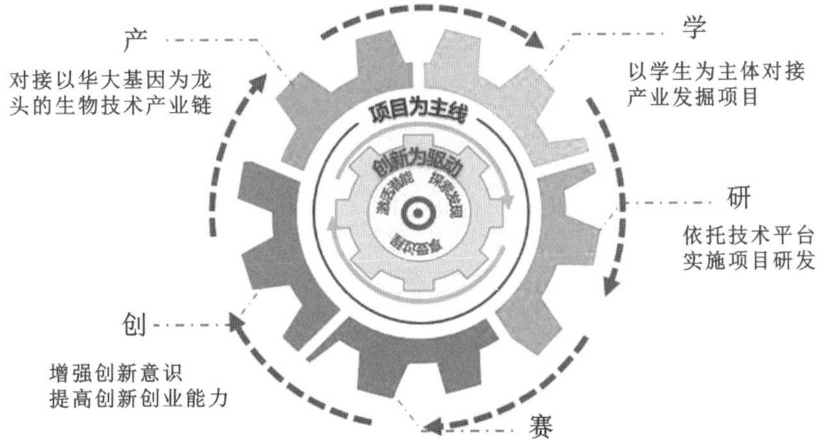

图 2 “产学研赛创合一”创新能力培养模式

四、成果成效

（一）产教融合模式辐射广

以培养复合式创新型高素质技术技能人才为目标，坚持深化产教融合，不断辐射推广与华大基因合作的模式和经验，构建了校企产教融合育人模式。专业与深圳市海普瑞药业集团股份有限公司、深圳新鹏生物工程有限公司、深圳重链生物科技有限公司、菲鹏生物股份有限公司、深圳康泰生物制品股份有限公司、北京科兴生物制品有限公司等国际知名企业建成稳定的校外实习基地 20 余家。

（二）教学改革成效佳

专业深化产教融合，大胆探索学生创新教育改革与实践，与华大基因合作完成的教学成果“‘产学研赛创合一’模式培养生物产业应用技术人才创新能力的探索和实践”荣获广东省 2021 年教育教学成果奖特等奖，2022 年国家级教学成果奖二等奖。

专业在课程教学改革中，依托产教融合教学模式深化课程内容、积极探索教学方法，共建“基因工程技术”“生物信息基础实训”2 门课程，建成了国家级精品资源共享课 1 门，校级项目化课程 3 门，校级金课 5 门。

（三）技术研发成果多

专业教师与合作企业积极开展项目研究，建成 2 个市级平台。主持各级教研项目共 5 项。科研教研项目累计到账经费 800 多万元。发表论文 100 多篇，其中 SCI 论文有 50 多篇。国家授权专利 20 多项，发明专利 10 多项。

（四）学生大赛成绩优

学生获创新创业类竞赛奖 20 项，近 3 年，获生物学领域国际顶级赛事——国际基因工程机器大赛金奖 3 项，中国国际“互联网+”大学生创新创业大赛金奖 3 项。学生申请专利 17 项，其中发明专利 5 项、授权专利 10 项。

五、推广应用

国内有 113 所高职院校及技术应用型本科院校人员前来深职大参观学习。专业与华大基因联合建立的广东省、深圳市产教融合型企业和深圳市生物技术实训基地，近 5 年接受全国 100 余所高校、3000 余名学生实习。出版了“产学研赛创合一”模式理论与实践研究专著 1 部。中国教育电视台对本模式创新教育和参加国际大赛取得的成绩做了近 8 分钟的专题报道，新华网以“这所‘高职中的清北’是如何炼成的”为题，高度评价了专业培养学生创新能力的做法，学习强国等 20 余家主流媒体对学生取得的创新大赛成绩做了深入报道。

六、改进方向

尽管基于与龙头企业共建的产教融合平台，深职大药品生物技术专业在培养生物医药类学生的创新能力方面进行了一些探索，取得了一定的成绩，但仍然存在一些不足，需要做出一些改进。首先，在教师层面，需要加大专兼师资队伍的建设力度，专业教师和企业教师要扩大合作的深度和广度作，让合作包括但不限于教学层面。其次，在教学资源方面，需要加大和企业共同开发教学资源的力度，及时引进企业的先进技术，将真实项目融入教学内容转化为教学项目。最后，在合作模式方面，需要进一步探索校企合作模式，寻求双赢的合作途径，摸索可推广、可示范的产教融合新模式。

深职大药品生物技术专业进一步推进产教融合的措施包括以下几点：一是成立深职大-华大基因特色产业学院，进一步深化深职大与华大基因的校企合作；二是深职大与华大基因合作开发“金课”，共同完善“产学研赛创合一”人才培养模式的内涵建设；三是深职大将与华大基因合作的模式推广应用于与其他企业的合作过程，建立产教联盟。

多维、协同、递进的数字创意专业群“专创融合”人才培养模式探索与实践

刘　寒[1]　聂　哲[1]　宋李翔[1]　李　志[1]　谭　昕[1]　岳耀颀[2]

（1. 深圳职业技术大学　2. 完美世界教育科技（北京）有限公司）

摘要：粤港澳大湾区数字创意产业技术与文化创意加速融合应用的新业态背景，对专业人才培养提出了跨界、多元、融合、创新的新要求。2015 年，深职大依托广东省高职院校教育教学改革项目，启动了数字创意专业群人才培养模式改革，探索多维、协同、递进“专创融合”人才培养模式。2018 年，深职大依托深圳市教育科学规划课题，深化“专创融合”人才能力培养的实践，2019 年建成了数字创意产业学院，并形成了包括完美世界教育科技（北京）有限公司、腾讯科技（深圳）有限公司、北京抖音信息服务有限公司、网易有道信息技术（北京）有限公司在内的“一院多企”模式，继而完善了以产业学院为核心的协同育人共同体，促进了产教智力资源的合力互融，赋能教师的“产业＋教研”能力，引导人才培养由懂技术、善制作向精技能、专创意、强复合路径迁移，培养人才整合数字专业技能以及运用创意赋能产业的专创融合能力，成效显著。

关键词：特色产业学院；一院多企；专业群多维融合；协同育人共同体；递进培养

一、实施背景

（一）产教融合开展的背景

第一，《“十三五”国家战略性新兴产业发展规划》将数字创意产业纳入规划，明确了数字创意产业的整体布局和发展路径，并提供了具体的探索与实践的政策指导。

第二，广东省提出了“双十”产业集群战略布局，加速数字创意产业技术与文化创意的融合应用，提出了跨界、多元、融合、创新的人才培养要求。

第三，《深圳职业技术学院广东省一流高职院校建设方案》在校企合作、产教融合等方面，提出了具体的建设目标、内容和举措。

（二）产教融合开展的必要性

第一，数字创意产业的结构转型与升级催生了多元交叉的应用场景，新行业、新岗位涌现，职业变迁呈现高度分化与复合的趋势。

第二，随着 AI、5G、大数据等科技的发展，操作型技能被人工智能取代，这要求数字创意专业人才具备整合数字技术、用创意有效赋能产品的高阶能力。

第三，教师作为构建校企结构化教学团队的核心，借助产学研用专家委员会机制进行产业研究、技术服务等，实现产教智力资源的合力互融。

（三）产教融合开展的可行路径与预期目标

产教融合开展的可行路径为：在深职大校企产教融合建设方案的指导下，数字创意与动画学院具体执行相关措施，数字创意产业学院负责组织架构与运行。

产教融合开展的预期目标为：构建校企深度合作、产教强强联合的赋能互助生态，提升教师“产业＋教研”新型职业能力，力争到 2025 年，打造全国知名的数字创意高层次技能人才培养高地，发挥深职大经验的引领示范作用。

二、主要做法

（一）多维、协同、递进的数字创意专业群“专创融合”人才培养的模式提炼

第一，基于就业与人的发展，创新了“专创融合”的职业人发展培养理念，逐步推进“产业链、创新链、人才链”相结合的专业群建设。产业转型升级和产业集群发展，是职业教育适应产业链发展的原动力，因此，必须考虑学生未来职业道路可持续发展的要求。实现就业与人的发展全面融合的职业人综合发展，是专业群建设必须面对的问题。数字创意专业群通过深入调研，梳理出产业链“创意能力相通、技术应用相近、业务实施协同、工作岗位互联”的核心技术技能需求，同时耦合新业态创新链跨界融合专业、创新应用的要求，以人才链要求梳理六大核心融合要素，明确了“技术与艺术＋文化与创意＋就业与创业”的专业群多维融合培养定位，在重点培养学生技术技能的同时，注重职业人的跨专业综合素养和跨界全面发展能力。

第二，围绕特色产业学院，构建了以数字创意龙头企业群为核心的协同育人共同体，长效化提供专业群教师进行产教融合所需的驱动力。校企共建数字创意产业学院，联合包括完美世界教育科技（北京）有限公司在内的多家产业头部企业，完善“一院多企”资源平台，为校企协同育人提供智力支撑。依托国家级生产性实训基地，复刻企业生产环境，打破资源壁垒，保证实训教学的产业先进性和实战性。通过建设国家级“科技＋文化”协同创新中心，并导入企业内训体系，提升专业群教师的产业能力，长效化地为专业群教师产教融合提供驱动力，培育共建、共享、共生的可持续发展的协同育人共同体。

第三，面对新业态发展，实践以精技能、专创意、强复合为特色的递进人才培养路径，持续助力学生适应从“去技能化”向“再技能化”的转变。在 5G、大数据、人工智

能等科学技术的“加持”下，数字创意产业新业态正不断重塑从业者的技能指标，数字内容生产所需的操作型技能逐步弱化（即“去技能化”），对从业者提出了整合数字专业技能，运用创意有效赋能产业的高阶能力要求（即“再技能化”）。以产业项目为核、以角色体验为轴、以创作产出为果的项目化教学，可以保障学生知识技能的实用性和适用性，通过项目评价指标验证学生学习效果的达成度，强化学生“再技能化”实践成果的产出，满足新业态对高素质技术技能人才提出的要求。

（二）多维、协同、递进的数字创意专业群“专创融合”人才培养的关键举措

第一，针对专业定位、学生职业能力与产业新业态需求匹配度不足的问题，确立了“技术与艺术＋文化与创意＋就业与创业”专业群多维融合培养定位。聚焦粤港澳大湾区数字内容创制、数字技术集成、数字体育竞技发展趋势，通过组建由动漫制作技术、数字媒体艺术、游戏艺术设计等构成的数字创意专业群，进行人才培养模式改革；依托广东省第一批高水平专业群建设项目，构建技术与艺术底层共享、文化与创意中层互选、就业与创业高层贯通的人才培养体系，满足新业态对于人才跨界、多元、融合、创新的职业能力要求。多维融合培养定位模式如图 1 所示。

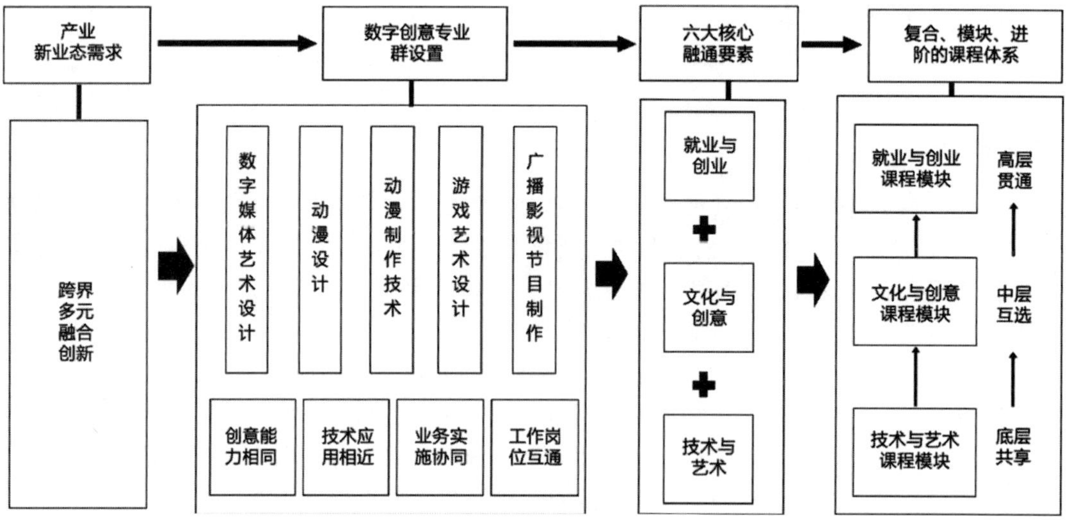

图 1　多维融合培养定位模式

第二，针对专业群资源与行业对接不紧密、一线教师产业能力薄弱等问题，构建了汇资源、聚合力、促生态的协同育人共同体。基于数字内容创制流程建成业务环节可分配、生产标准可互认、内容资源可共享的国家级生产性实训基地（汇资源），解决了专业资源与行业对接不紧密的问题。围绕与完美世界教育科技（北京）有限公司共建的数字创意产业学院，整合腾讯天美电竞产学研实训中心、虚幻引擎技术应用中心、环球数码双师培训基地、迷你创想数字生态双创基地等共建基地（聚合力），通过国家级协同创新中心、深圳市数字创意产业公共服务平台（促生态），构建以产业专家、校友创业讲师、专业群教师为核心的教学团队，纳入产业学院育人协同机制，具体如图 2 所示，助力专业群教师“产业＋教学”的实战型“双师”能力转化，解决产教融合主体内驱力不足的问题。

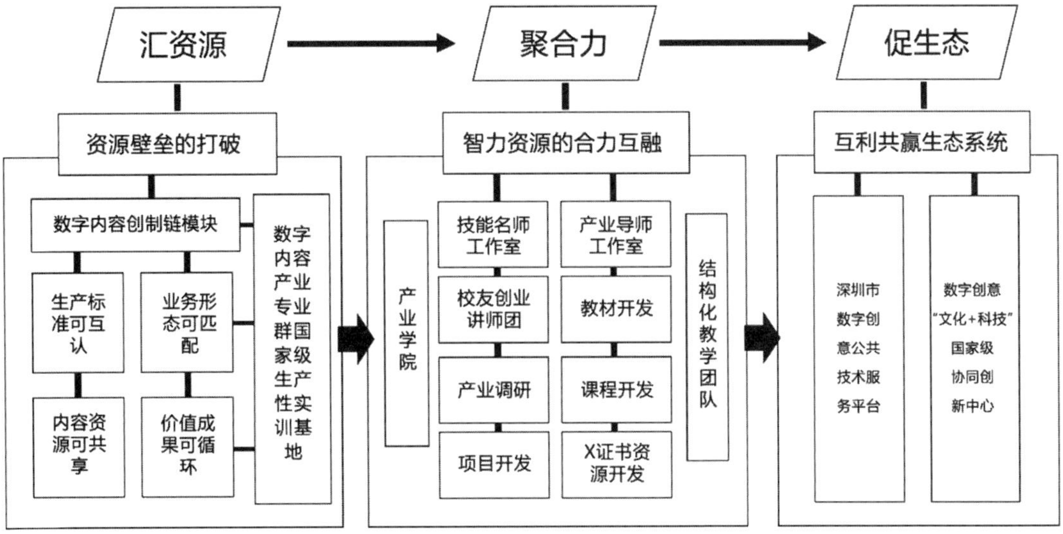

图 2　协同育人共同体

第三，针对学生专业技能与新业态匹配度不足、创意实践偏弱、可持续发展职业能力不足的问题，探索了精技能、专创意、强复合的递进培养路径。数字创意专业群以国家级影视动画专业资源库建设为抓手，全面推行以产业项目为核、以角色体验为轴、以创作产出为果的项目化教学，将“课程标准—作业考核”对接“行业标准—产品验收”，以岗位素质能力指标分解到课程设计等方式，为学生营造课堂学习与项目实践融为一体的角色体验（精技能），解决了知识技能与岗位要求匹配不够的问题；通过文创沙龙、专业社团、训练营、工作坊等形式，专注学生“创意＋”实践能力培养（专创意），解决学生创意实践能力不足的问题；通过精英班、产业工作室等模式，将实战产出活动融入学生专创能力培养，解决学生可持续发展职业能力不足的问题（强复合），具体如图 3 所示。

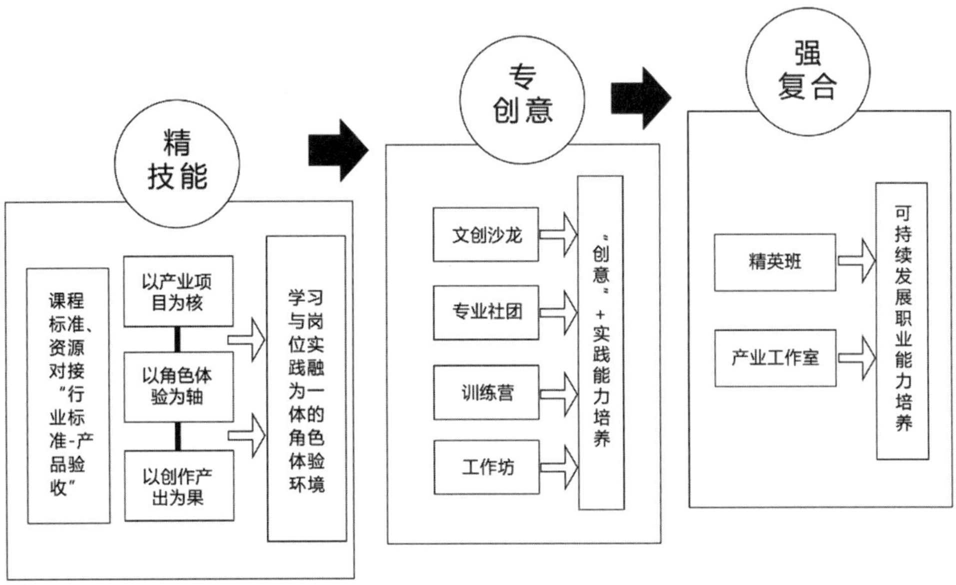

图 3　递进培养路径

三、典型经验

（一）成果的关键要素

第一，依照“创意能力相同、技术应用相近、业务实施协同、工作岗位互联”的标准构建数字创意专业群，探索和实践“技术与艺术+文化与创意+就业与创业”专业群多维融合人才培养模式。

第二，依托特色产业学院，完善“一院多企”模式，借助产学研用专家委员会机制，将教师与专家纳入校企协同育人体系，围绕产业课堂开展产业研究与实践活动，具体如图4所示。

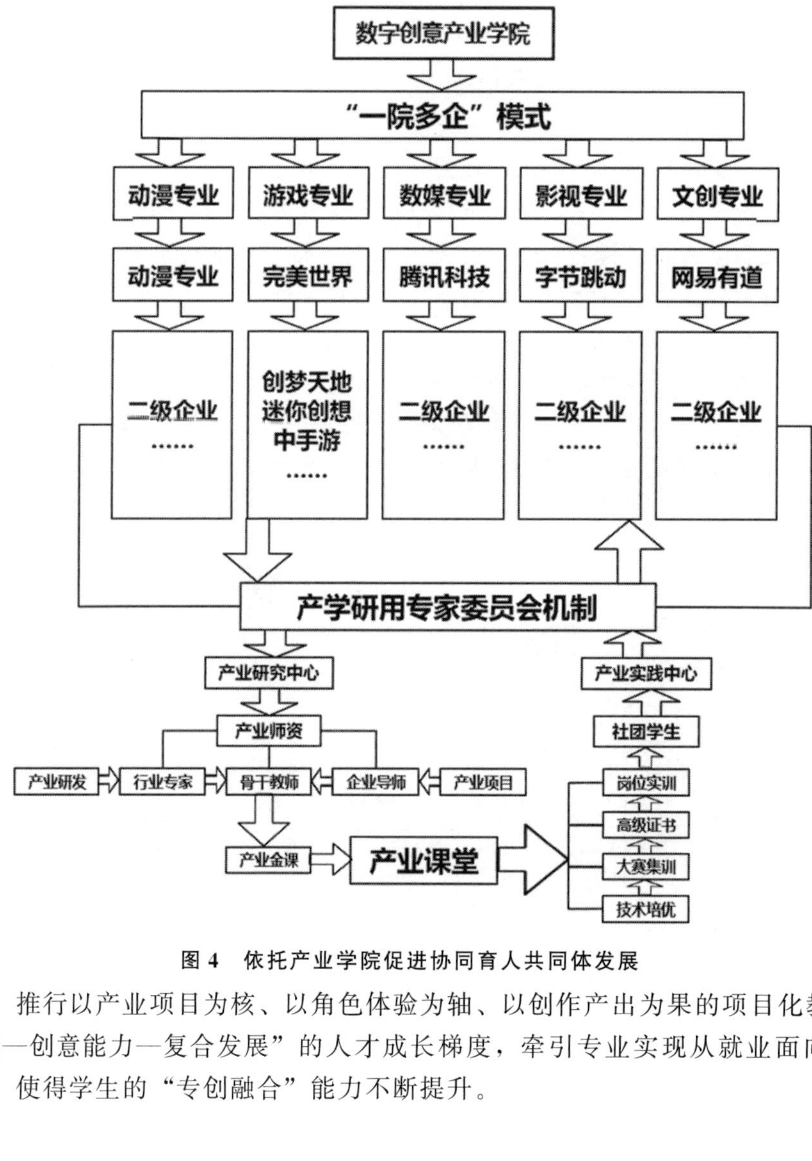

图4　依托产业学院促进协同育人共同体发展

第三，推行以产业项目为核、以角色体验为轴、以创作产出为果的项目化教学，按照“数字技能—创意能力—复合发展”的人才成长梯度，牵引专业实现从就业面向到职业面向的转变，使得学生的“专创融合”能力不断提升。

（二）成果的特色创新及模式模型

第一，依照“创意能力相同、技术应用相近、业务实施协同、工作岗位互联”的标准构建数字创意专业群，探索和实践多维融合人才培养模式。

第二，依托特色产业学院，将教师与专家纳入校企协同育人体系，开展产业调研、课程开发等产教实践活动，促进协同育人共同体发展。

第三，推行以产业项目为核、以角色体验为轴、以创作产出为果的项目化教学，按照人才成长梯度规律，牵引专业实现从就业面向到职业面向的转变，不断提升学生的“专创融合”能力。

成果核心模式模型如图 5 所示。

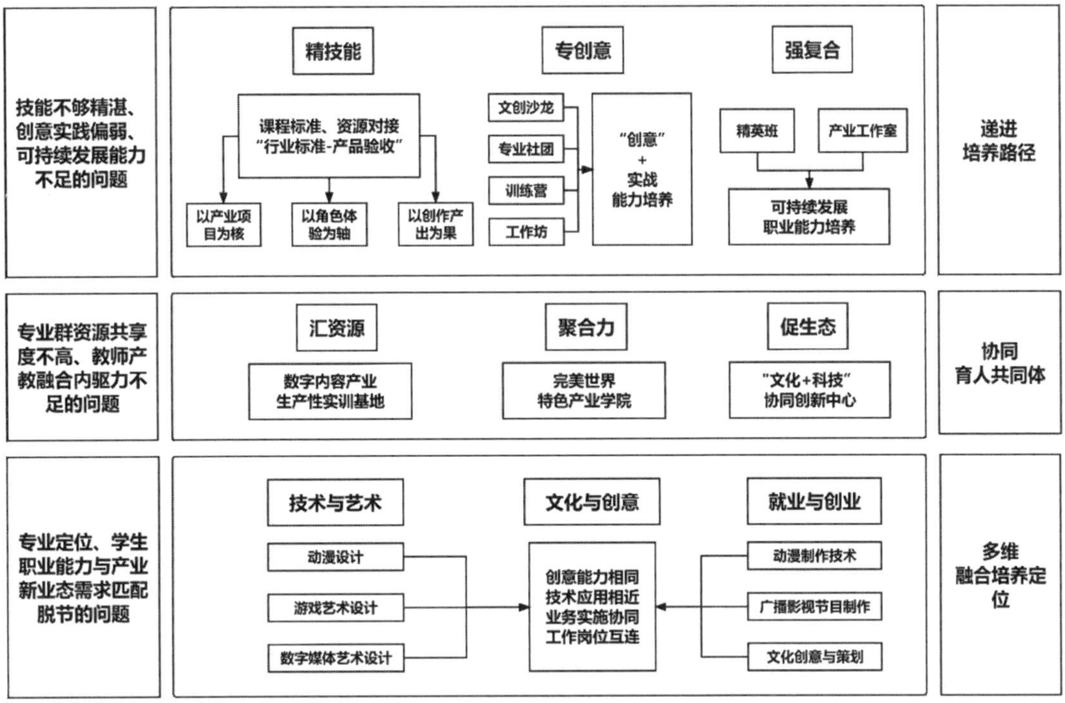

图 5　成果核心模式模型

四、成果成效

（一）专业群建设成效

第一，立项广东省高水平专业群建设项目；是深职大中国特色世界一流重点建设专业群；建成《影视动画》国家级专业教学资源库。

第二，建成包括多家知名企业在内的“一院多企”数字创意产业学院。

第三，获批数字创意“文化＋科技”国家级协同创新中心、数字内容产业专业群国家级生产性实训基地。

（二）“专创融合”人才培养成效

第一，近三年各级平台共培育 165 个学生创意创业项目，其中 37 个项目入驻学校的创意创业园进行孵化。

第二，2015 年学生获中国国际“互联网＋”大学生创新创业大赛银奖，2021 年学生获中国国际“互联网＋”大学生创新创业大赛金奖；近两年共获各级大赛奖项 81 项，在校生获奖人数比例超过 30％。

第三，北京零点市场调查有限公司的相关数据显示，专业群创业校友所占比例为 19.69％；麦可思数据（北京）有限公司相关数据显示，2019—2021 届专业毕业生就业岗位适应性均值为 97％，学生可持续发展能力提升。具体提升路径如图 6 所示。

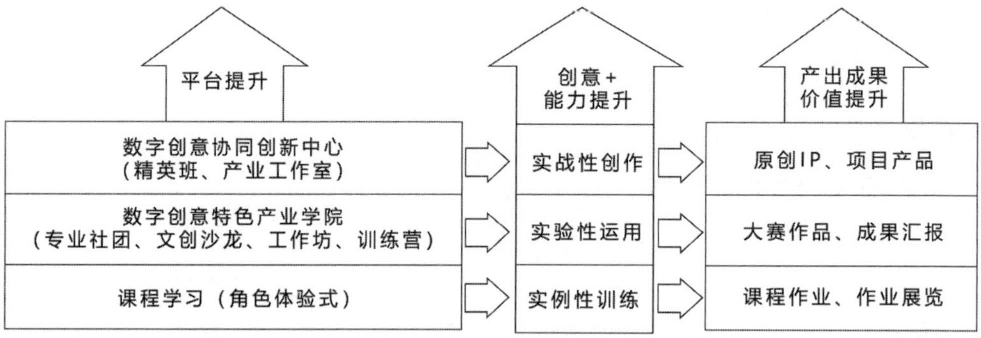

图 6　学生可持续发展能力的提升路径

（三）教师发展成效

第一，专业群教师原创作品《糖果总动员》在央视、保加利亚电视台播出；参与完美鲲鹏（成都）动漫科技有限公司出品的《宇宙护卫队》的创制工作，该节目在包括央视少儿频道在内的 30 多家媒体播出。

第二，专业群教师建成国家精品在线开放课程 1 门、国家级精品资源共享课 3 门、国家精品课 2 门；获全国职业院校技能大赛教学能力比赛国赛二等奖 1 项、省赛一等奖 3 项；获评“广东特支计划”教学名师、广东省高等学校教学名师、深圳市五一劳动奖章、深圳市技术能手。

第三，近三年教师主持技术服务 97 项，参与《游戏美术设计》等 3 项 X 证书标准制定，并主持培训教材及资源开发。

五、推广应用

（一）成果的主要适用范围

第一，高等教育机构。成果可以在高等教育机构中推广。

第二，数字创意行业。成果适用于数字创意行业内的企业和组织。

第三，创新创业教育。成果可以应用于创新创业教育领域。

（二）成果的主要应用场景

第一，数字创意产业应用。数字创意专业群培养的人才在动画、游戏等创意产业中具有广泛的应用场景。

第二，跨媒体平台应用。经过跨学科的培养，数字创意专业群培养可以适应各种媒体平台的需求。

第三，创业创新应用。数字创意专业群培养的人才具备创业和自主创新的能力。

（三）成果的社会评价

第一，数字创意产业内容和服务包括游戏、动漫、虚拟现实等七大子领域，游戏动漫专业群“学训用”一体化的角色体验式项目教学探索实践获得省级教学成果奖一等奖。“学训用”一体化的角色体验式项目教学探索如图 7 所示。

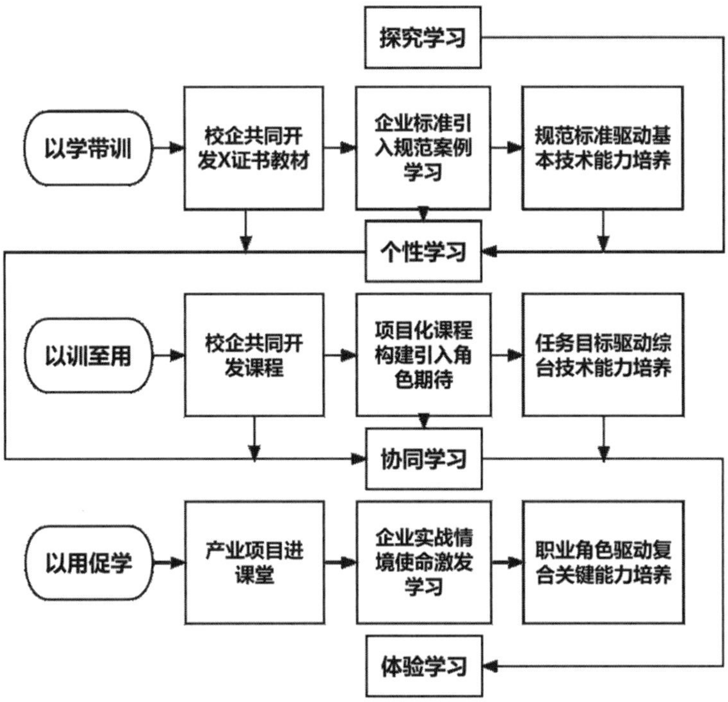

图 7 “学训用”一体化的角色体验式项目教学探索

第二，专业群开发的《影视动画》国家级专业教学资源库，在超过 300 所院校中得到应用；成为广东省高水平专业群；对口支援了西藏、江西等多所职业院校的专业转型建设。

第三，依托数字创意产业学院平台，在全国产教融合高峰论坛、教育部职业院校艺术设计类专业教学指导委员会年会等场合，推广成果经验，获得广泛好评。

（四）成果的行业影响

第一，建成了国家级生产性实训基地——高职院校数字内容产业专业群公共实训中心。

第二，建成了国家级应用技术协同创新中心——数字创意“文化+科技”协同创新中心。

第三，建成了国家示范性虚拟仿真实训基地——智能 ICT 虚拟仿真实训基地公共实训分中心。

第四，建成了广东省数字创意产业研究中心、搭建了深圳市数字创意公共技术服务平台。

六、改进方向

（一）成果的不足之处

数字创意专业群的发展具有地域不平衡性，案例实践举措的通用性有待提升，需要进一步推动数字资源西行，重点服务西部地区，以取得更大的专业人才培养实践成效。

（二）成果的改进方向

第一，依托教育部职业院校艺术设计类专业教学指导委员会，聚焦数字创意产业人才培养，建立院校数字创意专业互助平台，将中西部中、高职院校纳入其中，保障数字创意专业群的共建共享。

第二，依托数字创意产业学院，联合数字创意头部企业，发挥领航和支柱作用，吸引其他中、小型企业加入，组建参与面更广泛的数字创意企业联盟，由点及面地构建校企协同育人共同体生态。

基于“产教融合、赛教融通、科研反哺、创新驱动”的智慧轨道交通示范性虚拟仿真基地建设

崔宏巍　胡松华　周丽丽　陈建华　朱亮红

（深圳职业技术大学）

摘要： 本案例依据国家专业教学标准，以建设思路新、中心架构新、教学体系新、技术类型新等“四新”为建设路径，打造以“产教融合、赛教融通、科研反哺、创新驱动”的建设理念为引领，教学资源丰富、教学特色鲜明、师资队伍水平一流、管理机制完善、开放共享程度高，可满足多学科、多专业实践教学要求的智慧轨道交通示范性虚拟仿真实验实训基地。

关键词： 产教融合；赛教融通；虚拟仿真；轨道交通

一、实施背景

2022年，深圳市人民政府发布的《关于发展壮大战略性新兴产业集群和培育发展未来产业的意见》提出培育发展壮大“20＋8”产业集群，其中有12个产业方向都与ICT（信息与通信技术）息息相关。为适应国家战略和数字经济发展要求，深圳职业技术大学打造了智能ICT虚拟仿真实训基地，该基地具有天然的区域环境优势，对接战略新兴产业，与华为技术有限公司、深圳市地铁集团有限公司、深圳市腾讯计算机系统有限公司、比亚迪股份有限公司等领先企业进行深度产教融合，基于深圳市产业优势和深职大的专业群基础，构建“一平台三中心”（见图1）。

依托战略性新兴产业群，智能ICT虚拟仿真实训基地分别对接新一代信息通信技术“端、管、云、用、创”五大领域，以ICT核心技术为突破点，同时以“智慧轨道交通”“智能机器人”等为应用场景，形成对应的九大中心。根据《职业教育示范型虚拟仿真实训基地建设指南》，基地主要服务于与ICT相关的通信技术专业群、新能源汽车技术专业群和人工智能专业群，主要包括现代通信技术、智能交通等专业，分别建立了项目团队，完成了11个建设任务。智慧轨道交通示范性虚拟仿真实验实训基地是智能ICT虚拟仿真实训基地的子基地，其依据国家教学标准，以建设思路新、中心架构新、教学体系新、技术类型新等“四新”为建设路径，打造教学资源丰富、教学特色鲜明、师资队伍水平一流、管理机制完善、开放共享程度高，可满足多学科、多专业实践教学要求的职业教育示范性虚拟仿真实验实训基地。

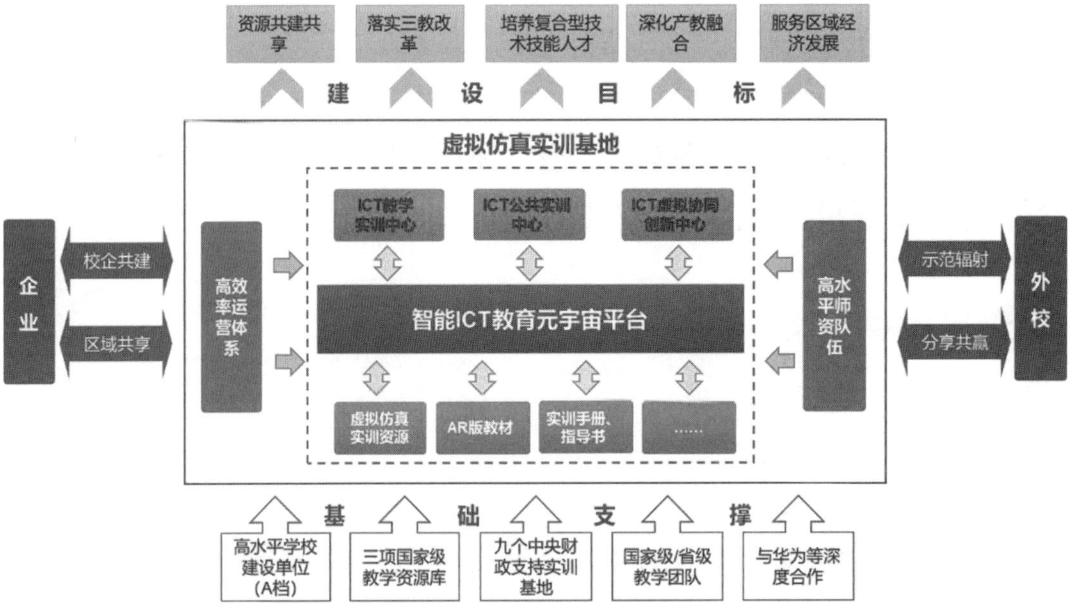

图1 “一平台三中心”总体思路

二、主要做法

(一) 构建虚实结合的“产赛研创证”五位一体人才培养模式

智慧轨道交通示范性虚拟仿真实验实训基地采用虚实结合的“产赛研创证”五位一体人才培养模式。

1. 产

基地与深圳市地铁集团有限公司及粤港澳大湾区智慧城轨产业链企业紧密合作，实行校企双导师协同育人机制，将生产过程通过虚拟仿真转化为生产实践教学过程，实现产教融合（见图2）。

图2 基地与深圳市地铁集团有限公司及智慧城轨产业链企业合作

2. 赛

基地开发竞赛虚拟仿真资源，将竞赛规程转化为教学任务与技能比武项目，应用于学生技能大赛、教师教学能力大赛，以虚实结合的方式，帮助学生取得金砖国家职业技能大赛金牌、全国职业院校技能大赛一等奖等多项奖项（见图3），实现了赛教融合。

图3　赛教融合取得多项国际级及国家级奖项

3. 研

基地协助企业开展技术研发及生产改进，将研发进程融入教学与社团活动，并将其进一步转化为创新课题与技术专利，同时以科研反哺教学，提升为企业服务的能力（见图4）。基地协助深圳科安达电子科技股份有限公司等智慧城轨企业完成4项技术攻关项目，切实提升了自身服务社会的能力。

图4　科研反哺教学

4. 创

基地以创新项目培育学生创新创业能力，并获得专项资金资助（即科技竞赛奖项资助），实现创新驱动；指导学生开发了“地铁车站空气质量智能监控系统”“虚拟仿真车站”等虚拟资源，有效提升了学生的创新创业能力（见图5）。

图 5 创新驱动提高学生创新创业能力

5. 证

虚拟仿真资源用于学生进行 1+X 证书技能考核练习，以虚实结合的方式提升学生的职业技能；同时依托行业协会，联合深圳市地铁集团有限公司共同开发证书及行业标准，对外开展培训及技能鉴定（见图 6）。

图 6 课证融通提升学生职业技能

（二）建立由教育部指导专家、国家虚拟仿真基地、脚本设计院校、项目开发单位组成的四方联动资源开发机制

2020 年，深职大获得部省共建国家职业教育虚拟仿真示范实训基地城市轨道交通运营管理专业资源建设项目。在教育部科技发展中心的专家指导下，智慧轨道交通示范性虚拟仿真基地针对站务员及乘务员岗位，基于岗位能力和行动场理论开发了 37 个资源脚本，江西科骏实业有限公司根据脚本开发资源并应用于国家职业教育虚拟仿真实训基地，四方联动的资源开发机制既保证了资源开发的质量，也有助于资源的共建共享（见图 7）。

图7 四方联动完成资源开发

（三）四维融合特色产业学院虚拟仿真基地的组织形态、模式与运行机制研究与实践

依托四维融合的“双主体、三中心、四基地、五平台”特色产业学院建设与运行模式（见图8），建立校企双主体的虚拟仿真基地组织架构，通过“创新、创意、创客、创业、实践”这“四创一实”，支持平台研发成果转让和学生创业，协同培养学生的务实创新能力。与智能ICT产业领军企业合作，充分利用企业优势，双方共同参与课程设计、虚拟仿真资源开发、技术研发和服务等，组建高水平虚拟仿真技术创新平台，建设集虚拟仿真资源建设、人才培养、技术应用研发、创新孵化、标准研制、社会服务于一体的高水平示范性智能ICT虚拟仿真基地。

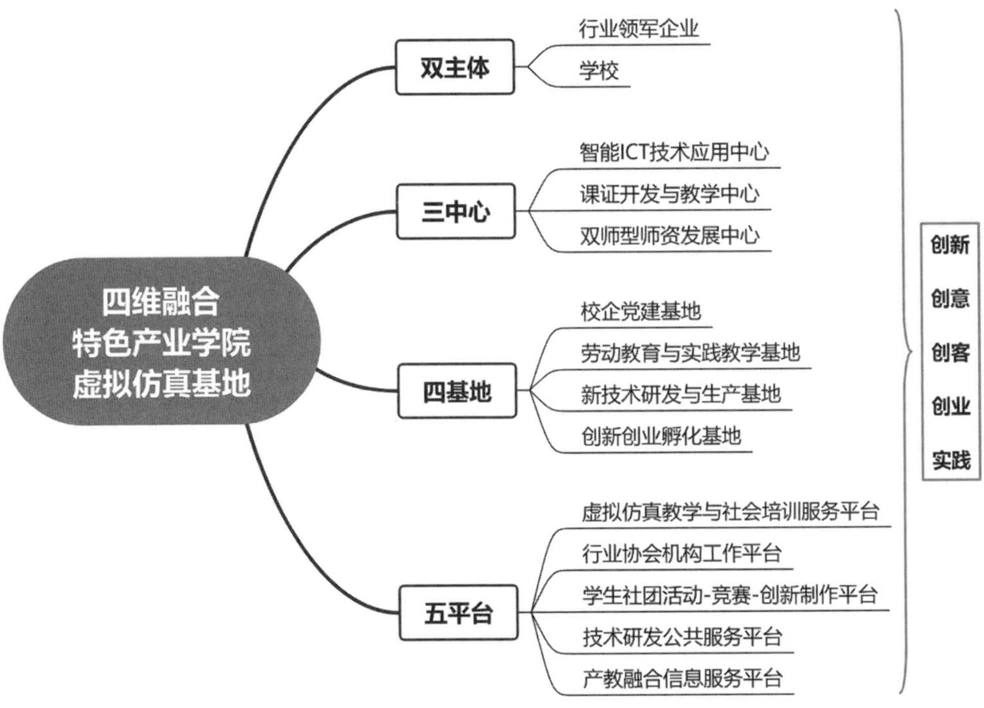

图8 四维融合特色产业学院虚拟仿真基地

（四）以“岗位标准、技术标准、产品标准”引领的虚拟仿真资源开发与专业群课程体系立体化模型重构

构建了以“岗位标准、技术标准、产品标准”引领的虚拟仿真资源开发模式，重构了专业群课程体系立体化模型、教学标准和教学内容，通过协同项目化改造，使得课程虚拟仿真资源与智能 ICT 岗位需求精准对接；通过华为技术有限公司、深圳市地铁集团有限公司等企业的评测，细化专业群内部各专业层面的预期学习产出；围绕专业预期学习产出，逆向设计各门课程，明确各门课程贡献度，建立课程与培养标准的匹配矩阵，进一步指导课程虚拟资源开发。

（五）同步产业最新技术、可推广的虚拟仿真课程改革方案、实施策略与方法创新

校企共建行业领军企业标准引领的立体化智能 ICT 专业群课程体系，完成课程模块和课程内容的重构，同步实现虚拟仿真课程的实时改造与迭代，始终保持课程内容的前沿性、动态性与适用性，提出了适用于产业转型升级发展多元需求的课程改革方案；聚焦务实创新能力培养与产业发展需求的契合点，对接产业核心岗位流程，提出一整套基于虚实结合的务实创新型专业群人才培养实施策略；依托智慧课堂重塑教与学的关系、思政与课程的关系，构建以学习者为中心的自主、泛在、个性化教与学的新方法。完成国家专业教学资源库子项目，开发完成优质教学资源超 10000 条，形成“沉浸式自适应”学习范式，满足省内外 32 个院校相关专业的线上教学需要，有效促进了专业群与产业的共生融合发展。

三、典型经验

（一）理念创新：提出“三维四阶、岗课赛证”虚拟仿真资源建设与实践理念

根据智慧轨道交通岗位用人需求调研结果，专业群创新性地提出了“价值塑造、能力培养、跨界融合”三维目标体系，实施“基础技能、专项技能、综合技能、创新实践”四阶段的虚拟仿真资源建设与教学步骤（见图 9）。调研行业龙头企业深圳市地铁集团有限公司，模拟站务员、乘务员真实工作环境，“岗课赛证”全面融通，针对行车组织、列车驾驶等技能实训开发虚拟仿真资源，取得了较好的效果。

（二）机制创新：构建了以标准为引领、以平台为依托的虚拟仿真基地实践教学协同育人新机制

基于教育生态理论形成机制，依托深圳市地铁集团有限公司等企业构筑了“产赛研创”虚拟仿真基地与实践平台（见图 10），建立了虚拟仿真基地资源聚合机制与运行机制，构建了校企行多主体“六个共同”联动机制。

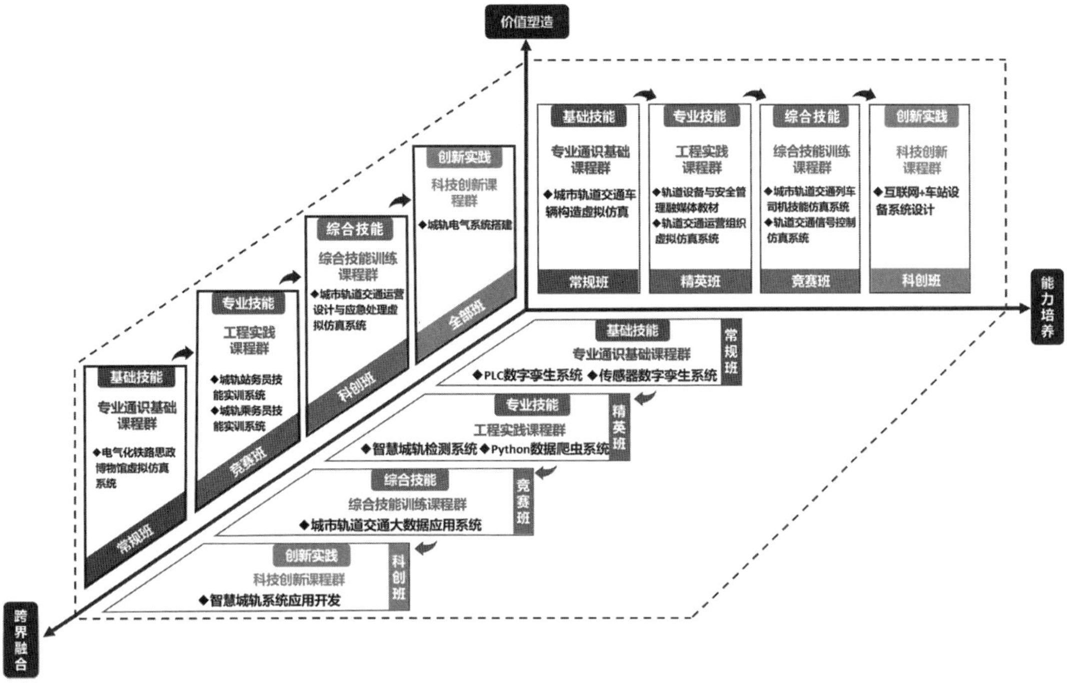

图 9 “三维四阶、岗课赛证”虚拟仿真资源体系

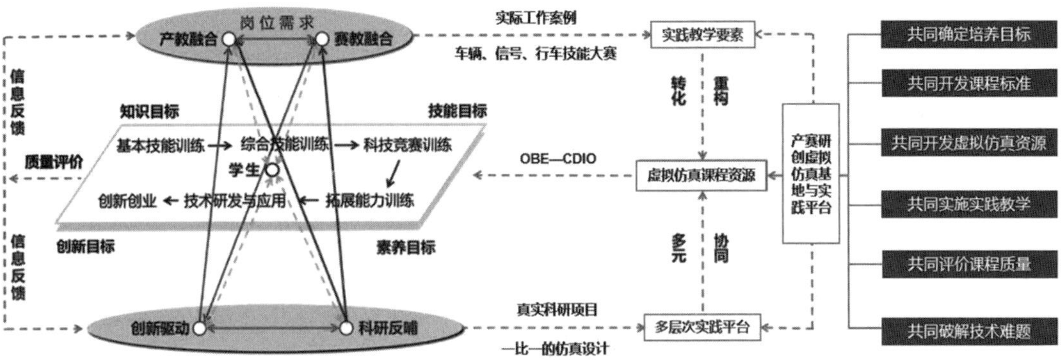

图 10 “产赛研创”虚拟仿真基地与实践平台

（三）模式创新：创建了基于虚拟仿真基地的“产教融合、赛教融通、科研反哺、创新驱动”实践教学新模式

突破传统高职实践教学重单一技能、轻综合能力与创新能力培养的局限，创建了基于虚拟仿真基地的“产赛研创”实践教学模式（见图 11），打通了跨专业实践教学组织与实施的壁垒，实现了多主体协同培养复合型技术人才。

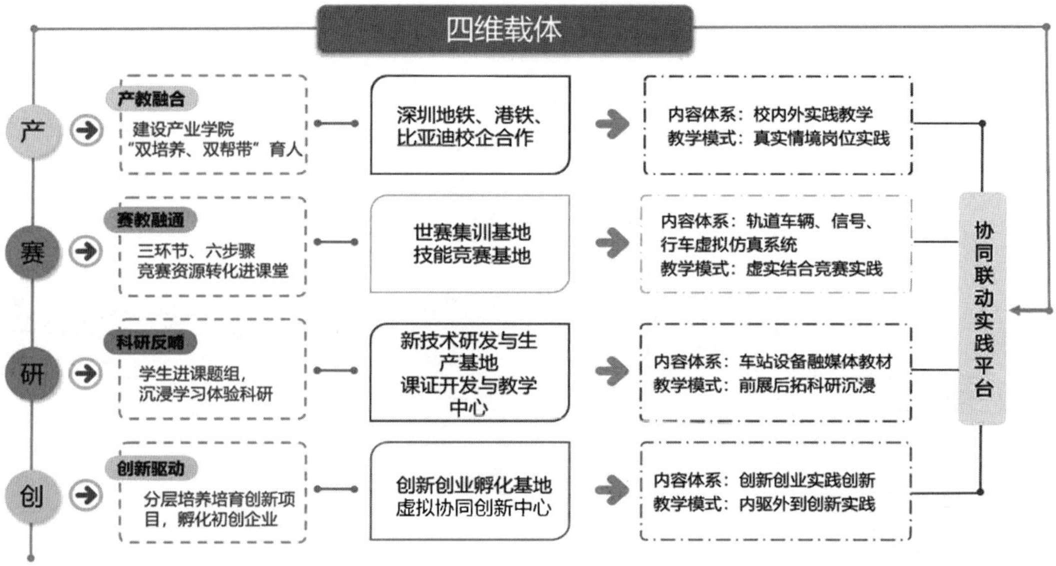

图 11　“产赛研创”实践教学新模式

四、成果成效

（一）虚拟仿真技术在实践技能教学中应用效果良好

深职大汽车与交通学院多次组织课程组团队研究和实施线上实践教学环节，依托在建的广东省虚拟仿真中心，依托主持的专业教学资源库微课视频、虚拟仿真资源、VR 资源、三维动画、Elsa 维修手册、Ncast 实训系统、在线学习平台等资源组织开展混合式课程教学，在城市轨道交通、汽车类专业课程中以项目驱动形式进行虚拟实操训练。充分发挥不同平台的特点、各司其职，结合课前、课中、课后的网络教学组织形式，将过程考核贯彻整个教学过程，牢牢将学生吸引在实践技能环节，从而确保网络教学的教学质量。城市轨道交通运营管理专业课程探索“学生电脑端虚拟仿真＋教师直播实物操作”的远程实训方案，首先针对学生自有电脑情况、专业软件安装情况、教学平台等情况进行了调研，将学生每两人分成一个小组。教师录播、剪辑自制操作视频，然后通过“录播＋直播”的方式指导学生在电脑上安装工具软件和虚拟仿真软件。学生在线学习软件基本操作之后，就可以通过“学生电脑端虚拟仿真＋教师直播实物操作”实现远程实训。

这里以汽车运用与维修技术大赛训练团队为例进行说，团队依托微课视频、虚拟仿真资源、3D 动画、奥迪 Elsa 在线维修手册系统等资源组织混合式课程教学，以汽车空调制冷剂的加注为工作任务，以任务驱动的形式进行理论讲授和实操训练，使抽象问题形象化，学生更易吸收和消化，较好地实现了技能训练目标（见图 12 和图 13）。

深职大汽车与交通学院引入多种虚拟真实方式，助力教学改革创新，例如城市轨道交通运营管理专业具有行业特殊性，其传统教学需要较大的场地和昂贵的专用设备。长期以来，受场地和经费限制，该专业的教学实践面临诸多困难。在学校和学院领导的指导下，该专业教师努力探索教学改革方法，引入信息化手段解决技术难题（见图 14）。在车站设

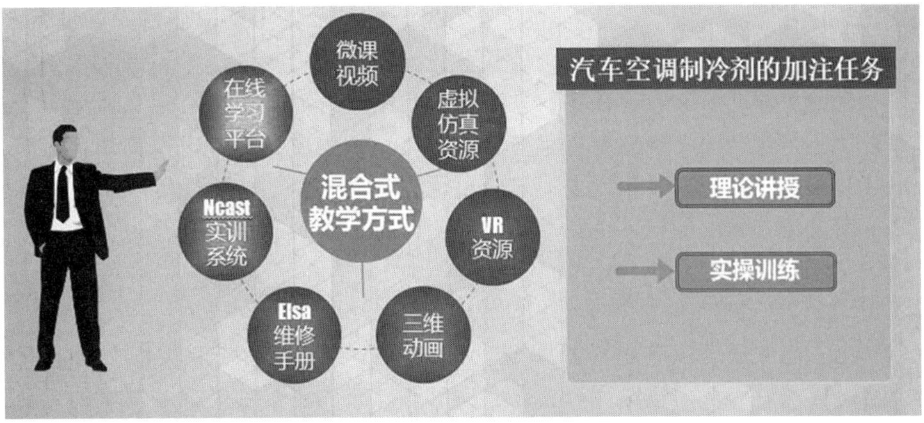

图 12　混合式教学设计

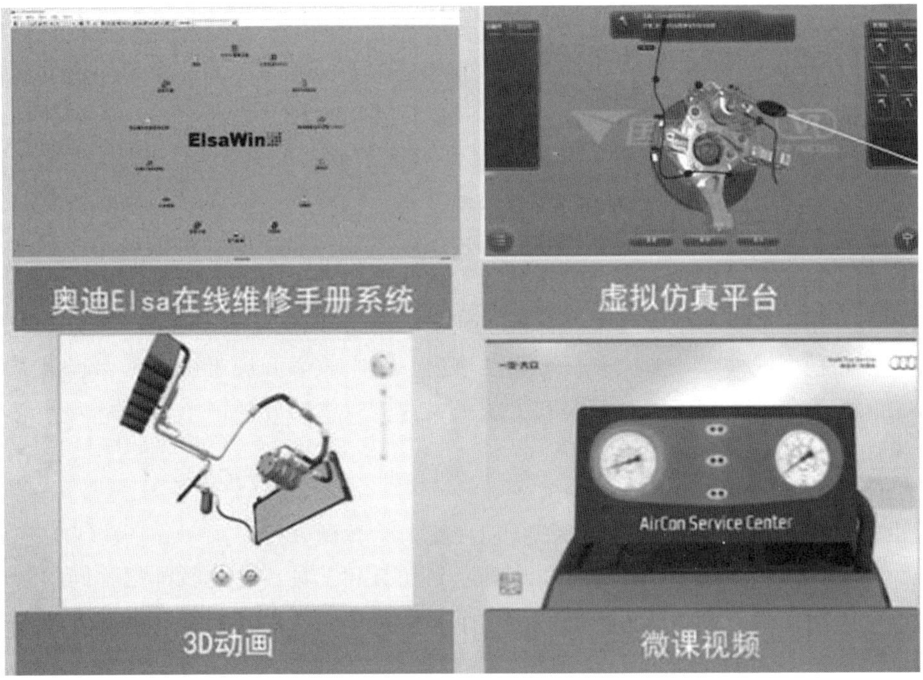

图 13　线上课程信息化教学资源

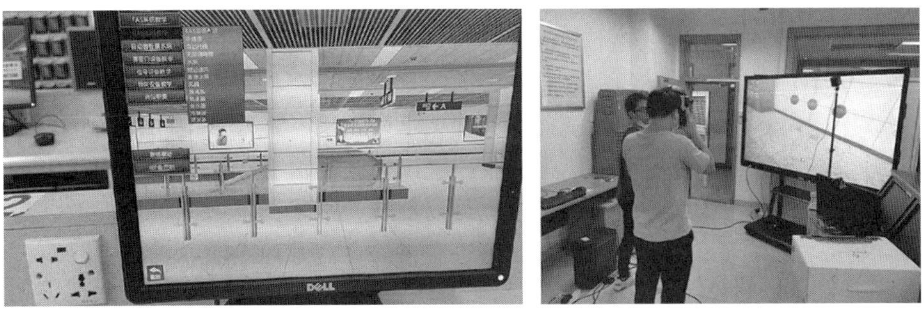

图 14　城市轨道交通运营管理专业车站虚拟实训

计课程中，该专业与北京智联友道科技有限公司合作，开发了虚拟地铁车站的教学环境。课程将庞大的车站环境虚拟化，教学内容任务化、模块化管理，以学、练和考的方式，完成站务岗位车站工作的所有教学任务。在城轨设备维护方面，城市轨道交通运营管理专业引入 VR 教学，将复杂的设备拆解过程分解标准化。学生通过动手虚拟操作，更好地理解了设备原理和操作维护技巧。该专业通过信息化教学改革创新，不仅解决了长期制约专业发展的场地和设备方面的问题，也让教学过程变得更加生动有趣。

（二）以专业教学资源库引领赛教融合，效果显著

深职大汽车与交通学院专业资源库建设稳步推进，例如，城市轨道交通运营管理专业、智能交通技术专业教学资源库自建设立项以来，完成涵盖主要技术领域的专业主干课（共 20 门）数字化教学资源建设，实现线上教学或线上线下混合教学。同时，建设大量拓展资源，发挥资源库服务学习型社会建设的作用，满足企业员工继续教育、技能提升的需求。基于以上战略性目标，城市轨道交通运营管理专业搭建了资源库的总体框架，即五个中心和四个拓展模块。其中，五个中心为专业建设中心、课程中心、学习中心、素材中心和互动中心；四个拓展模块为培训认证营、技能竞赛网、校企直通车、车友服务站。智能交通技术专业在建的校级专业教学资源库于 2021 年在国家职业教育智慧教育平台正式上线运行，截至 2023 年 9 月建设开放了 10 门标准化在线课程。以此为基础，该专业还在智慧职教云平台上帮助多个职业院校建设个性化在线课程，核心运行指标良好。城市轨道交通运营管理专业教学资源库中的“轨道交通车辆技术”是一门实践性很强的课程，需要学生动手参与，在实践操作中完成项目、发现问题、讨论问题、解决问题，并融汇升华、提升认知。该课程实践性强，对软硬件环境要求高，线上教学开展难度大。课程组成员教师群策群力、积极创新、排除困难，为线上线下混合式教学的开展铺平了道路。

（三）岗课赛证综合育人，弘扬工匠精神，培养技能精英

城市轨道交通运营管理专业为备战技能大赛，认真做好每一项工作。为了方便学生进行技能大赛实操部分的训练，让每个学生都拿到耗材和工具，专业教师把不同的物料分拣打包，并一箱箱分别邮寄给队员。同时由于技能大赛在创新思维、创新意识方面对教师和学生都提出了新的要求，师生在没有设备的前提下每周进行直播，深刻瓦解设备原理，对故障排查进行复盘，对思路进行梳理。专业训练团队每天详细记录设备测量的数据，整理当天训练遇到的问题并提出解决办法。教师还使用了新方法进行教学指导，这种方法不仅可以节省时间，还让学生从原理上掌握了这台难倒全国无数个队伍的设备的使用方法，极大地增强了学生对于操作设备的信心。金砖国家技能大赛“轨道交通信号控制技术”比赛内容涉及多个学科，要求指导教师全面掌握相关学科知识。此赛项诞生时间短，而城市轨道交通运营管理专业大赛指导团队迅速成长，已经连续两次获得此赛项国赛一等奖。通过比赛，团队教师提高了技术，赛项的内容也可以反哺教学，真正做到以赛促教。赛项的任务模式及内容惠及四门专业课的建设，城市轨道交通运营管理专业教师用实践践行着以赛促教的改革。图 15 为城轨专业开发的全国职业院校技能大赛技能训练资源。

在全国职业院校技能大赛高职组“智联友道杯”轨道交通信号控制系统设计与应用赛项中，深职大汽车与交通学院城市轨道交通运营管理专业温炳姝、王志远、曾深远以优异

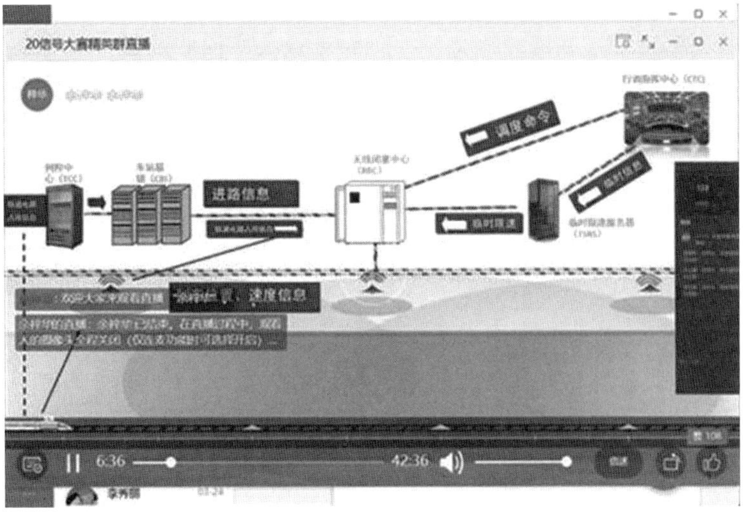

图 15 轨道交通信号控制系统设计与应用赛项训练资源

的成绩荣获团体一等奖，这是汽车与交通学院在轨道交通类赛项上连续两年获得一等奖（见图 16），也是轨道交通赛项的最高奖项。谢妙群是汽车与交通学院智能交通技术专业 2017 级的一位优秀学生。她在 2019 年 6 月参加了中国交通教育研究会主办，中国交通教育研究会职教分会交通运输专业委员会、广东交通职业技术学院承办的“维脉杯”全国高等职业学校智能交通系统集成与应用技能竞赛，并作为我校“凤舞九天”队的队长，沉着应战，夺得了比赛的特等奖，创造了智能交通技术专业首夺国赛（国家级二类竞赛）头奖的历史。

图 16 全国职业院校技能大赛高职组轨道交通信号控制系统设计与应用赛项蝉联一等奖

（四）人才培养质量显著提高

第一，学生具有较强的动手能力和专业技能。近年来，学生获得教育部国赛一等奖 8 项、省赛一等奖 16 项、其他奖项 73 项，300 余人次获国家级、省、市、校级奖励。学生获“挑战杯”全国大学生课外学术科技作品竞赛一等奖、“挑战杯”广东大学生课外学术科技作品竞赛一等奖 5 项。获得全国职业院校技能大赛高职组“智联友道杯”轨道交通信号控制系统设计与应用赛项一等奖、新能源汽车技术与服务赛项二等奖、广东省职业院校学生专业技能大赛“新能源汽车技术与服务”（高职组）一等奖、全国机械行业职业院校技能大赛“清华·行云杯”新能源汽车知识与技能大赛冠军、“北汽新能源杯”全国职业院校技能大赛三等奖、广东省优秀学生社团、广东省职业院校学生专业技能大赛创新创业大赛一等奖、中国国际“互联网+”大学生创新创业大赛深职院赛区一等奖等。

第二，学生具有良好的综合素质和创新能力。麦可思数据（北京）有限公司相关数据显示，深职大汽车与交通学院的人才培养标志性质量指标有显著改善，2015 年汽运专业（现在已经转型升级为智能网联汽车专业）立项为广东省一流建设专业，汽车电子技术专业立项为广东省首批品牌专业，2016 年智能交通技术专业立项为广东省第二批品牌专业，2018 年新能源汽车技术专业入选深职大世界一流建设专业。

第三，学生具有较强的应用能力。近三年，学生毕业作品结合生产实际的课题比例逐年提高，其中 2016—2020 级毕业作品课题结合生产实际比例超过 91.3%。学生的应用能力不断增强，“产赛研创”成果被深圳市地铁集团有限公司、比亚迪集团等采纳，有效地促进了企业技术的提升。

（五）“产赛研创”平台领跑全省

建有广东省高校新能源汽车与节能减排工程技术开发中心、深圳市汽车尾气排放测试与控制重点实验室、深圳市汽车电子产品检测与鉴定公共技术服务平台等 3 个省市科研平台，联合比亚迪集团、深圳市地铁集团有限公司等 16 家行业龙头企业，8 所高校和研究机构，成立比亚迪应用技术研究院等特色产业学院，共同构建生产性实训基地，促进企业转型升级。本成果应用于广东省工程技术研究中心和平台的建设工作，按照企业规范完善了创新型项目化课程教学模式，提高了创新制作和科技研发能力。近五年，汽车与交通学院的科研经费到账 3200 万元，为企业完成 128 项技术改造项目，经济效益超亿元。主持深圳市发改委“新能源汽车技术”职业鉴定及培训平台建设，到账资金 1496.14 万元。平台科技成果获得广东省科学技术奖二等奖、卫星导航定位科技进步奖三等奖，主持参与了《中国第二代卫星导航系统重大专项标准》的制定。

五、推广应用

（一）通过国家职业教育虚拟仿真示范实训基地及国家职业教育智慧教育平台进行推广及共享

政校行企四方联动共建的智慧轨道交通虚拟仿真资源作为第一个先行先试的专业资源，于 2021 年 9 月 13 日在国家职业教育虚拟仿真示范实训基地正式开班，并取得圆满成功。试运行授课基本依靠 VR 桌面一体机完成，实训内容大致可以分为站务管理、行车组织等智慧轨道交通运营岗位中的关键技能点（见图 17）。所开发的资源通过国家职业教育虚拟仿真示范实训基地对外推广，后续将上线国家职业教育智慧教育平台，面向全国共享。

（二）牵头制定全国教学标准，推广与应用多维立体协同实践体系

受教育部委托，主持完成了《高等职业学校智能交通技术运用专业教学标准》的制订，参与完成了《高职交通运输管理类专业教学标准》《高职智能交通技术专业实训教学条件建设标准》，牵头制定了全国交通运输行业标准《汽车维修培训设备》，多次承办全国

图 17　依托国家职业教育虚拟仿真示范实训基地开班授课、对外共享

专业教学标准、实训条件建设标准研讨会，以标准为引领，在全国范围内推广与应用“产赛研创”多维立体协同实践体系。深职大教师王兆海被聘为世界技能大赛汽车技术项目中国技术指导专家，指导我国参赛选手获得 2015 年第 43 届世界技能大赛第 4 名优胜奖，并在 2017 年第 44 届世界技能大赛上夺得世界银牌，他两次荣获人社部和广东省政府表彰，获得“中国大能手”专家聘书。

（三）国内示范效果显著

本成果应用于深圳市公共技术服务平台，不仅服务于深圳市中小企业产品开发，也满足了个人职业技能培训和技能鉴定的需要，每年为 2000 人次开展新能源汽车技术、智能交通技术职业资格培训与鉴定，将职业教育资源与创建深圳学习型城市紧密结合，取得了丰硕的成果和社会效益。本成果具有很好的辐射和示范作用，实践教学改革和“产赛研创”模式取得了良好的成绩，获得了多家媒体的报道，如 2019 年 5 月 4 日，中央电视台网财经频道专门采访和报道了汽车与交通实践教学模式、大学生方程式赛车队的成果，产生了积极的社会影响。成果获得深圳市优秀教育教学科研成果奖二等奖、中国高职教育研究会优秀成果奖二等奖。先后有广东交通职业技术学院、吉林铁道职业技术学院、深圳信息职业技术学院、深圳市龙岗职业技术学校、东莞职业技术学院等 16 所省内外高职院校前来深职大考察学习和交流经验，专业群实践教学模式、体系、实践教学教改经验被 16 所职业院校借鉴或采用。

六、改进方向

城市轨道交通运营管理专业实践性和应用性较强，技术迭代也较快，这就需要专业教师在教学中时刻紧跟行业前沿，了解行业最新科学技术，拓展教学视野，构建新的教学模式。随着“产赛研创”智慧轨道交通虚拟仿真基地建设项目的深入推进，专业教师需要增强学生对轨道交通虚拟仿真实训的体验感与学习获得感，这也对教师虚拟仿真资源的开发能力提出了较高的要求，需要教师在脚本撰写的过程中，系统梳理相关岗位工作流程、课程教学设计、实训过程设计及实训考核评价法，科学设计学习性工作任务，建立项目化教学内容，结合信息化技术，开发相应的教学项目、情境、任务、产品等载体，插入需要解决的问题和形成技能所需要的知识，促使教师基于工作过程整合教学内容，并根据教学反馈，对教学内容进行持续的开发和改进。

深职大与比亚迪共建特色产业学院培养新能源汽车技术人才的探索与实践

崔宏巍　董铸荣　潘　浩　梁松峰　张　凯

（深圳职业技术大学）

摘要： 本案例以“振兴民族新能源汽车产业”理念引领校企深度合作，构建“技术共研、产学共融、师资共用、人才共育”“四维融合”的特色产业学院人才共育生态圈，探索“双主体、三中心、四基地、五平台”的特色产业学院建设发展模式，打造基于特色产业学院自组织生态圈的务实创新型应用技术人才协同培育体系，以专业群对接产业群，在时间和空间上环环相扣，有效解决了产教融合、校企合作不够深入，缺乏产教融合实施平台、实施路径和资源汇聚途径不顺畅等问题；以比亚迪应用技术学院为载体，构建适应产业多元需求的新能源汽车专业群复合式务实创新型应用技术人才培养模式，在 CDIO-OBE 融合理念下研制人才培养方案和课程体系，形成了基于特色产业学院的“务实＋创新”的人才培养与教学改革实践的清晰脉络与具体路径，解决当前职业教育中存在的产学脱节、实践能力和创新能力不足等问题。

关键词： 产教融合；产业学院；新能源汽车；人才培养

一、实施背景

国务院 2019 年 1 月 24 日印发的《国家职业教育改革实施方案》（职教 20 条）明确提出“落实好立德树人根本任务，健全德技并修、工学结合的育人机制，完善评价机制，规范人才培养全过程。深化产教融合、校企合作，育训结合，健全多元化办学格局，推动企业深度参与协同育人，扶持鼓励企业和社会力量参与举办各类职业教育”。2020 年 7 月 30 日，教育部办公厅、工业和信息化部办公厅联合出台《现代产业学院建设指南（试行）》，该指南提出“面向产业转型发展和区域经济社会需求，以强化学生职业胜任力和持续发展能力为目标，以提高学生实践和创新能力为重点，深化产教深度融合、校企合作，创新人才培养方案、课程体系、方式方法、保障机制等”“整合多主体创新要素和资源，凝练产教深度融合、多方协同育人的应用型人才培养模式”。

当前，职业教育校企合作中普遍存在企业主体作用发挥不够、内生动力不足、企业与学校利益划分界限不明晰等问题，虽然已经成立了不同类型的特色产业学院，但这些产业学院普遍未形成清晰的组织架构与运行机制，导致产学研合作不深入、合作项目流于形式，没有充分发挥人才共育的合力。因此，本案例探索“教育链、产业链、创新链、人才链、价值链”五链贯通的具体方法和路径，构建“四维融合”的人才共育特色产业学院，充分发挥行业领军企业的主体作用，将“务实＋创新”教育贯穿于职教人才培养的全过程，以新能源汽车技术专业群教学改革为例，为职业院校务实创新型人才的培养提供了有效的实践依据和路径，这对于提升应用技术人才培养质量以及工学深度融合的有效实施，具有重要的参考与推广价值。

二、主要做法

（一）“四维融合”人才共育自组织生态系统要素、机理与路径研究

创新运用教育生态学理论，深入系统地研究影响职业教育人才培养的多种要素、这些要素之间的相互作用和对人才培养质量的影响，以及多种利益关系交叉、多维度相互制约的人才培养生态圈内涵及其构成机理。通过理论研究，探索职业教育专业群内部的生态位、各种群关系，突破传统人才培养的孤立生态，打通生态圈各子系统之间的联系，使其相互驱动和影响，形成一个有机闭环，探索与优化资源配置，使各要素相互协调，维持动态平衡关系，呈现出自组织、动态平衡和可持续进化的特点。人才共育生态圈从组织战略出发，以“务实＋创新”为导向，以特色产业学院为重要载体，构建“技术共研、产学共融、师资共用、资源共享、专创共融、标准共制”多维度融合的人才共育自组织生态模型与动力系统（见图1），并提出了具有可实践性的建设与操作路径。

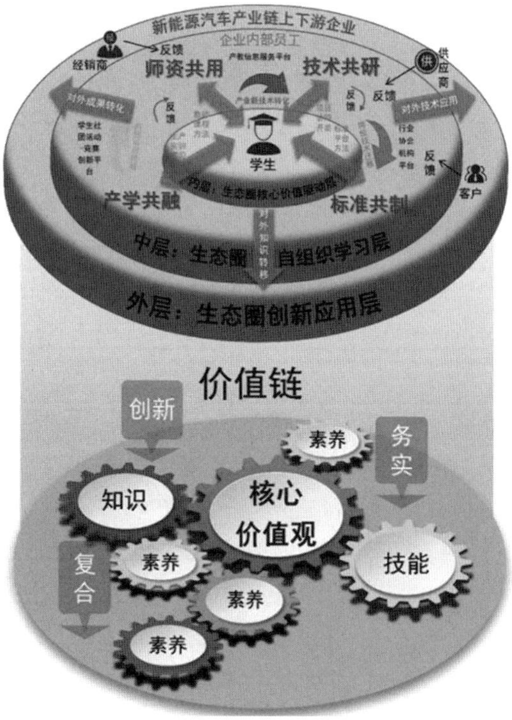

图1　多维度融合的人才共育自组织生态圈

（二）“四维融合”特色产业学院校企合作模式构建与运行机制研究和实践

形成“双主体、三中心、四基地、五平台”的特色产业学院建设与发展模式：“双主体”即建立学校企业双主体的组织架构；“三中心”即围绕自组织生态圈建立起三个中心——新能源汽车技术应用中心、课证开发与教学中心、“双师型”师资发展中心；“四基地”即校企党建基地、人才培养与实践教学基地、新技术研发与生产基地、创新创业孵化基地；“五平台”即教学与社会培训服务平台、行业协会机构工作平台、学生社团活动-竞赛-创新制作平台，技术研发公共服务平台、产教融合信息服务平台（见图2）；通过“创

新、创意、创客、创业、实践”“四创一实”协同培养学生的务实创新能力，支持平台研发成果转让和学生创业，以多种形式服务于产业发展。发挥比亚迪产业优势，校企共同参与课程设计、教材开发、实训教学、师资建设、技术研发和对外服务，探索与实践依托特色产业学院的双主体协同育人模式，重组高水平科研创新平台等实践教学载体。比亚迪应用技术学院的合作领域及合作内容如图 3 所示。双方致力于将比亚迪应用技术学院建设成为集人才培养、技术应用研发、创新孵化、标准研制、社会服务于一体的立足中国、面向全球的特色产业学院。

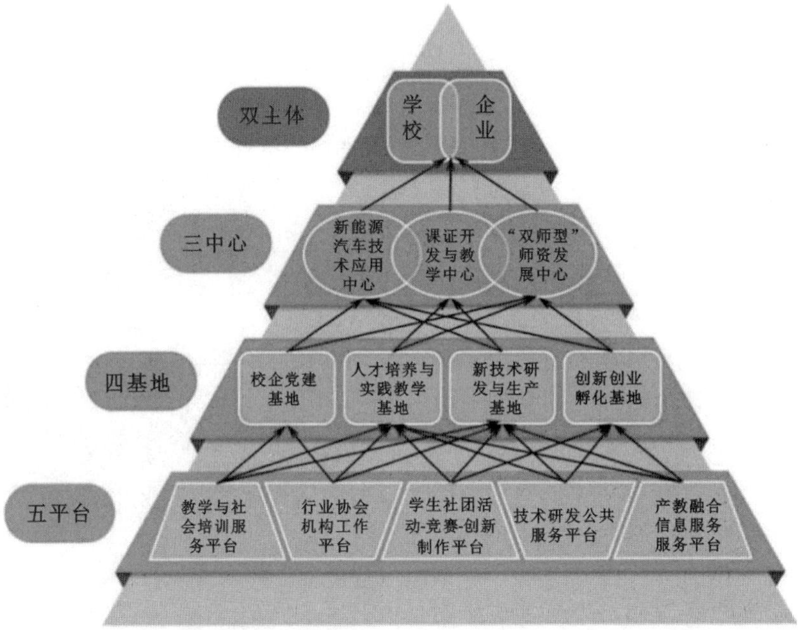

图 2 “双主体、三中心、四基地、五平台”特色产业学院建设发展模式

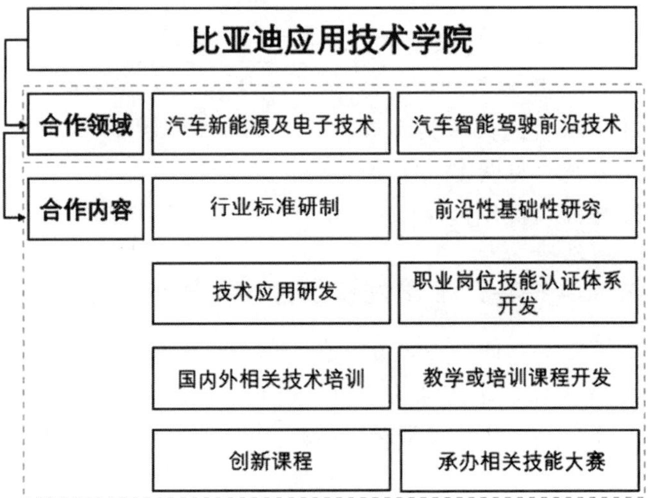

图 3 比亚迪应用技术学院合作领域及合作内容

（三）基于人才共育特色产业学院的CDIO-OBE理念研究人才培养体系开发路径

研究构建复合式创新型应用技术人才培养模式需要遵循的准则；从培养目标、培养过程、培养制度及培养评价四个方面入手，对基于多维度融合的复合式务实创新型人才培养体系构建的框架和方案进行设计；基于CDIO-OBE理念提出的务实创新型人才培养体系开发路径如图4所示，即根据人工智能技术发展对人才需求的变化，通过学习成果评价，动态，持续改进专业结构、人才培养模式，分五个重要阶段保障人才培养模式的应用与实施；以跨专业协同项目为驱动，以成果为导向，实施CDIO-OBE理念下的务实创新型人才培育“真”模式，提升学生的综合实践能力与创新能力。

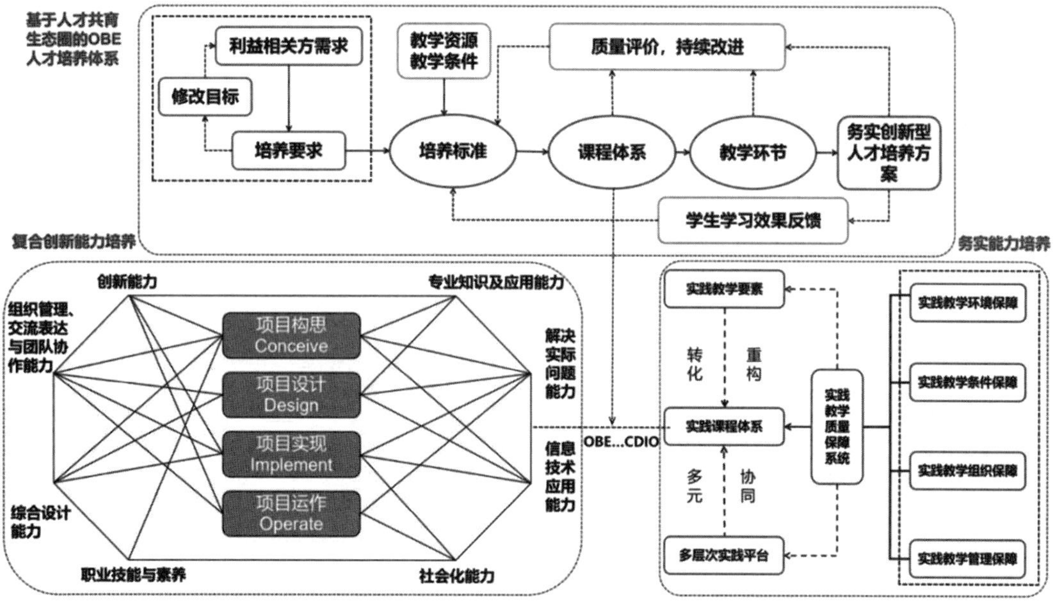

图4　基于CDIO-OBE理念提出的务实创新型人才培养体系开发路径

（四）“四级八阶”能力梯级递进、项目梯级支撑的务实创新型人才培养模式构建

突破传统单个专业的局限，以比亚迪应用技术学院为载体，专业群协同发展，解决专业群人才培养中存在的知识结构单一、务实能力不足、创新力缺乏等问题；专业群人才培养对接产业群需求，按照“认识—能力—综合—应用—创新”的培养规律，践行产教融合的理念，组织教育生态圈、产业生态圈等共同实施教学，实践教学内容和教学资源全部来自上下游企业生产的实际要求，采用“岗位基础技能—专项技能—企业综合项目驱动—拓展能力训练—岗前技能训练与素养培育—技术研发与应用—项目孵化—创新创业”梯级递进务实创新的实践教学新思路，设计和实施企业的真实实践教学项目，开发产教融合实践教学课程资源。“多维融合、梯级递进”的务实创新型人才培养模式应用与实施具体如图5所示。

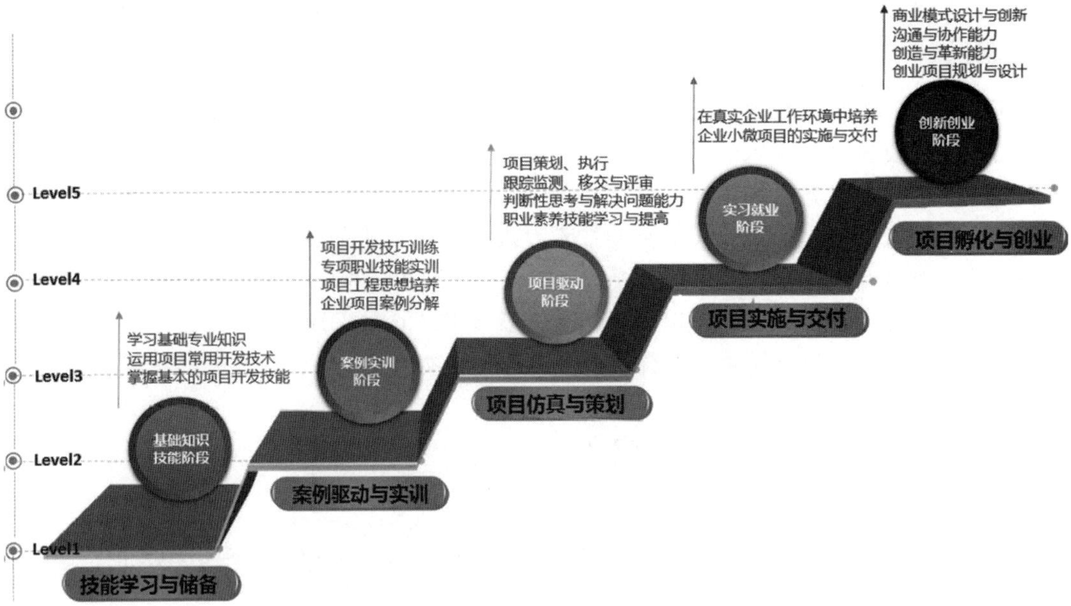

图 5 “多维融合、梯级递进”的务实创新型人才培养模式应用与实施

（五）与区域产业群协同发展的新能源汽车专业群人才培养方案研制

该模式以适应新能源汽车区域产业集群发展多元需求的岗位定位、岗位能力、岗位职业素质、支撑岗位能力的知识点、技能实训、工学结合的培养方案与课程体系为研究内容，以培养与区域产业集群协同发展、具备新能源汽车技术专业群理论知识和实践能力的务实创新型应用技术人才为目标，同时跟踪国内国际新能源汽车产业发展动态与最新技术，分析培养方案与产业发展的适应性，探索社会经济、科技发展、市场变化、个人发展对职业院校专业群人才培养的要求，研究与区域产业集群协同发展的专业群培养方案的可操作性、实施途径、具体措施与效果评价。新能源汽车技术专业群内的专业发展方向包括电动化、智能网联化、运用与服务三大领域，具体如图 6 所示。

（六）“标准引领”的新能源汽车专业群课程体系立体化模型重构

分析目前高职院校新能源汽车技术专业群人才培养方案和课程计划中存在的不足，特色产业学院构建了以“企业标准、行业标准、岗位标准、职业标准”引领的立体化专业群课程体系、教学标准和教学内容，通过协同项目化改造，使得课程内容与新能源汽车技术研发岗位需求精准对接；根据新能源汽车技术专业群定位、使命、愿景和目标，经过生态圈内多个环节的评测，确定和细化专业群内部各专业层面的预期学习产出；围绕专业预期“学习产出”，逆向设计各门课程，明确各门课程对于实现预期“学习产出”的贡献度，建立课程与培养标准的匹配矩阵。课程设计依据成果导向教育理念，课程关注工程知识、设计/开发解决方案、现代工具应用、环境与可持续发展、个人与团队工作、项目管理等内容，依据培养学生具备解决复杂工程问题的能力、具备一定的新能源汽车电动化与智能化领域的创新能力的目标，在课程设计中融入最新的产业技术；采用多样化的教学方法，创设生态圈内多样化的育人环境和教学实境，以务实创新能力为导向，充分调动学生参与教学过程与生产过程，对学生的实际学习产出进行形成性评价。立体化专业群课程体系如图 7 所示。

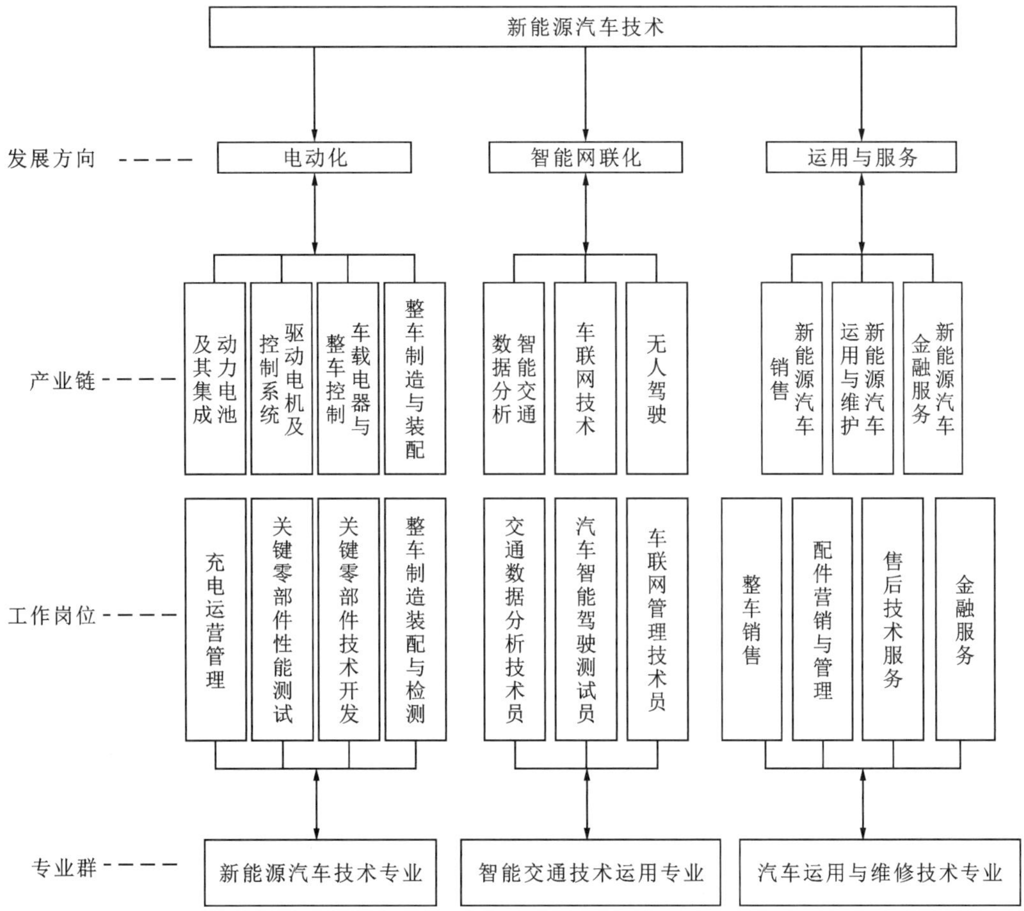

图 6　新能源汽车技术与服务专业群与产业链对应关系

（七）构建基于 CDIO-OBE 融合教育理念的务实创新型人才培养保障系统

务实创新型人才培养保障系统为多维度融合的人才共育自组织生态圈培养模式应用与实施提供了硬件和软件支持，是支撑 CDIO-OBE 融合教育理念应用于务实创新型人才培养的重要基础。本案例从多个方面研究创新人才培养保障体系组成和保障机制，主要包括教学条件保障系统、运行保障系统和信息反馈系统。教学条件保障系统为 CDIO-OBE 融合理念落地提供资源、环境、物质、人力等方面的保障，属于硬件设施；运行保障系统为课程教学提供组织、管理、实施、评价等方面的保障，属于软件设施；渠道畅通的信息反馈系统为动态调整创新人才培养体系提供依据，确保基于多维融合的人才共育自组织生态圈 CDIO-OBE 人才培养体系的时效性和有效性。本成果将三者有效结合，共同构筑协同式务实创新型人才培养模式良好运行的质量保障高地。

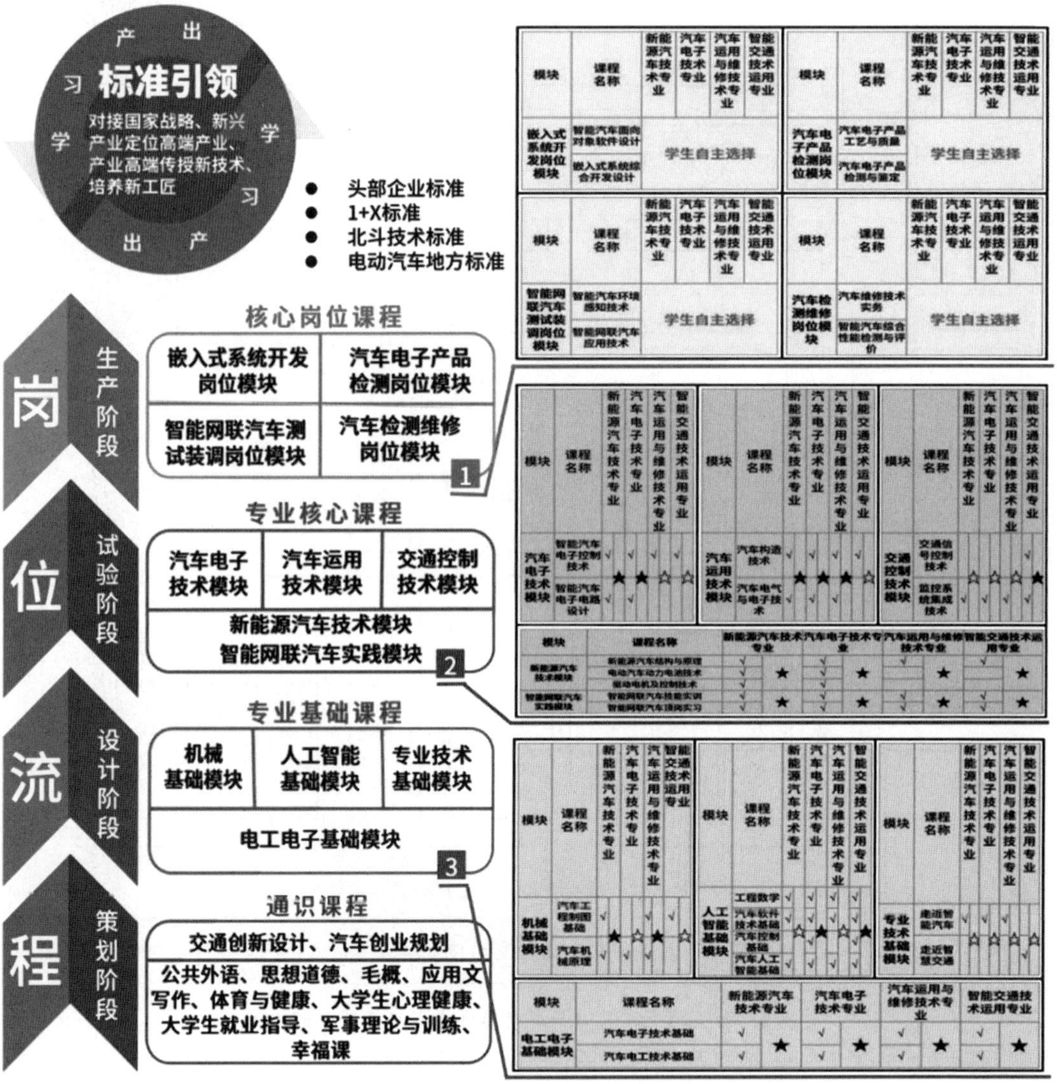

图 7　立体化专业群课程体系结构

（八）校企共建课证开发与教学中心，实现教学标准的产教深度融合

在教学标准与认证方面，双方联合推动技术标准、人才标准“双标准”的深度融合，共同开发高标准专业课程并组织相关教学工作，通过课证合一的课程体系设置和证书培训的教学过程实施，实现专业知识和社会认证的有机结合。在教学实践方面，探索校企合作“双主体”技能人才培养模式。深职大汽车与交通学院围绕比亚迪在新能源汽车、汽车电子技术方面的人才需求，开展针对性较强的订单式人才培养，校企联合招收优秀学生，开设“比亚迪助理工程师精英班”，以岗位能力需求为依据，以比亚迪的实际项目为载体，双方共同开发课程标准和教学项目，共同实施教学，以企业的最终考核结果决定是否实施岗位录用。由于教学内容紧贴企业生产实际，学生在校期间就能够参与企业项目，毕业后能很快融入企业。

（九）校企共建“双师型”师资工作站，实现“双师”培养的产教深度融合

双方共同引进或培养一批“既是教师又是工程师”的绝技绝艺大师，他们在完成约定教学或研发任务之余，担任员工或学生导师，与教师或工程师一起制定培养方案、研究培养标准、开发课程、承担学校与企业的教育和培训任务，以专业为纽带，打造一支定期研修、协同研究、深度合作的技能型教师人才队伍。具体措施包括：比亚迪推荐企业优秀工程师、技术技能大师在深职大汽车与交通学院设立“大师工作室”，指导学院的人才培养和技术创新工作，协助学院开展“双师型”教师培养，提升学院的师资队伍水平。学校选派优秀教师赴比亚迪下企业进修，发挥自身优势，参与企业的项目研发，实现校企人力资源共享互派和双方资源的共享。

（十）校企共建实训中心，实现实训实习的产教深度融合

校企双方联合投入资源，在企业提供的专用场地建设“共建、共用、共享”的实训中心，深职大学生可以在实训中心接受现场教学，企业内部员工也可以在实训中心进行技能培训，双方共同将实训中心建成国家高水平专业化产教融合实训基地。同时，实训中心还可以承办新能源汽车领域的各类技能大赛，提升技能人才培养质量，扩大行业影响力；在实训中心，校企双方还可以根据新能源汽车领域技能人才的从业要求，开展该领域从业人员的社会培训及职业技能鉴定。

（十一）校企共建产教融合型工程开发中心，实现科研创新的产教深度融合

产教融合型工程开发中心以“新能源汽车关键零部件和整车技术”“汽车智能网联技术”为主攻方向，校企双方共同投入人力资源、设备设施、研发经费等，从技术应用开发与前沿基础理论研究的角度出发，承接比亚迪等企业的研究课题，双方联合申报纵向项目，并以国家级重点实验室为目标，将产教融合中心建成国内领先、世界一流的新能源汽车及智能网联技术的研发基地。同时，广东省教育厅批准在汽车学院设立广东省高校新能源汽车与节能减排工程技术开发中心，该中心联合比亚迪共同开展电动汽车技术研发，一方面，培养学生的创新能力，借助比亚迪汽车智慧生态研究院开放比亚迪创新设计平台，提供创新设计题目，来自不同专业背景（如汽车、机电、计算机、电信）的学生组成创新开发团队，围绕比亚迪开放的创新设计平台提供的要求开展创新设计活动；另一方面，学生以企业真实的环境及真实的项目开展创新活动，可以为比亚迪的创新设计提供智力支持，助力民族企业技术升级。

三、典型经验

（一）人才共育生态圈下的务实创新型人才培养理念创新

以教育生态学为依据，以现代大工程观的教育理念为指导原则创新人才培养理念，以

务实创新能力培养为导向，依托特色产业学院这个载体，校企共同构建“技术共研、产学共融、师资共用、资源共享、专创共融、标准共制”多维度融合的人才共育自组织生态圈，打造了基于创新生态圈、CDIO-OBE 理念的新能源汽车专业群务实创新型人才培养体系，形成了一批人才共育的理论与实践成果。

（二）以核心价值观为驱动的特色产业学院合作模式与机制创新

依托多维度融合的人才共育自组织生态圈，以“振兴民族新能源汽车产业”理念为驱动，充分挖掘校企合作的内生动力，重塑校企合作的组织机构、运行机制、保障机制和评价体系，形成了“双主体、三中心、四基地、五平台”的建设发展模式，构建了一整套契合生态圈良好生长的特色产业学院自组织体系并投入应用，在人才共育生态圈内形成权利均衡、责任明晰、效益最大化的新能源汽车专业群梯级递进务实创新型人才培养模式，校企共同参与专业群建设、人才培养方案制定、标准制定、课程体系构建与优化、技术研发合作、产业创新项目孵化等，将产业最新知识、技术、技能、信息、资源、人才在生态圈的各个链条高效共享与流转。

（三）契合产业发展的专业群立体化课程体系、培养手段与方法创新

通过对 CDIO-OBE 融合理念的深入研究与实践，双方寻找到务实创新能力培养与产业发展需求的契合点，聚焦新能源产业核心岗位流程，分析岗位对应的工作任务、技能需求、知识能力，培养学生的就业能力、服务发展能力和拓展能力，提出了一套务实创新型人才培养实施策略；校企共同构建以企业标准、技术标准、职业技能等级标准为引领、专业基础可共享、专业核心可融合、专业拓展可互选的立体化专业群课程体系，实现了新能源汽车专业群课程矩阵和课程内容的重构，提出了适用于产业转型升级发展多元需求的课程改革方案；在人工智能技术背景下进行课程改造与迭代，形成交叉互动，强调实践环节，强调课程内容的动态性与适用性；构建“务实＋创新”的教学模型，创新智慧生态教学方法，组建跨专业项目协同小组，将项目实施作为主线，贯穿核心课程的全过程，打造新能源汽车现代化微观智慧学习生态环境，构建以“沉浸、嵌入、互动、应用、协作、虚拟、跨界、触达”为特征的新能源汽车现代智慧课堂，使人机协作成为常态、师生交互成为必然，重塑教与学的关系、思政与课程的关系、务实与创新的关系，构建以学习者为中心的自主、泛在、个性化的教与学的新方法，探索教学手段创新，使中微观智慧学习生态的各组成要素充分发挥积极作用，共同进化，共生共长，使学习者与学习环境构成统一整体，相互依存、相互促进，达到良性共生的动态平衡状态。主持完成汽车类国家专业教学资源库子项目，开发完成各类优质教学资源近 5000 条，形成了“沉浸式自适应”学习范式，满足了全国数十个同类院校汽车专业群的线上教学需求。

“四共融合、梯级递进、标准引领”的新能源汽车人才培养模式创新如图 8 所示。

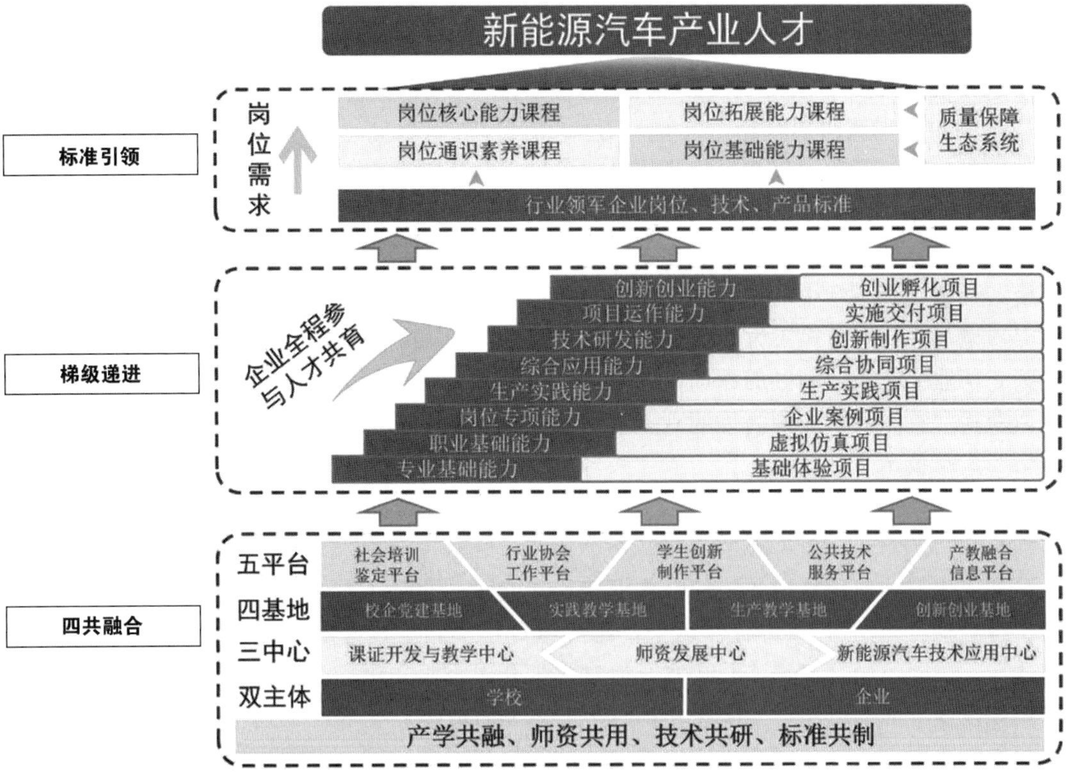

图 8 “四共融合、梯级递进、标准引领”的新能源汽车人才培养模式创新

四、成果成效

（一）专业建设成效显著

本案例经历“方案设计—论证—研究—实践—检查—验收”的过程，完整且规范，且成效显著：完成国家专业教学资源库子项目 1 个、国家创新行动计划 1 项、国家精品课程 1 门、国家精品资源共享课程 1 门、省级精品在线开放课程 3 门、省级优秀教学团队 1 个、“广东特支计划”教学名师 1 名、中央财政支持重点实训基地 1 个、省级重点实训基地 3 个、省级虚拟仿真中心 1 个、12 本系列教材（含 4 本国家级“十二五”、“十三五”规划教材）。截至 2021 年 4 月，成果应用于汽车与交通学院 2015—2021 级新能源汽车技术专业、汽车电子技术专业、智能交通技术专业、汽车运用与维修技术专业（该专业 2021 年转型升级为智能网联汽车技术专业）的实践教学，取得了较好的效果，学生获得教育部国赛一等奖 8 项、省赛一等奖 22 项、其他奖项 69 项，有 82%毕业生通过基于多维度融合的人才共育生态圈务实创新型人才培养体系，在比亚迪、华为、国家数字电子产品质量监督检验中心、中国检验认证集团、特斯拉（中国）等著名企事业单位就业，成为深受企业欢迎的务实创新型技术人才。

（二）依托特色产业学院新生态的人才培养质量显著提高

成果应用于2015—2019级的2801名学生，学生综合能力和创新能力显著提升。2015—2020年的麦可思数据（北京）有限公司相关数据显示，在该模式下，人才培养标志性质量、就业竞争力等指标稳步提升，280余人获国家级、省、市校奖励。82%毕业生通过特色产业学院人才培养，在比亚迪、华为等著名企事业单位就业，成为深受企业欢迎的“务实+创新”型人才。基于多维度融合的人才共育新生态的新能源汽车专业群人才培养模式显著提高了学生的创新创业能力，毕业生社会满意度和贡献度高，社会各界对人才培养质量高度认可。第三方毕业生跟踪调查显示，用人单位对毕业生综合评价满意度超过95%，毕业生文雪斐创办的深圳市同车生活汽车服务有限公司作为创业典型被多家媒体报道，获得“首届百名中国高等职业教育创业之星”，其创业成功后反哺教学，与学院共建驾培与汽车技术实训基地，作为人才共育生态圈的重点企业，联合培养汽车专业群学生。

（三）通过产教深度融合，实现协同育人的培养模式

基于比亚迪应用技术学院的合作框架，一方面，学院与比亚迪合作开设了“比亚迪助理工程师精英班”，自双方合作以来，比亚迪每年都到学校开展企业文化宣讲、订单班学生选拔、校园招聘等工作，并在实习前对学生开展企业文化、企业制度、岗位职责、实习管理规范等方面的讲座，学院每年都有200名左右的毕业生到比亚迪实习与工作，这标志着双方在协同育人方面的合作取得了良好的效果和成绩；另一方面，比亚迪和学院在人才培养方面协同育人的培养模式得到了深圳市教育局的高度认同，比亚迪被深圳市教育局认定为深圳市校外公共实训基地，深圳市教育局投入120万元优化基地的硬件条件，并对在比亚迪实习的学生给予一定的实习补贴。

（四）通过产教深度融合，服务地方产业转型，助力民族企业技术升级

在国家明确将新能源汽车产业作为国家战略性新兴产业，对其进行重点支持发展，深圳市也把新能源汽车产业作为战略性新兴产业重点发展的背景下，比亚迪应用技术学院专注于新能源汽车产业领域的人才培养、技术服务以及科学研究，充分发挥比亚迪在新能源汽车领域的产业优势和技术领先优势，以及汽车与交通学院在新能源汽车、汽车电子等专业领域的应用型人才培养优势，共同服务于国家和深圳地区的重大战略发展，服务地方产业转型，通过一系列举措助力民族企业技术升级。

2016年，深职大联合比亚迪共同承办了新能源汽车技术专业方向的第一个职业技能竞赛“清华·行云杯”新能源汽车知识与技能大赛，扩大了双方在新能源职业教育领域的影响力。双方结合职业岗位需求，制定竞赛标准，引领全国新能源汽车技术专业技能竞赛的方向。双方在合作进行的教学项目中推进校企共建实训资源、课程体系、课程标准等，引入了多名比亚迪工程师作为兼职教师，推进新能源汽车技术与服务专业群的技术技能人才培养改革，提升服务于深圳市新能源汽车龙头企业的技术技能人才层次和质量。学院与比亚迪合作开发了深圳市新能源汽车的职业技能鉴定标准，这也是全国第一个新能源汽车领域的鉴定标准。双方共同建设了电动汽车技能鉴定平台，培养了一流的新能源汽车技术技能人才，助力民族企业技术升级。

五、推广应用

（一）示范作用良好

本成果应用于专业群建设，成功入选中国特色高水平专业群（双高专业群）骨干专业、教育部创新发展计划骨干专业，2015 年汽车电子技术专业立项为广东省首批品牌专业，并于 2019 年通过验收；2016 年，汽车运用与维修技术专业立项为广东省一流专业，并于 2020 年通过验收；2018 年新能源汽车技术专业入选深职大世界一流建设专业，2020 年立项为首批广东省高水平专业群；2019 年，北斗卫星导航技术协同创新中心入选国家创新行动计划。依托国家北斗卫星导航技术协同创新中心、国家级虚拟仿真实验教学中心、广东省智能交通虚拟仿真中心建设、课题研究与项目开发，联合广东省产教融合型企业如比亚迪等龙头企业建立校外特色产业学院，同时在深圳市建立 65 个校外实习基地、定点实习企业，从就业岗位、课程开发、技能大赛、技能证书等多方面开展合作，岗课赛证全面育人，成果获得了中国汽车工程学会、全国交通运输职业教育教学指导委员会的高度认可，社会示范效果和职业院校示范效果良好。

（二）制定标准，推广与应用本成果

受教育部委托，主持完成了《高等职业学校智能交通技术运用专业教学标准》的制订，参与完成了《全国职业学校汽车智能技术专业教学标准》，牵头制定了全国交通运输行业标准《汽车维修培训设备》，完成了《全国自动驾驶软件系统应用职业技能等级标准》《全国轨道交通车辆机械维护职业技能等级标准》的制订，参与编制广东省电动汽车产业地方标准 7 个，以标准为引领，在全国范围内推广与应用基于多维度融合的人才共育生态圈的务实创新型人才培养模式。成果完成人崔宏巍被聘为世界技能大赛中国技术指导专家，王兆海指导我国参赛选手获得第 43 届世界技能大赛第 4 名优胜奖，并在第 44 届世界技能大赛上夺得世界银牌，两次荣获人社部和广东省政府表彰，获得“中国大能手”专家聘书。

（三）社会影响与媒体报道

本案例具有很好的辐射和示范作用，获得 21 家主流媒体报道，2019—2021 年，中央电视台网财经频道、中国教育电视台、新华网、香港《大公报》、《中国教育报》、《中国新闻周刊》专门采访和报道了汽车与交通学院的务实创新人才培养模式与教学模式、比亚迪应用技术学院的校企合作成果、多维度融合服务粤港澳大湾区协同发展，具有良好的社会影响（见图 9 和图 10）。本成果应用于广东省工程技术研究中心、深圳市公共技术服务平台，不仅服务于广东省中小产品开发，也满足个人职业技能培训和技能鉴定的需要，每年开展新能源汽车技术职业资格培训与鉴定服务超过 1500 人，将职业教育资源与创建深圳学习型城市紧密结合，在公共技术服务平台的建设实践研究方面取得了丰硕的成果和巨大的社会效益。本成果在全国同类院校推广应用，先后有合肥职业技术学院等 19 所省内外高职院校前来考察学习和交流经验。本成果提出的以特色产业学院为载体的务实创新型人才培养模式和教学体系、运行机制被 18 所职业院校借鉴和采用。

图 9　深职大汽车与交通学院方程式赛车亮相 CCTV

大公報
Ta Kung Pao

香港副學士
直升深圳讀本科

工程汽車物流大熱
灣區就業率100%

機電工程學院

汽車與交通學院

●建立103個掛牌校外實習基地，與一汽一大眾奧迪、深圳市比亞迪汽車有限公司等大型企業簽訂合作協議

比亚迪应用技术学院

深圳高職教育十大熱門專業

图 10　香港《大公报》、中国教育电视台报道新能源汽车专业群人才培养模式

六、改进方向

目前特色产业学院在运营过程中，仍然存在企业主体作用发挥不够，企业与学校利益划分界限不明晰，政府引导、学校投入、社会期望等外在推力与企业内生动力脱节等问题，存在产业学院人才培养内容碎片化、培养形式表面化、培养周期短期化等弊端。建设特色产业学院需要校企双方进行“刀刃向内”的组织变革，需要搭建产业学院的工作支撑平台，联合把团队建在科学的前沿阵地，探究目标产品的科学原理；联合把专业建在应用创新基石上，推动科学的技术化；联合把课程建在产品试制生产线，实现技术的工程转化和课程转化；联合把产品和人才输送到需求终端，实现价值回馈和社会责任。总之，双方要通过深化产教融合，加强特色产业学院内涵建设，全面推动高素质复合式创新型技术技能人才的培养。

推进校企合作双元育人　助力儿科护理人才培养

刘巧凤[1]　杜艳丽[1]　李素芳[2]　付　勤[2]　王海霞[2]

（1. 深圳职业技术大学　2. 深圳市儿童医院）

摘要：为解决深圳市儿科护理人才紧缺的问题，深职大与深圳市儿童医院签订了“现代学徒制”合作办学协议，旨在通过院校深度合作，培养与医院临床护理岗位紧密对接的高素质、实用型儿科护理人才，缩短儿科新入职护士培训时间，提升其岗位胜任力及综合素质。在合作过程中，“双主体育人、双导师教学、工学交替、岗位培养”的核心精神贯穿学生从入学到毕业的全过程，学校专业的教学理念、教学内容、教学形式、教学目标都源于医院护理岗位的实际要求，医院全程参与人才培养过程，并发挥主体作用。这种人才培养的精准性，增强了学生的职业竞争力，提高了儿科护理人才培养质量。

关键词：现代学徒制；合作办学；双主体育人；高素质实用型儿科护理人才

一、实施背景

护理是专业性强、社会认可度高、行业需求量大的职业。随着老龄化社会的到来以及生育政策的开放，各级医院均出现扩大院区、扩建病房的现象，对护士的需求量也大幅增加。而我国护理行业的现状是，在岗护士的学历结构、能力层次与国家和医疗机构的要求差距较大，同时，由于只重视学校教育，护理教育的理论与临床实践脱节，这导致护理专业毕业生无法立即上岗，需要经过医院一段时间的培训方能逐渐胜任临床的基本护理工作。一方面，护士人力资源不足；另一方面，护理毕业生无法立即上岗、胜任工作，这给医院管理者及卫生行政部门提出了难题。

深圳市儿童医院是一家集医疗、保健、科研、教学、康复于一体的综合性儿童医院，也是广东省唯一一家三级甲等儿童专科医院。随着医院规模的发展扩大，儿科护理人才资源不足成为亟待解决的问题。2017 年 11 月，深职大医学技术与护理学院与深圳市儿童医院签订了“现代学徒制”合作办学协议，旨在通过院校深度合作，培养与医院临床护理岗位紧密对接的高素质实用型儿科护理人才，缩短儿科新入职护士培训时间，提升其岗位胜任力及综合素质。

二、主要做法

在深职大与深圳市儿童医院的合作过程中，双方将“双主体育人、双导师教学、工学交替、岗位培养”的核心精神贯穿学生入学到毕业的全过程，而不是只在实习阶段。学校的教学理念、教学内容、教学形式、教学目标都源于医院护理岗位的实际要求，医院全程参与人才培养过程，并发挥主体作用。双方在合作办学的过程中，落实基于产教融合培养模式的“六共”，即共同选拔学员、共同制定人才培养方案、共同开发课程、共同培养师资、共同开展教学、共同考核与评价（见图 1）；实现“五接”，即学校与医院对接、岗位内容与课程内容对接、岗位标准与课程标准对接、医院导师与学校教师对接、医院临床环境与学校实训环境对接（见图 2）。具体做法如下。

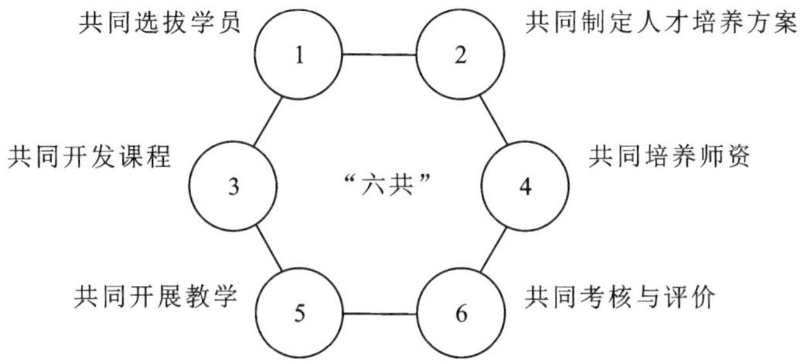

图 1　基于产教融合培养模式的“六共”

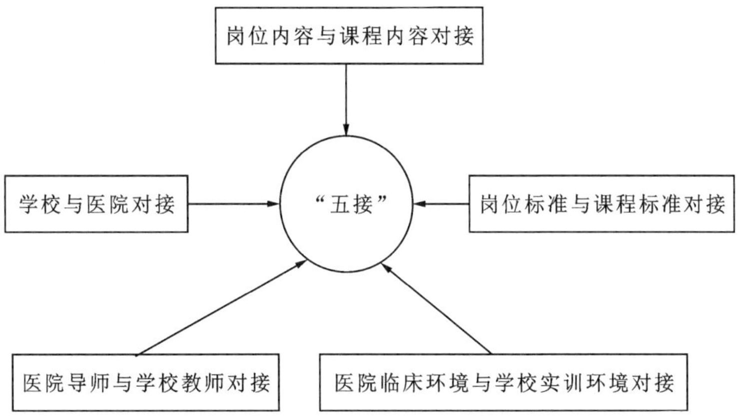

图 2　双方合作的“五接”

（一）确定双主体育人机制

院校双方于 2017 年 11 月签订“现代学徒制”合作办学协议，确定学校和医院共同培养的双主体育人机制，医院全程参与人才培养过程，并发挥主体作用。

（二）组建“双师型”师资队伍

深圳市儿童医院护理部选拔出60多位有丰富临床护理工作经验的骨干与深职大护理专业教学经验丰富的教师共同组建了一支校企互聘共用、专兼结合的“双师型”师资队伍，其中，高级职称8人，副高职称23人，中级职称37人。团队定期开展师资培训，共同进行备课、教学设计、编写教材等教研活动。

（三）共建校外实训基地

2018年，双方共同努力，成功申报了2018年深圳市职业教育校外公共实训基地，获得深圳市教育局150万的资金支持，购买了一批儿科护理实训设备，更好地支持了“儿护班”的临床实训教学。

（四）组建现代学徒制“儿护班”

2018年初，在医院和学校的共同组织下，经过学生自愿报名和医院面试选拔，正式组建首届现代学徒制“儿护班”。在此模式下，每年定期进行现代学徒制“儿护班”的选拔（见图3），截至2024年2月，已成功连续组建了7届。

图3 现代学徒制“儿护班”

三、典型经验

（一）医院在人才培养过程中发挥了主体作用

在本案例中，医院在校企合作过程中扮演了至关重要的角色，不仅作为方案设计者参与制定和策划人才培养方案，还作为教学实施者积极参与教学环节，为学生提供临床实践机会和指导。此外，医院还是成果的直接受益者，通过合作项目的实施，提升了护理服务质量和水平。

医院在人才培养过程中的主体作用得到了充分的体现和强化。学校的教学理念、教学内容、教学形式、教学目标等都紧密围绕医院护理岗位的实际要求展开，确保学生所学知识、技能与实际工作需求相吻合。医院全程参与人才培养过程，不仅为学生提供了实践机会和实习岗位，还为学生提供了专业的指导和培训，确保人才培养的质量和效果。

通过医院的主体作用和全程参与，校企合作能够更加紧密地结合实际需求，提高人才培养的针对性和实用性。同时，医院也能获得优秀的护理人才，提升服务质量和竞争力，实现双方共赢。因此，医院的主体作用和全程参与是校企合作成功的重要保障。

（二）提高了人才培养的精准性

在校企合作过程中，医院的临床护理人员作为实践教育者扮演着重要的角色。他们利用实践环境引领教学和发展，改变了传统的被动灌输知识的方式，实现了“学中做”和“做中学”的有机结合。这种人才培养的精准性不仅提高了学生的职业竞争力，还使他们能够更好地适应社会发展的需求，提高护理人才培养质量及护士职业整体水平。

通过与医院的合作，学校更好地了解了临床实践的需求，制定更加精准的人才培养计划。这种计划不仅关注理论知识的传授，更注重实践技能的培养，从而提高了学生的实际操作能力。同时，医院的临床护理人员作为实践教育者，能够将自己的经验和技能传授给学生，使他们更好地掌握实践技能，提高职业竞争力。

此外，校企合作还有助于提高学生的综合素质。在实践中，学生不仅能够学习到专业的知识和技能，还能够培养团队协作、沟通能力和创新意识等综合素质。这些素质的培养对于学生的未来职业发展至关重要，能够让他们更好地适应社会发展的需求，提高护理行业的整体水平。

总之，校企合作通过提高人才培养的精准性，为护理人才的培养提供了更好的平台。这种合作模式不仅能够提高护理人才的培养质量，还能够满足社会对护理人才的需求，为推动护理事业的发展做出贡献。

（三）显著提升了教师的教育教学能力和专业实践能力

在紧密的合作伙伴关系中，院校双方通过深度合作，共同建设了一支高素质的师资队伍，实现了资源共享和优势互补。通过共建“双师型”教师培训基地，定期开展师资培训、集体备课、教学设计等教研活动，教师得到了系统化的培训和提升，教育教学能力和专业实践能力都有了显著的提升。

此外，学校教师还定期到医院进行跟岗访学，通过实地观摩和实践操作，深入了解医院的护理工作流程和实际需求，进一步提高了他们的专业实践能力和应对实际问题的能力。这种合作模式为教师提供了难得的学习和成长机会，也为他们更好地为学生和社会服务打下了坚实的基础。

四、成果成效

目前，院校双方合作的方向是根据医院临床护理岗位人才需求，研究并开发一套可持续、可复制、可推广的基于岗位需求的人才培养模式，现取得的成果如下。

第一，双方签订了现代学徒制合作办学协议，明确了校企合作中院校双方的责任和义务，也为后续向其他专业进行推广提供了样板。

第二，校企双方共同组建了一支校企互聘共用、专兼结合的“双师型”师资队伍。深圳市儿童医院护理部选出60多位有丰富临床护理工作经验和带教经验的临床护理骨干，他们和深职大护理专业的教师一起定期开展师资培训，进行集体备课、教学设计等教研活动。

第三，在双方的共同努力下，成功申报了2018年深圳市职业教育校外公共实训基地，获得深圳市教育局150万的资金支持，购买了一批儿科护理实训设备，更好地支持了现代学徒制“儿护班”的临床实训教学。

第四，学校和医院共同制定了护理专业人才培养方案、课程体系、考核评价体系等，共同构建了儿童护理方向现代学徒制人才培养体系。

第五，院校双方共同开发了“临床儿科护理”课程，共同编写了《临床儿科护理》教材，该教材于2023年7月由同济大学出版社正式出版发行。

第六，本项目的研究成果“高职护理专业现代学徒制人才培养方案与课程建设的研究与实践——以儿童护理方向为例”申报了2018年深圳市教育科学规划课题并已结题。

第七，本项目的研究结果已撰写成论文“高职护理专业儿童护理方向现代学徒制人才培养的研究与实践”，并发表于《卫生职业教育》杂志。

第八，儿科护理人才培养效果初显，现代学徒制“儿护班”学生的护理实习岗位与专业面向一致率为100%，护考通过率平均为95%。截至2024年2月，现代学徒制“儿护班”已开办7届，毕业4届，学生就业率为100%。

五、校企合作的推广应用

（一）育人模式得到同行高度评价

随着现代学徒制的儿科护理方向人才培养模式日益完善与成熟，深职大助产专业借鉴本案例的经验，已成功和深圳市宝安区妇幼保健院进行深度合作，共同培养妇产科护理人才。深职大护理专业也和深圳市宝安区人民医院签订战略合作协议，共同培养社区护理人才。我们将继续向护理专业的其他专科领域和专科方向推进，通过与深圳市乃至广东省大型医院联合培养社会紧缺专科方向护理人才，如急危重症护理、中医护理等，为深圳市乃至广东省综合医院和专科医院缓解专科护士短缺的现实状况提供良好的解决方案，并可作为标杆向全国的高职高专院校推广。

（二）经验做法得到社会充分认可

本案例的成功经验和做法受到社会各界的广泛认可和赞誉。这种校企协同育人的模式不仅提高了人才培养的质量，还为解决专科护理人才短缺问题提供了切实可行的方案。这种育人模式注重实践能力的培养，使学生能够更快地适应工作岗位的需求，同时有利于医疗机构吸引和留住优秀的护理人才，因此受到了广大医疗机构护理工作者的欢迎和赞誉。

六、改进方向

事实证明，这种创新型的培养模式完全符合现代职业教育发展趋势，能够满足医院对紧缺人才的需求。在未来的工作中，我们将一如既往地精心打造能够满足儿科护理临床岗位需求的优质课程。

首先，我们将对纸质教材和网络资源进行深度建设和积极完善，从学生的角度出发，精心设计课堂，提升学生的学习效率。

其次，我们将充分利用已建设的实训基地，强化学生的儿科护理操作技能。这样，我们的学生能够尽快适应儿科临床护理工作的要求，为未来的职业发展奠定坚实的基础。

最后，我们将建设“双师型”教师培训基地。通过定期派出专任教师进行临床跟岗访学，进一步提炼儿科护理岗位的典型工作任务，并将其转化为具有针对性的学习任务，这样，我们就能够更高效、更精准地培养符合岗位要求的儿科护理人才。

以文化引领技能型人才培养
——基于产教融合的文化育人探索与实践

谭属春　文首文　张　雷　董　状　黄　涛

（深圳职业技术大学党委宣传部（文化育人办公室））

摘要：本文介绍了深职大基于产教融合在文化育人方面的实践探索与经验。深职大通过把产教融合纳入文化育人的顶层设计、营造良好的职业环境、注重现代企业文化的熏陶、开发“专业十行业”文化课程、建立三类产教融合的平台、实施“九个共同”深化产教融合等途径，实现学校文化与企业文化的有机融合，充分发挥校企文化各自的育人优势，提升了学校立德树人的水平，取得了良好的育人成效。

关键词：高职教育；产教融合；文化引领；文化育人

一、实施背景

当前，随着以人工智能为主要方向的新一代信息技术迅速发展及其在生产生活各个领域的广泛应用，智能制造和智能服务的数字化、网络化和跨领域特性，对技术技能型人才素质提出了新的要求。如何在人工智能等新技术引领的智能时代，为一流创新型企业培养高素质技术技能人才，培育托举中国智造的大国工匠，是当前职业教育发展面临的一个重大课题。在这种背景下，深职大既没有借用本科高校的人才培养路径，也没有照搬国外职业教育的育人模式，而是立足中国大地实际情况，发扬我国近代职业技术教育的优秀文化传统，牢记富国强民之使命，不忘立德树人之初心，始终突出高职教育的职业性与教育性两个根本属性，在全面深化产教融合、校企合作人才培养模式改革过程中，不断促进学校文化与企业文化的有机融合，充分发挥校企双方文化育人的优势，走出了一条基于产教融合的文化引领技能型人才培养之路。

二、主要做法

高职教育作为直接面向行业、企业办学的一种教育类型，产教融合是其本质特色，也是高职教育人才培养的必由之路。而产教融合的最高境界是文化融合，在产教融合过程中，吸纳行业、企业文化精髓，促进产业文化进教育、工业文化进校园、企业文化进课堂，不断丰富高职院校文化建设的内涵，是推进高职院校文化育人、提高学生职业素养的重要途径。对此，深职大采取了以下一些具体做法。

（一）加强顶层设计，在学校文化育人的顶层设计中把产教融合作为学校文化育人的重要途径

深职大作为职业教育创新发展的先行者，始终牢记初心和使命，强化立德树人，深化改革创新，努力在办好新时代职业教育、实现高质量发展上当好排头兵；在坚定文化自信、增强文化自觉、推动文化自强上做好先行者。在长期实践探索的基础上，2013 年 4 月，深职大出台了《关于实施文化育人创新行动的决定》，以高度的文化自觉推动文化育人改革，不断提升人才培养质量，促进学生全面发展。同时，深职大成立了文化育人创新行动领导小组，建立了文化育人研究与发展中心暨文化素质教育基地。同年 9 月，深职大又出台了《文化育人实施纲要》，对学校文化和文化育人进行了进一步的科学系统的顶层设计，全方位、系统性地推进文化育人工作。《文化育人实施纲要》在内容上包括指导思想、目标与任务、理念与原则、大学文化建设、文化育人体系构建、重点工程建设、保障措施等，其通过一系列切实可行的举措，重点解决了一些制约学校实施文化育人改革的突出问题，并从学校实际出发，寻求解决问题的措施和办法。《文化育人实施纲要》提出要探索形成理论与实践结合、教书与育人结合、政校行企协同、校内部门协同的工作机制，从顶层设计上强调深职大的文化育人要注重政校行企协同和产教融合，实现学校文化和企业文化的有机融合，克服文化育人实施过程中的“两张皮”痼疾，充分发挥学校和行业、企业各自的育人优势。

（二）以良好的职业环境强化实践教学的育人功能，把职业技能训练和职业素质训导有机结合起来

良好职业环境的熏陶，是高职院校实践教学对学生进行职业素质养成教育的重要途径，也是最为有效的教育方法，可以起到润物细无声的效果。为此，深职大在实训环境的营造上，紧紧围绕高职院校各专业的人才培养目标，尽可能建设成与生产、建设、管理、服务第一线工作现场一致的真实或仿真的职业环境。从设备、厂房、建筑、工艺流程、管理水准、人员配置和要求、工作标准以及质量和安全等方面模拟职业环境。比如，深职大校内实践教学基地工业中心的机械加工实训车间，除设置金属加工生产需要的生产设备外，还按生产工艺需要，使用黄黑相间的“斑马条”将涂有地面漆的场地划分为操作区域、讲训区域、物流通道、人流通道等；按 ISO9000 质量管理标准的要求，从物料准备、工艺流程、品质控制、包装仓储到服务跟踪等，全过程地训练学生；实训车间的墙上挂着所有的操作规程；横梁立柱上贴着“严是爱，松是害”、“生产必须安全，安全才能生产，提高品质意识，遵守现场纪律”、“提高职业素质，掌握专业技能，改善工作环境，珍惜实训时间”及“节约、安全、素养、清洁、清扫、整顿、整理”（即 7S）等标语警示，给学生以潜移默化的影响。在实践教学管理方面，深职大严格按照现代企业的规范要求对学生进行训练，使学生的职业素养在日积月累的养成教育中得到提高。深职大通过严格的企业“顶岗”实习，强化学生职业素质的养成教育；深职大还经常邀请一些著名的企业家、工

程技术人员到学校进行有关职业素质教育的讲座，加强产学合作和校外实践教学环节，让学生在实际工作岗位的实践中受到职业素质教育。

（三）大力推进产业文化进教育、工业文化进校园、企业文化进课堂，让学生接受现代企业文化的熏陶

引进企业文化，让学生在校内就能受到现代企业文化的陶冶，这是对学生进行职业素质养成教育的有效途径。对此，深职大的做法包括以下几点。一是与行业、企业深度融合，让行业、企业参与学校人才培养的全过程，包括让行业、企业专家审定专业教学计划，双方合作开发实践教学项目和职业资格标准，从行业、企业聘请既有理论知识又有丰富实践经验和较强动手能力的技术骨干担任实践教学的指导教师。二是在实践教学的管理运行中，特别注意借鉴现代企业的管理运作模式，引进企业标准，执行行业规范，强化安全意识、质量意识、责任意识和环保意识，努力打造自身的“企业文化”氛围。三是在实践教学过程中，尤其注意把企业对员工的要求和现代企业文化渗透到学生的实训过程中，大到工作流程、工作制度和工作纪律，小到着装、细小的操作细节、待人接物方式，都严格按照各个岗位的规范和要求去训练学生。比如，深职大要求学生在工业中心实训期间统一着装、挂牌上岗、按照八小时工作制运作“打卡考勤”，班前、班后集合讲训、清扫现场、整理整顿等，让学生接受现代企业管理与规范的严格训练。四是持续开展“大国工匠进校园”活动。近年来，深职大相继邀请管延安、方文墨、冯万良、廖菲、陆建新、刘中华、鲍贤勇等一大批大国工匠和南粤工匠到学校讲学，向学生传播工匠精神。通过这样一些措施，把企业文化自然地融入学校文化建设的各个环节和角落，使学生在校内就能受到浓厚的现代企业文化的熏陶，提升他们的职业素养，培养他们的工匠精神。

（四）开发“专业+行业”文化课程，在专业建设和专业文化中融入行业、企业和职业的先进文化元素

开发专门的“专业＋行业”文化课程，有助于学生系统地掌握专业文化知识，提升对专业文化的理性认知。近几年来，深职大不断整合资源，按专业大类开设了“专业＋行业”文化课程。截至 2023 年，学校已开发建设“IT 文化”“机械制造文化”“酒店文化”“旅游文化”“数字艺术概论”“汽车文化”“交通文化”“园林文化”“翻译文化”“印刷文化”等 14 门“专业＋行业”文化课程。第一，这些课程较好地找准了专业文化和行业文化的切入点，融入行业、企业和职业的先进文化元素。例如，“印刷文化”课程突出历史要素。造纸术、雕版印刷术、活字印刷术、激光照排技术是印刷技术和印刷文化发展史上最具标志性的技术革新，不仅在印刷发展史上具有重要地位，而且对人类文明的传播和发展产生了深远影响。“印刷文化”课程以此为主线展示中国古代印刷术起源、发明、发展和外传的历史，彰显中华民族对人类印刷文明的贡献，激发学生的民族自豪感和对专业学习的兴趣。第二，在明确专业文化基本要素的基础上，学校 14 个专业文化课程建设团队组织精干力量开展了教材编写工作，努力编写并出版一批专业文化的精品教材。在教材编写过程中，编写团队坚持开放性，吸收多元文化元素，突破单一专业思维，找准专业文化和行业文化的切入点，不断融入行业、企业和职业的先进文化元素，将行业文化的本质要求纳入专业文化。比如，“汽车文化”课程立足于汽车的历史演变和发展，通过人类追求

自由行动之梦谈论汽车的起源，介绍汽车界的传奇故事以及具有文化底蕴的各种汽车运动、汽车博物馆、中外汽车品牌等五彩缤纷的汽车大世界，同时涵盖汽车领域的人对于汽车本身品质的执着追求和企业管理，用通俗的语言展示了汽车是如何制造出来的、汽车之美、如何对汽车行业进行现代化管理等。第三，广泛吸纳行业、企业人员参与专业文化课程建设和专业文化教学活动，建立起专业与企业、行业、产业文化相互借鉴与融合的有效机制。

（五）构建三类产教融合平台，在提高服务地方经济社会和产业发展能力的同时，促进校企文化的有机融合

产教融合平台具体包括以下三类。一是大力推动与行业、头部企业共建特色产业学院，通过校企深度融合，解决教育内容与企业生产前沿技术同步更新的问题，解决企业需要技术技能人才的问题，实现校企共赢。特色产业学院是学校的二级学院，是学校与龙头企业、知名企业、科研机构或其他组织联合举办的，双主体合作开展产教融合学历教育、高水平技术技能人才培训、关键共性技术攻关和技术应用推广的教学科研单位。特色产业学院是产教融合的一种新兴形态，是校企协同育人模式的新发展，也是促进教育链、人才链、产业链和创新链有机结合的重要平台。二是与行业、企业共建一批行业培训学院，为产业链提供可持续的学习和服务支持。三是与政府部门、社会组织共建一批社区学院，回应和解决全民终身学习的需要，为学习型社会补上必不可少的“一块拼图”。截至 2023 年，学校与华为、ARM、阿里巴巴、平安、比亚迪、裕同、天健等一流企业以及政府部门、社区紧密合作，共建华为信息与网络技术学院、ARM 智能硬件学院、比亚迪应用技术学院、裕同数字图文学院、天健建工学院等 18 所特色产业学院；建成深圳健康养老学院等 8 所行业培训学院；建成西丽社区学院、大鹏旅游学院等 3 所社区学院，年均开展各类非学历培训 7 万人次。

（六）实施“九个共同”，在全面深化产教融合中实现学校文化育人与产业文化育人的有机融合

所谓“九个共同”，一是共同开展党建和思政教育，讲好“深圳故事”；二是共同开发专业与课程标准，将企业最新的技术、标准和工艺等及时转换为教学内容，提升人才培养的适应性；三是共同打造高水平教学团队，通过校企互聘、教研互促等途径，不断增强教师跟踪、应用和驾驭新技术的能力；四是共同攻克关键技术和工艺，反哺教学内容更新；五是共同制定行业标准，形成行业制高点，打造“中国标准”，提升服务产业的能力；六是共同开发职业资格证书，促进学历与能力双提升；七是共同开展创新创业教育，培养现代企业发展需要的具有创新创业精神与能力的创新型高技能人才；八是共同开展现代学徒制，根据企业的个性化需求进行人才精准培养；九是共同开展国际合作，为民族企业“走出去”培养实用人才。通过落实“九个共同”，促进学校与企业、产业的深度融合，使学校与企业成为相互依存、相互促进、深度融合、共同发展的命运共同体，在全面深化产教融合过程中实现学校文化育人与企业文化育人的有机融合。

三、典型经验

（一）提出了以文化引领技能型人才培养的文化育人理念

一流职业院校的建设需要一流职业院校的文化引领。学校提出按照“一流贡献、一流模式、一流声誉、一流保障”思路，实施一流技术技能人才培养、一流创新创业教育、一流应用技术研发、一流社会服务、一流国际影响力、一流院校治理模式、一流师资队伍、一流基础设施和一流大学文化等九大一流行动计划，努力探索形成可复制、可推广、具有中国特色的职业教育新模式，率先建成“中国特色、世界一流”职业院校，让职业教育“扬眉吐气”。在这九大一流行动计划中，一流大学文化起着重要的引领作用。这种引领作用主要表现在引领一流职业院校的办学方向，凝聚一流职业院校建设力量，营造一流的文化育人环境，彰显一流职业院校办学特色。而要发挥一流大学文化在一流职业院校建设中的引领作用，关键就在于在职业院校大学文化建设中把学校文化育人与产教融合改革紧密结合起来，充分发挥校企文化各自的育人优势，突出职业院校文化育人特色。

（二）拓宽了职业院校文化育人的路径，彰显了职业院校文化育人的特色

正如前文所述，职业教育具有职业性与教育性两个根本属性。在职业院校文化建设和文化育人过程中，如何把职业性与教育性有机统一起来，彰显职业院校文化育人的特色，是职业院校文化建设和文化育人必须解决的一大课题。对此，深职大一方面强调职业院校培养的人才不仅要具有较强的实践操作能力，而且要具备适应时代发展需要的文化素养，加强对学生的文化素质教育，加强学校的文化建设，以文化引领技能型人才培养；另一方面突出职业院校文化育人的职教特色，通过产教融合，将学校文化和企业文化有机融合，突出对学生职业素养和工匠精神的培养，提高学生的综合职业素养，彰显职业院校文化育人的职业教育特色。

（三）初步形成了基于产教融合的文化育人长效机制

从文化育人的理念、文化育人的顶层设计与制度建设、产教融合平台建设、“九个共同”的产教融合模式等方面，为产业文化进教育、工业文化进校园、企业文化进课堂以及校企文化的有机融合，提供了坚强的保障和强劲的动力，初步形成了基于产教融合的文化育人长效机制。

四、成果成效

正是因为深职大学始终高度重视文化建设，在文化建设中有机地融入行业文化和企业文化，全面落实文化育人，所以产出了一系列成果，各项事业取得了长足进步，培养的人才深受社会欢迎，学校美誉度和影响力不断提升。

（一）办学成绩突出

2018年获得国家级教学成果特等奖1项、一等奖1项、二等奖3项，实现广东省职业教育国家级教学成果特等奖零的突破；2022年学校再次获得国家级教学成果一等奖2项、二等奖6项，获奖总数名列全国高职院校前茅；师生团队为2018上海合作组织青岛峰会设计“锦绣中华”宴会用瓷，设计的另一套作品“国色天香”作为国礼由习近平主席亲手赠送给外国元首。在2019年公示的“双高计划”建设单位中，深职大入选高水平学校建设单位（A档）。学校连续3次通过中央精神文明建设指导委员会复查，连续15年荣获“全国文明单位”光荣称号。近年来，先后荣获“全国党建工作示范高校建设单位”“全国文明单位”“全国五四红旗团委”“全国职业教育先进单位”“全国一流高职院校建设单位”“全国创新创业典型经验高校”“全国高校毕业生就业工作先进集体”“全国毕业生就业工作典型经验高校”“黄炎培职业教育优秀学校奖”等荣誉。2019年10月11日，国务院副总理孙春兰视察学校时，评价“学校办学水平不输德国”。2021年9月教育部部长怀进鹏来校视察，充分肯定学校的办学成绩。2022年9月27日，中共中央政治局常委、中央纪委书记李希（时任广东省委书记）在前海现场会讲话中，评价学校为“行业领域的翘楚”。

（二）育人成效显著

建校30多年来，深职大培养了一大批以“互动哥”李栋为代表的优秀学生，凭借优异的办学成绩和高水平的人才培养，让职业教育成为社会欢迎和追捧的“香饽饽”。截至2023年，学校累计为社会培养了17万余名毕业生，毕业生初次就业率始终保持在96%以上，其中92%在深圳就业；10%的毕业生成功创业或接班家族企业；“深职系”企业带动就业规模超过70万人；“深职系”企业总资产规模超过1900亿元。近年来，在培养的毕业生中，10%的学生被华为、平安等世界500强企业录用；通信技术等热门专业中15%的学生获得世界顶级证书，实现了高质量就业。

学校招生形势喜人，招生规模不断扩大，生源质量持续提升。2022年，学校招生总人数首次破万，创历史新高。2023年，首届本科生招生实现“开门红”，物理类所有专业投档分数线均超过广东省特控线，录取最低分555分，超过特控线16分。近5年，专科录取分数线始终位列广东省高职院校第一，省外录取分数线均超过本科线。

（三）文化成果丰硕

1. 承担了许多国家试点工作

入选教育部“一站式”学生社区综合管理模式建设试点高校，是全国范围内唯一一所入选的高职院校；入选教育部“港澳与内地高校师生交流计划”，发起海峡两岸应用性（技术与职业）高等教育学术研讨会，截至2023年，已成功举办23届。

2. 参与了一批重大项目

参与教育部哲学社会科学研究重大委托项目“当代中国大学精神研究”（12JZDW008）；主持教育部人文社会科学研究项目“中国高职院校文化育人研究”（18YJA880006）；参与国家社会科学基金艺术学重大项目“中华传统造物艺术体系与设计文献研究”（19ZD22）。

3. 沉淀了一批研究成果

出版《文化育人》10 辑，《文化育人简报》43 期；出版《文化育人的理念与实践研究——以深圳职业技术学院为例》《其命维新 永立潮头——深圳职业技术学院文化育人研究与实践》《社会主义先进文化建设的深圳探索与理论研究》《大学生志愿服务理论与实践》《大学生社团建设理论与实践研究》《中国高校书院制研究》《品味书香 书香文化研究》等专著；出版《汽车文化》《生活中的经济学》等专业文化教材 9 本。形成了一批典型案例，比如，党建进学生公寓“三个一”模式、进阶式创新创业教育体系、志愿者之校建设、书院制育人模式、全国高校“一站式”学生社区综合管理模式、党史进校园系列活动案例、新时代“大思政”育人工作模式等。

五、推广应用

深职大基于产教融合的文化育人实践探索，走出了一条具有职业教育特色的文化建设之路，对于提高职业院校文化育人的水平和成效具有重要的借鉴意义，也在全国职业院校引起了广泛的共鸣。近年来，先后有 500 多所国内职业院校前来深职大考察、借鉴文化育人的经验和做法。“文化育人”已走出深职大，成为全国职业教育界的一大“热词”。全国职业院校“文化育人”高端论坛的参与院校和学者越来越多，规模越来越大。深圳相关行业、企业积极参与和大力支持学校文化育人的实践，商务印书馆、全国印刷标准化技术委员会中的书刊印刷分技术委员会和包装印刷分技术委员会等一批行业权威机构落户学校，有力地促进了学校文化育人与企业文化育人的有机融合，使各自的育人优势得到充分发挥，必将促进学校基于产教融合的文化育人探索与实践不断走向深入。

六、改进方向

在推进基于产教融合的文化育人实践过程中，深职大教师深深体会到，职业院校文化建设和文化育人是一个长期的不断积累的过程，目前学校文化与企业文化的融合有待进一步加深，学校文化育人和企业文化育人各自的优势有待进一步发挥，各个学院、各个专业文化育人的特色有待进一步彰显，文化育人的效果有待进一步提高等，这些都要求深职大教师在今后的实践中不断探索和提升。

移动互联，在线开放课程建设与教学应用

钟慈方

（深圳职业技术大学）

摘要： 目前，我国在线开放课程数量和应用规模已居世界第一。集大数据、虚拟仿真、云计算等信息技术于一体的在线开放课程，凭借信息网络的广泛性及自身的易获得性、开放性，正在日益影响我们的教育。深职大积极探索在线开放课程建设与教学应用，一是择优挑选能体现深职大特色的名师进行课程建设，二是实施“项目化教学设计法”进行课程建设，三是加强保驾护航力度，服务与激励相结合。深职大在线开放课程建设与应用成效显著，课程类型丰富，以赛促用，大赛捷报频传。

关键词： 移动互联；在线开放；课程建设；教学应用

一、实施背景

在线开放课程是全新教育理念与现代信息技术充分融合的产物，是一种新型的课程形态。它具有完整的教学过程，包含课程的所有基本要素，是一套完整的在线教学与学习体系，具有精细化、社交化、数据化等特点，其教育理念、教学手段、教学方法更加科学、先进。与传统的课程不同，在线开放课程的教学实现了从“教师传授模式”向“学生学习模式”的转变、从“以教为中心”向“以学为中心”的转变，是一种颠覆式的教学改革。

在线开放课程是互联网在教育领域的应用，它要求人们具有互联网用户思维，即一切以用户乐意参与并获得美好体验为目标。在线开放课程的用户是学习者，课程的质量和便捷程度直接关系到课程能否吸引学习者、能否让学习者乐意持续学习。在线开放课程建设与教学应用要解决的关键问题包括以下两点：一是在线开放课程教学设计和教学资源要足以吸引学习者；二是教学模式的改变决定了教学管理模式要进行改革，从而让教师乐于教、学生乐于学。

二、主要做法

（一）挑选能体现深职大特色的名师进行课程建设

在线开放课程教学不但要求教师在很短的视频时间内将知识点讲解清楚，而且要求在

这个过程中体现教学内容的实用性和挑战性，这样才能吸引学习者并“粘住”学习者，否则学习者会认为该课程没有学习价值，从而失去学习的积极性。因此，深职大每年立项都挑选教学经验丰富、富有激情和感染力的名师来建设在线开放课程，保证在线开放课程教学设计新颖巧妙、教学项目选取恰当、教学内容呈现形式多样化、重视学习者的交流和反馈，切实做到从学习者的角度建设教学资源，并不断优化教学资源。

（二）实施“项目化教学设计法”进行课程建设

根据学校建设世界一流职业院校的总目标及学校“十三五”发展规划任务要求，深职大各专业的核心课程全部实行项目化改革、金课建设，实行课程建设与信息化建设深度融合，融入企业最新技术发展，进一步深化课程改革。优质的项目化课程将推荐申报省级、国家级精品在线开放课程。深职大的项目化课程和金课建设项目是在目标导向教育原则指导下，以培养学生综合职业能力为目标，以项目、任务、活动为中心的场景式、情境式教学设计、配套资源及信息化教学手段的总称。课程建设须以工作任务为课程设置与内容选择的参考点，以项目为单位组织内容，并以项目活动为主要学习方式。教学设计指教学内容的选取与排序，包括教学项目的设计、载体的选择及教学过程的设计。配套资源指根据课程教学需要开发的教学大纲、课程标准、新形态立体化教材、PPT 课件、短视频、音频、动画、图形图像、虚拟仿真资源等。

（三）加强保驾护航力度，服务与激励相结合

1. 从制度上进行激励和保障

在线开放课程的建设与教学应用对教师的能力要求更高，教师需要做的课下工作更多。所以，深职大制定了一系列规章制度对教师进行激励和保障，比如，制定《“金课”建设工程实施意见》《“金课”建设项目管理办法》，推动课程建设的理念更新、模式变革和体系重构；制定《关于充分运用现代信息技术进一步提高教学质量的意见》，加强教师的现代信息技术应用能力培训，探索实行教师信息化教学能力培训和资格认证制度，深入推进信息化环境下教学方式与教学模式的创新；修订了《深圳职业技术大学教研工作量化考核评分细则》《深圳职业技术大学教学科研业绩成果奖励实施办法》和《深圳职业技术大学教职工考核办法》，增加“信息化教学应用类课程”工作量计分项目，增加“现代教育信息技术应用大赛”奖项，在工作量计算和奖励方面制定合适的标准，在经费方面给予资助，进一步调动全校教师探索和实践在线开放课程建设与教学应用的积极性。

2. 各部门分工合作

教务处负责在线开放课程专项项目的立项、检查、验收，以及信息化教学大赛获奖认定等工作。人事处负责信息化教学能力培训及考核认证的组织协调工作。教育技术与信息中心负责学校信息化教学环境和平台的建设与管理，以及相关技术规范和验收标准的制定工作。各部门分工合作，为教师提供支持和服务。

3. 壮大教育技术与信息中心的技术队伍

一是建立专门的教学资源建设与应用服务团队，将网络教学与管理平台本地化，进行二次开发，以协助教师开展信息化教学，保证在线开放课程资源建设与教学应用的可持续

发展。二是建立“信息化教学指导网”，开设了信息动态、培训指导、相关研究、本校案例、他山之石等栏目，从理论到实践、从研究到应用，为教师提供信息化教学指导，传播现代化教学理念，从而提升教师信息化教学能力。三是通过各种渠道加强与中国大学MOOC（慕课）、学堂在线等知名平台的联系，与平台工作人员积极沟通，为教师解决后顾之忧，以便教师专心建课开课。

三、典型经验

（一）形成以学生为中心的混合式教学模式

通过在线开放课程建设，深职大越来越多的教师采用了以学生为中心的混合式教学模式。首先，对教学内容进行重新设计和优化，科学设计教学内容模块，把每个知识点对应的实验、活动、任务、业务流程或案例，一一对应设计，各部分资源密切联系、有机整合，充分体现教与学的过程。其次，线上线下开展日常教学活动，组织学生课前课后充分利用课程资源学习，引领学生小组合作互动，并提交作业报告。最后，课程团队教师共同管理在线开放课程资源及学习社区，解答学生提出的问题，并在网上开展教学研讨，促进了教师的专业成长。

（二）形成普及性培训与精准辅导相结合的模式

深职大不定期邀请校内外在线开放课程建设专家或平台专家开展普及性大班培训，面向全体专任教师。对已立项的在线开放课程负责人等进行专题辅导培训，从教学设计、脚本撰写、视频拍摄、后期制作、上线应用等方面开展小班培训。课程专家对遴选的重点课程进行一对一跟进辅导，做好传帮带的工作。每个学期都根据实际情况统筹安排此类系列培训，全面提高课程建设质量与教学应用效果。

四、成果成效

（一）深职大精品在线开放课程类型丰富

有研究对深职大所有网络教学平台的在线开放课程进行了统计（截至2023年），结果显示，按照教学大纲要求，拥有数字化教学资源，通过网络教学平台开展授课、答疑、讨论以及提交作业和下载课件等基本教学活动的在线课程门数为2545门。其中，对外开放全在线学习课程有136门，基于云平台混合式教学课程有2409门。其中，省级或国家级在线精品课程有23门，具体如表1所示。

表1　深职大省级或国家级在线精品课程

序号	课程名称	课程负责人	授予部门
1	单片机应用技术	王静霞	教育部
2	计算机应用	肖正兴	教育部

续表

序号	课程名称	课程负责人	授予部门
3	电工技术	陈素芳	教育部
4	插花与花艺设计	谢利娟	教育部
5	建筑施工技术	徐淳	教育部
6	三维建模基础	许蕤	教育部
7	电路基础	陈海松	教育部
8	武术	田桂菊	教育部
9	视听语言与剪辑	李大千	广东省教育厅
10	商业展示设计	熊涛涛	广东省教育厅
11	日本概况	谢红辉	广东省教育厅
12	AutoCAD 中高级应用技术	江方记	广东省教育厅
13	营销心理学	宁红玉	广东省教育厅
14	建筑智能化技术	沈瑞珠	广东省教育厅
15	城市轨道交通信号	崔宏巍	广东省教育厅
16	数字电子技术	何惠琴	广东省教育厅
17	大学计算机基础	聂哲	广东省教育厅
18	三维建模基础	许蕤	广东省教育厅
19	建筑施工技术	徐淳	广东省教育厅
20	版面设计	陈琪莎	广东省教育厅
21	单片机应用技术	王静霞	广东省教育厅
22	计算机应用	肖正兴	广东省教育厅
23	国际市场营销实务	刘红燕	广东省教育厅

（二）以赛促用，大赛捷报频传

近年来，深职大通过组织教师参加全国教育信息化教学大赛、教师教学能力大赛，组织学生参加专业技能大赛，全面系统地促进了信息技术与课程教学的整合，促进了教师运用在线开放课程资源进行日常教学的能力，促进了教学改革，将赛项中的新知识、新技能、新标准及时引入了课程教学，让更多学生从中受益，全面提高了人才培养质量。

五、推广应用

深职大紧紧围绕立德树人的根本任务，遵循教育教学规律，深化教育教学改革，大力建设在线开放课程和课程教学平台，推动信息技术与教育教学深度融合，促进在线开放课程的广泛应用。

深职大坚持应用驱动、建以致用，通过在线学习、在线学习与课堂教学相结合等多种方式应用在线开放课程，不断创新校内、校际课程共享与应用模式，激发学习者的学习积极性和自主性，提升广大教师将信息技术与教育教学深度融合的意识、水平和能力，扩大了优质教育资源受益面，实现了课程多种形式的应用与共享。课程引领示范作用明显，相关课程负责人在全国各类师资培训会上做报告，辐射多所高职院校及社会机构，在职教领域产生了广泛的影响。

“计算机应用”课程被 4567 所学校和机构应用，其中学校 1336 所，其余为社会机构；选课总人次为 73477 人，本校选课人数 41671 人，同时华中科技大学、复旦大学、清华大学、武汉大学、金华职业技术学院、浙江旅游职业学院等学校部分学生选课，累计发帖 369466 次，通过课程人数为 25150 人。

“电工技术”课程在全国 600 多所学校推广，社会学习者超 2 万人，每年为社会电工技能培训及等级鉴定近 2000 人次。完成广东省技能大师工作室建设，与中国海洋石油集团有限公司成立双师型培训基地，为多家企业开办电工培训班 10 多期，为企业解决技术难题 20 多项。

“单片机应用技术”课程在 182 所学校推广应用。课程负责人在全国各类师资培训会上作报告近 60 场，2017 年职业教育专业教学资源库建设工作研讨会上的“面向混合式教学的资源库课程建设与应用”报告，得到与会代表高度肯定，在职教领域产生广泛影响。

“插花与花艺设计”课程从 2021 年 11 月起面向社会开放，在线学习者超 14000 人；课程组主编的《插花与花艺设计》教材，总发行量超 11 万册；课程负责人在全国 30 多所院校做课程讲座 70 多场，受众 7000 多人次；2020—2022 年为全国职业院校技能大赛“花艺”赛项专家组长；近三年担任山西、山东、河南、广西等 7 省（自治区）花艺省赛裁判长；课程教学设计理念被山西林业职业技术学院等十多所院校借鉴，产生了重大的示范效应和广泛的影响力。该课程多次被媒体报道。

六、改进方向

（一）不足之处

移动互联网时代，深职大的在线开放课程建设与教学应用存在一些不足，主要包括以下几点：一是课程团队协同力有待提高；二是课程应用力有待提高；三是教师创新研究力有待提高。

（二）改进方向及举措

1. 开展常态化课程建设培训

从课程标准、教案、教学资源、教材、教学方法、教师教学能力这五部分入手，开发具有一定理论水平和较强实践价值的指导文件，并开展常态化课程建设培训。建立教学单位与学校相结合的课程培训机制，建立校内与校外相结合的课程培训机制，建立国内与国外相结合的课程培训机制，建立学校与企业相结合的课程培训机制，建立定期与不定期相结合的课程培训机制。

2. 加强课程建设教研

建立传帮带机制，制定青年教师教学发展计划，由国家精品课程负责人、省级以上教学名师及教学经验丰富的教师与青年教师结对，形成“传帮带”长效机制。开展教学观摩活动，以工作坊形式开展课程建设研究与反思。

探索实施1＋X证书制度，推进新时代职业教育改革发展

陈　虹

（深圳职业技术大学）

摘要： 深职大在实施1＋X证书制度试点过程中，探索出X证书“企业主力、院校助力”的合作模式，在建立试点证书与专业遴选机制、加强师资队伍建设、优化人才培养方案、调整课程体系、创新教学组织与方法、严格考核评价和积累与转换学习成果等方面落实“三教改革”，形成了一批“双师型”教学创新团队，构建了分段、分类、分层的“三分”课程体系，产出了具有书证融通特色的新版课程标准和专业教学标准等成果。

关键词： 1＋X；校企合作；书证融通；三教改革

一、实施背景

2019年初，国务院印发《国家职业教育改革实施方案》（简称“职教20条”），提出在职业院校启动“学历证书＋若干职业技能等级证书”制度（简称1＋X证书制度）试点工作，要求试点院校在进一步发挥好学历证书作用的同时，鼓励学生积极获取多类职业技能等级证书，以拓展就业创业本领，缓解结构性就业矛盾。为贯彻落实这一工作部署，教育部陆续制定并发布了多项指导文件，如《关于在院校实施“学历证书＋若干职业技能等级证书”制度试点方案》《关于推进1＋X证书制度试点工作的指导意见》等，并按批次开展1＋X证书试点工作。

深职大秉承深圳特区改革创新精神，努力成为职业教育创新发展的先行者，于第一时间遴选校内专业建设基础好、人才培养质量高、校企合作紧密的专业申报证书试点，成功获批成为首批1＋X证书制度试点院校。截至2023年，学校试点证书82项，1＋X证书制度实施范围已扩大至15个二级学院86个专科专业，实现学院、专业全覆盖。

二、主要做法

（一）建立试点证书与专业遴选机制

高职院校是1＋X证书制度试点的实施主体，试点证书要符合试点院校实际情况和发

展愿景才能将试点工作落到实处，发挥效果。深职大遵循“放管服”工作原则，将证书遴选权限下放至二级学院，主要做法有以下三点：一是对比证书对应的职业岗位和专业的职业面向、职业技能等级标准和专业教学标准等是否匹配；二是考量专业建设基础、招生就业质量、专兼职师资队伍、教学条件与教学资源等是否符合证书试点要求；三是规范试点申报程序，统筹考虑专业试点实施能力、学生实际情况和人数，综合企业调研和学生意向调研结果后，由二级学院提出试点申请，再由学校统一向省教育厅申报。

（二）加强师资队伍建设

教师是“1”（学历教育）与“X”（若干职业技能等级证书）有机融合、具体落地的实施者，因此，建设能够满足教学与培训需求的专兼结合的师资队伍是保证试点工作质量的关键。各专业整合校内外优势资源，以学校为主体，“请进来”行业、企业技能专家与学校专任教师共同组建“双师型”教学创新团队。专家为学校教师和学生提供培训和指导，与教师一同探讨试点工作，为学生输入实操性的技术技能。同时，重视教师能力提升和转型，积极“送出去”专业带头人和骨干教师参加各级各类师资培训和国培、省培项目，培育“种子”师资。

（三）优化人才培养方案

“1”（学历教育）与“X”（若干职业技能等级证书）的融合首先要确定培养目标，回答“培养什么人”的问题，将试点证书的目标职业岗位和专业人才培养的职业面向进行匹配，将职业技能等级证书标准与专业教学标准进行比照，在保证目标匹配的前提下，查看现行专业教学标准能否覆盖职业技能等级证书标准。根据比对结果，针对初、中、高级证书的不同标准修订现行专业人才培养方案，实现书证融通。深职大在专业标准和 2020 级人才培养方案制订工作中，要求融入 X 证书标准，提炼技术技能课程内容，使技术技能课程与职业标准无缝对接，实现课程教学与考证培训融会贯通、课程教学内容与考证内容统一考核。

（四）调整课程体系

“X”证书是在“1”的基础上进行补充、强化和拓展的。在职业技能等级证书技术技能点颗粒化融入专业课程的过程中，必定会出现不完全匹配的情况，这就要求课程设置和教学内容随之调整。深职大电子与通信工程学院在梳理华为认证证书职业能力清单后，与华为工程师共商共议，构建了分段、分类、分层的“三分”课程体系（见图 1）。在分段的基础上，按照华为认证的不同类型分类，每一类再按照初、中、高级分层。根据该思路，深职大调整开发了阶梯式课程。结合职业技能等级标准和企业需求，对现行课程中已覆盖的职业技能点予以保留，对课程中已不符合职业技能等级标准和企业需求的内容进行更新升级，对课程中未涉及也无法融入的职业技能点进行整合开发，并随着证书开发标准的不断升级，不断调整更新课程体系和反哺认证体系。学校课程与企业认证两个关键点的把握，使人才供给侧与需求侧以“关键点”为纽带，实现了互联互通，进而使供需两端相向发力。

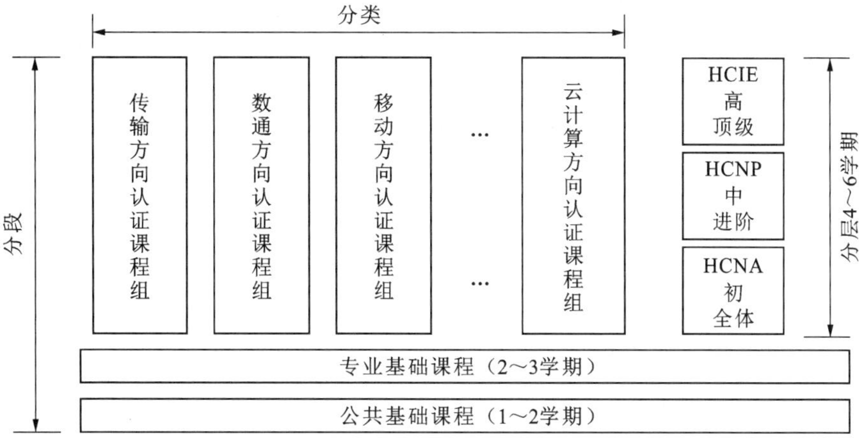

图 1　“三分”课程体系

（五）创新教学组织与方法

结合职业技能等级证书培训要求，教学组织坚持工学结合的原则，深化校企合作，统筹学校和企业教学实训资源和培训考核资源，共同开发融合专业教学标准和职业技能等级标准的课程资源、教材资源，将教学组织和证书培训进行一体化设计，利用科学的教学组织和多样的教学方法将新技术、新工艺、新规范融入面向在校生和社会人员的人才培养和证书培训过程。深职大软件技术专业聘请 TCL 信息科技专家对软件专业试点学生进行线下面授，通过项目教学、情景教学、案例教学、线上线下相结合等多种形式组织课堂，让学生“在做中学，在学中做”，调动学生的学习积极性和主动性，提高学生职业技能实践能力，实现育训合一。

（六）严格考核评价

学生是否掌握岗位所需的职业素养、专业知识和职业技能，要通过考核评价来检验。证书考核方式灵活多样，可单独组织考核，可与专业课程考试结合实施，也可采取综合评价方式。无论何种方式，都要坚持考核纪律，确保考核工作的科学化、标准化和规范化。深职大汽车与交通学院汽车运用与维修技术专业（2021 年更名为智能网联汽车技术专业）严格按照考评程序上报考评模块，进行工位准备，实行教考分离，并全程视频监控录像。在首场汽车专业领域证书考核中，深职大聘请了 8 个试点院校的专业教师作为考官，邀请了全省各试点院校代表和企业代表观摩和监督，不仅为推动试点院校的考评工作提供了平台，促进了考评程序的优化，还保障了考评过程的公开、公正、公平。

（七）积累与转换学习成果

资历框架和学分银行制度是 1＋X 证书制度建设和实施的有力支撑。学生通过专业教学标准和职业技能等级标准的培养培训，通过资历框架实现学习成果的转换，并按照标准对学习成果进行统一的认定与核算，录入学分银行，从而推进终身学习型社会的建设。深职大出台了《深圳职业技术学院学生申请免修及置换课程、替代课程学分管理办法》，明确了免修及置换课程、替代课程学分置换的范围、原则与具体办法。结合 1＋X 证书试点的实施，深职大进行了校内外实践学分互认制度和工作的探索，日后，将同步纳入职业教育国家“学分银行”，对学历证书和职业技能等级证书所体现的学习成果进行登记和存储，计入个人学习账号，尝试学习成果的认定、积累与转换；同时，鼓励将学生取得的行业企业认可度高的有关职业技能等级证书或已掌握的有关技术技能，按一定规则折算为学历教育相应学分。

三、典型经验

（一）厘清“1”和“X”的辩证关系，做好课证融通

1＋X证书制度是一项制度创新，是职业教育教学模式改革和评价模式改革的重要举措。统筹做好“1”的培养和“X”的培训，最关键的是要做好“课证共生共长”，实现“书证融通”。

《中华人民共和国国民经济和社会发展第十四个五年规划和2035年远景目标纲要》提出，增强职业技术教育适应性。“1”是在学校开展的学历教育，是“X”的基础；“X”是对“1”的补充、强化和拓展，也就是增强职业技术教育适应性的一剂强力“补充剂”。职业技能等级标准反映了在某一时段某个行业针对某些岗位的新技术、新工艺和新规范，将其中要求学习者掌握的技能点融入学历教育，能够有效提高职业技术教育对产业发展人才需求的适应性，让职业院校的学生在学校就能掌握更具实操性的知识技能，毕业即能上岗，增强社会竞争力和适应能力。

课证融通并不能一蹴而就，要形成动态更新机制，在与学历教育有机融合时，注意紧随产业的变革、技术的更迭、需求的变化，动态更新人才培养方案和课程体系。只有在专业教学标准与证书标准“互融互通”、课程体系与证书标准同步迭代的情况下，1＋X证书制度才能真正发挥效能，有效推进人力资源供给侧改革。以深职大在课证融通方面的成果为例，早在2006年，深职大就与华为签订了合作协议。经过十余年的努力，双方逐步形成了良好且紧密的校企合作、共商公议的合作关系，学校专业教师与华为工程师共同对华为认证证书与专业课程体系进行比对研究，构建了分段、分类、分层的“三分”课程体系，并结合证书标准和企业需求，对现行课程中已覆盖的职业技能点予以保留，对课程中已不符合职业技能等级标准和企业需求的内容进行更新升级，对课程中未涉及也无法融入的职业技能点进行整合开发，并随着证书开发标准的不断升级，不断调整更新课程体系和反哺认证体系。

（二）充分利用制度创新，统筹推进校企合作和“三教”改革

将落实校企合作和“三教”改革贯穿1＋X证书试点工作，切实深化复合型技术技能人才培养培训模式和评价模式改革，提高人才培养质量。

1. 加强校企深度合作

培训评价组织以社会化机制公开招募及遴选，职业技能等级证书以社会需求、企业岗位（群）需求和职业技能等级标准为依据，强调引入社会力量参与教育与培训，这要求学校与企业联合起来全面加强深度合作，也是保证试点工作高质量实施的必要条件。职业院

校可依托与企业共建的职业教育集团和产业学院，统筹学校和企业人力、技术、知识、资本、场地、设备等多种要素资源，让企业在人才培养过程中有“话语权”，这样才能促进师资队伍建设、课程教材开发、课堂教学创新、人才培养质量提升。

2. 与推进教师、教材、教法“三教”改革结合

1+X 证书制度试点贯穿人才培养全过程，要将 1+X 证书制度试点与专业建设、课程建设、教师队伍建设等紧密结合。

大力动员教师参与试点工作，提高教师队伍的培养与培训能力，打造专兼结合新团队。通过整合校企教师资源，实现校内教师能力提升和转型，积极“送出去”专业带头人和骨干教师参加各级各类师资培训、到企业岗位挂职锻炼、参与企业研发团队实际项目开发。积极参与由行业龙头企业担任培训评价组织的“种子”师资培训，成为由评价组织认证的培训师或专家；深度参与真实项目研发，从根本层面解决教师双师素质、双师能力问题。此外，以学校为主体，“请进来”行业、企业高水平工程师与学校共同组建“双师型”教学创新团队。工程师不仅可为学校教师提供培训和指导，还可与专业教师一同对比分析项目实施与课程教学的异同，系统梳理证书知识与课程知识的衔接互补问题，切实推动模块化课程精细化改革工作，提高人才培养的灵活性、适应性、针对性。

利用职业技能等级标准，开发能体现新技术、新工艺、新规范、新要求的新型活页式、工作手册式教材。院校与培训评价组织或行业龙头企业、出版社联合，以岗位需求与技能考核为坐标，引用企业实际案例作为任务，逆推知识模块与职业技能的组织框架案例，适配岗位需求，注重学生动手能力和实际问题解决能力的培养，开发编制符合职业院校学生、社会人员特点的新型活页式、工作手册式教材，并开发 PPT、视频、在线平台等信息化资源。

创新教学组织与实施方式，运用现代信息技术改进教学方式方法，通过育训结合达到证书培训和人才培养的有机融合。利用项目教学、情景教学、案例教学、翻转课堂等多种形式组织课堂，加大线上线下混合式教学力度，新增虚拟实训资源，将企业生产实际过程同步“搬到”学校课堂，实现“生产即教学”的资源同步传输，让学生“在做中学，在学中做”，调动学生的学习积极性和主动性，提高学生的职业技能实践能力，实现育训合一。

四、成果成效

学校以 1+X 证书制度试点工作为契机，深化校企合作，探索出 X 证书“企业主力、院校助力”的合作模式，扎实推进教师、教材、教法“三教”改革在专业的落地实施，全面提升专业内涵建设成效。随着国家关于 1+X 证书制度指导性文件的持续出台和实施工作的常态化开展，学校累计试点规模预计将超 10000 人次。在过去几年的实施过程中，深职大对 X 证书技能点所涉及的课程进行了重构，进一步完善了课程体系和人才培养方案，形成了一批有书证融通特色的新版课程标准和专业教学标准。

五、推广应用

通过校企合作，依据国家职业标准，借鉴国际国内先进标准，开发职业技能等级标准，使学生及时掌握新技术、新工艺、新规范、新要求，为区域社会经济发展提供有力的人才供给侧保障。该案例成果可推广应用于开展 1+X 证书制度试点工作的职业院校，对职业院校推进试点工作、落实“三教”改革、促进产教融合具有一定的借鉴意义。

六、改进方向

学校作为首批 1+X 证书制度试点院校，在推进实施过程中不断探索更科学、更适用于培养符合当地社会经济发展人才需求的高素质技术技能人才的教学实践。目前，职业技能等级证书及标准的建设主体是培训评价组织，因此社会对于培训评价组织的筛选和认定、证书标准的含金量尚存在一定的质疑。对于实施主体的职业院校而言，要进一步完善机制建设，探索证书的筛选和退出机制，发挥产教融合、书证融通的科学效用，促进 1+X 证书制度的实施推广，推动新时代职业教育改革发展。

积极响应“一带一路”倡议，推动职业教育“走出去”
——与普罗夫迪夫大学共同设立职业教育培训中心的探索与实践

王冰峰　李斯敏

（深圳职业技术大学）

摘要：近年来，深职大积极响应“一带一路”倡议，不断深化与中东欧国家的职业教育合作，将“走出去”办学、推广教育教学标准作为一项重要目标与举措，开辟了以海外职业教育培训中心形式推动职业教育“走出去”的模式。深职大联合华为等著名中资企业，构建“校-企-校”合作机制，根据当地需求开展职业教育培训，推动中国职业教育教学标准走向世界。深职大与保加利亚普罗夫迪夫大学共建的职业教育培训中心就具有代表性，学校联合华为在该中心开展“LTE 移动网络系统”“5G 移动通信”和“华为认证——路由与交换”等课程培训，教学效果良好，产生了积极的社会效应。

关键词：职业教育、一带一路、校企合作、技术技能培训

一、实施背景

（一）合作背景

党的二十大报告指出，“共建‘一带一路’成为深受欢迎的国际公共产品和国际合作平台”，是“推动共建‘一带一路’高质量发展”的要求。教育作为“一带一路”倡议中的重要议题，已经成为中国与中东欧 17 个国家关系拼图中至关重要的组成部分。在“一带一路”倡议下，中国与中东欧国家的教育合作不断深化拓展。

截至 2022 年 12 月 6 日，中国已与 150 个国家、32 个国际组织签署 200 余份共建“一带一路”合作文件。在“一带一路”倡议和中国-中东欧国家合作框架下，中国和保加利亚两国在经贸、文化、教育、科技、交通等各领域开展合作并取得了丰硕成果。就高等教育而言，两国的交流与合作主要包括以下两点：一是在国家和高校层面签署教育合作协议，在保加利亚建立孔子学院，开设孔子学堂；二是积极发展奖学金政策，促进中保两国留学人员交流互动。但双方在职业教育领域的合作尚属罕见。

华为作为信息和通信技术的世界知名企业，已经在保加利亚深耕了 19 年，而同时华

为也是深职大长期友好合作的企业之一。多年来，深职大与华为开展了一系列紧密合作，校企共建了华为 ICT 学院、华为云鲲鹏中心、华为 5G 实训基地等多个项目，实现了文化、技术、人员等要素资源的互通。2019 年，双方开发的“课证共生共长”人才培养模式获得国家级教学成果奖特等奖；2021 年，深职大提出的产教深度融合模式被国家发改委向全国推广；2022 年，在教育部“教育这十年”系列发布会上，深职大相关负责人介绍了以与华为合作为例的“九个共同”校企双主体育人模式。

随着“一带一路”建设的深入推进，中保两国在信息和通信技术方面展现出非常广阔的合作前景。鉴于保加利亚对于信息和通信技术人才的迫切需求，学校以与华为共同建立的华为信息与网络技术学院现代通信专业为依托，与普罗夫迪夫大学合作，在当地建设职业教育培训中心。

普罗夫迪夫大学位于保加利亚的第二大城市普罗夫迪夫。学校建立于 1945 年，是保加利亚南部最大的高等教育机构，也是保加利亚第二大的综合性大学。普罗夫迪夫大学至今已有 70 多年的历史，教学领域包括自然科学、人文科学、社会科学与经济学，为无数学生提供了高质量的教育课程。

（二）预期目标

深职大聚焦中国职业教育标准“走出去”，以学校优势专业为试点，结合与华为合作的优秀经验，先行先试，探索适合中国职业院校“走出去”的合作模式，积极对外推广中国标准、中国技术和中国产品。

1. 做中国高等职业教育标准“走出去”的领航者

深职大以服务“一带一路”倡议及深化与中东欧国家职业教育合作为契机，以现代通信技术这一优势专业为试点，在与普罗夫迪夫大学共建职业教育培训中心的过程中，逐渐开发出适合对外推广的且能代表中国职业教育最高标准的专业标准，同时将相关模式推广至电子商务、港航物流等优秀专业，逐步建成适合“走出去”的专业标准库。

2. 做中国高等职业教育“走出去”模式的开拓者

发挥深圳的产业优势，联合“走出去”企业、当地院校，积极探索“校-企-校”合作机制，积极构建可借鉴、可推广的中国高等职业教育“走出去”模式，为中国高等职业院校服务“一带一路”提供参考。

二、主要做法

（一）合作模式

2016 年 11 月，保加利亚普罗夫迪夫市市长兹德拉夫科・季米特洛夫先生率政府及商业代表团访问学校，双方商讨并确定深职大与普罗夫迪夫大学共建职业教育培训中心事宜。

2017 年 11 月，时任校长贾兴东赴普罗夫迪夫大学参加“深圳职业技术学院-普罗夫迪夫大学职业教育培训中心”（以下中心均指该中心）签约揭牌仪式（见图 1），中心正式成立。

图 1　2017 年 11 月，时任校长贾兴东赴普罗夫迪夫大学参加“深圳职业技术学院-普罗夫迪夫大学职业教育培训中心”签约揭牌仪式

2018 年和 2019 年，学校两批专业教师赴保加利亚开展“LTE 移动网络系统”“5G 移动通信”和“华为认证——路由与交换”等课程培训（见图 2），培训骨干教师和优秀学生共计 43 人次，教学效果良好，得到普罗夫迪夫大学领导与师生肯定。2020—2022 年，深职大教师通过线上培训的形式，为普罗夫迪夫大学 122 名师生进行了授课与培训（见图 3）。

图 2　2018 年和 2019 年，学校两批专业教师赴普罗夫迪夫大学开展“LTE 移动网络系统”“5G 移动通信”和“华为认证——路由与交换”等课程培训

图 3　2020—2022 年，深职大教师采用线上形式为普罗夫迪夫大学师生授课与培训

（二）保障机制

1. *办学层次*

中心提供非学历教育，不颁发文凭，但可颁发深职大培训证书。学生亦可报考相关企业职业资格证书。

2. *办学形式*

办学形式为双方共建共管，中心为非营利机构。中心设置在普罗夫迪夫大学校内，场地及硬件设施由普罗夫迪夫大学提供，课程及软件由深职大提供。

3. 办学专业

目前开设的专业为电子与通讯类专业。随着双方合作的加深，根据当地企业需求将陆续新增电子商务、港航物流等专业。

4. 招生

由普罗夫迪夫大学根据深职大提供的课程选拔学习对象。招生对象由普罗夫迪夫大学自行决定，通常包括普罗夫迪夫大学本校师生、其他高校师生和相关企业骨干等。

5. 师资队伍

教师团队由深职大和普罗夫迪夫大学相关专业骨干教师共同组成。团队教师具备英语授课能力和很好的合作意识。团队双方各任命 1 名教师担任组长，负责双方的沟通与联络。团队的主要任务是确定教学计划、明确教学内容、研讨教学组织形式、制定评价方案等。

6. 教育教学

两校共同制订培训计划，采用理论课与实训课相结合的授课形式。实施单项课程考核管理，学生完成培训课程并通过考核后，可获得相应的培训证书，但不获得学分。

基于中心这个平台，双方同时在学生交流、教师交流、科研合作等领域开展合作。中心同时承担为当地企业培养技术技能人才的教育教学培训任务，推动当地社会经济发展。

7. 运行与管理

（1）管理机构

合作双方共同组建中心领导小组，组长由双方主要领导担任，下设中心办公室，办公室主任由双方外事主管部门领导担任，中心成员包括相关学院领导和专业主任。双方建立沟通机制，共同组织管理中心的运行。普罗夫迪夫大学重点负责招生及学生管理、中心日常与运营等；深职大负责遴选教师、准备教学资料、课程设计与考核等。

（2）场地和资产管理

普罗夫迪夫大学提供场地、硬件设备，并负责场地和硬件设备的管理工作。深职大提供相关课程资料及软件，并保证相关资料的知识版权的合法性。

8. 质量监管与评价

两校共同监控教学质量，采用综合考核、问卷调查、学生回访以及教师回访等形式进行质量监管与评价。

三、典型经验

（一）利用“校-企-校”合作机制，构建中国高职教育“走出去”模式

为服务中国“走出去”企业在当地的发展，满足企业对人才的需求，学校充分利用与华为联合培养信息通信技术技能人才的“课证共生共长”模式，在充分了解当地人才状况和院校课程设置的基础上，联合“走出去”企业，共同设计教学内容和教学标准，大大提高了学生的就业竞争力，同时为学校积累了海外办学的经验。

（二）赋能“走出去”企业，满足企业用人需求

联合“走出去”企业共同开展培训，有利于企业更好地了解当地学生的水平，也有利于当地院校更好地了解企业的用人要求，能很好地解决“走出去”企业在当地“水土不服”的问题，提前为“走出去”企业培养和储备高水平的技术技能人才。

（三）确立教学标准，开发系列教学资源

两校精准对接保加利亚社会经济发展和技术技能人才需求，从专业教学标准研制入手，夯实专业内涵发展基石；根据专业教学标准开发了“LTE 移动网络系统”“5G 移动通信”“华为认证——路由与交换”等课程标准；完善了双语课程电子资源，逐步建立起双语电子资源库，方便更多当地师生学习，同时辐射至周边中东欧国家院校，推广相关专业课程标准被更多国家认可和采纳。

（四）打造两校优质师资团队，夯实长效发展基石

建设一支理念先进、双语教学能力强的优质师资团队是海外中心长期健康稳定发展的关键。双方教师共同设计课程内容和开展专业建设，定期举办线上教学研讨会，分享和交流教学理念和教学方法。

四、合作成效

（一）荣获国家级奖项

深职大将在保加利亚高校设立海外职业教育培训中心的经验融入“深职院-华为培养信息通信技术技能人才‘课证共生共长’模式研制与实践”项目。该项目荣获 2018 年国家级教学成果奖特等奖（见图 4），突显了校企合作、产教融合的办学特色，是学校与华为携手“走出去”共建海外职业教育培训中心的重要成果。

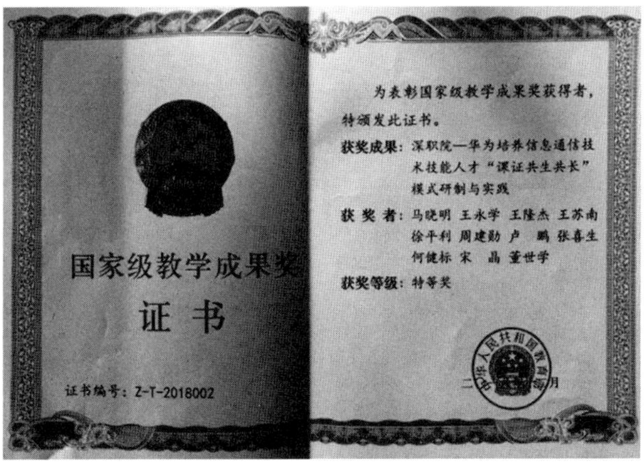

图 4 “深职院-华为培养信息通信技术技能人才‘课证共生共长’模式研制与实践”项目荣获 2018 年国家级教学成果奖特等奖

（二）得到国内外媒体高度关注

2017 年 11 月，时任校长贾兴东访问保加利亚普罗夫迪夫市，为学校首家海外职业教育培训中心“深圳职业技术学院-普罗夫迪夫大学职业教育培训中心”签署合作协议并揭牌。会后，贾兴东应邀接受了新华社、保加利亚国家电视台和普罗夫迪夫当地电视台记者的联合采访，媒体对中心的成立进行了详尽报道，产生了积极的社会反响。《深圳日报》也对中心的成立做了相关报道（见图 5）。

P3 Monorail under construction in Pingshan
P7 Italy loses World Cup playoff to Sweden
深圳日报
Shenzhen Daily
CHINESE BIKE-SHARING GIANT ROLLS OUT IN SYDNEY
1ST BULGARIA-CHINA VOCATIONAL EDUCATION CENTER INAUGURATED
SUBSCRIBE
8351-9771

图 5　《深圳日报》关于中心的相关报道

该中心不仅是深职大在海外开设的第一家职业教育培训中心，也是首家在保加利亚高校开设的职业教育培训中心，对于学校职业教育优秀成果“走出去”，响应国家“一带一路”倡议以及为保加利亚当地培养优秀的职业技术技能型人才具有十分重要的意义。

（三）推广了一批标准和优质教学资源

“LTE 移动网络系统”“5G 移动通信”“华为认证——路由与交换”等课程标准，已被正式纳入普罗夫迪夫大学的专业标准中。相关课程同时建成双语线上课程、双语课程讲义、双语软件培训教材等内容，并辐射至周边地区院校。

（四）培养了一批急需人才和优质师资

截至2022年，共有122名普罗夫迪夫大学师生在中心接受培训，部分学生毕业后到中国“走出去”企业工作，满足了企业对人才的需求。

五、推广应用

（一）推广合作模式，助力“一带一路”建设

随着在普罗夫迪夫大学设立的职业教育培训中心的发展和成熟，深职大抓住时机，与德国高校合作共建职业教育培训与研究中心，成功将学校职业教育典型经验推广至职业教育发达国家。海外职业教育培训中心的建设推广了学校的优质教学资源，提高了学校的国际影响力，为学校“走出去”办学提供了宝贵的经验、开拓了广阔的空间。海外职业教育培训中心的建设很好地服务于“走出去”企业，推动了“一带一路”沿线国家的经济和社会发展，为当地培养了优秀的高水平技术技能人才。

（二）共建共享共赢，走出具有中国特色的发展道路

在服务“一带一路”倡议以及深化与中东欧国家职业教育合作的过程中，学校逐渐开发出适合对外推广的且能代表中国职业教育最高标准的专业标准，为深化对外交流与合作奠定了基础，同时学校积极探索“校-企-校”合作机制，积极构建可借鉴、可推广的中国高等职业教育“走出去”模式。未来，学校将紧跟国家发展战略，朝着中国高等职业教育标准建设的领航者及中国高等职业教育“走出去”模式的开拓者这一目标奋力前进。

六、改进方向

（一）加快创新教学模式

加快建造虚拟仿真实训教室，利用现代信息化手段，加快推进教学模式的创新。教学内容坚持理论知识与专业技能“双能并重”；教学方式坚持线上教学和线下指导“双线运行”；课程考核坚持过程考核与结果考核“双考结合”；知识传播坚持专业技术和中国文化“双头输出”。

（二）加快建设教学国际资源库

依据行业企业标准和学校专业课程标准，结合当地的需求和当地院校的专业课程情况，加快建设教学国际资源库，内含集教学标准、培训教材、教学资源、中国文化于一体的双语资源材料，以海外职业教育培训中心为平台，将教学成果辐射至周边地区。

（三）加快拓宽培训中心合作领域

充分结合学校优势专业、特色产业学院、“走出去”企业发展需求以及当地经济社会

的发展需求，将培训中心合作的专业领域拓展至新能源汽车技术、机械自动化、建筑工程等领域，逐步形成全方位、多领域、多层次的海外职业教育培训中心合作网络。

（四）加快构建“双语+双师”教学团队

海外职业教育培训中心的建设不仅要求教师具有丰富的企业工作经历，掌握行业最新的发展动态，更要求教师具有优秀的外语能力，能用外语开展教学活动。要大力提升学校专任教师双语教学能力，助力涉外培训。通过口语筑基、双语能力提升、工程英语应用强化三阶段培养，加快建设一支高水平的“双语+双师”教师队伍。

建设互联网＋教学大平台，赋能产教融合，创新实践教学模式

何晓青[1]　陈锐浩[1]　范士喜[1]　何国坤[1]　余　翔[2]

（1. 深圳职业技术大学　2. 北京世纪超星信息技术发展有限责任公司）

摘要： 深职大以人工智能、大数据、5G等新技术为引领，聚焦数据通、应用通、资源通等产教融合点，采用混合云部署方案打造互联网＋智慧教学大平台。平台建设了在线课程建设与管理系统、课堂互动系统、移动学习系统、教学管理系统、在线考试系统、大数据统计与分析系统、教学资源系统、第三方实践资源对接系统等八大系统，支持校企教师协同开展线上线下教学，整合校企双方教学资源，重视教学过程多方参与及评价，关注学生个性化学习支持，聚力创新实践教学模式，逐步实现产教深度融合。

关键词： 互联网＋教学大平台；校企融通；大数据；教学过程评价；智慧画像

一、实施背景

用数字技术推动教育发展，通过教育培养数字人才，已成为全球大势所趋。在国际人才竞争进入大变局之际，传统教育教学模式已难以满足新时代赋予高校建设高质量教育体系的使命。从教学角度看，难以开展线上线下多模态融合教学、实现人才培养的无边界触达；从学习角度看，难以满足学生无障碍获取全学习资源、开展个性化学习的需求；从教学管理角度看，难以获取教学运行动态、实现基于教学全过程的监控及管理；从教学评价看，难以进行多维度评价、实现教与学评价的综合化和智能化；从资源角度看，难以打破系统孤岛壁垒、实现优质资源共建共享。面对此困局，深职大在5G智慧校园示范校基础上，创新建设了“深职i学习”一体化互联网＋教学大平台，以期实现职业教育的数字化转型，深化信息技术与产教融合创新力度，重建课程内涵，重构教学流程，重塑教育理念，再造产教融合的数字化教育生态，推动职业教育事业高质量发展。

二、主要做法

深职大以高速、移动、安全、泛在的新一代网络和信息基础设施体系和互联互通的信

息资源共享体系为支撑，成功建设一体化互联网＋教学大平台，即“深职 i 学习”（见图 1）。“深职 i 学习”为校企共建开放课程、专业资源库建设、智慧课堂教学、线上线下混合式教学等应用场景提供支持，通过全过程教学大数据的采集、分析和应用，推动信息技术辅助性教学向以数据交互、信息评估、智能教学为主的数字化教育转变。

图 1　“深职 i 学习”应用展示

（一）“深职 i 学习”系统建设思路

在人工智能和教育大数据等现代信息技术的推动下，“人人皆学、处处能学、时时可学”的学习型校园正在加速构建，教育服务呈现数字化、开放化、泛在化等特征。同时，考虑到产业融合教育及复杂的课程个性化发展需求，“深职 i 学习”采用微服务架构及混合云部署互联网化应用模式，在应用、速度、并发、多模、安全等方面加强设计与部署（见图 2），实现了私有云本地数据中心的安全性和可靠性，支持校内线上线下混合教学，同时灵活地根据教学开放度选择云部署模式，支持 MOOC（慕课）、SPOC（小规模限制性在线课程）教学，从而实现课程应用从校内走向社区、服务社会。

1. 重互通，强延展

“深职 i 学习”以线上线下混合式教学为起点，强化企业师资参与教学活动，尝试引入企业教学案例资源，聚焦学、教、管、评、考、资六个维度，整合设计在线课程建设与管理系统、教学管理系统、第三方实践资源对接系统等八大系统，各系统之间实现了数据通、资源通、应用通。平台进行强延展设计，一方面实现应用业务延展，通过与身份认证系统、教务系统、考勤系统、学分系统对接，实现一人一空间、一人一课表、一人一导学；另一方面实现数据延展，通过标准化接口，与各实训实践系统、图书资源系统等对接，获得资源或生成教学评价等，为规模化建设优质高职本科教育课程提供立体式智能教学服务体系。

2. 智学习，多画像

“深职 i 学习”建设了以学习者为中心的智能教育环境，在实现基本的在线教学功能基

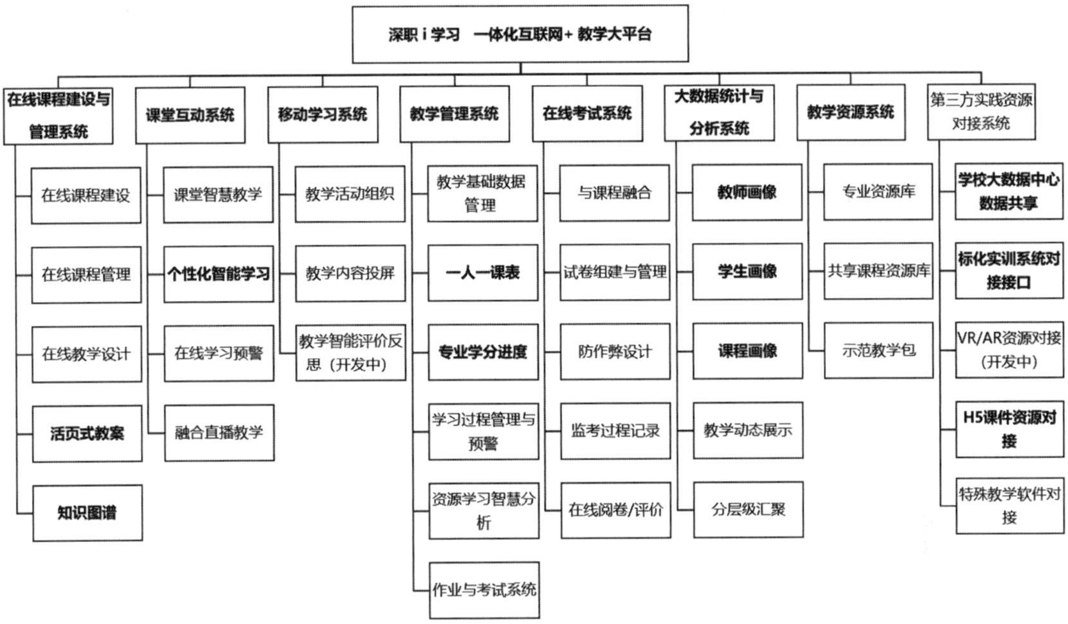

图 2 “深职 i 学习”一体化互联网＋教学大平台功能体系架构

础上，以智能学情分析、个性学习推送、灵活教学互动、精准学习评价、动态学习预警来助力混合式教学、翻转课堂、移动教学创新实践。校企教师均可在线建设管理教学资源，发布个性学习内容，设计教学流程，开展教学活动，评价教学效果。平台采集教与学过程，并对数据进行清洗、分析和应用，借助智能化教学工具、智能推荐技术和智能分析技术助力个性化学习和精准化教学，实现教师画像、学生画像、课程画像、学习预警、智能评价等，为教与学全过程的数字化转型提供支持（见图 3）。

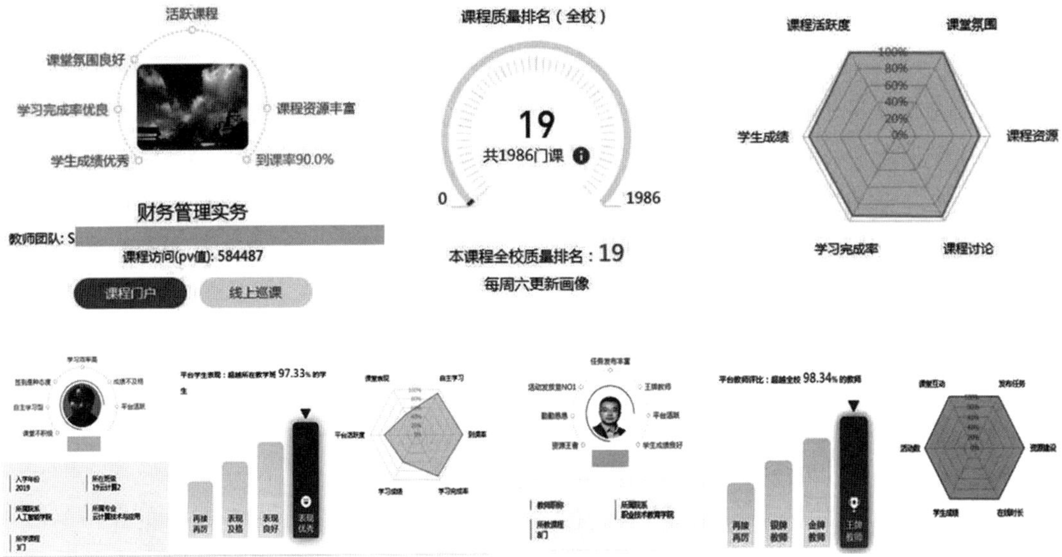

图 3 “深职 i 学习”一体化互联网＋教学大平台画像案例

（二）“深职 i 学习”建设保障机制

深职大对“深职 i 学习”高度重视，建设过程中形成了五级建设机制与完善的技术保障机制。

1. 五级建设机制

为了推进项目的实施，学校形成了校领导-专家组/教信中心领导-项目建设小组-企业专家团队-校企开发团队的五级建设机制。校领导从宏观角度提出建设目标；专家组从一线教学的角度提出具体的指导，保证项目的建设方向；教信中心领导制定具体的行动方案，在项目实施过程中，协调各种资源，推进项目顺利进行；项目建设小组根据校领导及专家的指导，细化需求，深入一线教师调研需求，形成“深职 i 学习”的具体建设方案；企业专家就企业导师参与教学及实践教学提出建议；校企开发团队负责项目的具体开发和执行工作。

2. 完善的技术保障机制

教信中心领导制定了完善的技术保障机制，由部门领导统筹管理，信息技术部、网络技术部、教育技术应用部三个部门明确分工，合理推进项目的实施。信息技术部提供私有云技术支持，保障教学平台硬件环境的稳定性；网络技术部从安全角度出发，在出口防火墙、校内 WAF 制订合理的防护策略，保障平台安全运行；教育技术应用部负责平台的具体开发和运行工作。

（三）“深职 i 学习”规模应用驱动

推动数字化教学转型、促进教育高质量发展是“深职 i 学习”的历史使命。规模化的数字化教学应用将促进“深职 i 学习”平台的良性迭代发展，为此，在应用实施中，深职大以批量“金课”建设为抓手，以规模化教学应用为基石，加速构建数字时代的教育新形态。

1. 以批量“金课”建设为抓手

为深入推进数字转型与智能升级，推动课程建设的理念更新、模式变革和体系重构，深职大提出“金课”建设工程，以持续提升课程建设水平和人才培养质量，其目标是建成一批优质课程，培养一批优秀教师，建设一批优质教学资源，形成一批优秀课改成果。截至 2023 年底，学校第一、二批金课累计 557 门已顺利完成验收，第三批金课 260 门正在建设中。金课建设的常态化带动各学院教师逐渐接纳信息化教学，并积极尝试开展线上线下混合式教学，“深职 i 学习”逐渐成为教学过程中不可或缺的一部分，教学理念、教学模式、教学组织等都在慢慢转向数字化。

2. 以规模化教学应用为基石

“深职 i 学习”建设运行以来，经过师生培训、实时在线指导、专家指导报告、专人对口支持、发放师生用户小手册等一系列措施，平台的教学应用从零落的个例快速发展为普遍性的规模化应用。截至 2023 年底，平台已建设 6625 门课程，单日上线教师人数超 300，上线学生人数超 10000，成熟课程 2388 门，教学活动较为活跃的课程 1182 门，形成了以移动互动、课前自学、投屏讲授、课后拓展为主要特征的泛在教学新形态。平台还针对活跃课程提供了多种粒度的教学过程、学习轨迹、教学效果等学情分析，让教学评估与反思有迹可循。

三、典型经验

（一）重视校企融通

基于混合云部署的互联网＋教学大平台使得平台在信息安全的基础上具有足够的开放性、融通性。为企业教师注册校内教务账号，一网通汇总教师角色后，校企教师就拥有了与专业教师同等的建课、教学、评价等权限。平台对外开放，企业教师可以从外网登录共建资源、组织教学活动，调用远程直播，大大增加了企业教师或导师的参与度。同时，平台强调延展能力，设计实训系统对接标准，对接各实训实践教学系统。

（二）强化机制保障

组建一个定位较高的建设团队非常重要。如果定位为一个学校的重量级平台，就需要由校级领导牵头，学校各教学部门的专家团队、承建部门的专家团队、企业教育专家等团队分工合作，共同打造具有职业教育特色的得到多方用户认可的智慧平台。

（三）提升数字素养

互联网＋教学大平台的价值体现在教学应用实践方面，这需要不断提升全体教师的数字素养，通过专题培训、专项建设、教学评选、常态服务等措施，激励教师由传统思维逐步转向数字思维，有意识地开展信息化教学。

四、成果成效

（一）重建课程内容

“深职 i 学习”的开放性设计使得企业教师可以更为自由地参与课程教学的各个环节。校企教师协同建设了大量的优质数字化资源，并在教学应用迭代生产更多数字资源。目前，“深职 i 学习”在建课程在快速增长，教学资源激增，教学活动呈现规律化活跃态势。在线建设课程 4000 余门，师生在线活动极为活跃，单日活跃课程超 500 门，上线学生超 1 万人次，上线教师超 400 人次，其中企业教师约占 20％。

（二）重构教学流程

针对在线学习的碎片化带来的负面效应，深职大强调系统化教学设计，引入典型的迪克-凯瑞教学设计系统方法模型，指导教师以系统观设计线上线下混合式教学活动，重构教学流程。

“深职 i 学习”为教师分步骤教学流程设计提供支持，如图 4 所示，活页式教案的设计与复用让教学拥有了继承性与反思的空间。教师可自定义教学步骤、预设教学活动、编辑教学内容、引入教学媒体等，进行课后反思，生成可复用、可发放、可编辑的教学流程，形成教学实施报告。

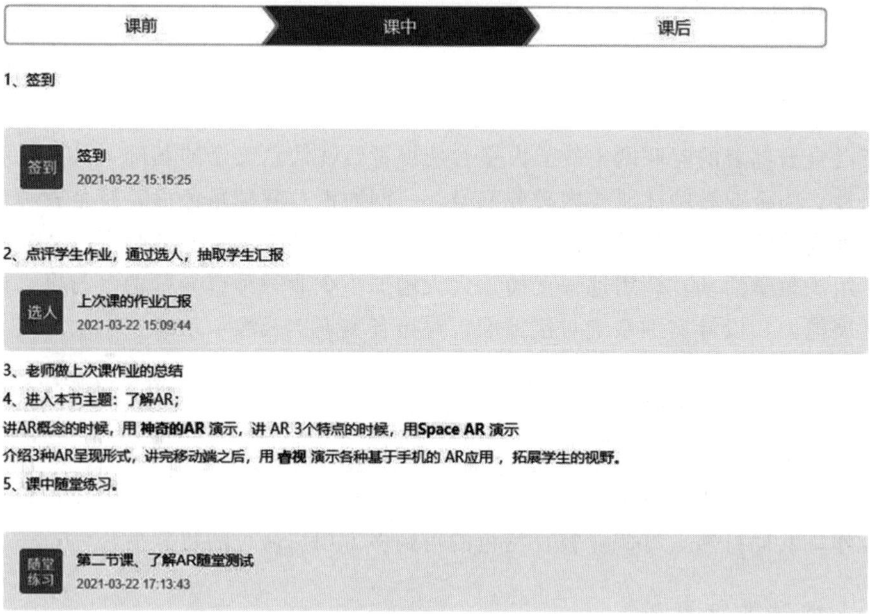

图 4　活页式教案支撑教学流程设计

（三）重塑教育理念

“深职 i 学习”平台精细于教学设计与实施评价，延展与各系统的对接融合，为师生提供知识推送、交流互动、教学组织、教学评价、教学管理等应用，支持教师按教学进程分阶段设计丰富的教学活动，为教师创新教学模式与方法提供了丰富自由的应用场景，学校教师在逐步熟悉“深职 i 学习”平台后走向教学模式与方法的创新实践，学校教学生态正在发生颠覆性的变化。

五、推广应用

“深职 i 学习”互联网＋教学大平台已是深职大教育教学数字化转型的主力平台，支撑学校超 4000 门在线课程建设与教学应用，引入超 800 人外聘企业教师参与课程建设及教学活动。平台与虚拟仿真系统、CAD 评阅系统、华为 Telnet 系统等对接，支持 AR、H5 等，逐步扩展实训教学过程采集能力；平台与学校数据中台对接，身份认证系统获得用户及角色管理信息、教务系统获得教务课程与学生信息、学分系统获得学生的学分进度信息，逐步丰富教学组织及评价能力；平台对外对接学银在线平台，推送超 100 门课程，服务兄弟院校及社区。成果入选 2022 年深圳市高校智慧校园建设典型案例。

六、改进方向

“深职i学习”互联网+教学大平台需要在新技术的引领下不断迭代建设并与教学深度融合。

（一）扩展教学环节支撑能力

校企合作、实训实践教学是职业院校的特色，平台需要继续对接企业资源、对接实训仿真系统，由教师将资源、系统融合到课程教学环节，一方面可以支持学生体验、学习、探究实际生产过程及技能技巧，另一面可获取实践活动评价数据并融入教学过程评价。

（二）增强教学活动预警能力

对教学活动进行智能预警可以有效促进学生的学习积极性，促成教学目标达成。因此，要在学习任务、学习活动、教学组织、测评考试等方面进行动态智能评测，并将结果推送至用户桌面，警示用户。

（三）丰富教学数据分析能力

对接学校大数据中心，从教务、学工、图书馆、安全等系统中获取数据，从属性、兴趣、行为、场景等维度计算生成学生画像、教师画像以及课程画像，生成标志性激励能力。另外，对教学活动进行大数据分析，发现教学活动规律，提出有效的教学实施方案及教学管理建议则将会有力地提升学校的数字化教学水平。